全国专业技术人才知识更新工程

现代管理公需专修教材

财务管理

——理论·实务·案例

汪　平/主编

经济管理出版社
ECONOMY & MANAGEMENT PUBLISHING HOUSE

图书在版编目（CIP）数据

财务管理：理论·实务·案例/汪平主编. —北京：经济管理出版社，2012.11
ISBN 978-7-5096-2166-0

Ⅰ. ①财… Ⅱ. ①汪… Ⅲ. ①财务管理—教材 Ⅳ. ①F275

中国版本图书馆CIP数据核字(2012)第264817号

责任编辑：申桂萍
责任印制：黄 铄
责任校对：超 凡

出版发行：经济管理出版社
（北京市海淀区北蜂窝8号中雅大厦A座11层 100038）
网 址：www.E-mp.com.cn
电 话：(010)51915602
印 刷：三河市延风印装厂
经 销：新华书店
开 本：787mm×1092mm/16
印 张：22
字 数：508千字
版 次：2012年12月第1版 2012年12月第1次印刷
书 号：ISBN 978-7-5096-2166-0
定 价：38.00元

联系地址：北京阜外月坛北小街2号
电话：(010)68022974 邮编：100836

全国专业技术人才知识更新工程
现代管理领域教材编写委员会名单

前言

2006年3月，《中华人民共和国国民经济和社会发展第十一个五年规划纲要》中明确提出了实施“专业技术人才知识更新工程”的战略任务，国家人事部按照这一要求，以更新知识和提升能力为目的，针对全国专业技术人才在现代管理领域等重要专业技术领域，开展大规模的以知识更新为内容的继续教育活动。中国企业联合会作为牵头部门之一，负责现代管理领域专业技术人才知识更新的组织实施。

实施现代管理领域专业技术人才知识更新工程的重要一环是教材体系的建设。为此，中国企业联合会在国家人事部的指导下，组建了有代表性、权威性、专业性的由有关专家、学者、企业家组成的专家指导委员会和教材编写委员会。他们从我国专业技术和管理人员的实际需求出发，把握知识更新的特征，历时一年，完成了教材的设计、编写并形成了系列教材体系。

现代管理教材体系是由“全国现代管理领域专业技术人才知识更新工程”《教学指南》和《公需教材》、《公需专修教材》、《专修教材》、《参考教材》等五方面组成。它们之间既相对独立又相互依托，既独领一面又互为补充。《公需教材》是以企业管理理论体系为基础，将现代管理领域的前沿理论、技术、方法，按照系统要求认真筛选出24个章节科目，归纳在“新环境、新视野”、“新理论、新思维”、“新方法、新工具”三个模块之中，形成一本现代管理知识更新培训主教材。现代管理知识更新《公需专修教材》是针对跨行业的通用专业（岗位）的需求，对《现代管理公需教材》所列章节科目有选择地进行展开、细化和补充。教材内容以“新经验、新实践”为重点，理论和实践相结合，收入许多管理创新成果和国内外企业实践案例，突出实用性。对培养企业各专业管理岗位的专业技术人才有很强的针对性，为提升他们在管理方面的学习能力、创新能力和实践能力提供了方便之门和快捷通道。《公需教材》、《公需专修教材》是参加现代管理领域知识更新工程学员的必选教材。《现代管理知识更新公需专修教材》目前共有13册。

《财务管理》是《公需专修教材》系列教材之一。本教材是为企业单位高管人员及企业财务管理人员的学习需要而编写的。本教材包括财务管理的理论、财务规则、财务政策与财务行为、理财目标行为等基本知识。同时，又从战略层面对企业的资本预算决策与企业价值，长期融资决策与企业的发展等方面进行了介绍。本教材内容翔实，实用性强。教材中收集了大量的案例和习题，供读者参考并试图引发更多的创新思维。希望本书对培养我国企业财务管理的专业技术人才能够起到积极的推动作用。

《公需专修教材》在编写过程中，组织者和编写人员广泛征求了不同行业、企业的意见，经过了教材编写委员会和科研院所专家学者等多方面的评估审核。期待着这套教材能够为知识更新工程实施，为建设一支宏大的、高素质的管理人才队伍起到积极的、应有的作用。

全国专业技术人才知识更新工程
现代管理领域教材编写委员会
2007年3月8日

目 录

第一章 财务理论、财务规则、财务政策与财务行为

●本章提要

公司理财学与证券市场学、投资学一起共同组成了现代金融学。简要而论，所谓公司理财就是对存在于公司内部的资金进行科学地、合理地运作，以确保企业理财目标的顺利实现。公司财务学属于微观层面的金融学，旨在对基本的、重要的财务现象进行分析和研究，从而实现解释理财实践、预测理财实践的目的。

在刚刚实行改革开放的20世纪80年代，虽然对于企业财务管理已经在新的形势下展开了研究,① 在财经类院校中也开设了有关财务管理的课程。但当时的财务管理研究与目前较为规范的、以1958年的MM理论为滥觞的现代理财学研究有着显著的区别。现代理财学必须置身于现代金融学的范围之内，以金融学的基本理论、基本方法为范式，才能获得极具科学价值的学术研究成果。

从金融学的发展演变已经了解，金融学的基本方法论是“无套利分析”。MM资本结构理论正是以套利证明这一工具给予了科学的证明。但理财学作为一门致用学科，对于企业在财务管理过程中存在的一些现实问题必须做出理性的解释。换言之，客观上需要对理财学研究进行层次上的划分，从而采用不同的研究方法，获得学术的进步。

现代理财学的研究可以划分为如下四个层面：财务理论、财务规则、财务政策与理财行为等，而各个不同的研究层面对于企业理财人员的意义是截然不同的。

●章首案例

诺基亚公司（Nokia）是移动通信业的全球领先者，致力于提供易用型和创新型产品，包括移动电话、图像、游戏、媒体以及面向移动网络运营商和企业用户的解决方案。1985年诺基亚在中国开展业务之初，开设的办事处只有5名员工。20年间，诺基亚致力于在中国的长期发展并成为最佳的合作伙伴。凭借创新科技，诺基亚作为中国移动通信系统和终端以及固定网络设备领先供应商的地位不断加强。目前中国是诺基亚全球第二大销售市场，诺基亚在中国的投资超过17亿美元。在中国，诺基亚建有20多家

① 在新中国刚刚诞生的20世纪五六十年代，以财务计划、资金定额管理为核心的企业财务管理研究取得了很多的研究成果，为完善我国企业的资金管理工作奠定了很好的基础。与当时的政治气候相吻合，这些研究带有很强烈的前苏联色彩。

办事处、8个合资企业和1个研发中心，拥有员工超过5500人，并通过广泛的销售、服务、研发和制造运营创造了25300个就业机会。

20年的时间诺基亚缔造了其在中国的成功，同时也给中国带来了先进的管理经验和理念，在财务方面，将其健全的财务管理体系移植到了中国。

首先，明确了中国地区的财务管理目标，即以股东财富最大化为目标，能够完全领悟诺基亚全球财务管理政策，并将总部的指示贯彻到底，配合总部财务管理，协调一致发展，发挥集团财务资源的最大效率，充分发挥财务管理职能，保证本地业务的健康发展，妥善安排本地经营目标策略，合理避税，避免风险，制定合理的转让价格。这些目标的制定，有助于诺基亚深入扩展其全球统一的财务管理模式，既关注集团利益，又考虑了本地利益。

在建立财务管理体系时，引入ERP系统，实现信息的实时集中，为实施财务管理搭建了一个很好的信息平台。通过设立各层级的财务总监建立财务控制系统，财务总监网络实现了诺基亚集团从上到下行动一致的管理目标。

在资金管理模式上，诺基亚在中国没有一开始就采取资金集中管理的政策，而是利用其专业知识和信用优势，为子公司提供资金和金融方面的技术支持。例如，在与银行进行优惠贷款谈判时，集团与各个子公司间互抵的结账方式并同时提供结账信用担保，根据诺基亚国际市场资金情况和企业的采购周期与银行谈外汇风险的规避，并协助起草相关文件，所有这些工作都非常专业和有价值，因此，每个子公司都必须依靠集团协助才能拿到银行的优惠贷款。在这个过程中，子公司实际参与到了诺基亚的资金管理统一集中的规则中，在享受到益处的同时更给诺基亚集团带来了效益，提高了整个集团的资金使用效率和竞争能力。

此外，诺基亚确立了清晰的风险管理理念："公司有责任采取有效的风险管理措施（作为核心管理能力之一）支持公司完成其价值目标。"通过减少纯粹风险的成本而使股东的价值达到最大化；通过风险管理，确保企业在任何情况下都能将经营继续下去。

诺基亚的成功与其先进的财务管理理念和制度密不可分，相比之下，我国大多数企业并没有将财务管理放在企业管理的核心地位上，理财思想僵化，仅局限于生产经营型管理格局中。对财务管理的理论方法不去理解和研究，因此，企业财务管理的重要作用没有得到发挥。随着经济的不断发展，中国企业与国外优秀企业的竞争必将加剧，那时财务管理水平必然成为我国企业发展的"瓶颈"之一。

（资料来源：①诺基亚中国网站，www.nokia.com.cn；②"约玛·奥利拉在诺基亚中国20周年庆典上的讲话"，http://www.sina.com.cn 2005年02月22日；③参见：《集团与分子公司财务管理案例——诺基亚中国的财务战略实施案例》，http://www.caikuai.com.cn/info/2966.html。袁晨整理。）

第一节 财务理论的现状

一、财务理论的功能

1958 年，米勒教授与莫迪格莱尼教授共同发表了一篇重要的学术论文，即《资本成本、公司理财与投资理论》。该文的发表标志着现代理财学的诞生。在此之前，人们对于公司在发展过程中所涉及的理财问题，比如投资问题、融资问题等，基本上都采用传统的、规范的研究方法来解答并给出解决办法。这种研究方法更多的是就事论事，很难在基本概念的层面进行深入的研究和分析。MM 理论的发表，为理财学研究开辟了一个新天地：首先，该文界定了几个重要的理财学概念，即资本成本、资本结构、企业价值等，并在此基础上对于各个概念之间的相关性质进行了科学的研究，为后续的理财学研究奠定了扎实的基础；其次，在理财学研究中首次应用了“无套利证明”的方法来论证理论问题，奠定了现代理财学的方法论基础。从 20 世纪 50 年代至今，现代理财学经过半个世纪的发展，获得了一些重大的研究成果，对改善企业的财务管理行为、优化财务状况都发挥了重大的作用。

财务理论研究的目的是揭示财务对象各要素之间本质的、稳定的、规律性的联系，从而解释财务管理实务和预测未来的财务管理结果。换言之，如何解释理财现实与如何预测理财未来，是财务理论研究所面临的两大问题。

科学而合理地解释理财现实是人们进行财务理论研究的重要功用之一。在财务管理实践中，客观上存在的诸多理财问题，长期以来并没有得到合理的认识。以我国企业的财务管理实践为例，便有很多问题尚待于学术上的分析和探讨，比如：我国企业界普遍以“利润最大化”为理财目标，虽说产生这种结果有长期的历史演变背景，但单纯对利润的追求，恰恰成为我国企业不能实现可持续发展的重要原因之一；再比如：目前，我国很多的上市公司竟然认为股票融资没有资本成本或者资本成本很低，造成“股权融资偏好”的现象成为我国股票市场的一大特色等。作为一个经济快速发展的国家，我国在财务管理方面存在着更多的、有待于人们去探索的理财难题。对这些问题的分析和探讨，将会完善和补充现代财务理论体系。

没有科学的解释，科学的预测便无从诞生。

出于科学研究的需要，财务理论往往是一个虚幻而优美的世界，旨在以理性、简捷的工具对现实的理财实务进行分析、判断与预测，进而指导人们的理财行为，优化企业的财务状况，促进和保障企业的长远可持续发展。上文所述的米勒教授和莫迪格莱尼教授在 1958 年发表的论文，在现代财务理论的发展历史上，具有奠基性的意义。在这篇文献中，两位教授首先对“资本成本”、“企业价值”等概念进行了开创性的研究；在此基础上，对于投资决策、融资决策等问题进行了严谨的分析；同时，在研究方法论方面，也取得了重大突破。该项研究为现代财务理论的发展演变确定了基本的研究规范。

二、理财学基础学说简说

企业的财务管理工作是一项技术性、观念性极强的工作，没有一定的学术训练想成为一个合格的理财人员是不可能的。学习理财学、掌握必要的理财观念和技术，除了要对一些重要的财务概念比如资本成本、净现值、自由现金流量等进行认真的钻研之外，也要了解一些必要的金融学的基础学说或基础模型。这些基础学说或基础模型，对于财务管理行为的科学化均产生了重大影响。

卡普兰（Copeland）教授与威斯顿（Weston）教授是国际上著名的学者，在他们合作撰写的《财务理论与公司政策》① 一书中，将以下学说列为理财学的基础理论：效用理论、状态偏好理论、均值—方差理论、资本资产定价模型、套利定价理论、期权定价理论与 MM 理论。Clifford W. Smith，Jr 教授认为，② 理财学的基础理论应当有：有效市场理论、组合理论、期权定价理论、资本资产定价模型与代理理论。布里格姆（E. F. Brigham）教授在其著名的《中级财务管理》③ 一书中，将以下学说列为理财学的基础理论：完全资本市场、贴现现金流量模型（DCFM）、MM 资本结构理论、MM 股利理论、组合理论与资本资产定价模型（CAPM）、期权定价理论、有效市场理论、风险与收益的权衡理论、代理理论、不对称信息理论。麦金森（William L. Megginson）教授在《公司财务理论》④ 一书中，按照学术文献中出现的时间顺序，将理财学基础理论排列如下：①完全资本市场。②组合理论。③资本结构理论。④股利理论与政策。⑤资产定价模型。⑥有效资本市场理论。⑦期权定价理论。⑧代理理论。⑨信号理论。⑩公司控制的现代理论。⑪金融中介理论。⑫市场分区理论等。

下面对与现代理财学密切相关的几个金融学学说和模型——有效市场理论、资本结构理论、折现现金流量模型、组合理论与资本资产定价模型、代理理论等予以初步讨论。⑤

（一）有效市场理论：理财环境假设

这是对理财学的发展影响最大的经济学说之一。有效市场假说事实上是关于理财行为的一个环境假设。必须说明的是，完全资本市场所侧重的是资本市场的纯粹性，是理论推导所赖以进行的逻辑前提。而有效市场假说则侧重于金融市场上信息的有效性，即

① Thomas E. Copeland & J. Fred Weston, **Financial Theory and Corporate Policy**, third edition. Addision - Wesley Publishing Company, 1988.

② Clifford W. Smith, Jr, The Modern Theory of Corporate Finance. 1990 Clifford W. Smith, Jr., **The Modern Theory of Corporate Finance**, second edition. McGraw - Hill Publishing Company, 1990.

③ Eugene F. Brigham & Louis C. Gapenski, **Intermediate Financial Management**, fifth edition. The Dryden Press, 1996.

④ William L. Megginson, **Corporate Finance Theory**. Addison-Wesley, 1997.

⑤ 在以后的有关章节中，将分别对这些学说和模型展开予以分析。如果读者有意对这些学说和模型进行更为深入和系统的了解，请参阅其他金融学或投资学著述。

证券价格能否有效率地、及时地反映全部的相关信息。能够及时地、正确地反映全部相关信息的资本市场是有效的资本市场；反之，不能及时地、正确地反映全部相关信息的资本市场不是有效的资本市场。在现代经济学中，有效市场理论是一个极具挑战性的领域。众多学者经过多年的不懈努力，这一理论的重大价值正逐渐地显现出来。

金融市场是储蓄——贷出者和借入——投资者之间的传递机制。金融市场是管道，通过这一管道，那些收入大于支出的人能把他们多余的资金转移给支出大于收入的人们使用。储蓄——贷出者不断获得收益，因为他们从其资金中获得了利息或股利。借入——投资者也会不断地获得收入，因为他们用筹措来的资金执行投资计划。就宏观而言，金融市场的目的，是将一个经济体系中的储蓄，有效地分配给最后的、资金运用效率更高的使用者。由于历史及其他各方面原因的影响，不同国家、不同时期的市场效率有着重大的差别。比如，美国证券市场的效率要远远地高于我国目前证券市场的效率。在一个有效率的资本市场上，公司理财人员的任何行为均可以通过本公司发行在外的证券如普通股股票或公司债券等的价格来获得回应：有利的理财行为可以提高证券价格，不利的理财行为则会降低证券价格。因此，对于理财人员而言，将完全资本市场与有效市场假说结合到一起，就意味着企业行为同时也是市场行为。这为企业绩效的研究开辟了一个理想的通道。

1970 年，法玛（Fama）将有效资本市场的公允对策模型划分为三类。这种划分极有价值，它是以用于决策的不同类型的一系列信息为基础的。

1. 弱式有效市场（weak-form market efficiency），即：当前的证券价格完全地反映了已蕴涵在证券历史价格中的全部信息。这一假设隐含着如下含义：任何一个投资者按照历史的价格或盈利信息进行交易，均不能获得额外盈利。

2. 次强式有效市场（semi-strong-form market efficiency），即：证券价格完全地反映所有公开的可用信息。这样，根据一切尽可能公开的信息，如公司的年度报告、证券交易所行情或公开的投资咨询报告等，投资者均不可能获得额外的盈利。

3. 强式有效市场（strong-form market efficiency），即：证券价格完全地反映一切公开的或非公开的信息。

以上划分具有重要的意义，因为它使人们能够运用不同类型的信息对有效资本市场的公允对策模型进行经验上的验证。对于某些实用性较强的社会科学而言，实证数据是一个极好的验证理论是否成立的主要途径和工具。有效资本市场便是一个被事实证实了的或者说至少是部分地被证实了的学说。尽管如此，有效资本市场在西方仍是一个争议较多的经济学理论之一。

在有效的市场环境下，财务理论的分析可以将公司理财的外部环境固定化、空想化，不必考虑市场失调对理财行为的影响。在理财目标分析中，人们往往假设理财人员应当以股东财富最大化为理财的最高境界，在这个目标的实现过程中，我们可以忽略掉股票市场对公司股票价格的低估或者高估，而假设股票市场始终是高效的，所有的证券价格都被公允地定价。

（二）资本结构理论：理财目标问题

财务决策主要是指投资决策与融资决策，财务理论研究的主要内容也是对这两个财务决策以及它们各自与企业价值之间的相关性进行分析和探讨。资本结构理论正是财务决策研究、财务决策与企业价值之间相关性研究的核心内容之一。在财务理论研究中，如下几个问题是不容回避的：投资决策与融资决策对企业价值的影响是相同的吗？投资决策与融资决策哪一个是根本意义上的财务决策，即哪一个是基本的财务决策，哪一个是次生的财务决策？财务决策如何影响企业价值？这些问题都是财务理论中的根本问题，它们的解决与否，以及如何解决对于整个理财学的发展都会产生重大的影响。MM资本结构理论为这些问题的解决提供了一个科学的范式，因而极大地促进了财务理论的现代化与科学化。

在众多的荣获诺贝尔经济学奖的学者中，唯有米勒教授数十年以来在公司理财学的领域里进行着成果卓著的学术研究活动。"他在奠定现代公司财务理论的基础上所做的开创性工作，彻底改变了私人企业制定投资和财务决策的模式。他也因此而荣获了1990年诺贝尔经济学奖。现代公司财务理论不仅对商业和金融领域的问题给予了描述，而且也使其渐趋成形。很少有经济理论分支能如此贴近企业管理的实际决策过程"。①

根据MM资本结构理论，投资决策与融资决策对企业价值影响的机制是完全不一样的；投资决策是根本意义上的财务决策，也可以说是唯一的财务决策，只有投资决策才对企业价值产生根本的影响，而融资决策是派生的、处于从属地位的财务决策；现金流量与资本成本是财务决策影响企业价值的联结体。

按照严格的理论分析定义，资本结构②（capital structure）是指长期负债尤其是指公司债与股权资本尤其是指普通股之间的结构。在众多的理论分析中，为了简化问题的难度，一般会假设公司只以公司债与普通股两种融资方式来筹措企业经营所需要的资金。那么所谓资本结构理论，实际上是要探讨这样的一个问题：在公司投资决策既定的情况下，以公司债融资与以普通股融资对企业价值会产生不同的影响吗？

按照人们的一般想法，资本结构对企业价值应当产生重大的影响。这是因为债务的资本成本要比股权资本的资本成本低得多。因此，较多地使用债务，企业的加权平均资本成本将趋于下降，就可以提高企业的价值。如果首先假设当债务比重提高时，债务成本与股权资本成本保持不变的话，最理想的资本结构应当是100%的债务比率。债务成本通常要远远地低于股权资本的成本，因此，随着债务比率的上升，企业的加权平均资

---

① 莫顿·米勒著：《论金融衍生工具》（中文版），第5页，北京：清华大学出版社，1999。

② 财务结构（financial structure）的提法并不规范，在严格的学术文献中也很少见。有一种看法，认为财务结构是指全部负债（不仅仅包括长期负债，而且还包括短期负债）与股权资本之间的结构。但如此定义，显然不利于进行理论分析。在现代财务理论中，所谓短期管理的内容比如现金管理、存货管理、信用管理、短期借款及其他短期负债的管理等，构成一个相对独立的部分。这一部分过去称为"营运资本管理"（working capital management），现在则较多地称为"短期财务管理"（short-term financial management）。在财务理论中，之所以如此重视短期与长期的划分，一个很重要的原因便是影响企业价值的根本因素是战略意义上的因素，是长期决策的因素。从一定意义上讲，短期财务管理的结果不过是企业长期财务管理决策的滞后反应而已。换言之，企业价值决定于长期的财务决策，而非短期的财务决策。

本成本会下降。当负债率达到100%，企业的加权平均资本成本最低，企业价值最大。所谓“负债经营”的理论依据便是源于此。

但是，负债率的提高会增加企业的财务风险，进而会提高投资者对企业报酬率的要求，造成资本成本的提高。很明显，在这种情况下，公司的资本成本并不独立于其资本结构，而每一公司均有其最佳的资本结构。

最佳的资本结构或者称作最优的资本结构，在通常情况下，是指使企业的加权平均资本成本最低，与此同时，也是使企业价值达到最大化的那一点的资本结构。人们经常以负债率来替代严格意义上的资本结构，在计算负债率的时候，如果不做特别的说明，负债通常既包括长期负债，也包括短期负债。但在资本结构理论中，负债仅仅是指长期负债，不包含短期负债在内。短期负债与流动资产一起构成企业的短期财务管理或者营运资本管理。这里面所隐含的思想是只有长期融资决策才是企业重要的财务决策，才可能对企业的长远发展产生重大影响。

以上这些关于资本结构的想法，都是人们在长期的财务管理活动中总结出来的极为朴素的思想。这些想法，在以后现代资本结构理论的发展过程中，有许多也得到了严格的理论上的证明。但是，朴素的想法再正确也无法替代规范而严谨的学术分析。因为只有经过了科学的理论分析，才能够明晰各个概念之间的相关关系，并保持结论的稳定性和可证明性。

（三）折现现金流量模型：财务估价模型与基本理财工具

按照现代经济学理论，所谓价值就是指未来现金流量的贴现值。这种观念在现代理财学中得到了充分的认可与应用，无论是证券的估价，还是企业价值的估价，均是建立在这种价值观之上的。折现现金流量模型将这种价值观体现在了具体的操作工具之中。

折现现金流量估价法有时被称为折现现金流量模型（DCFM），是最具理论意义的财务估价方法，是其他财务估价方法的基础。

折现现金流量方法是理财学中的基本理论之一，也是财务管理工作的重要工具之一。威廉姆斯（John Burr Williams）最早提出了折现现金流量的概念。但真正使这一概念在财务管理中得以重视并广泛运用的则是著名财务学家戈登（Myron J. Gordon）教授，他在资本成本的研究中成功地运用了这一概念。① 这一方法的技术基础是货币时间价值概念及其计算。

折现现金流量方法的运用可划分为如下四步：②

第一步，预测未来现金流量。在证券估价中，有些证券现金流量的预测是较为容易的，比如公司债，因为这些证券的现金流量都在信贷契约中提前固定了，除非清算倒闭，企业必须如期偿清这些款项。与之相对，有些证券现金流量的预测则比较困难，比

① J. B. Williams, The Theory of Investment Value, Cambridge, Mass.: Harvard University Press, 1938; Myron J. Gordon, The Investment, Financing, and Valuation of the Corporation. Homewood, Ill: Irwin, 1962.

② Eugene F. Brigham & Louis C. Gapensk, Intermediate Financial Management, 5th edition, p. 5. The Dryden Press, 1996.

如普通股票的现金流量。当然，预测难度最大的则是对决定企业价值的现金流量的预测。

第二步，分析并取得现金流量中所隐含的风险程度。当未来时期的现金流量是唯一的、确定的值的时候，该现金流量为无风险的现金流量。比如，人们一般视政府公债所提供的现金流量为无风险现金流量。当未来时期的现金流量随着未来状态的不同而不同的时候，该现金流量则为有风险的现金流量。可能状态的情形越多，变化越复杂，现金流量的风险程度也就越大。自 20 世纪 50 年代以来，对风险及其度量的研究始终是现代金融经济学的一个重大课题。

第三步，将风险因素加入折现现金流量分析之中。在财务估价中，将风险因素加入折现现金流量分析中的方式有两种：一种是确定等值法（certainty equivalent approach）；另一种是风险调整折现率法（risk-adjusted discount rate approach）。按照前者，风险因素所调整的是未来时期的现金流量，即风险越大，现金流量的确定等值越小。比如，高风险的 1000 元可等同于无风险的 800 元，等等。按照后者，风险因素所调整的是对现金流量进行贴现计算的折现率，即风险越大，折现率越高。通常情况下，人们较习惯于使用风险调整折现率法。

第四步，计算企业未来现金流量的现值，即企业价值。按照折现现金流量方法，价值是期望现金流量的现值。现金及其现金流量是价值的最终源泉。按照经济学的分析，当人们或者企业进行投资的时候，意味着他们推迟了现在的消费而着眼于未来的消费。现金可以提供给人们在未来消费各种不同商品和劳务的一种交换媒介。一项资产（或者是企业）之所以有价值，就是因为它具备提供未来现金流量的能力。该方法的一般模型为：

$$FV = \sum_{t=1}^{t=n} \frac{CF_t}{(1+r)^t} \qquad (1-1)$$

式中：FV 为企业价值。CF_t 为 t 期的现金流量。r 为能够反映各期现金流量风险的折现率。

在具体运用中，关键是要合理地确定与配比各期的现金流量及其折现率。在对普通股进行估价的时候，股利构成了相关现金流量，股东要求报酬率是其折现率。估价公司债，各期利息和本金构成了相关现金流量，债权人要求报酬率是其折现率。估价企业价值，相关现金流量是企业现金流量，相关的折现率则是加权平均资本成本。现金流量的性质与折现率的性质必须相互配比。

折现现金流量模型既是一个财务管理过程中基本的估价、计算工具，又是一种重要观念的体现。

（四）组合理论与资本资产定价模型（CAPM）：风险与收益的相关性分析

企业所有的财务决策都需从以下几方面入手进行分析：预计风险，预计收益以及它们共同对企业价值可能造成的影响。

在多数情况下，风险（risk）被定义为出现财务损失（financial loss）的可能性，或者更加广义地定义为特定资产实现收益的不确定性。在风险分析中，通常将风险与不确定性（uncertainty）作为同义语，不作严格区分。以证券市场为例，投资于短期国债一般被认为是零风险，因为短期国债的收益十分稳定和确定。而投资于公司股票的风险却非常高，原因乃是其行市波动较为剧烈。

作为一个被普遍接受的信念，高收益必然伴随着高风险的提法人们早已耳熟能详。风险分析理论中所要做的主要工作即是对风险与收益进行严格的度量，并明确它们二者之间的相关性。从理论上讲，所谓投资收益是指投资者在一定时期内所获得的总利得或损失。从方法上看，是在期末将价值的增减变动与实现的现金流入与期初值进行比较而得出收益水平的高低。任一资产第 t 年收益率或报酬率 k_t 的计算公式为：

$$k_t = \frac{P_t - P_{t-1} + C_t}{P_{t-1}} \tag{1-2}$$

式中：k_t 为第 t 年实际、预期或要求收益率或报酬率。在有效的资本市场上，要求报酬率与预期报酬率是相等的，故这两个概念可以互用。实际收益是事后价值，而预期收益和要求收益是事前价值。P_t 为第 t 年资产的价格（价值）。P_{t-1} 为第 t－1 年资产的价格（价值）。C_t 为自 t－1 年至 t 年来自于资产投资的现金流入。

从上式中不难看出，所谓收益率或报酬率，实质上是投资价值的变动（$P_t - P_{t-1}$）与在第 t 年实现的现金流入 C_t 两项因素共同作用的结果。同时，上述公式所计算的收益率既可以是 1 年的收益率，也可以是 10 年的收益率。但在通常情况下，t 等于 1 年，k 即是年度的收益水平。还有，期初价值与期末价值并不一定就是已实现的价值，它们一般并没有实现。换言之，尽管资产并没有在 t－1 年实际购买，也没有在 t 年实际售出，但仍以 P_{t-1} 与 P_t 作为其各点价值的计量。

尽管人们一般假设管理人员尤其是理财人员均为风险厌恶者，即他们不愿意承担过高的风险，但在实际工作中，人们对风险的感受是各不相同的，甚至差异很大。有的人根本无视风险的存在，收益水平越高越好；有的人则极为厌恶风险，宁愿获得最低水平的收益率也不愿承担些许的风险；自然，大多数人介于以上两种人之间。

按照风险理论，风险可划分为两类，即总风险与系统性风险。所谓总风险，是针对单项资产而言，研究围绕预期收益各个结果的分布状况。系统性风险，又称做市场风险，是针对资产组合而言，研究各项资产收益率与组合收益率之间的相关性。

概要而论，总风险的分析技术较为简明。通常运用概率技术比如方差、标准差、差异系数等指标来对单项资产收益波动的程度进行度量。

对单一因素的波动状况进行风险分析，借助的是扎实的数学技术。但不容忽视的是，以标准差为代表的风险评价指标在许多情形下仅仅是一个表征而已，并不能说明太多的、实际的风险管理内容。而且数学的特征是极其的规范化与高度的准确性，这些约束在具体的理财实务中极难满足。比如人们所熟知并经常运用的正态分布，以其来对财务管理活动中的有关风险进行描述就不尽合理。像销货额的波动，它在期望值左右的变动并非完全对称，甚至差异极大。但数学工具的运用完全忽略了这种差异。另外，再诸如财务风险（或流动性风险）、经营风险等，由于它们很难用一个具体的、数据的波动来反映，因而也就很难单纯以概率技术来对它们的风险程度进行评价。截止到目前，人们在理财学中还在使用着大量的概率技术来进行单一风险的分析，较常见的是在风险情况下对资本预算的分析。但随着计算机技术的不断发展，风险分析的手段越来越丰富，合理性也越来越大。在财务理论中，在风险分析问题上，人们所面对的主要症结是：①如何界定各种风险。②如何度量各种风险。③也是最为核心的是，通过风险分析达到控制风险、理性地规划未来、减少各种不确定性所带来的损失等。迷醉到复杂的计算与模型中，而忽略了风险分析的宗旨，终将本末倒置，毫无意义。

组合理论的出现意味着风险分析技术的巨大进步。这也是相关分析在风险分析中的有效运用。学术研究在很大程度上是对人们所面对的各种因素之间的相关性进行探讨，进而对它们予以合理的调控，以实现人们的不同的要求。

在公司财务管理活动中，各项资产总是密切联系、密切相关、相互影响的。如何对资产组合后的风险与收益进行评价，便成为理财人员难以回避的一个重大问题。组合理论在整个财务理论中居于一个极为关键的位置上，许多问题的探讨都得益于组合理论的基本思想。

1990 年，纽约市立大学哈利·马科威茨教授荣获诺贝尔经济学奖，他的主要贡献就在于创造性地发展了证券组合理论。概要而言，马科威茨理论说明在一定的条件下，一个投资者的证券组合选择可以简化为两个因素的权衡，即证券组合的期望收益及其方差。考虑到多样化投资减少风险的可能性，用方差来评价证券组合的风险，不仅依赖于各个资产报酬的方差，而且也依赖于以前资产之间的协方差。这里有一个基本的观念，即属于一项资产的风险分析的主要问题，不是单独一项资产的风险，而是这项资产对总的证券组合的贡献。

1990 年，美国斯坦福大学威廉·夏普教授因其对金融资产价格形成理论的贡献即所谓的资本资产定价模型的创建而获得诺贝尔经济学奖。资本资产定价模型（Capital Asset Pricing Model，CAPM）运用一般均衡模型刻画所有投资者的集体行为，揭示在均衡状态下证券风险与收益之间关系的经济本质。

在授予夏普教授诺贝尔经济学奖的同时，瑞典皇家科学院对夏普教授的工作给予了很高的评价，认为在 20 世纪 60 年代，对金融经济学理论做出第二大贡献的便是夏普教授。他以马科威茨教授的证券组合理论为基础，创建了一个金融资产价格形成的理论，即资本资产定价模型。目前，资本资产定价模型被公认为是金融市场现代价格理论的主干，它被广泛地用于经验分析，使丰富的金融统计数据可以得到系统而有效的利用。不仅如此，此模型亦被广泛用于实证研究并因而成为不同领域中决策的一个重要基础。

组合理论，尤其是资本资产定价模型在财务理论中有着极为重要的应用。如果没有这些基础的、对风险与收益之间相关性进行分析的理论，企业报酬率的设定、资本成本的设定都将变得非常困难。

（五）代理理论：理财行为的非理性分析

企业在接受了投资者所投入的资金后即可开始生产经营过程，创造现金流量，谋求企业价值的最大化。在这个过程中，如果企业的投资者与管理者之间不存在利益冲突的话，则企业的管理行为包括理财行为就可以按照一个彼此认可的目标——企业价值最大化来实施，这是一种极为理想的状态。但在实际的理财活动中，由于各种客观因素的影响，更由于管理者行为方面的倾向性问题，投资者的报酬率要求往往会受到一些管理当局行为的侵害，而且，管理当局的种种倾向性行为甚至会影响到企业长期的可持续发展。对这种投资者与管理者之间的代理冲突进行分析并提出解决建议，并非企业财务管理的主业，但它会对科学的理财行为带来约束。

与传统经济学一样，代理理论假设每个人的行为均为私利所推动。当能使企业利益最大化的共同行为与每个人的私利行为相抵触时，就可能存在代理问题。代理理论的目的是分析经济社会中个人私利的冲突，解释其共同行为与私利行为冲突而使企业效率下降的具体原因，分析为抵消代理问题引起的效率下降而设计的各种控制制度的影响，比如预算制度、雇佣制度、激励机制等。

具体到理财问题，代理冲突也很值得关注。一个关键的问题就是：代理问题会不会影响理财目标的实现？如何处理代理问题方能促进理财目标的实现？广而言之，目标实现过程中的障碍研究是管理科学研究中的重大课题之一。

1976 年 10 月，詹森（Michael C. Jensen）教授与梅克林教授（William H. Meckling）发表了他们共同研究代理理论的重大成果，即学术论文“厂商理论：管理行为、代理成本与所有权结构”（载美国《金融经济学杂志》）。按照他们的定义，所谓代理关系（agency relationship），实则为一契约关系，是指在如下过程中所形成的关系：一个或多个委托人（principal，如股东）雇用另外一个代理人（agent，如管理者），并授予后者以进行决策的权利，促使其按约完成某些活动。从公司理财的角度而言，代理关系主要存在于股东与管理者之间、股东与债权人之间等。

詹森和梅克林认为，只要管理者持有的公司普通股份不足 100%，那么，投资者即股东与管理者之间的代理冲突就不可避免。如果管理者完全拥有他所管理的企业，即集所有者（投资者）与管理者于一身，他会非常用心、非常审慎地组织管理活动以提高企业价值，因为企业的价值就是他自己的财富。如果此人向外界出售一部分股权，即他所持有的股份已经不足 100%，代理问题自然就会产生。管理者不会像以往那样努力地工作，而且会要求更多的享乐，比如改善办公条件、采购高档享乐工具、提高薪资等。但无论是收益的下降还是损失的增加，最终都会由所有的投资者即股东平均分摊。为了促使管理者更好地为外部股东工作，势必会增加有关费用以监督管理者的行为，这便是所谓的代理成本（agency costs）。代理成本的客观存在对财务决策的做出可能会产生一定的影响。

第二节　财务规则与财务政策的制定

一、财务规则

财务规则又可称之为理财规则，是指通行于企业界、经过长期检验的、有助于理财目标实现的理财工作的重要惯例或者经验。理财规则未必能够与纯粹的财务理论分析相符合，也未必有足够的理论支持。比如，在西方企业界被广泛采用的“30%负债率规则”、“剩余股利分派原则”等。对于一些广泛运用的财务规则的研究，常常会构成财务理论的有机组成部分，推动财务理论的发展。比如，现代资本结构理论中的所谓的“优序融资理论”即属此类。

了解国际上管理先进企业广泛采用的财务规则，对于改进我国企业的财务管理水平，具有不可估量的样板作用。与财务理论对财务实践的指导机制不同，财务规则可以直接地被借鉴和运用。即使由于各种原因，不能直接采用这些规则，我们也可以发现在财务管理方面存在的差距，为改进理财工作提供方向。

二、财务政策制定与企业的可持续发展

财务政策是企业管理当局根据基本的财务理论、财务规则以及企业的发展战略、经营环境等所确定的、进行财务管理工作必须遵循的原则、程序、方法等内容的总称。对于公开交易的上市公司而言，重要的财务政策需要向投资者公众披露，借以赢得市场、投资者的支持。较为重要的财务政策有“资本结构政策”、“营运资本政策”、“股利政策”等。

对于一个发展迅速的公司来讲，制定并向外宣布自己的重大财务政策标志着在财务管理方面的自信和成熟，同时，也是对企业投资者负责任的一种行为。没有明确的、稳定的财务政策，至少说明这家公司在财务管理方面尚没有进入到科学的、理性的阶段。

以股利政策为例，人们对我国上市公司不向投资者分派股利颇有微词。而事实上，与不分派现金股利相比，没有明确而稳定的股利政策则更为严重。对于股票投资者来讲，只要企业能够说清楚不分派现金股利的理由，他们就可以理解并予以支持，通过长期持有股票来获取收益。没有明确的股利政策，让投资者在对将来股利收益没有任何合理估计的情况下进行投资，只能提高投资风险，降低股票市场的效率，没有任何益处。

在企业财务管理活动中，通常认为有如下四个重要的财务决策：投资决策（政策）、[①] 融资决策（政策）、股利政策与营运资本政策。

（一）投资决策（政策）

所谓投资决策，又被称为资本预算决策，是关于企业长期的、资本性的投资决策。具体方法就是通过对投资项目所涉及的所有现金流量——现金流出与现金流入的预测与分析，对投资项目的绩效进行评价；只要投资项目的报酬率高于企业的资本成本即项目的净现值为正值，项目就可以被接受，否则，项目将被否决。

① 关于“财务决策”与“财务政策”的区别学术上并没有严格的划分。在国外理财学文献中，有时候，这两个词也是混用的，比如，投资决策有时也被称为投资政策。但如果非得划分一下的话，那么，“财务决策”一词，主要着眼于决策的过程、决策的准绳等，侧重于对决策科学性的研究和分析；而“财务政策”一词则着眼于向公司有关利益相关者尤其是股票投资者宣布公司在某些重要的财务管理问题上所要执行的原则、标准等。

只有能够增加企业价值、能够增加股东财富的投资项目，才是可以被采纳的项目。按照现代财务理论，只有能够创造正净现值的投资项目才是企业价值的唯一源泉，同时，也是企业实现理财目标的根本途径。

投资决策是企业第一位的财务决策，是决定着企业未来发展方向的财务决策，是最为重要的财务决策。

（二）融资决策（政策）

融资决策是企业关于长期融资问题所进行的取舍决定，比如关于股票融资的数额、时机等问题的决定；关于公司债券融资的数额、时机等问题的决定；关于海外融资诸多问题的决定等。

一些传统的想法认为融资决策是企业财务管理工作中最重要的内容，这是一个误解，说明了人们对现代理财学理解的肤浅。融资决策其实是为企业的投资决策和经营活动服务的。按照MM资本结构无关理论，资本结构与企业的价值无关。虽然这一理论是在一些极端假设的基础上得出的，但理财人员也必须认识到能够影响并决定企业价值的唯有投资决策，其他所有的因素都是附属的要素，包括融资决策。

随着企业直接融资方式的大量运用以及证券市场的不断发展，企业融资活动的外部化现象越来越突出。所谓融资活动外部化，就是一旦公司做出融资决策，一些重大的融资行为就可以委托给外部的专门人员和专门机构比如投资银行、证券公司等机构来实施。对于企业的理财人员来讲，他们首先要明晰各种不同的融资方式的重要特点以及对企业未来的股权结构、现金流量等产生的不同的影响，这是科学地进行融资决策的基础。

（三）股利政策

股利政策是上市公司财务决策系统中的重要内容之一，直接影响着股东财富的变化，是沟通企业现金流量与股东财富的基本途径。一个发展健康、管理理性的上市公司必然有自己明确的、稳定的股利政策，因为这是吸引股票投资者的重要方式之一。

股利政策的主要内容大致有二：①决定股利支付率的高低，即决定将多少当年的税后净利以股利的方式分派给公司的股东。②决定股利支付的具体形式，是以现金股利的方式，还是以股票回购的方式，等等。

依照国际上许多大型公司股利政策规则，企业税后净利首先应当满足企业内部投资对现金的需求，然后，才能将剩余的现金用于分派现金股利。[①]

（四）营运资本政策

所谓营运资本政策就是关于企业流动资产的占用和流动负债的融资的政策，具体而言，就是决定流动资产占用多少的政策和决定流动负债融资的政策。

营运资本政策的制定，在客观上取决于如下几个因素：①理财人员对于未来经营活

---

① 这就是所谓的“剩余股利原则”，是一个极其重要的财务管理规则。

动中收益和风险的权衡态度。比如，如果极端厌恶财务风险，理财人员会制定较为稳健的营运资本政策，相反，如果企业有意在效率提高方面做出努力，就会制定较为激进的营运资本政策。②理财人员对于营运资本性质的认识。比如，如果理财人员认为流动资产占用不会带来现金流量，对于企业价值的创造不会产生任何有利的影响，那么，就会尽量地减少流动资产的占用。③企业经营活动的效率，通常情况下，企业的经营活动效率越高，资金的周转速度越快，营运资本政策就可以越激进。④行业特征的影响。与股利政策一样，营运资本政策是一个极具行业特征的财务政策。换言之，同行业其他企业营运资本政策的现状会在很大程度上影响到公司的营运资本政策的制定。

在现代财务理论中，关于营运资本的研究是较少的，也没有产生重大理论影响的学说。在以往的财务管理实践中，人们在营运资本管理方面，更多的是依靠管理经验。但近年来，随着“零营运资本”政策在国外企业界的实施和备受重视，人们对于营运资本学术研究的重视程度也大大提高。

在国际大型公司财务管理实践中，除了以上所述的财务决策（政策）之外，有时还会有其他的一些财务决策（政策），比如资本结构政策、IPO 决策，等等。

制定财务政策的三大基本原则：①财务政策的制定要遵守现代财务理论，与财务理论相悖的财务政策的做出即使不能禁止，也一定要格外谨慎。②重大财务政策的做出一定要参照国际上较为先进的财务规则。③应当结合企业经营活动的特点、现金流量的特点以及考虑必要的宏观环境等制定有助于企业可持续发展的财务政策。

第三节　财务行为及其科学化

理财行为即是理财人员根据确定的财务政策所实施的财务管理工作。有理论支持的、有财务规则支持的、依照既定的财务政策所实施的理财行为是合理的、理性的理财行为，它将有助于理财目标的实现。

财务理论是一个虚幻而优美的世界，旨在以理性、简洁的工具对现实的理财实务进行分析、判断与预测，进而指导人们的理财行为，优化企业的财务状况，促进和保障企业的长远可持续发展。为达此目标，需要理财人员深入地领会现代财务理论，创造性地运用财务理论，以自己的高超的管理技巧，将理性分析与感性认识很好地结合在一起。

企业管理行为的科学化体现在管理行为的逐渐细化与理性化。为达此境界，管理人员的职业化特征也越来越明显，对于提高企业管理水平的高低产生着非常大的作用。理财行为是一种极为复杂的管理活动，没有强大的机制上的支持和行为执行人员理念上的支持，便不可能达到财务管理的较高水平。

美国大中型公司经过近一个世纪的发展，在管理机制方面已经达到了极高的水平。各种管理机构健全，管理人员学术修养较高，管理技术先进，这一切为美国企业的高速、稳定发展奠定了稳固的基础，为美国经济的繁荣作出了贡献。

美国公司的组织结构如图 1－1 所示。

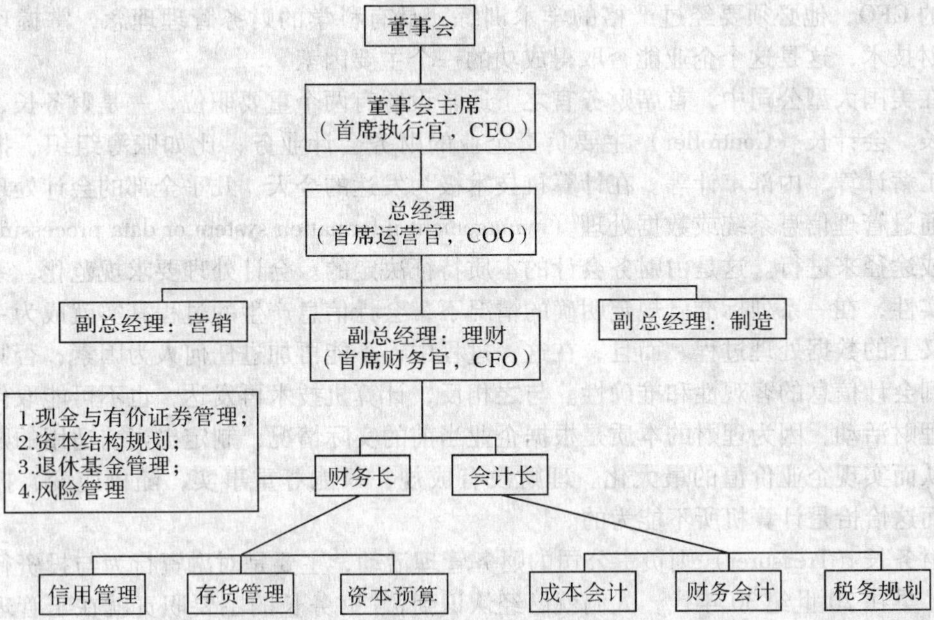

图 1-1 美国公司组织结构与理财的作用①

从图 1-1 中不难看出，理财工作在企业管理体系中的地位是极高的。在总经理之下，有专司各职的多位副总经理，比如负责营销的副总经理、负责生产的副总经理、负责财务管理的副总经理等。由于理财工作的极端重要性，自 20 世纪 80 年代以来，为数不少的公司将专司理财活动的财务副总经理改称为财务总经理。虽说不过是减去了一个“副”字，但其中所隐含的深意却意义重大。财务总经理事实上已经成为一个超过其他副总经理的管理职位，他所从事的工作在整个企业经营管理活动中客观上也已居于核心的位置。随着首席执行官（Chief Executive Officer，CEO）和首席运营官（Chief Operating Officer，COO）等称谓的出现，首席财务官（Chief Financial Officer，CFO）的叫法也早已普及。目前，这些称谓已经传入我国企业界，尤其在高科技型公司中运用更加普遍。

在一个现代化的企业中，CFO（首席财务官）是管理职位仅次于 CEO 的一位高级管理者。与 CEO 不同，首席财务官的主要职责有三：①明确 CEO 关于企业发展的战略考虑及其核心措施。②对企业发展过程中隐含的各种风险进行预测和规避。③科学地运作资金，保证企业发展战略的顺利实施。在这个过程中，首席财务官最为紧要的素质就是要冷静地对 CEO 所提出的发展战略进行周密而科学地判断，并以财务技术量化企业的未来图景，提出针对性的财务规划，并敦促企业管理各个部门按照规划运作，保障企业经营目标的实现。在一个企业中，CEO 可以是胸怀大志、无所顾忌的天才，甚至没

① Eugene F. Brigham & Michael C. Ehrhardt, Financial Management: Theory and Practice, 10th edition, p. 9. Harcourt College Publishers.

有经过任何正轨的教育，只是依靠上天的赐予，发挥他的管理智慧；但作为企业家左膀右臂的CFO，他必须要经过严格的学术训练，具有科学的财务管理理念，掌握现代化的理财技术，这是这个企业能否取得成功的一个主要因素。

在美国大型公司中，首席财务官之下通常设置有两个重要职位，一是财务长，二是会计长。会计长（Controller）主要负责企业的财务会计业务，比如账簿组织、报表编制、工薪计算、内部审计等。在计算机技术极为发达的今天，几乎全部的会计处理工作皆可通过管理信息系统或数据处理（management information system or data processing）的方式或途径来进行。这是由财务会计的本质特征决定的。会计处理要求规范化、系列化和真实性，在一系列标准已规定明确的情况下，会计信息产生的过程其实就成为一种简单意义上的数据处理过程。而且，在这一过程中，不能再加进任何人为因素，否则必将影响到会计信息的客观性和准确性。与之相反，计算机技术再发达，也不可能取代人脑进行理财活动，因为理财的本质是根据企业当前的实际情况，制定出当前适用的财务决策，从而实现企业价值的最大化。理财没有成规，只能尊重事实，随机应变，抓住机遇。而这恰恰是计算机所不能为的。

财务长（Treasurer）则负责公司的财务管理活动，主要是对融资行为与投资行为的管理。早在20世纪30年代，人们就已经认识到，“财务长的主要职责就在于管理企业的现金流动以及保障企业的偿债能力”。[①] 这种认识，时至今日仍为至理。由于现金流量的极端重要性，虽然会计长负责财务报告工作，但有关现金流量的预测与报告工作，一般仍由财务长掌握。

在一些大型公司里，为了更好地组织理财活动，成立了专门的财务委员会（financial committees）。该委员会由具有不同知识背景和经验的专家所组成，以求决策过程的周详与严密。通常，委员会下再分设出一些重要的次级委员会，比如负责资本预算的资本拨款委员会（capital appropriations committee）、负责财务预算的预算委员会（budget committee）、负责退休金管理的退休金委员会（pension committee）和负责工薪计算的工薪与利润分享委员会（salary and profit-sharing committee）等。

通过对工业发达国家尤其是对美国企业管理情况的分析，可以发现一个极为重要的现象，即财务管理活动在企业管理中的重要性越来越突出。不仅仅要求财务总经理具备深入而广泛的财务理论和财务管理技术知识，并且公司总经理（CEO或COO）也要具备必要的理财学知识。在西方广受企业界欢迎的MBA（工商管理）教育中，“公司财务管理”是一门重要的核心课程。只有通晓现代财务理论并掌握基本的理财技术，才能适应当代经济环境尤其是金融环境的不断变化，将企业引入可持续发展的轨道。

美国大公司中这种理财机构的设置和作用的设定，应当成为我国企业对其管理体制进行科学化、现代化改造的最为直接的借鉴。这种机制的基本理论依据便是财务会计工作目标与财务管理工作目标的明确区分。财务会计工作的目标即是在遵循一般公认会计原则（GAAP）的前提下，为企业投资者提供可靠的、相关的财务信息，主要包括资产负债表信息、收益表信息和现金流量表信息等。投资者通过对企业偿债能力、获利能力

① Roy B. Kester, Advanced Accounting, p. 25. 1933.

以及发展趋势的分析和研究，综合判断企业的财务状况，为其投资决策提供依据。必须明确的是，财务会计工作不属于企业管理工作的组成部分，它的职能只是向外部投资者和企业的管理当局提供进行各种决策所需要的财务信息。财务管理工作则是企业管理体系的核心内容，其工作质量的高低将从根本上决定企业的命运。至于财务会计工作与财务管理工作之间的关系，如果将理财活动中对财务信息的运用排除在外的话（因为一旦会计系统将财务信息提供出去，从某种意义上讲，财务信息就成为一种公共产品，任由需求者使用和解释），那么，两者之间没有丝毫的联系。当然，不容否认的是，与其他的管理人员比较而言，理财人员需要掌握更为全面和深入的会计知识。其中原因绝非我国某些学人所谓的“会计包括财务”或是“财务包括会计”，而是因为在实现理财目标的过程中，财务会计系统所提供的财务信息尤其是现金流量信息、流动性信息、账面价值信息等也发挥着非常重要的作用。

我国企业的情况与上述先进国家相比，差异甚大。

简要而论，我国企业的财务管理工作不是水平高或者水平低的问题，而是有没有科学的理财行为的问题。换言之，在很多企业里，根本没有科学的财务管理活动。具体表现为：没有明确而先进的理财目标，没有经过严格学术训练的理财人员，没有严密而科学的财务决策程序，没有资本成本、现金流量等重要理财要素的预测与控制活动等。可以设想，在将来我国企业参与世界经济竞争的征途中，最薄弱的环节既不是生产技术的落后，也不是营销手段的缺少，而是理财理念与理财技术的阙如和落后。上市公司是我国企业界的精英一族，代表着我国企业管理的最高水平。但考察我国上市公司的管理活动便不难发现，与一般的、非上市企业相比，这些上市公司的管理水平尤其是理财活动的水平并没有显现根本性的改变。比如绝大多数的上市公司没有明确的股利政策，不知道本公司的边际资本成本线，没有完整的、科学的财务预算体系等。毫无疑问，理财活动水平的低下已经成为我国企业管理系统中的一个“瓶颈”，严重影响着企业整体素质的提高。

开始于20世纪70年代末的经济体制改革，开创了我国国民经济发展的新纪元。在这之前的30余年中，我国实行的是“计划经济”体制（实际上，把我国建国后直至改革开放时期所实行的经济运作方式称为“计划经济”，在某种程度上讲，说明无论是政界还是学界，对“计划经济”的认识都存在着重大偏颇。“计划经济”应当是人类经济发展到一个极高阶段所达到的一个经济范式。僵化、没有活力、造成极大资源浪费的经济形式绝非真正意义上的计划经济），企业实际上不过是一座座的工厂，它们自身既没有决策的权利，也没有承担经营失败的义务。政府通过一个庞大的国民经济计划，对成千上万的企业指派生产任务，运用各种官僚机构分配经济资源，同时，对企业的工作绩效按照有无完成计划进行评价。譬如，在1980年以前，工业总产值是判断一个企业经营绩效好坏的重要指标。

从财务管理的角度讲，鉴于以上的管理体制，企业自身根本无须进行理财活动。因为，无论是投资决策，还是融资决策，均由政府指定执行。在“资金短缺”（即所谓的“僧多粥少”）条件下，需要企业做的可能仅仅是伸手去“要”，向政府“要”投资项目、向政府“要”资金、向政府“要”各种经营所需的资源。在这种“要”的过程中，培养了企业只关注争抢资源的思路，只要将资源要到手，就算成功，至于运用的效率却极少去考虑。以资金筹措为例，当时将全部流动资金划分为定额流动资金与非定额流动资金，定额流动资金完全由政府按照事前设定的所谓“定额”供应，因而，为了获得更多的流动资金，企业便会想方设法地夸大资金的占用，提高“定额”水平。获得流动资金之后，对如何充分地运用这部分资金和如何提高资金的使用效率方面，无论是企业还是政府，都没有切实有效的措施，以致造成资金的巨大浪费。

在企业管理机构的设置中，由于不需要真正的理财活动，因而只设置从事财务会计工作的会计部门，配备必要的会计人员，其日常工作也无非是一些极为简单的账务处理。这些机构的名称有的是“会计处（科）”，有的是“财会处（科）”等。

随着改革开放的不断深入，政府和企业界首先认识到了财务会计工作的重要性，并采取各种措施培养较高水平的会计人员。自 1980 年开始至今的 20 余年中，财务会计专业成为各财经类高校最热门的专业，各种会计职称考试、注册会计师考试等高烧不退。但在这种客观的有利于财务会计学术与教育发展的环境中，我国学人却走进了一个贻害无穷的误区，即出于企业乃至于整个社会应当重视财务会计工作的良好意愿，过于强调了财务会计的重要性，以至于混淆了财务会计与财务管理的区分，比如，认为财务会计工作应当包括理财行为。政府有关部门也错误地认可并推行了如下与现代财务会计学术相悖的观念，即：财务会计工作的目的是提高企业的经济效益，财务会计工作是一项重要的经济管理工作。无疑，这种理念完全背离了科学的财务会计理论的轨道，成为一种政治需要的宣传。事实已经证明并将继续证明，持续我国政界、企业界和学界 20 余年的这种错误理念，在我国企业管理的理性化、科学化的进程中起到了极大的阻碍作用。

2001 年我国顺利加入世界贸易组织（WTO），企业面临着越来越多的来自于西方发达国家的竞争，管理上的劣势势必会造成企业整体的劣势。按照现代财务理论，按照国际先进的理财理念来提升我国企业的财务管理水平是一项不容延误的工作。从理财机构方面来讲，我国企业必须尽快建立专职的理财机构，明确其管理职能，配备经过学术训练的理财人员，真正为企业财务决策的成效负责，为理财目标的实现与否负责。

理财机构成为现代企业中一个核心的管理机构，并非完全是一个主观重视的结果。随着经济金融化的不断深入，企业经营与金融市场的关系越来越密切，企业发展过程中所隐含的风险因素也越来越大。如何处理好企业发展与金融市场的关系，如何度量并规避各种风险，已经成为企业能否取得成功的关键所在。只有高水平的理财活动才能对以上这些问题进行科学的处置。同时，当企业规模发展到一定程度之后，单纯的资金调度和运作便成为企业管理中极为重要的内容。比如，一家小公司在其经营过程中，管理人员可能会将主要的精力放在生产和营销方面，以确保企业的生存和各类人员的收入。但对于通用电气公司这样的大型公司来讲，生产问题和营销问题已经成为这类企业基本的、常规的问题，由大量的雇员和中、低层管理人员实施控制。高层管理人员比如 CEO、COO 和 CFO 所关注的问题几乎全部是理财问题，比如现金流量问题、资本预算问题、营运资本政策问题、股利政策问题等。这些问题一旦失控，企业便会面临灭顶之灾。

理财的失败意味着企业彻底的失败。

●本章案例

海南航空集团：成长、融资与竞争战略

一、公司背景

海南航空（集团）公司（以下简称海航）成立于1989年，是国内首家非国有资本控制的航空集团。1991年2月9日，随着海航第一架从海口飞往北京的包机起飞，海航正式开始了它的航空运输经营之路。从当时1000万元政府拨款起家，经过短短的15年，海航目前已发展成为资产总值约300亿元，机队规模超过100架，运营国内、外航线近500条的四大航空集团，其速度之快实为业内罕见。

二、海航的扩张“神话”

（一）收购“风暴”

海航成立之初，正值海南省作为全国唯一一个以省为区域的改革试验区，新思想、新经验都可在海南实践，所以它从成立之初就得到了多方的支持、多方的妥协和让步，尤其是政策的支持，这是国有公司没有的。但海航没有躺在这一孤岛上吃政策福利的“老本”，在完成最初的自我积累和上市融资后，从2000年开始，海航开始了近乎疯狂的收购。也正是在这年7月，国家民航总局开始部署以国航、南航、东航三巨头为中心的战略重组。这一明显带有政府配置市场色彩的计划，令当时仍偏居海南一隅的海航倍感焦虑。

要避免被三大巨头吞并，就必须抢先合并他人。2000年8月，海航股份迅速兼并海口美兰国际机场和位于西安的长安航空；2001年，再将基地位于北京的新华航空纳入麾下，成为持股51%的控股股东；同年，又出资重组山西航空，控股89%。经过整合，三大国有垄断巨头占据了国内民航市场80%的份额。而并非民航总局“中央军”出身、甚至不是地方“国字号”的海航股份，以市场手段并购了三家地方航空公司，最终在这场生死攸关的大变革中得以留存发展，被业界视为“异数”。

（二）战略布局

对国内航空运输业这个棋盘，海航研读很深，分析海航现在基地的布局和它的经营风格就不难得出这样的结论。

我们先来看看海航的基地布局。首先是最南端，海航的大本营所在地——海口、三亚，海航放了14架飞机，不仅仅是因为老根据地，故土难离，更主要是海航在美兰机场与三亚凤凰机场都有股份，而且美兰机场是绝对控股，海航的主要维修力量、经营管理人才大都集中在此，基础设施也最好，同时，飞机的起降、过港等费用全在集团内消化，肥水不流外人田。其次是北京，这是海航重组新华航空公司后占据的一个最重要的据点，也是海航最成功的一次重组。这一步无论是时间上、运作模式上都高于其他航空公司的进入北京之举。第三是西安基地，在成功收购长安航空公司后，西安成为海航在西北的一个重要枢纽，成为海航进攻新疆和青、藏、甘机场的指挥控制中心，在此之后，海航又成立了新疆基地（目前放有2架飞机在乌鲁木齐机场，主要经营疆内航线）。2004年，海航又收购了宜昌机场，2005年组建了云南祥鹏航空（由海航集团占67.95%股权，山西航空占31.38%的股权，云南石林航空旅游服务股份有限公司占

0.67%股权），以大理机场为基地进行运营（2006年2月26日已正式运营）。同样在2005年年底，海航用新华航空部分股权置换第三家在香港注册的香港中富航空公司60%的股权，海航集团领导人明确表示将计划把中富航空发展成为在香港与国泰、港龙三足鼎立的航空公司。2006年4月18日，海航广州分公司成立，这是海航第九家分公司，计划在广州投入20架以上的飞机运力。再加上2001年成立的以太原机场为基地的第二家分公司——山西航空公司，海航已经基本完成了它在中国版图上的基地布局。

目前，海航除了在东北还没有建立基地外，已完成了对国有航空公司最核心部分市场的突破，在国航的总部北京，以新华航空与之竞争；在东航的总部上海，海航主要以扬子江快递公司进驻；在南航的总部广州，以广州分公司与之直接对垒。除此之外，在国航原有的“势力范围”内，海航以天津、太原为基地，进行“侧面夹击”。对东航，海航的战略是攻击重点市场，一是在西安收购长安航空，以25架飞机的规模压倒性优势占据原东航西北公司基地的“西北重镇”西安；二是对东航原盈利能力很强的云南公司，以大理机场为基地在其滇内“纵横游击”。对南航，海航从成立之日起就与之“交锋”，所以双方都知根知底，海航在海南省与南航只能算是平分秋色，各占半壁江山，海航最大的优势在于拥有美兰机场的控股权，而南航没有控股权，仅有7%的股份。海航在广州从1993年就成立了营业部，13年后才成立分公司就是双方较量的结果，只是海航的力量今非昔比，所以在广州成立分公司与南航展开更激烈的竞争。但对南航威胁最大的是海航控股的香港中富航空公司。这样，海航在南方区域上比南航多了一粒“活子”。另外，疆内航线海航也“奔骑突袭”，南航已没有任何可以“轻敌”的机会。笔者认为，从海航基地的布局来分析，海航的目标不会是成为一条“鲨鱼”而应该是成为一条“鲸”。

（三）资本运作

海航的上市融资在中国民航不是第一家，也不是上市航空公司中的第一家，但海航的资本运作是国内航空公司最受关注的一家。凭借1000万元的资本起家，从银行贷款买了第一架飞机，把第一架飞机抵押买第二架飞机，再把这两架飞机抵押买更多的飞机，到1995年11月2日，海航向索罗斯旗下量子基金控股的美国航空公司出售价值2500万美元的股票，1997年6月，发行7100万股B股，募集到3337万美元，1999年发行20500万股A股，募集资金9.43亿元人民币，这一路走来，从1000万元到我国国内第一家A、B股同时上市的航空公司，海航的“倒金字塔”漂亮得让人瞠目结舌。但海航的资本运作并未到此止步，1999年海航A股上市以后，海航利用股市的融资资金，先是控股了美兰机场，然后挥师北上，收购了长安航空公司，组建了“西北大军”。海航在尝到了甜头以后，一发不可收，2001年1月23日，海航引进的第13架多尼尔328－300喷气支线客机降落海口美兰机场，至此，一个由13架多尼尔328－300型客机、3架波音737－800型客机、3架豪克800型公务机和1架冲八Q－400型客机组成的大型机队再次“登陆”计划，由此拉开序幕。2月28日，海航以3架B737飞机和现金，共计7亿元人民币为投资额，对新华航空公司进行重组。海航依托新华航空公司拥有的50多条航线和北京、天津两个基地，开始将区域性触角向全国延伸。

7月6日，海航又将山西航空纳入麾下。为抢占西部市场又搭建了一个良好的平台。10月30日，海航与美国摩根大通银行在纽约签下一纸融资2.5亿美元，购买5架波音737-800客机的合约，成为自“9·11”之后，中国企业最大的一笔融资，使海航被业界称为中国民航的第四条腿。

从最先组建了长安航空至组建山西航空，仅短短一年多的时间，至此，国有航空公司方才恍然醒悟过来，在总局出台组建“国有大军”的意见出台后，开始了主动联姻之路，但在股权分置方面，国有航空公司即使观念相对超前的公司也没有突破思维禁锢，一直固守国有航空公司必须绝对控股的观念，直至在武汉某航空公司重组受挫以后才醒悟过来，但那时“地方军”几乎全部被海航“收编”，在此之后，国有航空公司也就南航还收获了一点“残羹冷炙”，国航重组山东航空公司已是2005年的“收山之作”了。海航的收购不仅稳、准、快，而且不仅仅局限于航空公司，还从主业以外的延伸区域上作资本运作文章。海航在机场方面，控股或参股了美兰机场、三亚凤凰机场、潍坊南苑机场、湖北宜昌机场，除南苑机场是地方小机场外，其他三个机场都具有很强的盈利能力（或潜力），从海航股份的业绩报告里也可看出这点，同时，海航在酒店、旅游方面也同时进入，组建了海航酒店（集团）有限公司和海航幸运国际旅行社，形成航空、酒店、旅游一条龙服务。2004年3月9日，海航又出资收购了西安民生25.65%的股权，进军百货和仓储式销售业，但业内人士推测海航这步棋的真实意图是进军西安商业银行，因为西安商业银行占西安民生7%的股份，再加上此前海航欲购西部证券，收购吉林信托，入主柬埔寨航空公司等动作出台，海航尽管最终未能如愿，但它的资本运作手段和激进，让人刮目相看。

三、海航的隐忧

2005年1月30日，海航集团的控股公司海南航空股份有限公司（上海证券交易所代码：600221）发布公告，称中国证监会在专项检查中查处海南航空4.4亿元的违规资金。海南航空隐瞒关联交易的丑闻，使得舆论开始质疑海航的一系列扩张行为，并对其资金链的安全性担忧。

（一）高负债隐患

购置飞机、参股机场、兼并重组等投资项目都从属于海航长期的发展战略，但这些投资必然花费大量资金，带来很高的资产负债率。而统计数据显示，2001年，海南航空的资产负债率为78.34%，仅比行业平均水平78.32%高出0.02个百分点；2002年，海南航空的资产负债率上升为82.83%，比行业平均水平77.39%高出5.44个百分点；2003年，海南航空的资产负债率高达91.95%，比行业平均水平79.39%高出了12.56个百分点。而2004年年底至2005年年初，海航的一系列购机行为则使其资产负债率有可能进一步增加。1月28日与波音公司签订协议，花费约10亿美元购买8架波音787飞机。另外，海航还酝酿把海航集团旗下的海南航空股份有限公司、新华航空、山西航空、长安航空四家航空运输企业进行重组，成立中国新华航空集团，这些发展计划势必加剧海航资金链的紧张。

虽然，国外有很多航空公司的资产负债率都在90%以上，但与国内其他航空公司相比，海南航空的资产负债率是偏高的。2004年统计数据显示，海南航空的负债总额为197.16亿元，资产负债率为90.93%，远高于南方航空69.17%、上海航空73.99%、东方航空81.87%的负债率。

（二）固定资产与主营业务收入增长的不平衡

海南航空的固定资产2004年第3季度比2002年增长41%，主营业务收入只增长了22%，经营活动产生的现金流量净额增长率只有29%，而固定资产与主营业务收入的差值却增长了55%。

根据中央财经大学中国企业研究中心披露的一份报告中显示，过去几年，海南航空的巨大借款都投放在飞机购买与租赁、行业并购、航线开拓等方面。数据显示，自1999~2004年9月30日，海南航空平均借款净额为180167万元，比购置固定资产支出平均值175416万元，只差4750万元，由此可见，海南航空的借款大部分用于购置固定资产。

自1999~2004年第3季度，海南航空的固定资产与主营业务收入的差距越来越大。由1999年的11亿元到2004年第三季度的109亿元。

（三）财务制度不健全

对于关联交易未披露事件，海南航空董秘张尚昆表示，未披露的原因是由于公司交易繁多，而且涉及各个行业，因此有时候会对某项资金是否属于关联交易认定不清。因此这笔账目他在此前并不知道。据了解，海航因账务处理不当，导致2003年增加亏损4143.12万元。"主要是不符合会计准则。"海南证监局人士表示，2002年度，海航本部以前期预提的修理费冲减当期营业成本，该事项增加2002年度利润2685.43万元，相应增加2003年度亏损2685.43万元。海航本部2003年度"管理费用"为2.56亿元，较2002年度的1.7亿元增加约8533万元，其中由以前年度（1998~2002年发生）往来款项转入1400余万元，该事项增加2003年度亏损1400余万元，相应减少前期亏损1400余万元。

四、评论

当然，就像国有航空公司不全是劣势一样，海航也不可能全是优势，家家都有一本难念的经。在2001年，以行政之手驱动的三大国有航空集团整合基本告竣：中国航空总公司联合了国航和西南航空，东方航空吞并了云南航空和西北航空，南方航空则兼并了北方航空公司和新疆航空。除上述民航总局直属航空公司合纵连横外，国内大批省级航空公司也改弦易辙，被纳入三大航空集团囊中。海航在很大程度上被排斥在干线航空之外。以京、沪、穗三大城市为纽结的干线航空市场，既是利润最丰厚的市场，也是被三大集团高度垄断的领域。至今，海航依然以支线航空为主，而布点零散的支线市场需要更多的运力部署，这意味着对更多飞机数量的需求，以及更高昂的运营成本。以不断购置飞机为特点的大举扩张既是求生之道，也给海航带来了更大的资金压力。

在自己的高速发展中，海航也碰到了自己的一些困难，如股民质疑主辅业不分、现金流动困难、信贷中银行授信额度大幅下降等，如2003年"非典"期间，海航的现金流动就陷入困境，因中央采取果断措施及时制止了"非典"并恢复了各行各业的正常运转，海航也才得以缓过气来，并在当年将股份公司的亏损额全部由此消化掉，也并未引起股票的异常波动。2006年海航购买波音公司B787飞机的合同也因缺少银行的支持而推迟了一个月，而海航控股95%的海航金鹿航空销售有限公司的业务亦被业内、外认为是海航“套现”的重要来源，海航的战线那么长，现金流到底能支撑它多久也被很多人怀疑。

面对这些困难，海航的经营方式有所改变，以求平衡为主导，在部分市场的部分航线经营中，海航占据妥协优势的，海航也采取“固守”的方式，所以综合起来看，海航的企业文化以“业绩、创新”为主，“诚信”则内外有别，由此产生的经营策略是“游固结合”，市场控制处于劣势的以“游”求生，获得妥协优势或“游”而影响既得利益的则以“固”图存。

案例问题讨论：

1. 试分析海南航空的资本运作有何特点，意义何在。

2. 试对海南航空的战略扩张进行评价。

3. 海南航空的财务政策风险性如何，是否稳健，说出你自己的看法。

4. 探讨影响海南航空未来成长的因素。

5. 海南航空的成功对国有航空公司的发展有何借鉴意义。

（资料来源：①《软实力：海航创新之源》，新浪财经，http://finance.sina.com.cn/leadership/mcxgl/20060314/07102414326.shtml；②卢建兴：《解读海航》，民航文化传播网，http://www.xn-dpq69g9yt3yae3v663axfe.com/mj/mj.asp? ID = A2006912118304011072；③《海航嬗变》，《财经》杂志/总 163 期，http://caijing.hexun.com/text.aspx? sl = 2319&id = 1723401；④参见：《海航 4.4 亿元关联交易违规 证监会要求限期整改》，http://finance.sina.com.cn 2005 年 02 月 04 日；⑤《靠关联交易维持资金平衡 海航负债率逼近警戒线》，http://finance.sina.com.cn 2005 年 02 月 04 日；⑥《海航 4.4 亿元应收款悬空》，http://finance.sina.com.cn 2005 年 02 月 04 日；⑦《海航回应关联交易，年内组建大新华航空海外上市》，http://finance.sina.com.cn 2005 年 02 月 03 日；⑧《海航隐藏 4.4 亿关联交易》，http://finance.sina.com.cn 2005 年 02 月 01 日。袁晨整理。）

●思考题及答案要点

1. “财务管理”与“公司理财”是同义词。试阐述公司理财的主要内容。

2. 解释如下几个重要概念：财务理论、财务规则、财务政策与财务行为。

3. 举例说明你所了解的国外大型公司中采用的一些理财规则。

4. 何谓“折现现金流量模型”，在财务管理工作中，该模型有哪些重要应用？

5. 何谓“资本资产定价模型（CAPM）”？在财务管理工作中，该模型有哪些重要应用？

6. 试对如下财务决策予以简要说明：投资决策、融资决策、股利政策、营运资本政策。

7. 在一个现代企业中，CFO 是一个何种管理角色？我国目前大型企业中的“总会计师”与国外的 CFO 是一回事吗？

8. 您觉得应当如何开展企业的财务管理工作？

答案要点：

略

●参考文献

1. 斯蒂芬·A. 罗斯、罗德尔福·W. 维斯特费尔德和杰弗里·F. 杰富. 公司理财. 吴世农、沈艺峰等译. 第5版. 北京：机械工业出版社，2000

2. 刘兴云、汪平. 财务管理学. 北京：经济科学出版社，2000

3. 加布里埃尔·哈瓦维尼和克劳德·维埃里. 经理人员财物管理——创造价值的过程. 王全喜等译. 北京：机械工业出版社，2000

4. 汪平. 财务理论. 北京：经济管理出版社，2003

5. 汪平. 中级财务管理. 上海：上海财经大学出版社，2004

第二章　理财目标理论

●本章提要

与其他的企业管理活动一样，企业理财活动取得成功的关键在于有一个明确而科学的理财目标，同时理财人员拥有能够促进理财目标实现的理财观念和理财工具。理财目标的阙如，是我国企业界长期以来财务管理水平不高的一个重大症结。20 世纪 90 年代以来，出现了企业价值最大化这一极具前沿色彩的新的理财目标，它将利益相关者的价值也考虑在内。而股东财富最大化仍然是国际公认的、有助于企业长远可持续发展的理财目标，被几乎全部的国际性大型公司所采纳。事实证明，股东财富最大化目标的确立以及被普遍认可并采用，促进了世界经济的持续发展和人类文明的进步。

●章首案例

企业的合理的理财目标到底是什么？这不仅是企业理论研究的起点，也是企业实际中不可回避的一个基本问题。首先，我们来看一下国际各大公司在它们的年报中是如何表述它们的理财目标的。

可口可乐公司在其 1998 年的年报中指出："我们的任务是全力以赴地使我们的股东财富达到最大化。"

康柏公司在其 1998 年的年报中写道："我们坚持这样的一种责任，公司的执行官与其股东大会之间需要集中全部的精力去实现我们的长久目标即达到股东财富的最大化。"

美国西塞克斯铁路运输集团公司（CSX）在年报中也谈到："我们的主要目标是增加股东的价值。"

还有信用评分巨头——伊夸费克斯公司（EquiFax）在 1998 年的年报中有这样一段话："我们公司在 20 世纪，经过孜孜不倦地努力追求最终达到了成功，也就是我们增加了各方的价值。而在这种追求过程中我们始终秉承一个至高无上的理财目标——就是给那些投入资金的信任我们的股东们创造长久的价值。因此，我们的战略计划、资本投资计划、并购活动、新业务的开支以及退休金计划都是围绕这个目标而进行的。这是我们进行一切活动的源泉和动力。"

佐治亚州的太平洋公司在 1998 年的年报中也提到："太平洋集团一直以来都在努力地创造长久的股东财富和价值。"

著名的桂格燕麦公司（Quaker Oats）在公司年报中也认为："我们的最终目标是持

之以恒地为我们的股东增加财富，增加价值。”

迪斯尼公司的公司使命是：“提供人们所追求的高质量娱乐服务。”迪斯尼的前CEO迈克·艾斯纳也说：“我们出售的是欢乐。”让全人类欢乐，正是迪斯尼的信念。但是它也具有明确的理财目标，就是：“从创造性的战略财务角度，保持住世界第一娱乐公司的桂冠，就是努力创造股东价值，增加股东财富。”

显然，股东财富最大化已经成为国际上大型公司所追求的理财目标了。同时，美国麦肯锡全球研究所在研究企业的理财目标时得出了这样一个结论：那些以股东财富最大化为企业理财目标的国家在劳动生产率、就业率、人均国民产值等方面都要高出其他国家，特别是，从长远看，企业在将股东财富最大化的同时，将企业其他权利要求方的价值也最大化了。那么也就是说我国企业与先进国家企业的差距在哪里？恐怕首先在理财目标的观念上。

（本案例资料参考各大公司年报。许笑丹整理。）

第一节 理财目标——股东财富最大化分析

近年来，关于理财目标的争议较多，并引发了许多有意义的话题。那么，企业的合理的理财目标到底是什么呢？这里首先应当弄清楚的是，所谓“合理”的理财目标是什么意思？严格而论，理财目标问题并不是一个实证性的命题，在研讨过程中，极有可能陷入“公说公有理，婆说婆有理”的研究困局。但一个简单而且明确的标准是不容忽视的，那就是，理财目标的界定应当与财务决策的取舍准绳、与理财行为的优劣判断标准相互协调。

理财目标是公司财务理论与实践研究的起点。理财目标即财务管理目标，它是企业优化理财行为结果的理论化描述，是企业未来发展的蓝图。同时，理财目标又是对企业理财行为的理性化牵引，有助于财务决策的科学性与合理性。对于理财人员而言，确立明确合理的理财目标是极为紧要的，有助于科学地进行财务决策，保持日常理财行为的高效与规范化，并能够帮助理财人员建立科学的理财理念。在我国企业界，无论是自觉还是不自觉，很多都视“利润最大化”为企业目标或者是理财目标。现在人们已经了解，在财务管理活动中，追求利润最大化，无疑将使企业的财务决策出现短期化态势，长此以往，必将严重影响企业的可持续发展。从某种意义上讲，利润最大化是一种着眼于管理者的目标设计，而现代企业经营事实上是一种着眼于投资者的机制，两者之间的不相容也就不足为怪了。必须说明的是，不认可“利润最大化”作为理财目标，绝对不意味着利润的实现对于企业来讲是件无足轻重的事情。很清楚，没有利润，企业就失去了存在的价值。问题的关键不在于利润是否重要，而在于追求利润的单向过程会严重伤害到一个企业持续存在的可能。

“股东财富最大化”是目前国际上被众多大型公司普遍采用的理财目标，经历了近一个世纪的历史检验，证明确实有助于企业的发展，甚至有助于整个社会的富裕。

在西方企业界，关于目标设定一般有如下三个层次：①

1. 企业宗旨。比如“致力于人类的幸福”，“为社会创造价值”等提法均可以归入企业宗旨之列，申明了企业经营的远大志向，代表着企业文化。

2. 理财目标。比如“股东财富最大化”。②

3. 战略目标。战略目标往往具有时效性，比如，“在10年之内，跨入业内前十名”。

需要注意的是，不同性质甚至不同规模的企业，在企业宗旨的提法上，会有重大的差异。毕竟，企业文化的差异直接决定企业宗旨的提法不同。但在不同性质的企业之间，不同规模的企业之间，甚至在不同国家、不同地区的企业之间，关于理财目标的提法却表现出了极强的趋同性和稳定性，那就是“股东财富最大化”。换言之，不同的国情，不同的文化，都对理财目标没有产生重大的影响。这一现象至少说明了理财目标体现了企业的根本性质，就是为所有者创造财富，而这一性质与企业的具体经营特征乃至于与不同国家的政治特征或经济特征之间没有关系！

追求股东财富、以股东财富最大化为理财目标并非完全意义上的董事会或者管理当局的主观选择，从根本上讲，这一目标是企业内生的。一个企业的诞生，无论是从法律意义上讲，还是从厂商理论的意义上讲，都源于初始投资者——一般为股权资本投资者对于创建企业的热情和信心。随着企业规模的不断扩大，内部融资（包括初始的股权资本投资者）逐渐成为限制企业进一步发展的障碍，因而首先出现了债务，再后就出现了股份的分散和通过证券市场的直接融资。在这个历史的演变中，股权投资者可以说始终控制着企业的规模和发展方向，同时，也承担着企业最终的风险。随着资金来源及其结构越来越复杂，他们面临着如下两个重大问题需要认真加以解决：

其一，将债权人与公司所有者即股东隔离开来，这样既明确了在公司投资者中各自不同的身份，也便于未来收益的分配。解决这一问题的主要方法就是从法律上明确债权人对企业未来现金流的索偿权，也就是在法律上界定企业对于债权人未来获取利息和本金的权利，包括时间的界定和金额的界定。这就是说，对于债权人投资者未来的报酬做了固定的技术上的处理，不仅与企业的股权资本投资者隔离开来，甚至与企业的实际经营绩效也隔离开来，转变为企业的一项法律义务。按照目前的法律规定，债权人报酬的满足是优先于企业的所有者的。因此，从财务管理的角度讲，为了实现股东财富最大化的目标，企业首先要履行其债务契约，这是股东获得报酬的基本前提。

其二，将企业的所有者（股东）与管理者（经营者）隔离开来。进行这一隔离的

① 英国董事协会在《董事会标准：改善你的董事会效果》的报告中，将企业目标体系分为如下四种：(1) 愿景（Vision），在愿望和理想中对公司未来状态的描绘以及公司通过努力将取得的成就；(2) 使命（Mission），对必须要做的事的陈述，以达到最好是可以测量的设想的状态；(3) 目标（Goals），与实现使命相关的可测量的指标（target）；(4) 目的（Objectives），与实现公司战略相关的可测量的指标（target）。其中的所谓目标就是这里的理财目标。英国董事会协会，李兆熙、杨威译，《董事会标准：改善你的董事会效果》，第10页，北京：中国财政经济出版社，2004年7月。

② 可口可乐公司在1998年的年报中，对于理财目标的提法是，“Our mission is to maximize share-owner value over time.”。

目的源于企业所有者即股东对于未来现金流的追求，换言之，就是对于自身财富最大化的追求。从理财的角度讲，如果股东自己经营企业所得到的报酬与雇请专职经理人所得到的报酬无异，那么，他没有任何理由实施这种所谓的所有权与经营权的分离；只有专职经理人能够创造出不仅足以弥补雇请他们的成本，而且还可以创造出股东自身难以创造的财富的时候，股东才会转移其对生产经营的控制权。因而，在理论上认定所谓的两权分离一定就优于股东自行运作的效率，起码没有理财学的依据。即使这些股权投资者将实际的管理权或经营控制权委托给专职的管理人员之后，股权投资者对于公司的所有权和最终控制权这种性质也不会发生任何改变。换言之，无论是将经营权交给谁，实现股权投资者报酬率的要求始终是经营企业最为基本的、最为根本的目标要求，这与企业经营的环境、与企业的经营特点等没有任何关系。

企业的物质特征、企业的经营特征丝毫不会影响企业的理财目标。因而，与企业的战略目标等相比，理财目标是极为单纯、也是极为根本的目标函数。

在美国，有要求公司管理当局追求股东财富最大化的传统。如果这一目标没有实现，那么管理层将会面临来自董事会和股东的巨大压力，甚至面临被恶意收购的危险。强调并保护投资者利益也是美国文化的主要特色。比如，财务会计的目标即是向金融市场上的投资者——主要是股票投资者提供财务信息。股东财富的持续增加意味着整个社会富裕程度的不断加强。

卡普兰（Copeland）指出，[①] 现在多数发达国家和地区的管理者都把重心放在股东价值的提高上。因为在美国和许多欧洲国家，基于股权的各种报酬形式在多数高层管理者的报酬中变得越来越重要；而且自 1982 年以来，美国股市和欧洲股市情况良好，因此家庭在股票上的投资比例有很大的增加，也就是说，就市场渗透而言，股票变得非常重要，其中既有直接的股票投资，又有间接地通过共同基金、养老金账户以及自定认缴计划进行的股票投资。在这种情况下，旧的劳资观念已经过时，股东也不再是什么特殊人群，而是我们自己。随着越来越多的人成为股东，支持将股东价值作为公司目标的呼声日益强劲。

卡普兰等还从信息的角度论证了追求股东财富的合理性，“价值（现金流量折现）之所以最佳，全在于它是要求完整信息的唯一标准。为判断价值创造，必须具备长远观点，能够在损益表和资产负债表上处理所有现金流量，并了解如何在风险调整基础上比较不同时期的现金流量。没有完整的信息，几乎无法做出妥善决定，而其他绩效标准，都不需要完整信息”。[②]

事实上，股东财富即股东价值最大化的理财目标与企业价值最大化目标在本质上是一致的，只是前者更为强调股东的利益。至于有关利益相关者的考虑，它实质上是一个企业内部管理机制的问题。企业的利益相关者主要涉及债权人、员工、职业经理人以及供货商、销售商等。企业的债权人按照所订立的借款合同按期获得固定利息及本金返还；企业的内部员工和职业经理人往往也是按照劳务合同中的规定获得相应的薪酬；而

① 汤姆·科普兰等著：《价值评估——公司价值的衡量与管理》，第 2～3 页，北京：电子工业出版社，2005。
② 汤姆·科普兰等著：《价值评估——公司价值的衡量和管理》，第 23 页，北京：中国大百科全书出版社，1997。

供货商、销售商等与企业之间存在的仅仅是买卖关系，并不涉及更深入的利益分享问题。企业有时会采用一些利益激励方式，如绩效工资、股权激励等来鼓励员工和职业经理人为创造企业财富而努力，前者属于企业激励管理的一种手段，后者则将经理人转变为股东。正如科普兰所说，随着越来越多的人，包括企业员工、经理人、供应商和销售商都成为了这家或那家企业的股东，股东财富最大化逐渐变成一个在世界范围内得到公认的理财目标。如金宝汤公司（Campbell Soup Company）、可口可乐公司、西塞克斯公司（CSX Corporation）、EquiFax 公司、佐治亚—太平洋公司（Georgia - Pacific Corporation）、美国桂格燕麦公司（The Quaker Oats Company）以及迪斯尼公司[①]均在其年报中将长期股东财富、股东价值最大化作为其使命。

信守并强调公司以"股东财富最大化"为理财目标，有助于培养公司对于股东即广大投资者的亲和力，以求得投资者的认可。股票投资者可以通过股票的买卖行为，来表达自己对于公司管理和发展的意见，向公司管理层传递相关信息。近年来，国外学界对于不同环境下的不同理财目标对于企业与经济发展的影响进行了大量的研究，其中有证据表明，追求股东财富最大化目标有助于公司的长远发展，有助于社会的共同富裕，同时，也有助于协调各方面之间的利益关系，是一个较为理想的理财目标。

一个公司要想增加股东的财富，途径主要有两种：一是支付给股东股利，二是提高股票的市场价格。在任一时点上，股东财富可计算如下：①将当期每股股利乘以持有的股份数。②将当期股票价格乘以持有的股份数。③就上面计算的股利额与股票市场价值加总即可得股东财富的价值。

股票投资报酬率的计算方法如下：

股票投资报酬率 = 股利收益 + 资本利得

$$股利报酬率 = \frac{每期股利}{期初股票价格}$$

例如，W 公司在 2006 年初股票价格为 20 元，2006 年年末升至 25 元。全年股利为每股 1.9 元。某投资者持有 W 公司股票计 1000 股，则其收益为：

股利报酬率 = 1.9/20 = 9.5%

资本利得报酬率 =（25 - 20）/20 = 25%

股票投资报酬率 = 9.5% + 25% = 34.5%

股票投资报酬 =（1.9 + 25）×1000 = 26900（元）

在通常情况下，当股利收益较大时，资本利得会减少，因为公司将更多的税后利润用于向股东分派股利，用于公司内部的投资资金就会减少。股利增长率则是公司理财活动中必须密切关注的一个指标。增长率是股票投资者的资本利得——源自公司将税后利润留存于公司中进行再投资，通过公司收益水平的不断提高来逐渐提升公司股票的价格。对于股东而言，获取股利是一项直接的现金收益，而通过留存利润提高公司股市获取资本利得则可能具有长期投资的特征。

---

① 迪斯尼公司对其宗旨的描述为，"提供人们所追求的高质量娱乐服务"；理财目标为"从创造性的战略财务角度，保持住世界第一娱乐公司的桂冠，创造股东价值"。

因此，为了使股东财富最大化，企业必须努力使每股股利与每股价格达到最大化。如果以此为理财目标，那么判断决策好与坏的标准即为能够提高股票价值还是使股票价值降低。也就是说，企业的一切财务决策必须以保护和提高股权资本投资者的利益为基本出发点。同时，这里的股权资本投资者尤其是指企业现有的股权投资者。

在财务管理活动中，以股东财富最大化为理财目标，要求理财人员：

1. 关注公司的财务决策、理财行为等对公司股市进而股东财富的影响。股东作为投资者，理应成为企业发展的最大受益者，这在财务管理活动中应当得到充分的体现。

2. 合理地确定公司的股利政策。股利政策的制定直接决定了股东收益的一部分，对于理财目标的实现具有极为重要的作用。从某种意义上说，不关注股利政策，不制定有助于企业可持续发展的股利政策，就等同于无视股东财富的增加。

3. 关注公司的社会形象。公司的社会形象直接关系到股票投资者对于公司的了解，以及对于公司股票的要求报酬率的高低。

以股东财富最大化为理财目标，在不同的情形之下，对于具体的实施，需要做必要的变通。目前，如果将股东财富最大化作为我国企业界的理财目标，一些特殊问题必须予以重视并加以科学分析。比如，我国国有企业的股东财富问题、我国股票市场效率问题等。

第二节　股东财富与财务决策

财务管理决策包括投资决策、融资决策、股利政策与营运资本政策四种。投资决策所影响的是企业的资产结构，即不同的投资决策将产生不同的资产结构，进而决定企业经营的现金流量及其风险特征。融资决策所影响和改变的是企业的资本结构，进而会决定企业的财务风险。股利政策则从某种程度上依附于企业的投资决策与融资决策。营运资本政策既关系到企业经营绩效的高低，也事关现金流量的实现。

财务管理目标是企业优化理财行为结果的理论化描述，是企业未来发展的蓝图。理财目标是对企业理财行为的理性化牵引，有助于财务决策的科学性与合理性。不同的理财目标，其作用机理有着重大的区别，比如，如果追求利润最大化，那么，理财人员会极为看重盈余管理和利润表的编制。

以股东财富最大化为理财目标，首先要求管理当局尤其是高层理财人员比如 CFO 高度关注股东财富的变化，在进行各种财务决策时，始终将股东财富的增加放在第一位。具体言之，能够最大化股东财富的财务决策是好的财务决策；反之，不能够最大化股东财富甚至毁损股东财富的财务决策是不好的财务决策。以此为理财工作的基本准绳，既可以确保股东财富最大化目标的实现，又可以确保企业的长远可持续发展。

所谓的“股东财富最大化”，绝非通常意义上的股利越多越好，股票价格越高越好。股东财富最大化这一理财目标是通过满足股东的最低报酬率要求来实现的，即：

股东财富最大化≡股东最低报酬率要求的满足

“最大”与“最低”，在这里实现了绝妙的统一。

以一个完全股权资本企业为例，假如其股东要求报酬率是 18%。按照“股东财富最大化”的理财目标，理财人员进行财务管理工作的基本要求便是实现股东要求的 18% 的报酬率。18% 就是该企业的资本成本，是该企业进行投资的最低盈利水平。为了实现这一目标，企业管理人员必须找到能够带来超过 18% 报酬率的投资项目，使得：

项目报酬率≥股东的要求报酬率 = 18%

只有这样：

项目的净现值≥0

股东财富才能得以增加。

以上分析与 1958 年的 MM 理论是相吻合的。投资项目之所以能够创造或者说带来价值，就是因为投资项目且唯有投资项目才能够创造现金流量。公司理财问题从根本上讲，实际上就是一种投资者与企业之间的现金流的交换：投资者向企业投入资本——投入现金流，经过必要的运营，企业再向投资者返还更多的现金流，超过原投入现金流的部分，就是投资者的投资报酬。毫无疑问，只有企业返还给投资者的现金流等于甚至超过投资者所要求的现金流的时候，股权资本投资者才会满意于公司的经营。

决定或者影响未来经营活动现金流量的、进而决定企业价值的财务决策是决定企业发展方向和发展规模的财务决策，在企业的财务管理活动中，这种财务决策只有一个，就是投资决策。

融资决策不会对经营活动现金流量产生决定性的影响。在 MM 有税模型中，分析了加入公司税后资本结构对企业价值的影响，认为由于抵税收益的因素，公司使用的负债越多，企业价值也就越大。事实上，MM 在这个分析中，混淆了经营活动创造现金流量与抵税产生现金流量的性质。如果我们接受了如下定义，即企业价值是未来经营活动创造现金流量的折现值，那么，由于利息抵税所产生的现金流量就不能纳入到企业价值之中，只能作为企业价值的一个附加因素。

一个企业能否获得长足发展，能否真正实现投资者财富的最大化，归根结底要取决于投资决策的质量；而一个企业的投资决策也从根本上决定了这个企业的发展方向和规模。从财务决策的顺序上讲，自然是投资决策是第一位的，决定性的，而融资决策是第二位的，是从属性的。

一个不容否认的事实是，在任何一家公司中，投资决策的质量不取决于理财的因素，更多的是决定于公司的最高决策者（董事会或者 CEO）。财务管理在投资决策中所要发挥的一个重大作用就在于对投资项目所涉及的所有现金流量及其风险程度进行规划与分析，从而得出一个理性的结果——就是从对股东财富影响的角度所分析的结果。

在所有的财务决策中，股利政策是最能反映管理当局对股权投资者态度的一个财务政策，也是最能反映股东财富最大化理财目标是否得以贯彻的一个财务政策。根据前文所述，股票投资者的报酬通常包括股利和资本利得两部分。表面上看，资本利得取决于公司股票的行市，与公司理财行为没有直接关联，纯属外部因素。但股利政策的实质恰恰要突破这一表面现象，就是说，企业要通过合理的股利政策，要在主观上（即所谓的目标追求上）满足股东对于投资报酬率的要求，即使股市无从把握也是如此，这正是股利政策之所以作为一个重要的财务政策的原因所在。

对于理财人员来讲，股东财富即股票投资者报酬就是一个经过科学预测的数值。科学、合理的股利政策，便是确定满足这一报酬率要求的具体形式，是股利？还是资本利得？通常情况是，发展较为成熟的公司，其现金流量较充裕，往往会分派较多的股利，同时，由于发展速度减缓，股票行市也进入稳定期，资本利得较少；一些历史较短的公司或者风险较大的公司（比如高科技企业），一方面现金流量较少，另一方面新的投资机会也较少，因而会较少分派或者不分派现金股利，将更多的税后净利留存在公司里进行再投资，获取更多的现金流量，推动公司股票上涨，为股东创造更多的资本利得，实现报酬率要求。毫无疑问，在股利政策的制定过程中，理财人员所做的是企业价值的一种分割和派出，与企业价值的创造毫无关系。

在很多的财务管理著述中，提及财务决策，往往不包括营运资本政策。这种情况起码反映了一个历史事实，即营运资本管理在财务管理中的地位是较低的：一方面，营运资本属于短期的、临时性的财务管理，没有战略价值，在营运资本管理方面即使出现了问题或者偏差，也比较容易纠正，不会对企业的发展产生长远的、决定性的影响；另一方面，营运资本管理通常与存货管理交叉在一起，属于混合型管理领域，而且理财价值并不大甚至没有，在财务管理中不受重视在情理之中。但近年以来，随着“零营运资本”概念的提出和运用，营运资本政策问题日益受到企业界和学术界的重视，研究成果日益增加。学术界较为关心的问题是：营运资本主要是流动资产——尤其是存货、应收账款等的占用与企业绩效、与企业现金流量的相关性如何？再进一步讲，流动资产的占用与企业价值的创造之间有无关系？能否验证流动资产占用与企业价值的创造无关？按照现代财务理论，唯有资本投资是创造现金流量的唯一源泉，那么，流动资产占用便与现金流量的创造无关，充其量会影响企业的偿债能力。如果这一结论能够得到检验，那么，“零营运资本”政策便获得了理论支持。我国企业界减少大量的流动资产的占用也就有了理论依据。

第三节　其他理财目标分析

由于历史的原因，我国企业界对于“利润最大化”目标有着高度的认可，尤其是一些中小型企业。但利润最大化作为一个合理的理财目标的价值早已被否决掉了。“利益相关者财富最大化”是伴随着公司治理中的所谓“共同治理”理论而风行的，但该目标函数也已受到理财学者们的严重质疑。至于“企业价值最大化”，则是由于现金流量、资本成本、企业价值等概念的备受重视而引起了学界和企业界的关注。但与其说企业价值最大化理念是一个合理的理财目标，毋宁说这是一个系统的管理模式更加科学。“基于价值的企业管理”（VBM）正是体现了企业价值这一实质内容的、具有更大科学性和有效性的一种企业管理革命。

一、利润最大化

从传统上看，当经济学家和企业界人士论及企业的经营目标时，一般都认为是利润最大化。所谓利润最大化，一般是指企业利润总量最大化。正是由于这一原因，第二次世界大战以后，财务会计将计量的中心转向了收益计量的方法上。在微观经济学中，尽管有人对将利润最大化作为厂商的唯一目标提出了质疑，但不容否认的是，利润最大化仍然是进行微观经济分析时所采用的目标函数假设。例如，厂商在进行生产决策分析时，认为最佳产量水平是能够使企业获得最大利润或最小损失的那个产量水平。许多经济学家坚持认为，将追求最大利润作为分析的基本假设或出发点是合乎情理的，因为如果企业没有任何利润，其结果只能是趋于破产。

我国企业界对于追求利润更是有着极端的偏好，将利润视为企业经营的根本目标，甚至是唯一目标。这与我国历史上曾经出现的错误政策有关。在一段很长的时期里，我国企业不做经济核算，更谈不上追求利润等经济目标。进入20世纪80年代以后，随着改革开放的不断深入，讲核算、讲利润逐渐成为人们经营企业的法宝，从而利润表也成为我国企业界人士最为关注的一张财务报表。然而，人们在追求利润的同时，往往只注意到了追求利润的正向一面，而忽略了早已被西方企业界认识到的追求利润的负向作用，即容易导致短期行为、数据失真等。20世纪80年代我国的“承包制”已经证明，单纯追求利润势必会严重伤害企业长远的可持续发展。只有改变了对企业理财目标的认识，才能从根本上改善我国企业的管理行为，提升我国企业的管理质量。

利润最大化是一个着眼于管理者的目标假设，是一种极具技术性的目标假设。

利润最大化并没有被理财学家确定为是合理的财务管理目标。原因大致为：

1. 利润的追求与企业投资者报酬的满足之间没有直接的关联。具体言之，企业利润是所得大于所费的余额，是对企业某一特定时期内生产经营绩效水平的一种直接度量。如果有理论上的约束或者法律上的约束，企业利润必须全额、没有阻碍地分派给企业的投资者，换言之，在利润分派方面，没有股东的要求报酬率（资本成本）问题，没有股利政策问题，那么，利润最大化就适合于作为理财目标；否则，就不适于作为理财目标。因为，在这个目标假设中，没有投资者对于企业未来报酬的期望，而这恰恰是企业发展的一个根本动力。

作为对企业经营活动绩效水平评价的一种应用历史极为悠久的工具，利润在绩效评价系统中的地位是极为重要的。尤其是在以生产技术为导向的企业管理时期（始自美国的大工业生产时期，或者是说在所谓的科学管理时期），由于人们——也包括股权资本投资者都高度关注企业的生产经营情况，生产能力、设备运行能力往往决定了这个企业的实力以及在市场上的地位。在这种情况下，生产经营利润也就成为人们考察一家企业时所使用的主要评价工具。必须说明的是，在这种状态下，无论是投资者还是管理者，对于自己在企业运营中所应当具有的权利和义务等，并没有一个完全清醒的、科学的认识。必须承认，单向的追求利润的行为的确反映了人们对企业性质、对企业运营的性质尚停留在一个较低的认识水平上。

2. 利润最大化作为理财目标，很难与财务决策的标准相吻合。理财目标的确定或者说认可，绝非仅仅是表明公司理财的一种态度，更重要的是，这种目标假设的确定将从根本上制约企业所有的财务决策。具体言之，能够实现理财目标的财务决策是好的决策，应当被采纳；而不能够实现理财目标的财务决策则是不好的决策，应当被否决。如果采纳了利润最大化作为企业的理财目标假设，那么，在企业的投资决策、融资决策、股利政策和营运资本政策中均应当以能否实现利润最大化为判断准绳，姑且不讨论其科学性，就是适用性就很难达到。刚才论及，利润是对企业某一特定时期内生产经营绩效水平的一种度量和评价。但财务决策的做出，在很多情况下，往往并不是以整个企业作为评判的单位，而是着眼于对于某一特定理财行为的分析和研究。很难想象，在股利政策制定过程中，如何将利润因素作为一个决定取舍的标准。

在这里，我们可以了解一点，理财目标的确定不能脱离具体的财务决策技术。

3. 利润数额是一个极具财务会计（Financial Accounting）技术含量的指标，受到会计政策选择的重大影响，而会计政策的选择权利又归属于企业的管理当局。例如，在通货膨胀时期，存货计价选用先进先出法要比后进先出法使当期利润更高，甚至差异很大。再比如，固定资产折旧选用加速折旧法要比选用直线折旧法使利润更低。这样，利润额的变化可能并非由于经营状况出现了变化，而仅仅是源于会计政策的调整。如果这种对会计政策的选择被纳入了更多的、有利于管理层私利的因素的时候，利润指标便会被管理意志所扭曲，难以发挥一个评判标准的功能。无疑，一个合理的、可以作为对管理层理财工作进行优劣评判的理财目标，其实现与否无论如何也不能掺杂有管理层的私利因素在内。

4. 利润数额是一个单指向的会计指标，如果不与风险程度相权衡，单纯地追求利润额往往是没有意义的，甚至是危险的。利润最大化不是一个很明确的目标函数，比如说，今年的利润意味着什么？是不是越多越好？如果是这样，那么推迟设备维修，按照较低的价格计量所消耗的存货，甚至不计折旧、不摊销相关费用，都可以提高当期的利润。但是，这些行为都是不合理的企业行为。另外，对于两个企业的利润总额进行比较，有时是毫无意义的。例如，A 企业的利润是 100 万元，B 企业的利润是 200 万元，我们很难根据这一数据做出 B 企业优于 A 企业的判断。因此，利润额有时确实是一个很模糊的概念。在存在不对称信息的情况下，这一情形可能更为严重。从一定程度上可以说，利润最大化是一个主观性极强的指标。

如何处理风险问题，如何权衡报酬与风险之间的关系，是现代财务理论中高度关注的问题之一，当然也是理财目标假设中不容忽视的一个方面。利润指标恰恰在处理风险的问题上无计可施。

由于利润概念的性质及其会计技术问题，利润最大化可能只适宜用作单期目标而非多期或长期目标。以利润最大化为理财目标势必会形成大量的短期行为，也就是说，这一目标很难实现当期绩效与未来发展之间的良好沟通，当期利润极大并不意味着企业可以维持一个持续发展的态势。必须明确的一点是，一切短期行为的本质都是以未来企业综合实力的下降或丧失为代价来换取当前的利益，它必将严重影响企业的未来发展，给企业投资者造成难以弥补的损失。杜绝短期行为是企业财务管理过程中必须坚持的一个基本原则。

利润最大化不能作为企业理财的目标，并不意味着利润指标在理财活动中的作用完全丧失。在财务管理活动中，利润额与多种形式的利润率仍然是判断企业获利水平的重要指标。

一个科学的理财目标，应当有助于理财行为的科学化与高效化。如果将利润最大化作为企业的理财目标，管理当局势必将很大一部分精力用在对企业盈余的操纵上以及利润表的管理上，而这种行为无论是对优化企业的财务状况，还是增加企业价值，都终将于事无补。在我国企业界，管理人员普遍关注利润表的编制以及对利润表有关数据的分析，说明利润最大化观念已经深入人心。但客观事实已经证明，片面地、孤立地追求利润，尤其是短期利润，将给企业的可持续发展造成非常不利的影响。

二、利益相关者财富最大化

随着近年来公司治理研究的不断深入，越来越多的文献开始从公司治理的角度分析理财问题。有学者认为，股东财富最大化理财目标的基础就是股东主权的公司治理观点。哈佛大学经济学教授 Shleifer 和 Vishny（1997）认为，公司治理主要处理企业资金的供应者（主要是股东）如何保证投资得到回报，如何使经理将利润的一部分分配给他们，如何保证经理不偷窃他们投入到企业的资产或防止投资到亏损的项目以及如何控制管理层；公司治理解决企业资金的供应者（主要是股东）和经理的利益冲突。公司治理是一种制度，解决投资者和经理的利益冲突，保证投资者获得投资收益，同时使投资者对经理职权尽可能少的干预（Barac，Fabrizio，1998）；公司治理是一套机制，用于保护投资者的利益，保证投资者获得投资收益，防止投资者的利益被内部人侵占（La Porta，Rafacl，Andrei Shleifer，2002）；公司治理的主要问题是股东构建规则和激励，使经理层的行为与投资者利益相一致（Turnbull，Shann，2000）。所谓狭义的公司治理就是指保证股东利益的公司治理。

与特别突出股东财富不同的另外一种治理观就是共同治理的公司治理观。具有代表性的是经济学家玛格丽特·布莱尔（1999），其主要观点是：现代企业理论把企业看做是一组合约关系的联结。公司治理是处理不同利益相关者，即股东、债权人、管理层和雇员之间关系，规定企业内部的决策和收益分配的一套规则、程序和制度安排，其目的在于通过这种制度安排，达到相关利益主体之间的权利、责任和利益的相互制衡。股东不处于公司治理的中心位置和主导作用，所有参与者都有影响决策和收益分配的权力，保护和实现自己的利益（Becht，Marco，Patrick Bolton，2002）。公司治理包括经理、董事会、股东和其他利益相关者之间的一系列相互关系，这种相互关系表现为各种规则和激励（Almazan，Andres，Javier Suarez，2000）。治理结构定义为控制利益相关者之间关系和影响利益相关者行为的一套规则机制（Gelauff，George，Corina den Broeder，1997）。

在英国董事协会颁布的《董事会标准：改善你的董事会效果》中，对所谓的“利益相关者”（Stakeholders）进行了界定，即利益相关者就是“与公司存在适当的利益关系，影响公司的运营及公司目标的实现，且与股东相区别的个人或团体。除公司受到特别法律保护的债权人之外，这些团体还包括雇员、供应商、顾客、竞争者、规章制定者、当地社区、分析师、银行、游说者、压力集团、媒体、商业协会、欧盟、国家和当地政府，以及（适宜的）股票交易所等”。[①]

按照利益相关者理论，企业的理财目标就不能特别突出股东财富，而应当是所有利益相关者财富的最大化。这种理财目标一经提出，就引起了我国许多学者的高度推崇，认为只有利益相关者财富最大化的理财目标才能够在均衡各方利益的前提之下，保障公司的长远可持续发展。这种提法受到追捧与我国的凡事以“中庸”为道的传统文化有着极其紧密的关系。许多人认为，一个公司要想获得发展，离不开方方面面的参与和配合；自然，在财务管理活动中，也必须考虑到方方面面的利益的满足，只突出股东财富的最大化是无益的。但这种对于理财目标的政治化解读对于改进企业的财务管理活动毫无帮助，因而，这也就注定了利益相关者财富最大化这一理财目标假设的荒谬。毕竟，均衡与协调永远替代不了目标假设所必须具备的明确指向和精炼概括。

麦克尔·詹森教授认为，[②] 利益相关者理论不应当被认为是股东财富最大化理论的有力的对手，因为它不能够提供一个对公司目标或者目标机制的完整的论述。股东财富最大化理论为公司管理者提供的是一个单一的、有效的目标，而利益相关者理论却要求公司管理者为“许多主人”服务。而且，正如一句老的格言中所描述的，当一个地方有很多主人时，一切都会以欺骗而告终。不能够为公司提供清晰的、单一的价值目标机制来明确其理财的使命，公司接受了利益相关者理论必然会带来管理层的困惑、冲突、低效率甚至可能是竞争的失败。詹森教授认为，公司财务管理必须有一个极其明确的、单一的理财目标，因为，多目标就等于无目标；而没有目标的财务管理是毫无意义的。

卡普兰教授也对利益相关者财富最大化这一假说提出了批评，并予以检验证明。他指出，“在欧洲大陆和日本，人们会对消费者、供应商、工人、政府、债权人、股东甚至整个社会的利益加以周密权衡。最大限度地增加股东的价值往往被看做短视、低效、简单化甚至是不利于社会的。为支持这一看法，利益均衡论的鼓吹者指出了欧洲和日本的高生活水准和迅猛的经济增长，还提到了日本汽车和家用电器公司的成功。然而，有越来越多的证据表明了相反的情况。建立在增加股东价值基础上的美国式制度，连同债务和股本的广泛拥有，以及开放的公司控制权市场，似乎与下列结果紧密联系在一起：更高的生活水准，更高的整体生产率和竞争力，运作更完善的股权市场。一些国家的经济制度不是立足于增加股东价值，如果它们给予投资者的资本回报低于经济制度不同的国家，就会随着资本市场的持续全球化，陷入资本短缺状态，在全球竞争中越来越落后。由于资本的流动性日益增强，以价值为基础的制度更加显示了其重要性”。[③]

我国的社会主义制度决定了国有经济在整个国民经济中的重要地位，股权结构和人

---

① 英国董事会协会，李兆熙、杨威译：《董事会标准：改善你的董事会效果》，第10~11页，北京：中国财政经济出版社，2004。

② Michael C. Jensen, *Value Maximization, Stakeholder Theory, and the Corporate Objective Function.* Journal of Applied Corporate Finance, Fall 2001, pp. 8 – 21.

③ 汤姆·科普兰等著：《价值评估——公司价值的衡量和管理》，第3~4页，北京：中国大百科全书出版社，1997。

力资源等方面也有着极其鲜明的特点，比如国有资产构成为绝大多数大型公司的资产主体，职工在企业运行中发挥着很大的制衡作用等。在我国企业界提出利益相关者之间财富的均衡问题具有非常重大的制约意义。但这种理念对于理财目标不会产生任何影响，因为，理财目标是基于投资者的一种假说，是基于投入资本和回报资本的一种假说，同时，也是要作用于财务决策的一种假说。无疑，除了股权资本投资者之外，其他任何的利益问题从某种意义上讲都是非财务的利益问题，即均无需通过理财行为来左右、来影响的利益问题。比如，债权人的利益、雇员的利益甚至是政府的税收利益，都可以由法律来界定和保护；社区等的利益甚至可以由道德的力量、社会规范的力量来实现。将这些不同性质的所谓利益相关者一并纳入到理财目标中不仅仅是可行与否的问题，而且在某些情形下甚至是有害的。协调了各方的利益，回过头来发现谁的利益也没有得到满足，企业也被拖进了泥潭。

不只是理财目标，所有的目标假说，都应当是引导向前发展的一种牵动力量，而不能成为一种捆绑和羁绊。

三、企业价值最大化

企业价值概念已经成为现代理财学的核心概念之一，对它的理解与运用在很大程度上决定着一个企业财务管理水平的高低。1958 年 MM 理论的提出，奠定了现代企业价值理论的基础。从理财学研究的角度讲，进行各种深入的理财分析的前提和基础便是明了企业价值的性质。事实上，企业管理当局与投资者可以从不同的角度来认识和理解企业价值。正因为如此，我们可以运用不同的方法来估算持续经营状态下的企业价值。

按照微观经济学的观点，所谓价值，是指未来现金流量的现值。随着折现技术在资本预算中的应用，财务学家们也接受了关于价值的这一定义。具体言之，企业价值就是企业未来现金流量的现值。这一定义意味着：

1. 从财务意义上来讲，企业是由不同的收益索偿权持有人构成的，如普通股股东、债权人等。因此，企业未来现金流可以细分为收益索偿权持有人的未来现金流量之和，尽管不同的持有人获得未来现金流量的风险是各不相同的。从本质上讲，企业价值就是属于其投资者——股权投资者与债券投资者的财富。

2. 企业价值是企业在其未来经营期间内所获得的现金流量的函数。简而言之，未来经营期间内的现金流量越多，企业价值越大；现金流量越少，企业价值越小。与销售额、利润额等表明企业绩效的会计数据相比，现金流量具有所指明确、计量单一的特征。因为销售额、利润额等是以权责发生制与历史成本制度为基础确认和计量的，在许多情况下，并不表明企业可支配资源的真实增加，它们的性质不符合财务决策对目标函数的要求。对于理财人员而言，现金流量是至关重要的。

3. 除了现金流量以外，影响企业价值的另一个重要因素是对未来现金流量进行折现的折现率。这一折现率的高低，取决于各收益索偿权持有人投资于企业而提出的报酬率要求，如股权资本要求报酬率、债权资本要求报酬率。它们在实质上是由企业投资决策所承担的风险大小而决定的。企业的投资风险越大，折现率越高；投资风险越小，折现率越低。

“企业价值就是指企业未来现金流量的现值”这一定义表明，企业价值最大化是一个具有前瞻性、复合性和实在性的企业目标函数。所谓前瞻性，是指企业价值及其最大化是着眼于未来时期的财富生成与分配的一个概念，而不是一个历史的概念。这种前瞻性一方面延续了企业截止到目前所拥有的有助于可持续发展的一切特征，同时，或者更重要的是，也隐含着企业管理当局对于未来发展的控制实力。这种控制实力越雄厚，企业价值最大化实现的可能性也就越大。所谓复合性，是指企业价值概念涵盖了一些极其重要的概念，比如现金流量、风险、可持续发展等。追求企业价值最大化，必须科学地协调与权衡这些因素。例如，如果不顾及风险程度，单纯地追求现金流量的最大，势必会带来一些极其严重的问题，其结果不仅无法实现企业价值最大化（折现率过高会降低企业价值），严重者甚至会造成企业的破产倒闭。所谓实在性，是指企业价值对于企业的各类投资者而言，是实实在在的现金流量，而不是观念上的什么东西。而现金流量的变化代表着实际的、可控制财富的变化。

在财务管理活动中，追求企业价值最大化，意味着：

1. 在企业管理中，尤其是在财务管理中，关注现金流量，通过科学的管理行为，力争实现经营活动现金流量的可持续发展。“现金流量至高无上”（Cash Flow is King）这一提法充分反映了西方企业界对于现金流量重要性的认识。对于理财人员而言，一个基本的观念就是：实现企业可持续发展的重要基础是现金流入必须大于现金流出。

2. 加强风险管理，将经营风险与财务风险纳入可控制范围之内。这里的可控制范围是指承担一定程度的风险可以获得足够的风险补偿，有助于企业绩效的提高。如何权衡风险与收益之间的关系，是理财人员在追求企业价值最大化的过程中所必须慎重对待、科学解决的问题。在现代经济社会中，任何经营都必然要承担一定的风险。回避风险或盲目地承担高风险都不是科学的管理经营的途径。

3. 注重企业的可持续发展，这也是企业价值最大化的前提条件之一。没有企业的可持续发展，便无法实现企业价值的最大化。

“企业价值最大化”是最近10年以来被广泛提及的一个理财目标，许多人认为，这一理财目标的提法与兼顾相关者利益的理念正好相合。这是一个严重的认识上的错误，必须予以纠正。

“企业价值最大化”这一理念与1958年MM理论中关于企业价值的分析是完全一致的。学术界很快地接受了MM这一具有革命性意义的理论，但在现实的公司理财中，人们仍然着眼于股票市场，着眼于股东的实际市场所得来评判公司理财的效果。随着理财观念的不断进步和升华，人们对资本成本、现金流量、企业价值等概念的了解越来越深入，在实际的财务管理过程中，与现代财务理论的契合也越来越密切。无论是“企业价值最大化”，还是“基于价值的企业管理”（Value-based Management，VBM），或者是“经济附加值”（EVA）、“市场附加值”（MVA）等观念和方法的提出和运用，都可以看做是MM理论在现实管理工作中的贯彻实施。

“企业价值最大化”与“股东财富最大化”两种提法，虽然用词不同，但其内含是完全相同的。财务理论中所谓的“馅饼理论”，是把企业看成一个馅饼，这个馅饼的大小就是企业价值。而有权力分享这一馅饼的只有两类人：一类在前，即受到法律保护的债权人投资者；另一类在后，即企业剩余收益的分享者即股东。由于债权人的报酬是既定的，因此，馅饼做得越大，企业价值越大，股东的财富也就越大。

无论是“股东财富最大化”还是“企业价值最大化”，都是基于资本成本的理财目标，两者在性质上是完全相通的。

必须强调的是，“企业价值最大化”与其说是一种理财目标，远不如说是一种企业管理模式。按照这一模式，即所谓的“基于价值的企业管理”，理财人员关注于未来时期企业经营活动现金流量的创造，关注于现金流量的风险的控制，以图创造更多的企业价值，确保股东财富最大化理财目标的顺利实现。

价值管理的实质就是对于股东财富的追求；而企业实现股东财富最大化理财目标的理念基础是资本成本，技术基础就是价值管理。

●本章案例

“股神”巴菲特带领伯克希尔·哈撒韦公司追求股东财富最大化案例

一、公司背景

今天，伯克希尔·哈撒韦公司是一家具有深远影响的投资控股公司，在全世界所有保险公司中，股东净资产名列第一；在《财富》500强中，伯克希尔的账面价值排名第四。伯克希尔公司是一家拥有股票、债券、现金和白银的保险王国，同时它还有许多实业公司。但是，伯克希尔·哈撒韦公司在40年前还是一家濒临破产的纺织厂，正是在“股神”沃伦·巴菲特的精心运作下，公司净资产从1964年的2288.7万美元，增长到2001年底的1620亿美元；股价从每股7美元一度上涨到9万美元。

伯克希尔·哈撒韦是一家世界著名的保险和多元化投资集团，总部在美国。该公司主要通过国民保障公司（National Indemnity）和GEICO以及再保险巨头通用科隆再保险公司等附属机构从事财产/伤亡保险、再保险业务。伯克希尔·哈撒韦公司在珠宝经销连锁店（Helzberb Diamonds）、糖果公司（See’s Candies，Inc.）、从事飞行培训业务的飞安国际公司（Flight Safety International，Inc.）、鞋业公司（H. H. Brown and Dexter）等拥有股份。另外，伯克希尔·哈撒韦公司还持有美国运通、可口可乐、吉列、华盛顿邮报、富国银行以及中美洲能源公司的部分股权。1996年收购的全资子公司GEICO是美国最大的直销保险商，也是美国第六大私人乘用汽车保险公司和美国第十大财产/伤亡保险公司，拥有470多万投保人和730万辆投保汽车。1998年7月，国际王后奶品公司（International Dairy Queen，Inc.）成为集团的全资子公司。该公司在美国、加拿大和其他国家运营着6000家特许商店，经营特色汉堡、热狗、各种牛奶甜点和饮料等。有人说，任何一种划分公司种类的做法都不适合伯克希尔公司，因为伯克希尔的经营范围包括保险业、糖果业、媒体、多种经营、非银行性金融、投资、不同性质的公司或是联合大企业。毋庸置疑，伯克希尔公司是一家混合型公司，这从经营范围上不难看出。

2005年8、9月席卷美国南部墨西哥湾沿岸地区的“卡特里娜”飓风和“丽塔”飓风使伯克希尔公司蒙受了大约29.9亿美元的损失，导致公司盈利下降48%，但公司股价仍稳定在88300美元。2005年4月30日，伯克希尔·哈撒韦公司股东在公司年会上投票通过了对盖茨的董事任命。华伦·巴菲特说："盖茨的加入将有助于确保伯克希尔·哈撒韦公司的成功发展，因为盖茨有很好的商业头脑，了解伯克希尔·哈撒韦公司的文化，并愿意提供帮助。"①

二、巴菲特其人介绍

对于伯克希尔·哈撒韦公司的董事长沃伦·爱德华·巴菲特（Warren Edward Buffett），听到最多的就是："如果你在1956年把1万美元交给巴菲特，今天你就变成了拥有大约2.7亿美元的大富翁。"有"股神"之称的沃伦·巴菲特赚钱有方，其领导的伯克希尔·哈撒韦公司的股票业绩不断增长，受到投资者的追捧。据美联社报道，伯克希尔·哈撒韦公司A股股票的交易价格于2006年10月5日在纽约股票交易所短暂地突破了每股10万美元大关，成为美国历史上也是全球历史上最昂贵的股票。

沃伦·爱德华·巴菲特于1930年8月30日出生在美国内布拉斯加州的奥马哈市。孩提时代的巴菲特就极具投资意识，他钟情于股票和数字的程度远远超过了一般的同龄人。他满肚子都是挣钱的道儿，5岁时就在家中摆地摊儿兜售口香糖。稍大后他带领小伙伴到球场捡用过的高尔夫球，然后转手倒卖。上中学时，除利用课余做报童外，他还与伙伴合伙将弹子球游戏机出租给理发店老板们，挣取外快。

1941年，刚满11岁的巴菲特首次涉足股坛，购买了平生第一张股票。1947年，巴菲特进入宾夕法尼亚大学攻读财务和商业管理。但他忍受不了教授们的空头理论，两年后便不辞而别，辗转考入哥伦比亚大学金融系，拜师于著名投资理论学家本杰明·格雷厄姆。在格雷厄姆门下，巴菲特如鱼得水。1951年，21岁的巴菲特以A+的优异成绩学成毕业，然而，毕业后他却多次碰壁，找不到适合自己的工作。年少气盛的巴菲特在1956年回到家乡，决心自己一试身手。不久，他在亲朋的帮助下凑到了10.5万美元，成立了自己的公司——巴菲特有限公司。到1964年，巴菲特的个人财富达到了400万美元，而此时他掌管的资金已高达2200万美元。

1965年，35岁的巴菲特收购了这家名为伯克希尔·哈撒韦的纺织企业，并由此走向了自己事业的另一个巅峰。巴菲特不愧为"世界上最伟大的投资者"，在他接手之后，一度濒临破产的伯克希尔公司不仅很快起死回生，而且已成长为资产达1350亿美元的"巨无霸"。如今，伯克希尔公司旗下已拥有各类企业约50家，其中最主要的产业系是以财产保险为主的保险业务（包含直接与间接再保）。此外，伯克希尔公司还生产从油漆、毛毯到冰激凌等一系列产品，该公司同时持有诸如沃尔玛和宝洁等许多大型企业的股票。

从1964年至今，伯克希尔公司的每股账面价值增长了305134%，几乎是同期标准普尔500指数增速的55倍。

巴菲特经营伯克希尔公司的成功之道就在于，他善于发现常人难以发现的投资机会。利用公司保险主业的有限盈利，巴菲特不断收购那些不被人看好的股票及企业，但最终往往都会赚到大钱。伯克希尔公司的成功也让巴菲特的个人财富急速膨胀。在去年《福布

---

① 华夏学习型组织联合会——华夏大成精英体系，http://bftdc.bokee.com/index.html。

斯》杂志评出的年度全球富豪榜中，巴菲特以440亿美元的个人净资产位列次席，仅次于微软创始人比尔·盖茨的465亿美元。对于自己的财富，巴菲特有一句名言："我挣钱并不是因为真的需要钱，而是为了享受挣钱和看着财富增长带给我的乐趣。"

三、巴菲特带领伯克希尔公司追求股东财富最大化

追求股东价值最大化这场静悄悄的"价值革命"的深远影响将随着时间的推移而日益显现。当整个资本市场把它真正奉为"铁律"时，一切蒙股民、骗股民的行为，都将被视为"犯罪"；当机构投资者把它真正视为"座右铭"时，创造股东价值的基金、券商将受到投资者的青睐；当中小投资者把它真正作为"投资秘诀"时，以各种方式购买"股东价值最大化"的上市公司股票，也将成为一种"投资习惯"。推而广之，整个社会经济效率的提升，就不但表现在劳动生产率的提高、资本产出率的提高、企业利润的增长、GDP的增长等，而且还表现在股市的健康持续发展和千百万投资者财富的增加。①

华伦·巴菲特对于伯克希尔公司的长期目标是这样描述的："使企业的内在价值的每股平均收益率达到最大。"伯克希尔公司的股东都是大股东，许多股东把家庭财产净值的50%以上投入到公司来。因此，公司的长远目标"股东财富最大化"得到了充分体现。正如伯克希尔公司在其1984年的年报中，对于当前的热门股票回购做出了令人惊叹的一举，它对于股票回购的认识是这样的："通过在公司的市场价值大大低于它的商业价值时进行回购，管理层清楚地证明了它所采取的是提高股东财富的行动，而不是扩展管理层势力范围的行动。"②

巴菲特发给股东的信件是美国企业界最翘首以待的。预计信中除了公司的财务报告外，还包括对伯克希尔·哈撒韦公司的评价、公司面临的问题以及相关经济问题。巴菲特甚至还会在信中承认自己所犯的错误。2006年，伯克希尔·哈撒韦公司为股东们带来了24%的投资回报。分析师估计，该公司2006年利润将上涨72%，达到86.2亿美元，公司A类股票每股收益将达5588美元。③目前，伯克希尔·哈撒韦公司投资的公司市场价值达377亿美元，其中美国运通、可口可乐、吉列、评级公司穆迪以及金融公司富国银行（Wells Fargo）这五项投资所获得的市场价值就占到了76%。④

总之，从伯克希尔·哈撒韦公司被巴菲特收购以来的近40年来，股票价值从每股12美元涨到目前的11万美元，巴菲特从没有因为市场暴跌卖过一股伯克希尔的股票，他的亲戚朋友也因为长期持有伯克希尔的股票成为亿万富翁。那么巴菲特到底运用了什么样的方法来为股东们创造了如此巨大的财富呢？那就是巴菲特的价值投资法宝——"十二定律"。

巴菲特从1956年开始他的投资生涯，40年间，无论股市行情和经济运行状况如何，巴菲特从未遭遇过大的风险，也从未有过亏损年度。第二次世界大战后美国股票的

---

① 诸葛立早：《上海证券报》，《叫响一个口号：股东价值最大化》，2007-01-04。
② 第一财富网 www.1caifu.com，《公司股份回购与回赎规则》，2004-11-16。
③ 《中国证券报》，《巴菲特或将看淡今年回报预期》，2007-2-27。
④ 东方博客，《看穿未来——论巴菲特》，http://blog.eastmoney.com/xiayubaba/117405.html。

年平均收益率在10%左右，而巴菲特却达到了28%的水平，创造了在那些市场专家、华尔街经纪人以及旁观者看来几乎不可思议的奇迹，实现了资产连续高质量的滚动，令人惊诧不已。正如伯克希尔·哈撒韦公司的股票，30年间股价从每股7.6美元攀升至3万美元。巴菲特的成功，使得他被人们喻为“世界第一股王”、“当今（也许永远是）最伟大的投资者”。他投资股市的独特理念和方法，已成为全球各地股票玩家竞相追逐的金科玉律。实际上，巴菲特的投资原理很简单：只做传统的长期投资，这样才能真正地增加股东的财富。其道理是：买卖股票原本就是转移股权，持有股权者即为股东，股东权益来源于企业运营所获取的利润。长期而言，股票的价格取决于企业的发展和企业所创造的利润，并与其保持一致，而短期价格却会受各种因素影响而大幅度波动，没有一个人可以做到始终如一地准确预测。因此，真正的股票投资应该是选择一家真正值得投资的好公司，在合适的价位购入其股票，长期持有，耐心地等待企业的成长为自己创造财富。

因此，巴菲特认为短期持有股票，只有在始终正确地预测经济情况、短期股价波动时才可获利，而这是极费神且不太可能的，因而是不可取的。在巴菲特确定了他的投资理念和前两种策略之后，便只需集中精力去做剩下的两件事了。那就是寻找一家好公司并以合适的价格购买其股票。

巴菲特从多年自身的经验中，总结了一整套行之有效的规律和策略，即著名的“十二定律”。①

1. 企业定律，又分为三条：

（1）企业必须简单且易于了解。巴菲特认为，投资者财务上的成功与他对自己所做投资的了解成正比，只有全面了解一企业，投资者才能有的放矢。

（2）企业过去的经营状况必须稳定。巴菲特认为，重大的变革和高额的报酬是难以交汇的，那些长期以来都持续提供同样商品和服务的企业往往才是报酬率高的企业。

（3）企业长期前景必须看好。巴菲特很重视寻找那些拥有特许权的企业。所谓特许权就是指该企业提供的商品和服务具有稳定的消费需求，没有近似或替代产品。这样的企业可以持续提高价格而获取利润，即使在供过于求，或潜能尚未完全利用的情况下，也不会失去市场占有率或销售量，而且这样的企业往往拥有经济商誉，有较高的耐力承受通货膨胀带来的影响，即使经济不景气或经营管理不善也仍可生存。

2. 经营定律，又分为三条：

（1）经营者必须理性。巴菲特欣赏那些将现金盈余投向能使股东财富最大化的计划里的经营者，他认为那些在找不到这样的计划时勇于将盈余归还股东的经营者才真正为股东服务，才有理性。

（2）经营者必须对股东诚实坦白。巴菲特认为只有完整详实地公布营运状况，并像公开自己的成功一样勇于讨论自己失败的经营者才值得信赖。而他自己作为董事长，也正是这么做的。

---

① 雅虎社区—股道纵横—价值投资：《沃伦·巴菲特十二定律》。http://cn.bbs.yahoo.com/message/read_stock_47806.html。

(3) 经营者应当有勇气抵抗盲从法人机构。有许多经营者会因为盲从而失去理性，损害了股东的利益。巴菲特认为，能独立思考、抗拒依附他人的经营者才有竞争力。

3. 财务定律，又分为三条：

(1) 考察股东权益报酬率，而非每股盈余。因为在企业保留上一年盈余增加资本的情况下，只有前者考虑了公司逐年增加的资本额，才较为真实地反映了经营绩效。

(2) 计算“股东盈余”，寻找高毛利率的公司。巴菲特认为，原来意义上的会计盈余由于各公司资产不同而缺乏可比性，只有将折旧损耗和分期摊销费用加上净利减去资本支出，由此得到的股东盈余才可反映企业价值。而高毛利率则不仅反映出企业的强大，也反映出经营者控制成本的精神。

(3) 对于保留的每一元钱盈余，确定公司至少已创造了一元钱的市场价值。在此，巴菲特采取的方法是将净收入减去股利得出保留盈余，再找出公司现在与10年前市价的差价，两者加以对比。在采用这些量化指标时，巴菲特是将4或5年的财务平均值作为衡量对象的。他认为长期平均值才可以真正说明问题。

4. 市场定律，又分为三条：

(1) 计算企业实质价值。巴菲特选择那些简单稳定的企业，以保证所有数据的高度确定性，之后预期在企业的生命周期中未来的现金流量，用30年美国政府公债利率加以折现。他并不加上风险溢酬，他用最保守的方法来估计企业价值，以降低风险。

(2) 以显著的价值折扣购入该股票。在购进价格和企业价值之间一定要有一个“安全边际”，这个“安全边际”的缓冲效果可以保证他不受到公司未来现金流量变动的影响。因此，当一些大企业暂时出现危机或股市下跌时，就是他毫不犹豫大量买进的时机。

(3) 长期持有并管理手中的股票，耐心等待企业的成长。巴菲特相信杰出的绩效总有一天会反映到股价上去。他的投资经营方式也值得一提，他并不寻求大规模的转变，也不全盘控制，他提供长期资金并监督公司，让经营者继续执行公司的政策。这种“关系投资”模式果然为巴菲特赢得了巨额利润。

应该说追求股东价值最大化，是美国所有企业的传统。基于以上的十二条定律，沃伦·巴菲特领导下的伯克希尔·哈撒韦公司是做得最好的一个公司。根据某学者总结出的十条基本原则来判断企业是否为股东创造了最大价值。① 原则1是：不要操纵收益或者进行收益指导。如果不遵守这头一条原则，那么公司十之八九也不会遵守余下的原则。如果管理者为了抬高短期收益而大耍会计花招，即使收益率低于资本成本也要进行投资，或者放弃可以创造价值的投资机会，那么他们虽然在短期内可尝到甜头，但总有一天他们将无法再满足已经被越抬越高的市场期望，并进而受到市场的严惩。原则2、3和4指出，公司高管在做战略决策、收购决定和资产取舍决定时，都应以公司预期价值的最大化为判断标准，即使这可能使公司的近期收益降低也在所不惜。当公司面前并没有能够创造价值的可靠投资机会时，公司应该避免把多余现金投入那些看上去不错但实际却有损价值的项目上，比如公司没必要进行有失明智、价格过高的收购。原则5建

① 中国城市生活网——财富论坛，《财务总监：创造股东价值的十条原则》。

议的方法是：如果没有好的投资机会，就把现金以红利和回购股票的形式返还给股东。原则6、7和8为高层、中层和基层管理者的薪酬设计提供了指导方针，提出了折现指数期权计划、折现股权风险期权计划、股东价值增值、领先价值指标等概念，对管理者着眼于长期价值的行为予以奖励。原则9强调高管应和股东承担同等的风险，建议采取的办法是：延长高管行权后所获股票的持有期；在判断某个高管持有的股票数量是否满足最小所有权水平时，将限制性股票剔除在外。原则10敦促公司向投资者披露所有与价值相关的信息，这可以缓解公司管理层对短期收益的沉迷，而且可以降低投资者面临的不确定性，从而有可能降低资本成本和提高股价。对于以上十条原则，目前只有沃伦·巴菲特领导下的伯克希尔·哈撒韦公司基本上做到了。

问题：请问巴菲特为什么不关注股价，长期投资和短期投资有何本质区别？你如何理解巴菲特通过十二定律来达到股东价值最大化的？

（资料来源：①［美］安迪·基尔帕特里克著：《投资圣经——巴菲特的真实故事》，民主与建设出版社，2003；②凡禹主编：《管理三杰：德鲁克、韦尔奇、巴菲特的思想精华》，北京工业大学出版社，2005；③第一财富网 www.1caifu.com，《公司股份回购与回赎规则》，2004－11－16；④诸葛立早：《上海证券报》，《叫响一个口号：股东价值最大化》，2007－01－04；⑤《华夏学习型组织联合会——华夏大成精英体系》，http://bftdc.bokee.com/index.html；⑥《中国证券报》，《巴菲特或将看淡今年回报预期》，2007－2－27；⑦东方博客，《看穿未来——论巴菲特》，http://blog.eastmoney.com/xiayubaba/117405.html；⑧雅虎社区—股道纵横—价值投资：《沃伦·巴菲特十二定律》，http://cn.bbs.yahoo.com/message/read_stock_47806.html；⑨中国城市生活网——财富论坛，《财务总监：创造股东价值的十条原则》；⑩安德鲁·布莱克博士等著：《追寻股东价值：业绩驱动因素管理》（第二版），经济管理出版社，2005年6月第一版。许笑丹整理。）

●思考题及答案要点

1. 简要回答合理理财目标的作用。合理理财目标应具备哪些特征？
2. 为什么说利润最大化目标不是一个合理的理财目标？
3. 阐述股东财富最大化目标的含义。
4. 价值最大化目标对企业来说有什么重要意义？

答案要点：

1. 理财活动的关键就是确定合理科学的理财目标。财务管理目标是企业优化理财行为结果的理论化描述。通常情况下，目标函数描述为某些变量（如利润、企业规模、企业价值、社会财富等）的最大化。合理的理财目标必须是明确的，能够及时对财务决策进行度量，而且运行成本不要太高，能保障企业长期持续发展并在管理当局的可控范围之内。

2. 利润最大化的理财目标没有考虑货币时间价值因素和风险因素，容易受到会计政策选择的影响，利润最大化不能作为企业理财的目标，但利润额与各种形式的利润率仍是判断企业获利水平的重要指标。

3．略

4．略

●参考文献

1．英国董事会协会，李兆熙、杨威译．董事会标准：改善你的董事会效果．北京：中国财政经济出版社，2004

2．汤姆·科普兰等著．价值评估——公司价值的衡量和管理．北京：中国大百科全书出版社，1997

3．Michael C. Jensen, *Value Maximization, Stakeholder Theory, and the Corporate Objective Function*. Journal of Applied Corporate Finance, Fall 2001, pp. 8 – 21

4．Aswash Damodaran: *Corporate Finance: Theory and Practice*, pp. 10 – 37. John Wiley & Sons, Inc., 1997

5．Stephen A. Ross, Randolph W. Westerfield & Bradford D. Jordan, *Fundamentals of Corporate Finance*, third edition. IRWIN, 1995

6．Clifford W. Smith, Jr., *The Modern Theory of Corporate* Finance, second edition. McGraw-Hill Publishing Company, 1990

7．Eugene F. Brigham & Louis C. Gapenski, *Intermediate Financial Management*, fifth edition. The Dryden Press, 1996

8．Scott Besley & Eugene F. Brigham, *Principles of Finance*. 北京大学出版社, 2003

9．Zvi Bodie & Robert C. Merton, *Finance*. 高等教育出版社．Pearson Education 出版集团, 2002

第三章　资本成本：理论与实务

●本章提要

人们可以从企业和投资者两方面看待资本成本问题，当企业使用资金的代价被看做是投资者的要求报酬率时，这种代价就被称为企业的资本成本。在公司的理财活动中，估算资本成本是一项非常重要的工作。第一，不同资金来源的资本成本是不同的，只有了解不同资金来源的资本成本大小，在进行资本结构决策时，才能够使企业选择代价最小同时企业价值最大的资金形式；第二，当企业进行资本预算决策时，只有当项目的预期报酬率大于资本成本时，这个项目才是可行的；第三，其他类型的决策，例如租赁、退休金管理等，也需要有关资本成本的信息。

●章首案例

我国的资本市场在短暂的十多年当中走过了西方国家几十年甚至几百年所走过的历程，为我国社会的进步、市场经济的建立、国民经济的成长和改革开放起到了无法估量的作用。但是，随着时间的推移，我们也不能不看到，资本市场在发展过程中所出现的一些问题正在逐渐显现，甚至已经发展到了严重阻碍资本市场发挥其正常功能的地步：我国资本市场的某些功能得到了过度强化，另外一些功能则被严重扭曲。如果不从根本上认识和解决这些矛盾，势必会摧毁整个资本市场赖以生存的基石。

理论界一般认为，资本市场应具有：融资功能、资源配置功能和风险定价功能。从资本市场的发展史可以看出，资本市场之所以在世界各地大规模地发展，正是得益于资本市场这些功能对各国经济发展所产生的巨大作用。我国自 1990 年深沪证券交易所成立以来，资本市场建设取得了举世瞩目的成就。然而，不可否认的是，与成熟的市场相比，我国资本市场功能却存在着不同程度上的缺陷。首先是我国资本市场融资功能出现错位。融资功能是资本市场最基本的特征和功能。我国沪深两地股市虽然只有 10 多年的历史，但融资功能得到了超常发挥：截至 2002 年年底，A 股市场累计股权筹资额 4699. 37 亿元，B 股市场累计股权筹资额 325. 11 亿元，A、B 股配股筹资 2125. 10 亿元，A、B 股市场流通市值 12484. 56 亿元，总市值 38329. 12 亿元，约占到了国内 GDP 的 37. 4%。中国资本市场的融资功能在全球资本市场上堪称一枝独秀。然而，我国上市公司融资往往不是为了扩大投资而融资，而是为了融资而融资。据统计 2002 年在 1224 家上市公司中，有 71 家上市公司的资金用于委托理财；217 个募股项目被上市公司变更资金用途；上市公司闲置资金合计超过 3000 亿元（募集资金及自有资金），其中资金存入银行超过1亿元的上市公司高达811家。显然，这种单纯为融资而融资的行为具有很大的弊端。而英美等国家的公司在选择融资方式时一般都遵循所谓的“啄食顺序理论”（The Pecking Order Theory），即公司在进行外部融资时，首先选择债务融资包括银行贷款和发行债券，资金不足时再进行股权融资。反观我国上市公司，则普遍具有股权融资偏好，融资首选配股或发行；如果不能如愿，则改为具有延迟股权融资特性的可转换债券，设置宽松的转换条款，促使投资者转换，从而获得股权资本；不得已才是债务，而且首选短期贷款，长期贷款位居最后。其次是我国资本市场的定价功能与资源配置功能失灵。价格信号失灵导致深沪股市资源配置效率低下。浓厚的投机氛围扭曲了我国股市的价格信号：大量的资金涌向垃圾股，让劣质企业支配稀缺的资金，形成了对资本市场配置功能最大的扭曲。而且，募集的资金在上市公司内部使用效率低下。许多企业通过上市筹集的资金常常转眼就又被注入了股市，它们并没有在实业中发挥作用创造财富，而是以虚拟资本的形式在资本的时空里自我循环制造泡沫。上市公司与非上市公司之间的资源配置功能也同样失灵。上市公司的融资便利优势程度和经营环境应是大大高于非上市公司的，但上市公司的业绩持续增长能力甚至还远远低于国有企业的平均水平，1993年以来我国上市公司的净资产收益率是逐年下降的。

据分析，导致我国资本市场功能存在严重缺陷的原因关键在于我国在建立资本市场时忽略了配套的财务理念的更新——资本成本。至今，我国虽然已经建立了资本市场的基本框架，但却没有真正引进现代资本市场的“灵魂”——资本成本（Cost of Capital，COC）概念，以致无论是股票投资者还是企业运营者都没有科学的资本成本理念，最终导致资本市场功能的严重扭曲。

基于资本成本在完善我国资本市场方面的重要性，我们必须清楚地认识和理解公司的资本成本。

（资料来源：①《财贸经济》2003年第12期，《论我国资本市场功能缺陷的深层次原因——基于资本成本的分析》；②《中国证券期货统计年鉴》（2003年）；③秦洪：《募资使用状况令人担忧　上市公司到底在做什么》，《北京晨报》2003年3月2日；④《谁在掏空中国股市》，《新财经》2002年第10期。许笑丹整理。）

第一节　资本成本的性质

在理财学中，资本成本通常与要求报酬率（required return）、折现率（appropriate discount rate）等替代使用，它可能是我国理财学中出现的理解最为混乱的一个概念。在我国大多数的理财学教材中，资本成本最常见的定义如下：资本成本是指企业为筹集和使用资金而付出的代价，包括资金筹集费用和资金占用费用两部分。西方理财学界对资本成本的定义通常为：“The rate of return a firm must earn on its project investment in order to maintain its market value and attract needed funds.”（资本成本是企业为了维持其市场价值和吸引所需资金而在进行项目投资时所必须达到的报酬率)，或者“The cost of capital is the rate of return a firm must earn on investments in order to leave share price unchanged.”(资本成本是企业为了使其股票价格保持不变而必须获得的投资报酬率)① 人们对于这一财务概念的解释往往是基于表面的观察。比如，许多人觉得借款利率是资本成本的典型代表。在我国为数不少的上市公司中，甚至会由于可以不分派现金股利而以为股权资本是没有资本成本的。对于资本成本的理解偏差，是我国理财学发展极不成熟的一个重要表现。

一、资本成本的定义

《新帕尔格雷夫货币金融大辞典》为资本成本做的定义是：“资本成本是商业资产的投资者要求获得的预期收益率。以价值最大化为目标的公司的经理把资本成本作为评价投资项目的贴现率或最低回报率。”也就是说，资本成本是投资者投资于某一项目或企业的机会成本，可以用投资者要求的必要报酬率（required rate of return）来度量。

1958 年，Modigliani 与 Miller 在《资本成本、公司财务和投资理论》一文中，提出了作为理财学奠基石的 MM 理论，由此揭开了资本成本和资本结构研究的序幕。围绕资本成本问题，Modigliani 与 Miller 指出，在确定的条件下，利润最大化和市场价值最大化作为企业的目标来说是等价的，此时的资本成本可以简单地等价于债券利率。但是，现实却是不确定的，所以资本成本中必须加入风险折现的概念，进而指出投资决策应该建立在经过风险调整的折现率的基础之上。“在企业现有的投资者看来，资本成本是一项实物资产投资可以被接受时应具有的最低预期收益率”。②

二、资本成本的性质

理解资本成本需要明确以下几点：

（一）资本成本的实质是机会成本

这在财务决策中是极为关键的思想。例如，某公司有 A、B 两个项目，A 项目的报酬率是 10%，B 项目的报酬率是 12%。该公司为如期进行项目投资，与银行达成了贷款协议，金额 200 万元，利率为 8%。在这种情况下，如果公司选择了 B 项目进行投资，那么，对 B 项目进行投资收益评价时的适用资本成本是多少呢？应当是被放弃的 A 项目的报酬率，即 10%，这是选择 B 项目进行投资的机会成本。具体言之，如果被选择的投资项目不能提供 10% 的报酬率，即净现值为负值，就必须放弃这一项目。在 B 项目投资收益的评价中，贷款利率 8% 是不相关因素，尽管它决定了企业利息费用的多

① Lawrence J. Gitman, “Principles of Managerial Finance”, 6th edition, p. 443. Harper Collins Publishers, 1991.

② Modigliani F. and M. H. Miller, Some Estimates of the Cost of Capital in the Electric Utility Industry, American Economic Review, 56, pp. 333-391, 1966.

寡。再例如，如果一家公司有 A、B、C、D 四个被选项目，报酬率分别为 8%、10%、12%与 16%。在 D 项目被选择进行投资的时候，计算其净现值的资本成本应当是被放弃项目中报酬率水平最高项目的报酬率，在这里即是 12%，而不是 10%或者 8%。从财务理论的角度而言，机会成本绝非虚拟的成本，它是实实在在地影响净现值准则实现的一个重要因素。

（二）企业资本成本的高低由资本使用而非资本筹集所决定

资本成本决定于投资者对企业要求报酬率的高低，而这又取决于企业投资项目的预期风险水平，具体言之，资本成本归根结底是由投资风险决定的。

站在企业理财的角度，资本成本是企业投资行为所必须达到的最低程度的报酬率水平；站在投资者的角度，资本成本就是要求报酬率，它与投资项目的风险程度呈正比例关系。因此，在财务理论分析中，资本成本、要求报酬率甚至预期报酬率均可以视为同义词，相互交叉使用。在确定股权资本的资本成本时，所要考虑的核心因素即是股票投资者的要求报酬率。换言之，股票投资者的要求报酬率就是股权资本的资本成本。由此，可以很明显地看出关于资本成本实质的极为关键的一点，即企业投资项目的风险程度决定投资者的要求报酬率，而投资者的要求报酬率即是该项目投资的资本成本。在这里，融资问题好像成为一个虚幻的影像，与企业价值根本没有关联。事实上，融资问题不过是将通过投资项目报酬率吸引的资金从技术上纳入企业的资金运营而已。

（三）资本成本是由资本市场评价得出的

资本成本是由资本市场评价得出，因此，必须到资本市场上去发现，而不是由企业自行设定的。例如，股权资本成本即为股票投资者的要求报酬率，这一报酬率是由股票投资者在资本市场上通过自己的行为影响股价而表现出来的。如果没有资本市场，投资者就无法确定要求报酬率，企业也就无法明确其资本成本。因而，资本成本的计算应以市场价值而非账面价值为基础。

（四）资本成本受到企业杠杆的影响

最早的、系统的资本成本理论始自 MM 的资本结构理论。按照 MM 无公司税模型的看法，股权资本的资本成本的高低取决于财务风险的大小：

$$K_{SL} = K_{SU} + (K_{SU} - K_d)(D/S)$$

其中，K_{SL}为股权资本成本，K_{SU}为平均资本成本，K_d为债务资本成本，D 为公司债务的市场价值，S 为普通股票的市场价值。

同时，在严格的假设条件下，增加负债只是提高了股权资本的成本；但由于股权资本在全部资金中所占比重的下降，企业的加权平均资本成本保持不变。

按照 MM 有公司税资本结构模型，资本成本与财务杠杆之间的相互关系为：

$$K_{SL} = K_{SU} + (K_{SU} - K_d)(1 - T)(D/S)$$

其中，T 为公司所得税率，其他同上。

由于（1－T）总是小于 1，公司税使股权资本成本上升的幅度低于无税时上升的幅度。因此，负债的增加提高了企业价值。

事实上，一个企业、一个项目资本成本的高低，不只是与财务杠杆有关，与经营杠杆也有着紧密的关系。概括而言，资本成本是无风险利率、财务风险补偿、经营风险补偿等因素的函数，即财务风险越大，经营风险越大，资本成本就越高。但这种极为务实的分析，对于企业价值理论、资本成本理论没有直接的支持。

（五）资本成本问题的研究最初是与资本预算联系在一起的

在现代财务理论中，所谓资本成本的估计通常也是仅限于对公司的长期资本的资本成本进行估计。在这里，有下面一个基本设定需要关注，即：资本成本的估计仅仅是针对企业的长期投入资本而言的，这些资本来源于公司的投资者，而非交易者或者简单的资金往来者。后者比如在赊购过程中自然形成的应付账款，经营过程中自然形成的应付税金、应付薪金等。交易者作为债权人，关心的是尽快收回被对方占用的资金，而向对方提供信用的目的也不过是实现销售。

可以把企业资金的提供者分为如下三种：

1. 投资者，包括债务资本投资者和股权资本投资者。
2. 短期资金提供者，如短期银行贷款。
3. 非投资者债权人，如供应商、雇员等。

投资者投资于某个企业或者某个项目，他必须对这个企业或项目的风险与收益进行认真地分析和研究，并据此提出自己的报酬率要求，以作为对企业、项目投资的基本要求。这种投资通常就是企业的资本投资项目，具有投资时间长、风险大、收益高等特点。对于企业而言，投资者的这种报酬率要求就是企业的资本成本。如果公司筹措的是债务资本，投资者的资本成本一般是通过契约的方式加以提前预定的，公司在未来的经营期间，只要按照债权——债务契约的约定向投资者支付既定的现金流即可。因而，以负债的形式筹措的资金的资本成本较易确定，而且一般比较稳定。如果公司筹措的是股权资本，是融资行为、所有权结构调整行为以及公司治理等相互交错的一种最为复杂的理财活动，其资本成本的估计往往就比较复杂。如果投资者是通过股票投资向公司注入股权资本，投资者则需要在证券市场上进行报酬率的分析和均衡。具体言之，只有公司所提供的报酬——股利收益和资本利得收益——超过市场上在同等风险程度上进行其他证券投资所带来的报酬时，投资者才会将资金投向公司。但在这个过程中，股票投资者与其资金的使用者——企业之间却并没有像债权人和债务人之间那样就报酬率问题达成一个具有法律意义的协议。[①] 股权资本的投资报酬率要求没有法律的保障，股权资本的投资者——股东承担着公司最终的风险。

唯有投资者投入的长期资本才会存在与其所承担风险相称的资本成本问题，而这个

① 在现代公司治理理论中，法律对于各种投资者利益的保护问题给予了高度关注。相对而论，法律对于债权人的利益保护是较为有效的、完善的，而对于股东利益的保护尤其是小股东利益的保护却往往存在很多问题。参阅施东晖著，“法律体系、所有权结构与公司治理”，载施东晖主编：《现代金融学前沿》，第91~121页，上海：上海交通大学出版社，2006年1月。

资本成本问题的最终解决又要依靠企业的长期资本投资（即资本预算决策）。因而，投资项目的报酬率高于资本成本即净现值为正就成为我们选择投资项目的基本法则。满足这些长期资本投资者的报酬率要求——股东财富最大化，也就成为公司理财的基本目标。其他非投资者比如供应商、雇员甚至客户等由于结算等原因所滞留在企业的资金，虽然也构成企业资金的一部分，满足了企业某些方面的资金需求，但对它们更多的是一种债权、债务关系的处理，不会涉及企业重大的投资决策、融资决策，因而不会产生资本成本问题。

（六）关于资本成本有多个概念

关于资本成本有多个概念，例如加权平均资本成本、边际资本成本、历史资本成本、企业资本成本和项目资本成本。其中，“加权平均资本成本”的概念是最基础和最常用的一个概念。因为企业不可能只使用一种筹资方式，每一种资金来源的资本成本不尽相同。加权平均资本成本就是企业使用所有形式的资金所付出的一个平均的代价，换言之，它是投资者作为一个整体所要求的平均报酬率。从数量上而言，如果知道每种资金来源的资本成本，加权平均资本成本就是以各种资本占全部资本的比重为权数，对个别资本成本进行加权平均确定的。其计算公式为：

$$K_w = \sum_{i=1}^{n} K_i W_i$$

其中，K_w 表示加权平均资本成本，K_i 表示每一种资金来源的资本成本，W_i 表示每一种资金来源在总资本中所占的比例。

此处有一点需要说明，公司的所得税会影响长期负债和债券的资本成本。应当说，企业长期负债的税前成本就是债权人所要求的报酬率；但是对于企业而言，由于税收具有抵税效应，因此企业实际负担的成本是减去抵税之后的税后成本。当然，股权资本成本的计算就不存在这个问题。总的来说，在计算负债和债券资本成本时，都应以税后报酬率为基础。

第二节　资本成本的估算

准确估算企业的资本成本，对于企业的资本融资决策、资本投资决策、营运资本管理和企业业绩的评估等有着重要的意义。西方学界已经出现了若干用于估算资本成本的基本模型，而我国财务学界目前尚未解决对资本成本进行估算的问题，也未构造出对于我国资本成本进行合理估算的模型，更未系统地提出围绕资本成本最小化的相关理论。

如前所述，资本成本问题涉及财务理论的各个方面，从而资本成本的估算受到理财学家的重视便是很自然的一件事情。最早的、系统的资本成本估算理论始自 MM 的资本结构理论。此后，西方的财务学者和从业者对企业资本成本的估算进行了十分详细和全面的研究，而且在实践中也总结出了一些切实可行的估算方法。

一、单项资本成本的估算

资本通常分为三大类：股权资本、债务资本和混合类型，如优先股、可转换证券、认股权证等。其中，债务和优先股属于固定收益证券，成本相对容易估算。而普通股成本估算则是最为困难的。

（一）债务资本成本

债务资本成本的估算相对来说比较简单，因为债务契约对未来的现金流量——每期利息、本金等均已做了严格的界定，是已知而且确定的。

一般来说，根据货币的时间价值理论，债务资本成本（K_D）的计算公式为：

$$借入资金净额 = \sum_{t=1}^{n} \frac{I}{(1+K_D)^t} + \frac{PV}{(1+K_D)^t}$$

其中，I 为各期利息，PV 为债务本金，K_D 为债务资本成本，t 为债务持续期。

根据上述公式，可以看到，债务成本衡量的是公司为融资而借入资金的现行成本（或即期成本），即假设公司现在进行债务融资时需要向投资者承诺的收益率。这里需要注意的几个问题是：（1）债务资本成本是指税后的债务资本成本；（2）债务资本成本是使融资活动的净进款（融资额扣除债券发行费用后的余额）与未来利息、本金支付的现值之和相等的那个内含报酬率，即债券票面利率并不等于债券融资的资本成本；（3）如果债券是可赎回债券，则可以将到期报酬率作为债券的资本成本。

总的来说，在西方国家，通行的债务成本估计方法主要有以下两种：一是使用公开发行的债券的到期收益率来估计税前债务成本，即债务成本就等于公开发行的债券的到期收益率；二是使用风险加成法估计税前债务成本，即通过在本国的无风险利率的基础上加上依据这些公司的债务评级确定的一定幅度的风险溢价来估计债务成本。应当说，这两种估计债务成本的方法必须依赖于发达国家证券市场较高的发展程度和利率市场化的条件。

（二）优先股资本成本

在所有的融资工具中，优先股的运用并不多。因而在一般企业的资本结构中，优先股所占的比重也是极小的，这就导致学界对优先股资本成本的研究较不多见。如前所述，从性质上看，优先股是一种介于公司债与普通股之间的混合证券；但从具体的优先股契约上看，优先股的性质还是更多地接近于债务。

为了简化优先股资本成本的计算，假定优先股股利是一笔永续年金，那么，优先股资本成本（K_{PS}）一般按照如下公式计算：

$$K_{PS} = \frac{D_{PS}}{P_n}$$

其中，D_{PS} 为优先股股利，P_n 为公司发行优先股的融资净额。

（三）留存盈利资本成本

留存盈利是指公司税后利润中除去分派股利之后而余下的那部分盈利。它可以被用来补充企业经营所需的资金，从而构成企业资金的一种来源。留存盈利的资本成本可以从机会成本的角度予以定义，即公司股东在相同风险情况下进行投资所可能获得的报酬率。由于在现代理财学中，确定留存盈余的资本成本是一个较为困难的课题，所以，根据上述留存盈利资本成本的定义，可以将其转化为普通股股东要求报酬率的估算，以此解决留存盈利资本成本估算的问题。

（四）普通股资本成本

普通股的资本成本，也即一般所说的股权融资成本或权益资本成本，它是指普通股股东所要求的报酬率。股权融资成本的估算较为复杂，涉及公司股票的当期市盈率、市场价格及其与市场波动的关系等因素。而且，由于股利支付也会影响股权融资成本，所以还必须考虑公司各期的盈利、现金流量等状况。

在国外实践中被广泛应用的股权融资成本估算模型，主要包括以下几种：

1. 可比较会计盈利模型（CAE）。可比较会计盈利模型（Comparable Accounting Earnings Model，CAE）依赖于一系列可观察的会计信息来对股权融资成本进行估算。模型将股权成本定义为权益资本收益率（Return on Equity，ROE），即公司资产所带来的净收入与其权益资本的账面价值之比。公式如下：

$$ROE = \frac{NI}{E_{book}}$$

其中，NI 为公司的净营业收入，E_{book} 为权益资本的账面价值。

事实上，这一比率测度了公司权益资本所创造的价值大小，以及公司能够在股票市场上为其自身进行融资的均衡价格。① 尽管这种方法曾经得到普遍的使用，但由于其单纯地依赖于历史数据，所以存在很大的局限性。一般来说，商业周期的短暂性波动使得过去的盈利并不是预期盈利的一个很好的指示器。此外，CAE 方法以账面价值作为估算基础，从而无法像一些基于市场价值的方法一样，将投资者对于公司未来盈利前景的期望变动包含在内。

2. 折现现金流量法（Discounted Cash Flow，DCF）。折现现金流量模型又称戈登模型（Gordon Model），戈登模型在股票价值分析中占有非常重要的地位，是单只股票估价分析的基本方法，也是公司估价的理论基础。该方法的一般估价模型如下：

$$P_0 = \sum_{t=1}^{\infty} \frac{D_t}{(1+r)^t}$$

其中，P_0 为当前股价，D_t 为时期 t 的期望股息，r 为股权资本成本。

根据模型，股票价格等于期望股息的贴现值，而我们可以实际观察到当前的股价，

---

① Jose A. Lopez, Federal Reserve Banks' Imputed Cost of Equity Capital, Federal Reserve Bank of San Francisco Economic Letter, 2001.

因此，只要能够准确预测未来的股息，即可以推算出资本成本 r。

根据戈登模型，在股息持续稳定增长的情况下，可以将其视为永续年金来计算股权资本成本，即：

$$r=\frac{D^*}{P_0}$$

其中，D^* 为各期股利，r、P_0 的定义同上。

而当股息呈固定增长的情况下，投资者的期望报酬率即股权资本成本为：

$$r=\frac{D_1}{P_0}+g$$

其中，D_1 为第 1 期的股利，g 为股利的固定增长率，r、P_0 的定义同上。

按照戈登模型确定股权资本成本的最大困难就在于固定增长率 g 的确定。一般是通过对公司以往的收入额、股利等财务指标的增长率进行计算，以此作为对未来时期增长率预测的一种重要依据。在各种环境因素、公司管理层战略变化较大的情况下，必须对公司未来收益的波动及其各种财务指标的增长率进行详细的分析与预测。在增长率的预测过程中，必须合理地结合主观因素与客观因素。

3. 资本资产定价模型（Capital Asset Pricing Model，CAPM）。资本资产定价模型是截止到目前人们认为最具有理性的对风险—收益进行权衡的工具。美国杜克大学（Duke University）的 John R. Graham 和 Campbell R. Harvey 就资本成本、资本预算、资本结构对美国上市公司所进行的调查（2001）显示，估计股权资本成本的方法使用率最高的就是 CAPM（73.49%）。该模型认为，股权资本成本 K_E 由公司的系统风险所决定，公式为：

$$K_E=E(R_i)=R_f+\beta_i(E(R_m)-R_f)$$

=无风险报酬率+风险补偿

其中，$E(R_i)$ 指证券 i 的期望收益率，R_f 指无风险利率，β_i 指证券 i 的市场风险系数（风险数量），$E(R_m)-R_f$ 指市场风险溢价（MRP）。

根据公式，投资者的要求报酬率等于无风险报酬率与风险补偿之和，这取决于以下三个因素：无风险报酬率、市场平均报酬率以及证券的风险程度。因此，只有科学界定和度量这三种因素，才能正确地计算出投资者要求的报酬率，进而确定股权资本成本。

首先，无风险报酬率的确定。Eugene F. Brigham 和 Louis C. Gapenski① 认为，在美国，应当以 20 年期政府债券（20-year T-bond）的报酬率作为无风险报酬率。因为资本成本计算与资本预算的编制直接相关。而朱武祥等②在对中国上市公司资本成本进行估算时，使用的是 10 年期的国库券利率作为无风险利率，这主要是基于与公司被折现的现金流量期限相对应以及对通货膨胀的意外变化敏感程度低的考虑。

其次，市场风险溢价的估计。主要是以两种报酬率作为基础进行估计，一是历史报

① Eugene F. Brigham and Louis C. Gapenski, Intermediate Financial Management (fifth edition), The Dryden Press, 1996.

② 朱武祥、蒋殿春、张新：《中国公司金融学》，上海：上海三联书店，2005。

酬率，二是期望报酬率。在内外环境变动不大的情况下，以历史报酬率为基础对市场风险进行估计具有较强的适用性。此外，当对某一国家的市场风险溢价进行估计时，可以将其看做是由两部分组成：成熟市场的股权风险溢价和该国股权的国家风险溢价，① 即：

某国的市场风险溢价 = 成熟市场的股权风险溢价 + 该国股权的国家风险溢价

$$股权的国家风险溢价 = 国家违约风险溢价 \times \frac{\sigma_{股票}}{\sigma_{国家债券}}$$

其中，国家违约风险溢价由该国的风险评级决定；$\sigma_{股票}$指该国有代表性的股票指数过去年收益率的标准差；$\sigma_{国家债券}$指国家债券过去年收益率的标准差。

再次，市场风险参数 β 的估算。在投资学中，β 系数表示某一种股票自身报酬率的波动相对于整个证券市场报酬率波动的相关幅度的大小。在整个证券市场报酬率波动既定的情况下，哪一种股票报酬率波动的相关幅度越大，其 β 系数就越大，表明这种股票不可分散的风险也就越大。通常我们所看到的 β 系数通常是历史 β，即基于历史交易数据所计算出来的，它代表着股票以往的交易风险。如果公司以往的风险程度在未来某一时期内保持不变或基本不变，则可以以历史 β 来替代未来时期的预测 β；但如果风险程度变化很大，则必须对 β 系数的计算做出相应调整。总的来说，在实际中估计公司 β 值有三种方法：一是利用历史数据进行回归而得到 β 值；二是根据影响 β 值的因素而得到基本的 β 值；三是使用公司的会计数据得到会计 β 值。

Rene M. Stulz②研究了全球化与权益资本成本的关系，他指出，本国的 CAPM 认为每个国家的资本市场都是独立的，而全球 CAPM 则基于广泛的全球指数来评估单一证券的风险。通过实证分析发现，使用本国的 CAPM 来估计资本成本，将会使结果偏大。全球化可以通过降低投资者为承担股权投资风险所要求的期望报酬率水平，以及使公司融资的代理成本障碍变得不重要，从而降低权益资本成本。尽管这被现实所证实，但成本降低幅度小于我们的期望值。应当说，全球化对于资本成本的影响并不简单，资本市场的融合更为有效地分散了全球性风险，但是，与此同时，真实的跨国经营活动和世界金融市场的关系日益加深，在一定程度上抵消了全球多元化所带来的好处。

4. 公司债所得加风险补偿方法。按照现代投资学理论，不同的证券对公司未来收益（现金流量）的索偿权、索偿顺序不一样，未来报酬的保障程度也各不相同，进而导致它们所获得的报酬水平出现差异。一般的，公司债的风险程度小于公司股票的风险程度，因为债务比股票具有优先的索偿权，而且其收益能够得到法律的保障。由此可知，股权投资者要求报酬率的水平就会高于公司债的报酬率水平，也就是说，股权资本成本即股权投资者的要求报酬水平与公司债的报酬水平之差就是承担了高于债务资本的那部分风险所得到的补偿。

即：

K_E = 公司债报酬 + 风险补偿

---

① 朱武祥、蒋殿春、张新：《中国公司金融学》，上海：上海三联书店，2005。

② Rene M. Stulz, Globalization and the Cost of Capital: the Case of Nestle, European Financial Management, 8, 1995.

5. 多模型（多因素模型）。要想科学合理地确定股票的预期收益率，还必须考虑各种其他因素的影响，从而引出了多定价模型（Multi-Beta Pricing Model）。Ross提出的套利定价理论（APT）和Merton提出的跨期CAPM（ICAPM）都属于多因素定价方法。公式为：

$$r = r_f + \gamma_1\beta_1 + \cdots + \gamma_k\beta_k$$

其中，r为权益资本成本，β_k指股权收益率对第k个经济因子的敏感性，γ_k指风险贴水。

由于套利定价模型不仅考虑系统风险，还考虑各种风险补偿因素，从而对应多个β。但由于无法对风险因素和指标的选取规定一个统一的标准，所以，与CAPM相比，其实际应用难度较大，应用范围有限。

以上介绍了确定股权资本成本的几种重要方法。一般来说，决定所有资本成本的最主要因素，并不是企业的融资行为，而是公司投资项目风险程度的大小；投资者的要求报酬率水平是股权资本成本的最合理替代。由于不同的计算方法所考虑的股权资本成本的决定因素不尽相同，所以运用不同的方法往往会得到不同的股权资本成本。在实际的理财活动中，应当综合考虑各种计算方法，取其中间值作为企业的股权资本成本。

二、加权平均资本成本的估算

大约从20世纪60年代初期，西方学术界开始认识到企业资本成本在很大程度上要受到企业负债比例的影响，企业的资本成本应该是负债资本成本与权益资本成本的加权平均。所以，企业资本成本开始被理解成是一个“加权平均资本成本”的概念，并在当时的学术界广为流行。哈尔篷、韦斯藤和布里汉将之定义为“在一定杠杆作用水平上，加权平均资本成本就是企业必须获取的能增加股东财富的资产收益”。在加权平均概念的基础上，产生了如下几种企业资本成本计量的主要方法：

（一）Solomon现代公式

Solomon在《财务管理理论》一书中，最先正式把“加权平均资本成本”定义为“促使企业预期未来现金流量的资本化价值与企业当前价值相等的折现率”，用公式表示为：

$$K = \frac{X\ (1-T)}{V}$$

其中，K为企业总资本成本，X为企业预期经营业收入（息税前利润），T为企业边际税率，V为企业市场总价值。

进一步将上述公式加以转换，得到计量加权平均资本成本的基本公式如下：

$$K = K_D\ (1-T)\ (D/V)\ +\ K_E\ (E/V)$$

其中，K为企业的加权平均资本成本WACC，K_D为税前债务成本，K_E为股权成本，T为企业税率，D为企业债务的市场价值，E为企业股权的市场价值，V为企业的市场价值，V = D + E。这个模型从资本由股权和债务结构出发，说明加权平均资本成本是企业不同融资方式（股权和负债）的市场价值的加权平均。

Solomon 现代公式主要基于这样的假设，即预计企业将有永远持续稳定增长的盈利，如果企业的盈利不是持续稳定增长的话，或者企业只在有限年度内经营，其盈利不是持续性的，那么现代公式就不适用。

（二）平均资本成本方法

这个模型最初由 Modigliani 和 Miller 于 1963 年提出，后来在其 1966 年发表的《1954～1957 年公用电力行业资本成本的某些估计》一文里，具体使用了这种计量“平均资本成本”的方法估算了电力行业的资本成本。根据他们的概念，资本成本虽然还是一个平均的概念，但不再是加权平均的含义，而是表现为权益资本成本与负债比率的关系式，即：

$$K = K_{\mu}\left(1 - T\frac{D}{V}\right)$$

其中，K 为企业的平均资本成本，K_{μ} 为无杠杆企业的资本成本即权益资本成本，T 为企业所得税率，D 为企业新增债务的价值，V 为企业新增的总价值，D/V 即企业的负债比率或称杠杆比率。

Modigliani 和 Miller 以美国联邦动力委员会辖下的 63 家大型公用电力事业单位在 1954 年、1956 年和 1957 年的数据为样本，直接推算出各年企业的平均资本成本依次为 3.6%、4.5% 和 4.6%。值得注意的是，莫迪格利安尼和米勒在这里所提出的平均资本成本是一种行业平均资本成本的概念，而不是某一个企业的平均资本成本。

我国财务界对资本成本的估算研究起步较晚，而且国内学术界和实务界在资本成本的计量上至今尚未形成一个统一的计量标准，各种资本成本的计量公式在理论上仍然存在着较大的争议。从国内外的研究来看，在估算资本成本时，通常采用“加权平均资本成本法”和“平均资本成本法”。究竟哪一种方法最为准确合理，有学者对两种方法进行了比较之后指出，尽管两种方法存在一定的差别，但就统计意义而言，这两种方法都能够“显著的”解释投资的变动程度。也就是说，资本成本的作用与定义它的方法无关。

第三节 资本成本与财务决策

资本成本理念反映了股东价值最大化的西方企业经营哲学和财务目标，它隐含的价值理念体现在企业的投资、融资、经营等活动的评价标准上，主要包括：

1. 作为企业取舍投资机会的标准。只有当投资机会的预期收益率超过资本成本，才应进行该项投资。

2. 用于评估企业内部资本的经营绩效，为资产重组或继续追加资金提供决策依据。只有投资收益率高于资本成本，继续经营才有经济价值。

3. 作为动态调整资本结构的依据，预测收益和风险的变化。预期收益稳定的企业可以通过增加长期债务、减少高成本的股权资本来降低加权平均资本成本。

4. 作为评价企业是否为股东创造价值、资本是否保值增值的指标。

因此，资本成本理念对于企业财务决策的制定，起着非常重要的影响作用。

一、对企业经营的影响

在经营理念上，企业需要了解资本成本的意义，但主要应致力于正确地进行投资、经营和融资决策，不必过分关注资本成本的具体数值。建立和推广资本成本理念的目的，并不在于精确计算实际上不能准确估算的资本成本数值，而在于促进企业树立为股东创造市场价值而不是账面价值的经营理念和股东价值最大化的财务目标。

资本成本是资本市场对企业的外部评价指标之一，其估算应该由资本市场来完成。在目前我国资本市场未形成资本成本估算方法和数值共识时，企业不必过分关注本企业资本成本的具体数值，特别是以技术创新为经营哲学的成长型公司，因为快速成长企业的预期收益率往往大大超过资本成本，所以资本成本并不是其主要考虑因素。融资决策的关键在于与经营风险相匹配，增强企业的财务弹性，保持合理的资信等级。例如，1998 年微软公司的资本收益率为 52.9%，资本成本只有 14.2%；英特尔公司资本收益率为 42.7%，资本成本为 15.1%。因此，成长型公司应致力于形成和强化企业的竞争优势和价值驱动因素，诸如技术创新、提供满足客户需求的增值服务等，股票市场对于企业价值的评价将会通过套利交易原理在股价上反映出来。

二、对投资决策的影响

在企业的投资决策中引入资本成本的概念，旨在帮助我们判断单项投资和组合投资的风险程度，以及这种风险的代价——即它的市场价格是多少。也就是将资本投资与金融市场上相同风险的投资相对比，从而设法确定资本投资的机会成本。

若采用贴现现金流方法评估投资机会的价值，必须具体算出权益资本成本，可以采用几种普遍接受的方法来估算权益资本成本的区间值，并将其作为敏感性分析因素。目前，可供选择的方法主要有：①在现有国债收益率基础上加上相应的风险溢价。②借鉴国外投资机构对我国境外上市公司 β 值的估算结果来估算国内上市公司的权益资本成本。③直接参照上市公司权益资本回报率水平。

采用其他合适的估算方法和评价指标，代替加权资本成本的估算。包括：①采用内部收益率法。②调整现值法（APV），它将项目的每项现金流量分为无杠杆作用的营业现金流量及与项目融资相联系的现金流量，这种分类是为了采取不同的贴现率。③在兼并收购中，可以采用市场盈利率（P/E）、股票市值/账面值（MV/SV）以及 EBITDA 倍数。

三、对企业融资的影响

在企业的融资决策中，应当按照与公司资产收益风险相匹配、维持合理的资信和财务弹性的融资决策和资本管理的基本准则，借助财务顾问的专业知识，利用税法等政策环境和金融市场的有效性状况，确定融资类型、设定弹性条款、选择融资时机和地点等。

随着产品市场的竞争加剧和金融系统市场化程度的提高，企业资产的预期收益率和金融市场的不确定性明显增加，投资者和企业对于经济和金融形势、公司发展前景的评价的差异日益增大，而股票市场又往往对信息反应过度或不实，导致企业价值被高估或低估，所有这些因素都显著地影响着企业的资本成本。例如，A 股、B 股及境外上市股票的发行价格差异甚大，境外上市的融资成本大大超过国内 A 股，从而盲目追求境外上市将付出巨大代价。企业在制定融资决策时，只有考虑了这些因素，才能够更好地匹配资产的收益与风险，降低融资成本。

从现代财务理论的角度讲，作为机会成本性质的资本成本与公司的融资行为是没有关系的，因为它是投资者根据公司投资项目风险程度的大小而确定的一个报酬率水平。事实上，与融资决策或者融资行为密切相关的成本问题是融资过程中所发生的融资成本。比如，内部股权资本没有融资成本，而外部股票融资的融资成本往往极高；IPO 的融资成本要远远高于 IPO 后再次股票融资的融资成本；股权资本筹措的融资成本高于债务资本，等等。如何将融资成本纳入到财务决策尤其是融资决策中，是理财人员需要认真考虑的一个问题。

四、资本成本理念在股利决策中的应用

股利决策包括向股东支付的现金股利占盈余总额的百分比、绝对股利分配趋势的稳定性、股票股利与股票分割以及股票回购等决策。股利支付率决定了留存于公司的盈余资金有多少，必须根据股东财富最大化的目标进行评价。在股利决策中引入资本成本的理念，主要是由于股利对于投资者的价值必须与留存收益作为一种权益融资方式所丧失的机会成本进行权衡。

五、资本成本理念在公司分部管理中的应用

随着公司规模的不断扩大，其经营的业务领域和跨越的区域也随之增多和变广，会划分为若干分部（子公司或事业部）。公司对于分部的成本效益管理也必须引入资本成本理念。每个分部需要购买资产时都必须进行融资，那么各个分部的资本成本也就是公司期望分部从其资本投资上所获得的最低报酬率。公司可以接受的报酬率水平一般会：①参照可比上市公司权益资本收益率。②直接根据股票价格信号而不是资本成本来评估公司继续经营的经济价值。③参照长期债务成本。

财务管理主要为企业的投资决策、融资决策及股利决策提供解决办法，它们共同决定了一个公司对股东的价值。要使该项价值最大化，公司就应寻求三类决策相互联系的最优组合，联合求解。投资于一个新的资本项目的决策，必须为该投资融资，而融资决策最终既影响股利决策又受到股利决策的影响。恰当运用资本成本的理念，可以帮助我们实现最佳的组合决策。

●本章案例

中国上市公司资本成本估算
——海信电器案例

资本成本是公司理财中的一个最基本的概念，企业高级管理人员及理财人员必须知道它的重要性及如何合理、准确地估算企业的资本成本。

准确估算企业的资本成本，对于企业的资本筹资决策、资本投资决策、营运资本管理和企业业绩的评估等有着重要的意义。因为资本成本是企业适应资本获取利润的最低要求，从而使其成为企业进行筹资决策、选择筹资方式、拟订筹资方案的重要依据；在资本投资决策方面，资本成本是评价投资项目可行性、确定投资项目的标尺，资本成本可用做评估项目先进流量的贴现率，或者在计算内部收益率时，作为一个“取舍率”或“最低收益率”；在营运资金管理方面，资本成本可用于计算实施企业投资项目可行的成本和评估各种可供选择的方案以及可行性的验证；资本成本还可以用做评估企业业绩的标准，即将报告的资本回报率与资本成本进行比较。

鉴于资本成本的重要性，西方的金融学者和从业者对企业资本成本的估算进行了十分详细和全面的研究，在实践中也总结出了一些切实可行的估算方法。但到目前为止，西方金融界对资本成本的估算问题还没有取得共识，仍存在很大争议，不同的学者对这一问题有不同的看法，在实际操作中运用的估算方法也各不相同。

近年来，随着西方金融理论的引入，以及我国证券市场的不断发展和完善，资本成本概念和有效资本市场假设基础上的资本成本理论和各种估算模型日益为国内金融学界所了解和熟悉并开始加以运用，从此企业资本成本的估算也成为了一个非常重要的课题。但是，就目前来说，国内有关资本成本的研究还处于起步阶段，国内学者已有的相关研究很少，而且大家使用的估算方法往往不一致，在资本成本的估算问题上也还没有形成一个统一的计量标准；大部分涉及资本成本估算的问题都没有涉及这一实质性的问题，而是直接或间接地搬用西方的一些模型。资本成本的估算是一个理论和操作性都比较强的问题，合适的估算方法的选定需要进行深入研究和探讨。

一、公司背景介绍

青岛海信电器股份有限公司（以下简称海信电器）于1997年4月在上海证交所上市，是国内著名的家电上市公司。目前，海信电器主要从事电视机、数字电视广播电视设备的研究、开发、制造与销售。拥有中国最先进的数字电视机生产线，年产彩电800万台，是海信集团经营规模最大的控股子公司。

海信电器始终坚持高技术、高质量作为企业发展的根本。多年的技术积累为海信赢得了中国彩电业“技术流派”代表的美誉。2004年6月海信电器决定将平板电视作为公司今后的主攻方向，争取2007年成为全球平板电视的主流供应商，成为中国平板电视市场销售额最大的企业。海信电器拥有国内一流的国家级企业技术研发中心，每年都有100多个数字电视新产品问世。目前公司已经陆续推出了等离子、液晶、背投和CRT四大系列50多款数字高清电视产品，海信高清电视领先业内半年时间实现了1080P高清格式的技术升级；海信数字机顶盒率先中标北京、青岛以及山东省网的数字电视项目，并从2004年年初开始批量出口美国。

海信电器始终坚持“创造完美、服务社会”的核心理念，制定了“产品精美、过程精细、管理精益求精”的精品战略，质量是海信电视之“本”，是企业的生命。多年来，海信电视赢得了社会各界的普遍赞誉，2001年海信电视成为国家首批免检产品，并荣获中国消费者协会“2000年度零投诉产品”荣誉称号。目前，占地1200亩的海信信息产业园为海信电视提供了强大的产能支持，这里拥有国内先进的数字电视生产线和平板电视生产线，拥有世界先进的实验设备、现代化的管理手段、先进的物流设计。2002年8月中国首批42寸16:9数字等离子电视在这里成功下线，从此拉开了中国平板电视市场化的序幕。

在数字电视快速普及的今天，海信电器充分抓住数字电视产品升级的这一历史机遇，突出高端产品，推进经营革新，强化执行力度，简化业务流程，依靠领先技术，在国内外市场上快速增长。从2004年10月份以来，海信凭借多年技术积累，在高端平板市场开始集中发力，销售额占有率达到10.33%，抢占了国内市场第一位；2005年第一季度，海信液晶电视分别以15.05%、15.51%的销售量、销售额占有率荣登市场的榜首，一举超越国内外所有品牌。海信公司秉承创新就是生活，勇于创新的海信人凭借雄厚的科技实力、过硬的产品质量，将海信电器发展成为国际知名的互联网终端设备供应商。

因此，本案例选择了海信这一国内典型上市公司作为资本成本的估算对象。

二、海信电器资本成本估算

从国内外的研究来看，在估算资本成本时，通常采用“加权平均资本成本法”和“平均资本成本法”。某学者对“加权平均资本成本法”和“平均资本成本法”进行了比较，研究结果表明，尽管两种方法有一定的差别，但就统计意义而言，这两种方法都能够用来估算公司的资本成本，并能解释投资的变动程度。也就是说，资本成本的作用与定义它的方法无关。但由于“平均资本成本法”估算模型的计算涉及企业在无杠杆作用下的股权成本问题，在实际操作中比较麻烦，因此较少被采用。从国内外学者及企业的实践来看，“加权平均资本成本法”更容易被大家接受，并在各个国际大公司中普遍运用。因此，在本案例中，也采用了“加权平均资本成本法”估算该上市公司的资本成本，模型如下：

$$K = WACC = K_D\ (1-T)\ (D/V)\ + K_E\ (E/V)\ = K_D\ (1-T)\ \times \frac{D}{D+E} + K_E \times \frac{E}{D+E}$$

因为优先股在国内上市公司的股权结构中数量极少，只有个别公司在个别年份存在优先股，所以我们并没有涉及优先股的成本。

1. 债务成本的估算。

关于债务成本的估算，在西方发达国家，通行的估计债务成本的方法有两种，一是使用公开发行的债券的到期收益率来估计税前债务成本，这种方法是基于债务的市场价格的；二是使用风险加成法估计税前债务成本。这两种方法在西方国家都很流行，之所以如此是与这些国家证券市场较高的发展程度和利率市场化密不可分的。就美国来说，其企业债的品种和规模远远超过了股票，1999 年美国的企业债总额为 12.68 万亿美元，而同期股票融资额只有 1.2 万亿美元。高度发达的企业债券市场使得通过债券的市场价格估计债务成本非常方便。但是，对我国而言，由于我国的企业债券市场很不发达，再加上利率不是市场化的，从而难以利用上面的方法去估计上市公司的债务成本。同时，我国企业的债务融资主要以银行融资为主，债券融资则只占很小的比例。在此情况下，我们在估计企业的债务成本时，可以将银行贷款利率作为一个很好的参考指标。

但是一般情况下，公司年报中关于企业债务的信息是不充分的，它并没有对借款时间、利率等因素作详细地披露，海信亦是如此。所以我们将利率与借款总和的比率作为债务的成本。我们选择 2005 年的负债成本，作为总的负债成本。2005 年长期借款为 207462975.00 元，短期借款为 50000000.00 元，利息支出为 2387679.70 元，不考虑税收影响的情况下，债务成本计算如下：

$$债务成本=\frac{利息支出}{长期借款+短期借款}\times 100\% =0.93\%$$

2. 股权成本的估算。

对于股权成本的估算是比较复杂的。想要测算较为实际有效的股权融资成本，我们必须清楚地了解公司股票的当其市盈率、市场价格以及其与市场波动的关系等因素。而且，由于未来支付的红利也是股权融资成本，对于公司近期与远期的盈利、现金流量也必须做出合理的预测。那么，国外比较流行的股权成本估算模型包括可比较会计盈利模型（CAE)、贴现现金流模型（DCF)、资本资产定价模型（CAPM)、多模型（多因素模型）及动态模型（如 GARCH）等。但是综合来看，迄今为止，在估算股权成本方面，资本资产定价模型的应用是最为广泛的，尽管很多学者的实证检验结果对该模型的评价褒贬不一。从国内外文献的研究结果来看，大多数研究结论都在一定程度上肯定了风险因子 β 对股票收益的解释能力，而这就为 CAPM 模型来估计股权成本提供了依据。另外，在股权成本的估算中采用该方法时简单易懂、理念清楚、操作方便，而从成本收益的角度来看，已有研究表明，即使考虑到市场组合收益率之外的因素，对于估计结果的精度仍然改进不大，而考虑的因素越多，不光造成计算过程的复杂化，而且在计算过程中出现误差的可能性也越大，因此，国内外学者和金融从业者在研究股权成本时，大多采用 CAPM 模型。对于本案例，我们亦采用 CAPM 模型来估算股权资本成本。CAPM 模型如下：

$$K_E = E(R) = R_f + \beta(E(R_m) - R_f)$$

事实上，估算股权成本时，使用哪一种模型并不重要，重要的是模型本身参数的选取。因此，在确定将 CAPM 模型作为股权成本估算模型以后，必须要合理地估计其中的无风险利率、市场风险溢价及市场风险参数三个参数。

(1) 无风险收益率的选择。

由于通常认为，无风险资产需要满足两个条件，即不存在再投资风险和违约风险，因此，国内学者往往选择以下三种气象的政府债券利率中的一种作为无风险利率：1个月短期国库券利率、10年期国库券利率或30年期国库券利率。在本案例中，我们选择使用了10年期的国库券利率作为无风险利率，这是基于如下一些考虑：1个月短期国库券利率由于期限短，很难与公司被折现的现金流量期限（一般而言是长期的）相对应，即存在再投资风险，并且1个月短期国库券利率的变动性程度高，如采用1个月短期国库券利率作为无风险利率会使普通股资本成本的变动性程度很高，因而导致该公司的价值对于1个月短期国库券利率的变动过分敏感，这与资本市场上实际观察到的现象是不一致的；而对于30年期国库券，其价格水平对于通货膨胀带来的意外变化过于敏感，从这个角度来说，30年期国库券利率作为无风险利率的代表是不合适的。因此，相对而言，我们选择对通货膨胀带来的意外变化敏感程度低的10年期国库券利率作为无风险利率应该是比较合适的。而且，使用10年期国库券利率作为无风险利率可以与公司被折现的现金流量期限相对应，不存在投资风险。但是由于我国的国债利率是用单利表示，而利用到资本成本估算并最终可能用于企业价值评估时应该是以“复利”形式出现的，因此将国债利率转化为复利形式，其转换形式如下：

$$R_f = \sqrt[10]{1 + 10r} - 1$$

其中：R_f 为无风险利率；r 为当年的国债利率。

本案例选择1996～2005年调整后的10年国债利率作为无风险利率，具体数值见表4所示，案例所需的无风险利率 $R_f = 4.23\%$。

(2) 市场风险溢价的估计。

在实际操作中，通常通过使用历史市场数据来估计市场风险溢价，或者使用事前估计的方法，即通过现金流折现模型来估计股票指数的预期收益率，股票指数的预期收益率减去无风险利率水平也可以得到市场风险溢价的估计值。由于中国股票市场的发展时间短，数据有限，我们运用历史风险溢价很难准确估计我国的市场风险溢价。鉴于此，我们首先来看一下已有研究对美国的市场风险溢价的估计结果，再用两种方法来估算我国的市场风险溢价。

对于美国的市场风险溢价各大投资银行和评估机构分别使用历史风险溢价方法和事前估计方法进行了估算，如表1、表2所示：

表1　历史风险溢价方法下的美国市场风险溢价估计

评估机构	估计值
Stern Stewart	4.0
JP Morgan	5.0
Kidder Peabody	4.8
Value Line	5.0

资料来源：Stern Stewart，市场指数为S&P500，无风险利率为10年期国债收益率。

表 2 事前估计方法下的美国市场风险溢价估计

评估机构	估计值
Merrill Lynch	5.0
CS First Boston	5.0
Alcar	5.0
Oldman Sanchs	2.5～5.0

资料来源：Stern Stewart，市场指数为 S&P500，无风险利率为 10 年期国债收益率。

由上表可知，美国的市场风险溢价应该在 4.0%～5.0% 之间。考虑到美国股市的市场风险溢价有下降的趋势，我们认为美国的市场风险溢价取为 4% 比较合适。

对于我国的市场风险溢价估计，本案例使用两种方法：一种是以美国的市场风险溢价为基准，通过估计我国的国家风险溢价来确定我国的市场风险溢价；另一种是利用历史市场数据估计。

1）利用美国为基准来估计我国的市场风险溢价。任何国家的市场风险溢价可以看做由两部分组成：成熟市场的股权风险溢价和该国股权的国家风险溢价，即：

某国的市场风险溢价＝成熟市场的股权风险溢价＋该国股权的国家风险溢价

$$\text{股权的国家风险溢价} = \text{国家违约风险溢价} \times \left(\frac{\sigma_{\text{股票}}}{\sigma_{\text{国家债券}}}\right)$$

其中：国家违约风险溢价由该国的风险评级决定；

$\sigma_{\text{股票}}$ 指该国有代表性的股票指数过去年收益率的标准差；

$\sigma_{\text{国家债券}}$ 指国家债券过去年收益率的标准差。

如果取美国市场作为成熟市场的代表，则我国的市场风险溢价就等于美国的股权风险溢价加上我国股权的国家风险溢价。我国股权的国家风险溢价数据可以参考 Damodaran 的估计结果。Damodaran 对有关国家股权的国家风险溢价的估计如表 3 所示：

表 3 Damodaran 对有关国家股权的国家风险溢价的估计

国家或地区	评级	股权国家风险溢价	国家	评级	股权国家风险溢价
澳大利亚	Aa2	1.28%	俄罗斯	Ba3	7.88%
比利时	Aaa	0.00%	新加坡	Aaa	0.00%
巴西	B1	9.00%	西班牙	Aa1	1.13%
中国	A3	2.03%	瑞典	Aaa	0.00%
哥伦比亚	Ba2	6.00%	瑞士	Aaa	0.00%
中国香港	A3	2.03%	中国台湾	Aa3	1.35%
印度	Ba2	6.00%	泰国	Baa3	3.00%
马来西亚	Baa2	2.63%	英国	Aaa	0.00%
墨西哥	Baa2	2.63%	美国	Aaa	0.00%

由上表可知，我国的股权国家风险溢价为2.03%。从而，我国的市场风险溢价=4%+2.03%=6.03%。

2）利用我国的历史市场数据来估计市场风险溢价。由于市场风险溢价=E（R_m-R_f），如果用我国股市各年市场收益率的平均值来代替上式中的E（R_m），无风险利率R_f采用10年期国债利率，则可以估计出用于CAPM模型的市场风险溢价。本案例选取了1996~2005年的平均市场收益率与平均无风险收益率的差作为风险溢价。估算结果如表4所示：

表4 市场风险溢价估算

年度	市场收益率	无风险收益率
1996	79.54%	8.12%
1997	26.76%	7.06%
1998	-7.22%	5.95%
1999	35.28%	2.99%
2000	34.57%	2.82%
2001	-32.39%	2.66%
2002	7.39%	2.28%
2003	6.06%	2.67%
2004	-25.08%	4.04%
2005	5.56%	3.74%
算术平均数	13.05%	4.23%

所以，用于本案例的市场风险溢价=13.05%-4.23%=8.28%。

以上两种方法得出的市场风险溢价虽然有所不同，各种方法可能均存在一定的局限性，综合以上两种方法的估计结果，本案例最后将我国的市场风险溢价定为其平均值，即大约为7%。

(3) 市场风险参数β的估算。

总的来说，在实际中估计某公司β值有三种方法：第一种是利用历史数据得到的回归β值；第二种方法是从影响β值的因素考虑而得到的基本β值；第三种则是使用公司的会计数据得到的会计β值。

由于我国上市公司普遍存在着盈余管理和收益平滑的现象，使用会计β的方法显然不合适。而基本β方法涉及的计算步骤较为复杂，在实践当中很少有人使用。所以在本案例中采用了国内外服务机构经常使用的回归β的方法。而且，一般认为2~5年的研究期比较符合中国资本市场的发展状况，因为其距离当前时间比较近，其风险结构与现在相比变化将不会太大，所以我们选取2002~2005年的数据作为研究期间。

回归方程如下：$R_t=a+bR_{mt}+\varepsilon$

其中：R_t表示t时刻公司的收益率，R_{mt}表示t时刻市场收益率，ε表示回归残差。

（注：公司t时刻收益率＝［股票价格（i）－股票价格（i－1）＋股利收益］／股票价格（i－1），市场收益率＝［指数（i）－指数（i－1）＋股利收益］/指数（i－1）。考虑到案例所选公司“海信电器”发放现金股利的次数较少，金额较小；股利收益对市场收益率的影响较小，我们忽略股利收益对收益率的影响。）

我们对两者之间的月收益率进行回归分析得到：$a=0.006455$，$b=1.128025$。那么$\beta=1.128025$。

综合上述各参数的估计结果，根据资本资产定价模型，我们得出海信的股权资本成本为：

$$K_E=E(R)=R_f+\beta(E(R_m)-R_f)=4.23\%+1.1280\times7\%=12.13\%$$

3. 加权平均资本成本的计算。

加权平均资本成本的计算公式为：

$$K=WACC=K_D(1-T)(D/V)+K_E(E/V)=K_D(1-T)\times\frac{D}{D+E}+K_E\times\frac{E}{D+E}$$

针对海信2005年的财务状况，其中：负债价值D＝长期借款＋短期借款＝207462975.00＋50000000.00＝257462975.00；权益价值E＝股价×股数＝5.6738×493767810＝2801539800；企业价值V＝D＋E＝257462975.00＋2801539800＝3059002775.00。因此，负债百分比$=\frac{D}{V}=8.42\%$；权益百分比$=\frac{E}{V}=91.58\%$。

结合上述估算出的债务成本和股权成本，海信2005年年底的加权平均资本成本如下：

$$WACC=K_D(1-T)\times\frac{D}{V}+K_E\times\frac{E}{V}=0.93\%\times(1-33\%)\times8.42\%+12.13\%\times91.58\%=5.25\%+11.11\%=16.36\%$$

问题：本案例是上市公司的资本成本估算，那么对于我国的非上市公司其资本成本的估算应该有哪些方法或注意事项呢？

（资料来源：①《会计师》2006年第3期，《价值评估过程二——资本成本的估算》；②朱武祥等著：《中国公司金融学》，上海三联书店，2005。许笑丹整理。）

●思考题及答案要点

1. 什么是加权平均资本成本？如何计算？

2. 留存收益为什么会具有资本成本？计算留存收益的资本成本有哪些方法？

3. 计算加权平均资本成本时，有哪些权重的标准可以选择？这些不同的权重各有什么样的优缺点？

4. 某公司的财务状况如下表所示：

资本成分	账面价值（万元）	市场价值（万元）	资本成本
长期债券	400	350	6.0%（税后）
优先股	60	70	7.8%
普通股	540	700	13.5%
合计	1000	1120	

1）按账面价值计算加权平均资本成本；

2）按市场价值计算加权平均资本成本。

比较并解释两者之间的差异。

答案要点：

1. 加权平均资本成本是企业使用所有形式的资金所付出的一个平均代价，它是投资者作为一个整体所要求的平均报酬率。从数量上而言，加权平均资本成本是以各种资本占全部资本的比重为权数，对个别资本成本进行加权平均确定的。其计算公式为：

$$K_w = \sum_{i=1}^{n} K_i W_i$$

2. 留存收益从表面上看虽然不是投资者新投入的资金，可是仍然具有机会成本，它至少要获得股东进行相同风险投资所要求的报酬率。所以，留存收益也应计算资本成本。确定留存收益的资本成本有三种常用的方法，即股利增长模型法、资本资产定价模型法和风险溢价法。

股利增长模型法：$\hat{k}_s = \frac{D_1}{P_0} + g$

资本资产定价模型法：$K_s = k_{RF} + \beta_i (k_M - k_{RF})$

风险溢价法：$K_s = K_b + RP$

3. 加权平均资本成本是以各种资本占全部资本的比重为权数，而权重的选择并不是唯一的。我们可以使用账面价值、市场价值和目标价值三种价值作为权重的基础。按照账面价值来确定，资料最容易获得。但是当股票和债券的账面价值与市场价差别较大时，运用市场价值比较合适。目标价值标准则是股票、债券以未来预计的目标市场价值确定相应的权数，能够体现期望的资本结构，而不是过去或者现在的资本结构，所以按照目标价值计算的加权平均资本成本更加适合于企业筹集新资金。三种方式各有优劣，应根据计算者的目的进行适当的选择。

4. 略

●参考文献

1. 斯蒂芬·A. 罗斯、罗德尔福·W. 维斯特费尔德和杰弗里·F. 杰富著. 公司理财. 吴世农、沈艺峰等译. 第5版. 北京：机械工业出版社出版，2000

2. 刘兴云、汪平. 财务管理学. 北京：经济科学出版社，2000

3. 加布里埃尔·哈瓦维尼和克劳德·维埃里. 经理人员财物管理——创造价值的过程. 王全喜等译. 北京：机械工业出版社，2000

4. 汪平. 财务理论. 北京：经济管理出版社，2003

5. 齐寅峰. 公司财务学. 北京：经济科学出版社，2002

6. Brealey and Myers. *Principles of corporate finance*. Seventh edition. The McGraw-Hill Companies. 2003

7. Thomas E. Copeland and J. Fred Weston. *Financial Theory and Corporate Policy*. 3rd edition. Addisonh-Wesley Publishing Company. 1988

第四章　现金流量分析

●本章提要

现金流量是企业价值的源泉。对现金流量进行分析，可以反映企业在一定期间内的经营活动、投资活动、筹资活动的动态情况，在协调各种财务关系、组织各项财务活动中起着重要作用；对现金流量进行估计是财务估价的重要程序之一，它是财务估价取得理想结果的主要依托之一，继而在整个企业理财活动中发挥着核心作用。以此为出发点，本章对现金流量的分析从三个方面展开：指标分析、流向分析和变动特征分析。概括地讲，对现金流量的分析过程，既是对企业以往经营业绩进行综合评价的过程，也是对企业未来经营绩效进行科学展望、预期的过程。因此，从某种意义上说，现金流量的分析已构成企业理财的重要组成部分，它体现着管理当局对企业未来发展前景的意愿及其把握能力。

●章首案例

中国太平洋建设集团有限公司是全国最大的以基础设施投资与建设为主业的民营企业，始建于1995年。1996年成立江苏太平洋工程集团有限公司，注册资本1.05亿元，2002年经国家工商行政管理总局批准，更名为“中国太平洋建设集团有限公司”（以下简称太太洋建设集团）。集团总部设在南京，下辖37家独立法人企业和9家非独立法人企业，总资产60亿元，员工总数5万人。其董事局主席就是胡润2005年百富榜第2名和2006年百富榜第16名的严介和。

但就是这样一家企业，却身陷“银行逼债”的危机漩涡中，不知将何去何从。2005年12月20日，中行江苏分行对太平洋建设集团的7000万元贷款本息申请诉前保全，此后中行南通分行就江海建设的2500万元（太平洋建设担保，其子公司）也进行了诉前保全。此外，还有华夏银行的3600万元债务也未解决。执行方面，南通中院先是保全了如皋经济开发区总公司欠太平洋建设集团的应付工程款。但由于该工程尚未全部完工，具体应付账款无法确定，由于另一家银行已经抢先一步冻结了1200万元以及业主可能扣除的部分违约金，实际被冻结的应付工程款估计在2000万元以下。随后，南通中院还在南京查封了12套以严介和名义购买的房产。不过，在南通中院之前，已经有另一商业银行提前查封了其中的7套。而让更让人想不到的是，“所有房子都是按揭的”。“凡是我们能找到并可以查封的资产，目前都已经封完了，但远远不够”。南通中院方面强调。而在五级风险管理体系中，中国银行南通分行将该笔2500万元贷款列为"可疑"，仅次于风险最高的"损失"。10月16日，南京市中级人民法院发出了首个"限制高消费令"，限制严介和的消费水准，规定严介和不得居住豪华住宅、乘坐高档车辆。

按照太平洋建设集团2005年年报显示，公司当年主营业务收入高达25.44亿元，净利润近10.6亿元，资产负债率不过22.5%。2006年9月27日集团董事局主席严介和约见媒体，声明太平洋建设集团200多个子公司，一共负债3.82亿元，分别是江苏2.83亿元、内蒙4400万元和辽宁5500万元，包括母公司和所有子公司目前的正常贷款约为1.3亿元；其他部分都属于集团担保的不良贷款。

总共3.82亿元的贷款，用2005年当年净利润还贷也绰绰有余，何以让如此庞大的"帝国"捉襟见肘？

BT之祸！

太平洋建设集团一直以BT模式生存于市场，即带资建设城市基础设施后再移交业主（往往是地方市政府或政府背景的企业），由业主分期还款。

以江苏如皋项目为例，当时双方约定，在项目建设期内，如皋方面支付工程预算造价的25%，即2000万元；当施工量达到50%时，支付工程总造价的15%，即1200万元（800万元现金，400万元用100亩土地抵扣）；施工完毕交付使用时，如皋方面再支付10%，即800万元；余款6000万元在项目结束后，分三年还清，每年年底支付总工程款的25%，即2000万元。而上述款项的支付由如皋市政府担保。随后，江海建设（太平洋建设的子公司）以此项目向中行南通分行申请贷款5000万元。

在这样的一场商业游戏中，太平洋并不需要拿出多少自有资金，而是整合了地方政府、银行、下游供货商的资源——先从政府拿单，再利用政府信誉向银行申请贷款，利用银行短期贷款启动项目，再靠占用下游供货商或工程队资金，最终获得政府的长期回款。而之所以能够从政府拿单，很大程度上又与"零价格"收购亏损国企，为地方政府卸包袱有关。BT模式对现金流的要求很高，资金链一环扣一环，只要其中一个环节出了问题都会给整个企业带来致命风险。严介和的BT模式主要是依靠银行短期借款承建项目，但项目回收周期却相当长，一旦工期拉长风险立即产生。一味拖欠下游账款，拿不到钱的工程队自然就把业务停下来，业务停下来就不能如期完成任务，业主自然就不会按期付款，太平洋建设集团如今就是陷入这么一个恶性循环的怪圈。

严介和曾经独创了一种全新的企业发展模式，其核心就是对企业现金流的科学管理。现在，严介和在接受媒体采访时这样解释太平洋建设集团的资金危机问题，称"就算资金链断了也不影响太平洋建设集团的运作"，对此他进一步的解释是因为"太平洋建设集团根本就不存在着资金链"。

现金流量控制不当，势必使企业陷入财务危机的困境。

（资料来源：《21世纪经济报道》、《人民日报》、《新快报》、《上海证券报》、《世界财经报道》、新浪财经、《法人》。王祯整理。）

第一节　现金流量的相关概念

一、现金和现金等价物

现金是一个经济社会用于价值储存和交换的媒介，它是我们支付货款，取得劳动报酬或其他服务的工具，是衡量相对价值的尺度。对于企业而言，狭义的现金指的是库存现金，广义的现金包括现金及现金等价物。

国际会计准则委员会在 1992 年颁布的第 7 号准则公告中对“现金及现金等价物”术语进行了定义：现金包括手头持有的货币，存在银行或其他金融机构的活期存款；而现金等价物是短期的、流动性高的投资，必须满足以下两个条件：①能够轻易地转化为已知金额的现金；②即将到期，不会因利率的变动而出现价值波动的重大风险。公告对现金等价物还作了下面的描述：一般地说，只有那些原定期限等于或短于三个月的投资才可视为现金等价物。现金及现金等价物在企业资产中同时拥有最强的流动能力或支付能力以及最差的获利能力。①

2006 年颁布的《企业会计准则第 31 号——现金流量表》对“现金及现金等价物”的定义为：现金，是指企业库存现金以及可以随时用于支付的存款；现金等价物，是指企业持有的期限短、流动性强、易于转换为已知金额现金、价值变动风险很小的投资。并指出没有特殊说明，现金一般指现金和现金等价物。②

二、现金流量

现金流量是指现金及现金等价物的流入量与流出量。③

在会计上，按其来源、性质不同分为三类：经营活动产生的现金流量、投资活动产生的现金流量、筹资活动产生的现金流量。

经营活动是指企业投资活动和筹资活动以外的所有交易和事项，包括销售商品或提供劳务、经营性租赁、购买货物、接受劳务、制造产品、广告宣传、推销产品、缴纳税款等。投资活动是指企业长期资产的购建和不包括在现金等价物范围内的投资及其处置活动。筹资活动是指导致企业资本及债务规模和构成发生变化的活动，包括吸收投资、发行股票、分配股利等。④

---

① 由华：《自由现金流量预测和分析问题的研究》[学位论文]，第 1 ~ 32 页，沈阳工业大学，2002。

② 2006 年新颁布的《企业会计准则第 31 号——现金流量表》。

③ 2006 年新颁布的《企业会计准则第 31 号——现金流量表》。

④ 中国注册会计师协会编：《会计》，中国财政经济出版社，2006。

为了与后面的自由现金流量作比较，我们给出经营活动产生的现金流量的计算公式：

经营性现金流量 = 营业收入 - 营业成本费用（付现性质） - 所得税

= 息税前利润加折旧和摊销 - 所得税

在进行企业价值评估时，一般把现金流量分为普通股权现金流量、债权人现金流量和优先股现金流量。这三部分的和即实体现金流量。实体现金流量是营业现金净流量扣除资本支出后的剩余部分。它是企业在满足营业活动和资本支出后，可以支付给债权人和股东的现金流量。①

当然，我们提到现金流量时，对一个企业来说，它已经不仅仅代表一个概念，已经渗透到公司治理与日常的管理中。有学者专门对现金流量管理做研究。在此，本书就不再赘述，只是对概念性的内容做整理和综述。

三、自由现金流量

为了更好地理解这个财务命题，弄清楚其提出者是有必要的。关于自由现金流量的提出，当前的文献中有两种提法：一种认为，自由现金流量是詹森（Jensen，1986）为研究代理问题而首次提出的一个财务命题，之后科普兰（Copeland，1994）和达摩德兰（Damondaran，1995）将自由现金流量运用到价值评估中，极大地促进了折现现金流（DCF）技术的发展，同时，许多证券分析师也逐渐意识到自由现金流量在证券分析中的重要作用，从而大力推广自由现金流量在证券分析与投资选股中的应用；② 另一种观点认为，自由现金流量这个财务命题是由阿尔弗雷德·拉巴波特在20世纪80年代提出的。但前一种观点占主导，针对这种分歧，我们特地进行了查证，最后证实了前一种说法，即，自由现金流量（Free Cash Flow）最早是由哈佛大学的Michael Jensen在其1986年发表在《美国经济评论》上的《自由现金流量的代理成本、公司财务与并购》（Agency Cost of Free Cash Flow，Corporate Finance and Takeovers）一文中正式提出的。③

詹森在上述的这篇文章中首次提出自由现金流量这个概念时给出的定义是，“自由现金流量指满足所有具有正的净现值的投资项目所需资金后多余的那部分现金流量，这些投资项目的净现值按相关资本成本贴现计算出来”。④

在后来的研究中，从理论上讲，自由现金流量作为一个术语并没有特别严格的定义，但是从其众多的名称如“袭击者现金流量”（raider's cash flow）、“超额现金流量”（surplus cash flow）、“多余现金流量”（excess cash flow）、“可分配现金流量”（distributable cash flow）、“可自由使用的现金流量”（disposable cash flow）（肯尼斯·汉克尔、尤西·李凡特，2001）中我们便可窥豹一斑。本书对各种不同说法的区别与共同之处在下面的内容中会做专门的分析。

---

① 财政部注册会计师考试委员会办公室编：《财务成本管理》，中国财政经济出版社，2006。

② 沈洪涛，沈艺峰，杨熠：《新股增发：现金流量假说还是优序融资假说》，《世界经济》，2003，8：53－61。

③④ Jensen，Michael C. 1986，Agency Cost of Free Cash Flow，Corporate Finance，and Takeovers，American Economic Review，May，1986. Vol. 76，Iss. 2；pp. 323－329.

四、自由现金流量假说

Jensen（1986）首次提出“自由现金流量”（Free Cash Flow，缩写为 FCF）的概念，并提出自由现金流量假说。其目的是关注企业在面对自由现金流量时出现的管理层与股东的冲突及其带来的代理成本问题。他认为 FCF 是留在企业中反而不利于股东价值最大化的资金，“要使公司有效率并使股东价值最大化，必须把自由现金流量支付给股东”，但管理层在现金支配决策中更关注自身利益，宁愿滥用自由现金流量也不愿意让它流出公司，从而损害股东利益。假说将这种由现金资源支配权引起的代理问题称做自由现金流量代理问题；针对这种代理问题，假说还进一步提出“负债控制假设”，即可以利用对外负债这一手段，运用外部偿债压力抑制管理层滥用现金的动机，并认为负债是代替现金股利解决这种代理问题的较好工具；另外，假说还指出收购行为与自由现金流量有密切关系。这也就是我们通常所说的自由现金流量假说及其两个推论：①负债是提高公司效率和监督管理者的有效控制机制之一，即存在“负债控制效应”；②自由现金流量是决定公司收购决策的重要因素之一。[①]

第二节　现金流量的性质

一般而论，进行财务分析所需要的信息许多是以财务报表为基础或者直接来自财务报表。由于权责发生制在财务会计体系中的核心地位的影响，人们较为熟悉的是会计收益（income），而非现金流量。深入了解会计收益与现金流量之间的关系是认识现金流量性质的第一步。

即使在会计人员的眼里，收益与现金也是联系在一起的，只有在受到现金或者在未来时期确实能够收到现金的情况下，才确认为收益。因此，收益最终是以现金为基础的。但不容否认的是，收益与现金流量之间确实存在着重大差异。现金流量信息可以告诉人们在某一特定时期手中所掌握现金的数量，但却较少有对现金所有权归属的记录。这构成了与权责发生制的基本差异。

权责发生制会计所着重处理的是收益流量，而非现金流量。在企业净收益的计算过程中，最关键的是对营业收入（来自于企业正常经营活动的新的资源的流入）的计量与对费用（为获取营业收入而发生的成本）的计量。收益实现原则与配比原则是权责发生制会计的两个重要原则。收益实现原则的根本要旨即是不以现金的实际流动作为确认收益的标准，而是以权益的实在转移作为确认收益的标准。这种会计制度所服务的实乃企业资源在受益各方的以契约为依据的分配。

---

① Jensen, Michael C. 1986, Agency Cost of Free Cash Flow, Corporate Finance, and Takeovers, American Economic Review, May, 1986. Vol. 76, Iss. 2; pp. 323－329.

一个企业如若维持长期稳定的发展，应当既保持足够多的收益，也应当保持足够多的现金流量。在某些特定时期，或者从一个较长的时期来看，现金流量甚至比收益的重要性更大。只要企业有足够多的现金流入，即使企业在短期内出现亏损也可以维持正常的生产经营过程；相反，如果企业现金流量及其存量出现巨大亏空，即使账面上有利润，也难免有破产的可能。

在按照间接法计算经营活动所提供的现金流量的时候，可以清楚地看到权责发生制下的收益与现金流量之间的关系。即在损益表净收益的基础之上，调整非现金项目（如折旧）之后可以求得现金流量：

净收益	220000
盈利调整	
折旧与摊销	250000
递延所得税	70000
其他营业活动项目	
应收账款	（87000）
应付账款	20000
其他项目	90000
经营活动所提供的现金流量	563000

从内部管理的信息需求来看，用直接法编制现金流量表能够提供更多的、更有价值的信息，比如，以直接法编制的现金流量表可与现金预算进行比较分析。无论是我国财政部，还是美国的财务会计准则委员会都建议以直接法编制现金流量表。但事实上，许多企业按照直接法来披露有关经营活动现金流量的信息存在着很多困难。

下面通过实例对收益与现金流量的数量关系予以分析。如某企业1月份实现销货额为21000元，其中5000元为收现销售，16000元为赊销。全年租赁费用为12000元，年初一次付清，每月摊销费用为1000元。不考虑其他费用，则：

	1月份收益计量	1月份现金流量
赊销	16000	——
现销	5000	5000
费用	（1000）	（12000）
	20000	（7000）

按权责发生制计算的会计收益为20000元，而同时期实际的现金流量却为－7000元。对于理财人员而言，这一时期的资金运营将出现较大的困难。由于现金流入不足以支付现金流出，为了维持正常的生产经营活动，必须从外部筹措足够的资金。

按照财务估价理论，向企业提供资金的机构或个人均对企业的收益具有索偿权。同时，这种索偿权的份额及时间一般在事前以契约的形式加以确定。一般而论，债权人可按时按量获得利息，届时收回本金；优先股股东按时按量获得优先股股利；普通股股东所拥有的索偿权为剩余索偿权，满足这种索偿权的唯一方式便是向投资者支付约定的现金。没有足够多的现金流量及存量，企业便无法满足投资者对企业收益索偿的要求。这样：①理财目标是追求企业价值最大化；②企业价值最大化表现为企业各类投资者财富的最大化；③投资者财富最大化的源泉是获得足够多的现金，这些现金是对投资者延缓消费而进行投资所进行的补偿；④获得的现金越多，获取现金的持续时间越长，投资者财富越大，企业价值也就实现了最大化。

从会计上看，权责发生制在长期以来始终居于一个绝对重要的地位。但这种权威性却随着信用的过度膨胀而受到人们越来越多的质疑。如果商业信用处在一个合理而规范的限度之内，具体言之，即应收账款的收账期以及应付账款的递延期均在一个合理而相对稳定的区域之内，权责发生制下的收益与成本概念确能有效地预测和反映企业未来的现金流量，权责制与现金制的差异仅仅是时间上的差异。如果信用的规模也不大，那么差异就更加微小。在这种情况下，之所以运用权责制而不运用现金制，一方面是出于经济业务的法律性质的约束（比如权益的转移）；另一方面是出于财务报表编制时限上的需要。但随着商业信用不断的膨胀，尤其是随着商业信用中违约行为的越来越多，两种制度之间的差异也越来越大。在我国经济改革开放以来的数十年间，商业信用膨胀及其违约现象愈演愈烈，使得企业之间的“三角债”问题成为阻碍国民经济健康发展的一大顽症。表现在财务报表上，即是收益数据、资产数据以及负债数据的可信度越来越小，已经很难据此对企业价值进行客观的估价。事实很清楚，人们对企业的索偿权的获得只能是实实在在的现金，而非会计观念意义上的收入或利润。没有足够的现金，企业投资便没有资金保证；经营活动所需资金无以满足；投资者索偿权也无法满足。自20世纪80年代以后，人们对现金流量的关注程度越来越高。

第三节　现金流量分析——指标分析

通过对现金流量指标进行分析，可以对企业的整体财务状况、偿债能力、获利能力以及未来的发展做出正确的判断和评价，为预测企业未来的财务状况提供可靠的依据，以得到有利于决策的信息。

（一）传统的财务分析

在传统的财务分析中，现金流量分析相对独立，往往与偿债能力分析、获利能力分析、营运能力分析、发展能力分析并列。但从指标的设置来看，现金流量分析又是与其他财务分析紧密结合的。因此本章将现金流量指标融于财务分析各个方面，构建出一套更为合理的财务分析指标体系。

传统的财务分析主要包括偿债能力分析、获利能力分析、营运能力分析和发展能力分析。其实，这些方面都与现金流量有着十分密切的关系。

1. 偿债能力分析。偿债能力是指企业偿还债务的能力。尽管企业偿还到期债务有多种方式，但以现金偿还仍然是最主要的方式。企业若在债务到期前不能取得足够的净现金流入，则往往只能以出售资产等方式来清偿债务，这大都会对企业获利能力造成严重的影响，进而影响企业未来的现金流量。企业未来能否取得足够的净现金流入是偿债能力分析的核心问题。

2. 获利能力分析。获利能力是指借款人获取利润的能力。在进行获利能力分析时，不仅要分析利润的数量，还要评价利润的质量。评价利润质量的一个重要指标是应收账款占销售收入的比重，该指标值越大，表示企业利润质量越差。因为企业的利润最终需要以现金形式实现，应收账款越多，往往意味着以现金形式实现利润所需的时间越长，企业发生坏账的风险越大。企业的获利能力最终体现为取得现金流入，现金流量仍是获利能力分析的核心。

3. 营运能力分析。营运能力是指在企业生产经营中各项资产的周转速度所反映出来的资产运用效率。但营运能力分析的最终目的是评价企业的偿债能力和获利能力。企业资产管理效率越高，意味着企业的资产创造或转换成现金的速度越快，企业的偿债能力和获利能力也越强。可见，营运能力分析与现金流量也有着十分密切的联系。

4. 发展能力分析。发展能力反映了企业的成长性，即企业通过自身的生产经营活动，不断扩大积累而形成的发展潜能。在传统的财务分析中，企业销售收入或资本积累率的大幅度增长似乎预示着企业拥有强劲的发展潜力。但是，销售收入的增加也许伴随着企业应收账款的迅速膨胀，积累的资本可能是由没有现金净流入作保证的利润结转而来的。企业未来的发展离不开现金的投入，只有在企业的现金流入能充分满足现金流出需要的前提下，企业才能有多余的现金净流量去扩大规模，使自身做大做强。所以说，发展能力分析也必须高度关注企业的现金流量。

（二）改进的指标分析体系

在改进的指标分析体系中，我们从现金流量的结构分析、支付能力分析、偿债能力分析、获利能力分析、收益质量分析等方面来进行，并注意现金流量表与资产负债表、利润表的结合，过程和结果的结合，对各部分现金流量的处理与企业经济活动分析的结合以及纵向比较分析与横向比较分析的结合等问题。

1. 现金流量的结构分析。分析现金流量结构状况，就是分析其现金收入、现金支出以及现金净额的各个组成部分所占比例。一般来说，企业的生产经营正常，在投资和筹资规模不变的情况下，现金流入越大则企业活力越强，如果经营活动现金流入占现金总流入的比重越大，则可以反映企业经营状况较好，收现能力强并且坏账风险小，现金流入结构较合理；经营活动现金流出量比重大、购买商品现金流出量占经营活动现金流出量比重大的企业，其生产经营状况正常，现金流出结构较为合理；投资活动和筹资活动的现金流出则因企业的财务政策不同而存在很大的差异，具有偶发性，应当结合具体情况具体分析。

2. 现金流量支付股利能力的分析。支付股利能力分析指标主要有：每股现金流量＝经营活动现金净流量/加权平均流通股股数。这一指标主要反映平均每股所获得的现金流量。该指标隐含了上市公司在维持期初现金流量的情况下，有能力发给股东的最高现金股利金额。随着该指标指数升高，公司财务状况向良好趋势发展。

3. 现金流量偿债能力的分析。偿债能力分析指标主要有：现金比率 = 经营现金净流量/流动负债。这一指标反映流动负债所能得到的现金保障程度，如果现金比率达到或超过1，即表示企业即使不动用其他存货、应收账款等，靠现金就能偿还流动负债，这一指标越高，说明企业偿付流动负债的能力越强。但是指标过高，会降低企业的获利能力，反之，则可预测企业将来可能出现支付危机。

4. 获取现金能力的分析。获取现金能力指标主要有：销售现金比率 = 经营活动现金净流入/销售收入。该指标可以衡量企业销售收入产生现金流量的能力。该比率越高，说明销售收入产生现金流量的能力越强，该比率小于1即本期收到的现金小于当期的主营业务收入，说明账面收入高，而变现收入低，应收账款挂账增多，必须进行债权资产的质量和信用政策的调整。

5. 现金流量收益质量的分析。收益质量指标主要有：营运指数 = 经营现金净流量/经营应得现金。若该指标小于1，说明会计收益可能受到人为操纵或存在大量的应收账款，收益质量较差，有虚盈实亏的可能性，必须进一步分析会计方法或会计估计的影响。公司应采取相应的理财策略，提高公司的收益质量。

6. 企业未来发展能力分析。发展潜力的指标主要有：经营现金流量增长率 = 计算期经营活动现金净流量增长额/基期经营活动现金净流量；投资适当比率 = 经营活动现金净流量/投资活动现金净流量。前者指标越大，说明企业的发展能力趋向于越好；后者如果分子分母都较大，且比值大于1，说明企业有充足的现金保证投资的进行，并且有较好的投资机会。

从整体上对企业财务进行预测决策，还应综合相关指标对企业对内对外投资、筹资联系起来进行分析，只有这样才能对企业未来发展状况做出全面、客观的评价。如企业要扩大生产规模，长期资产必须增加，反映在现金流量表中即投资活动中的现金流出量就会大幅度提高。对内投资的现金流出量大幅度提高，往往意味着该企业面临一个新的投资机会；对外投资的现金流出量大幅度提高，则可能说明该企业在通过对外投资来寻找新的获利机会和发展机遇。

第四节 现金流量分析——流向分析

按照一般估价原理，在未来现金流量的折现过程中，被折现的现金流量的性质（分子）与折现率的性质（分母）要相一致。具体言之，现金流量是属于普通股股东的现金流量，折现率就应当是普通股股东的要求报酬率；现金流量是属于债权人的现金流量，折现率便是债权人的要求报酬率；现金流量是企业的现金流量，折现率便是企业的加权平均资本成本；等等。折现率的高低取决于未来现金流量中隐含的风险的大小，现金流量风险越大，折现率越高；现金流量风险越小，折现率越低。

明确不同状态下的现金流量的内容并予以准确预测，是财务估价过程中至关重要的一个步骤。这项工作的质量将从根本上决定整个财务估价的质量。

（一）自由现金流量

Jenson 教授在研究代理冲突的时候论及自由现金流量概念，按照 Jenson 的定义，所谓现金流量是指在满足全部净现值为正的项目之后的剩余现金流量；如果企业的目标为追求企业价值最大化的话，这种自由现金流量必须支付给企业的股东。自由现金流量越大，企业价值越大，股东财富也越大。

自由现金流量已经成为现代理财学中的一个重要概念。它可以对许多财务现象做出解释，比如对股利问题的解释。对于那些自由现金流量为正值的企业，按照自由现金流量理论可以解释股利支付率的未预见到的提高会提高公司的股票价格；相反，未预见到的股利支付率的下降会降低公司的股票价格。

具体而论，自由现金流量即是扣除营运资本投资与资本投资之后的经营活动所带来的现金流量。自由现金流量的所谓“自由”即体现为管理当局可以在不影响企业持续增长的前提下，将这部分现金流量自由地分派给企业所有的索偿权持有人，包括短期、长期债权人以及股权持有人等。从现金流量的角度来讲，股东与债权人没有性质上的差异，存在的只是索偿权支付的顺序上的差异。这里经营活动所带来的现金流量应当是利息之前、纳税之后的现金流量。换言之，在计算自由现金流量的时候，负债的利息费用不应作为扣除项，而扣除的纳税额反映的是企业在没有利息扣除情况下的支付额。

由于内含上的具体表述的多种性，从自由现金流量的外延分类的方法很多，但是在财务领域，依据现金流量的口径不同，大体上将现金流量分为企业自由现金流量和股东自由现金流量两大类。为了便于理解，此处同时界定一下企业“经营性现金流量”的概念。在下面的一部分内容分别对这两类自由现金流量做具体介绍。

1. 股权投资者自由现金流量。即指满足债务清偿、资本支出和营运资本等所有的需要之后剩下的可作为发放股利的现金流量，也是企业自由现金流量扣除债权人自由现金流量的余额。

2. 企业自由现金流量（经营实体自由现金流量）。企业自由现金流量是指扣除税收、必要的资本性支出和营运资本增加后，能够支付给所有的清偿权者（债权人和股东）的现金流量。

3. 经营性现金流量是经营活动（包括商品销售和提供劳务）所产生的现金流量。它不反映筹资性支出、资本性支出或营运资本净增加等变动。

（二）股权投资者自由现金流量

股权投资者即企业的普通股股东，是企业剩余收益索偿权的持有人。企业在支付了经营费用、债务利息和本金、资本投资之后如果仍有剩余现金，在性质上讲，即属于股权投资者的现金流量。

对于无负债企业而言，由于没有负债，因而也就没有了利息和本金。企业投资及经营所需的全部现金均由股权资本来满足。

营业收入－营业费用＝利息、税与折旧前盈利（EBDIT）－折旧

＝纳税付息前盈利（EBIT）－所得税

=净收益+折旧

=经营活动带来的现金流量-资本支出-营运资本变动

=股权投资者自由现金流量

从以上计算中不难看出，属于股权投资者的自由现金流量是在满足了企业的所有财务需求之后的剩余现金流量。如果为正值，管理当局可将此现金流量以股利的方式支付给股东；如果为负值，则为了维持企业的持续增长，必须发行新的股权资本。

折旧（还有摊销费用）属于抵税费用，同时，也属于非现金费用。这些费用的金额越大，给企业所带来的抵税收益（现金流入）越大。因为抵税收益等于折旧或摊销金额乘以企业所得税税率之积。企业的自动化程度越大，固定资产投资越多，折旧费用就越多，其给企业所带来的抵税收益也就越多。

资本支出即资本预算支出，是企业为了维持或扩展其经营活动必须安排的固定资产投资。通常情况下，企业经营活动所带来的现金流量应当首先满足资本支出的需求。在有剩余的情况下，才以股利的方式支付给普通股股东。这即是所谓的“剩余股利政策”。企业的持续增长依赖于不断增加的资本支出，这是一个普通的规律。在现金流量预测中，这种增长是不容忽视的一个重大问题。另外，在许多现金流量预测过程中，人们常假设各期资本支出与各期的折旧额相等。事实上，资本支出与折旧额两者之间的关系是极为复杂的。比如，在高速增长期，资本支出通常要大于其折旧额，而在固定增长期，两者之间的差距一般不会太大。因此，人们便假设那些稳定增长企业的折旧与资本支出两者相等，进而大大简化了财务估价工作。

在现金流量分析中，营运资本通常是指企业流动资产与流动负债的差额，即一般所谓的“净营运资本”。从现金流量的角度来看，营运资本的需求意味着现金的运用，因而，营运资本的增加即为现金流出，营运资本的减少则为现金流入。营运资本需求的增加与资本支出成一定程度的正比例关系，同时也减少了可向股东自由支付的现金流量。按照会计学的定义，营运资本中的流动资产包括现金在内，因为营运资本的增加是企业中现金积累的结果而非现金从企业流出。企业的性质不同，所需营运资本的数量就不同。比如零售企业所需营运资本的比重会超过一般的制造业企业。另外，营运资本的变动与企业的增长率也密切相关，高增长率企业通常需要更多的营运资本。

对于有负债的企业而言，除了上述的现金流出之外，还会有一部分现金流量用于支付利息和偿还本金。

营业收入-营业费用=利息、税与折旧前盈利（EBDIT）-折旧与摊销

=纳税付息前盈利（EBIT）-利息费用

=税前盈利-所得税

=净收益+折旧

=经营活动带来的现金流量-资本支出-营运资本变动-偿还本金+发行新负债进款

=股权投资者自由现金流量

如果企业的杠杆程度在合理的范围之内，且企业目标的负债比重（负债/总资本）为 σ，则：

股权投资者自由现金流量 = 净收益 －（1 － σ）（资本支出 － 折旧）－（1 － σ）营运资本变动

发行新负债进款 = 偿还本金 + σ（资本支出 － 折旧 + 营运资本变动）

由于企业的资本结构比较合理，因而可用发行新负债所得的进款来偿还到期的本金。资本支出与营运资本需要也应按照合理的负债与股权资本比例来筹措。企业运用负债融资的数额越大，属于股权投资者的自由现金流量就越多。

当企业实际负债比率低于其目标负债比率（σ）时，为了实现资本结构的最优化，管理人员应当运用更多的负债来满足资本支出和营运资本需求，达到目标负债比率为止。股权投资者的现金流量可按下式计算：

净收益 + 折旧 = 经营活动带来的现金流量 － 资本支出 － 营运资本变动 － 偿还本金 + 发行新负债进款

如果企业决定将负债比率提高至目标水准，则：

发行新负债进款 > 偿还本金 + σ（资本支出 + 营运资本变动）

在这种情况下，企业大幅度提高其负债比重，属于股权投资者的自由现金流量将会增加。到期本金的偿还仍由发行的新负债来偿还，不影响股权投资者的现金流量。当企业实际负债比率高于其目标负债比率时，管理人员应当大量地运用股权资本融资，从而将负债比率降至目标水平，这将有助于企业价值的提高。企业可用新筹措的股权资本来偿还到期的本金。这时：

发行新负债进款 < 偿还本金 + σ（资本支出 + 营运资本变动）

在这种情况下，属于股权投资者的自由现金流量将低于同等情况下负债水平合理的企业。

（三）企业自由现金流量

企业经营所需资金是由企业的各类收益索偿权持有人来提供的，既包括股权资本投资者，也包括债权人和优先股持有人。那么，经过经营所获得的企业自由现金流量也应当支付给企业全部的索偿权持有人，而绝不仅仅是普通股股东。即：

企业的索偿权持有人 = 股权资本投资者 + 债权人 + 优先股股东

属于企业的自由现金流量是扣除经营费用和所得税后，向各类收益索偿权持有人支付前的现金流量，即：

企业自由现金流量 = 股权投资者自由现金流量 + 利息费用（1 － 所得税税率）+ 偿还本金 － 发行新债 + 优先股股利

其中，利息费用（1 － 所得税税率）+ 偿还本金 － 发行新债 = 属于债权人的现金流量，优先股股利是属于优先股股东的现金流量。

企业自由现金流量也可按下式进行计算：

企业自由现金流量 = 纳税付息前盈利（1 － 所得税税率）+ 折旧 － 资本支出 － 营运资本变动（需求）

企业自由现金流量通常高于有负债企业的股权投资者现金流量，而等于无负债企业的股权资本投资者现金流量。

企业自由现金流量为债务支付前的现金流量，因此它不受企业运用负债数额大小的影响。但这并不意味着由企业自由现金流量贴现而得的企业价值与负债金额没有关联。因为过高的负债会导致企业加权资本成本的提高，从而引起企业价值的变动。

（四）经营活动带来现金流量的计算

无论是股权投资者现金流量的计算，还是企业现金流量的计算，经营活动所带来现金流量的多少都是一个至关重要的因素。从某种意义上讲，企业价值就取决于企业在未来时期内经营活动所带来的现金流量。

在企业价值评估过程中，经营活动所带来的现金流量的计算与各类不同性质的投资者的划分比如股东或者债权人没有关系。因为无论是股东还是债权人，他们都向企业提供了资金，都是企业的投资者，同时也都有权利从企业获取一定数额的报酬。在现金流量之于企业的意义上，他们之间没有差异。在财务估价人员的眼里，向债权人支付利息与向股东支付股利也没有差异。只有既满足了股东对股利的最大要求，也满足了债权人对利息、本金的最大要求的时候，企业价值才意味着实现了最大化。因此，在营业费用的计算中，利息并不考虑在内，因而也就不从现金流量中扣除。税后但利息前的经营活动现金流量既可以向债权人支付（利息）也可以向股东支付（股利）。在计算营业活动现金流量的应纳税金的时候，利息无须考虑。由利息费用所带来的抵税收益通常反映在加权平均资本成本的计算中。

经营活动所带来的现金流量可按下式计算：

$$\begin{aligned}\text{经营活动现金流量} &= \text{营业收入} - \text{折旧前营业费用} - \text{所得税}\\ &= EBDIT - \text{所得税}\\ &= EBDIT - t\,(EBDIT - TDEP)\\ &= (1-t)\,EBDIT + t \times TDEP\end{aligned}$$

式中：EBDIT 为利息、税与折旧前盈利，TDEP 为计算所得税时的折旧，t 为所得税税率。

经营活动现金流量也可表达为其他的形式，首先：

$$EBIT = EBDIT - DEP$$

式中：DEP 为向股东报告的账面折旧，EBIT 为纳税付息前利润。

将后式代入前式可得：

$$\text{经营活动现金流量} = (1-t)\,EBIT + DEP + t\,(TDEP - DEP)$$

在这个公式中将账面折旧额加回到税后 EBIT 之中。但与此同时，对税单折旧与会计折旧之间的差异需要进行所得税的调整。如果税单折旧与会计折旧相等，则：

$$\text{经营活动现金流量} = (1-t)\,EBIT + DEP = \text{净收益} + \text{折旧}$$

这是一个较常运用的计算经营活动带来现金流量的公式。事实上，运用这一公式与运用前面的两个公式所得的结果应当是相同的。关键在于采用数据的方便程度以及是否符合必要的条件（比如，税单折旧与会计折旧是否相等）。将经营活动带来的现金流量定义为企业的税后利润与折旧额之和，大大方便了估价人员以及分析人员对经营活动现金流量的理解与计算。但需要注意的是，这里的税后利润并非真正意义上的会计利润，因为利息因素没有考虑在内。另外，在以上的公式中，事实上是假设所有的营业收入和费用（折旧除外）均是以现金额为基础的。

第五节 现金流量分析——变动特征分析

一、股利估价模型

在财务估价中，除了应了解现金流量的内容外，还应了解现金流量在未来预测期内的变动特征是永久不变，还是稳定增长，这将直接影响财务估价的质量。为了便于说明问题，在本节以普通股估价的“股利估价模型”为例，对未来时期现金流量的变动特征予以分析。

对于股票投资者而言，购入并持有股票的目的都是在持有期间获得理想的现金流量，包括两部分：一是每年的股利；二是将来卖掉股票所获得的股票价格。按照折现现金流量估价原理，股票价格（P_0）的一般估价模型为：

$$P_0 = \sum_{t=1}^{\infty} \frac{DPS_t}{(1+r)^t}$$

式中，P_0 为股票价格，DPS_t 为第 t 期股利，t 为股东要求报酬率。

从延续的时间上看，40 年或 50 年以后的股利流量可以忽略不计。因为那些股利的现值极小，对股票价格的影响甚微。

在上式中，现金流量只包括股利，而不包括股票的脱手价格。如果投资者在有限的年度里比如 5 年内卖出股票，那么脱手价格应不应当在现金流量中予以体现呢？不需要，因为无论哪期的股票价格，它们所依据的都是未来股利的流量。股利越多，股票价格越高。因此，股票价格是未来股利流量的现值之和。这与其持有期的长短无关。

在具体估价过程中，由于股利流量变动的特征的不同，可以使估价过程大大地简化。下面分四种股利变动情形来讨论股票价格的确定：永续模型、固定增长模型、两阶段模型与三阶段模型。

（一）永续模型

永续模型适用于未来股利流量具备如下特征的情形：①时间上无限期。②数额上固定。估价公式为：

$$P_0 = \frac{DPS}{r}$$

例如，如果每年股利固定为 6 元，投资者要求报酬率为 12%，则该股票的股票价格为 50 元：

$$P_0 = \frac{6.00}{0.12} = 50 \text{（元）}$$

永续模型较常用于对优先股的估价，因为普通股股利通常情况下不会是永续固定的。

（二）固定增长模型（戈登模型）

如果股利在未来时期里能够按一定的固定比例（g）逐期增加且固定增长率低于要求报酬率，即 $g<r$，股票价格可以按照固定增长模型，又称“戈登模型”来进行估价：

$$P_0=\frac{DPS_1}{r-g}$$

式中：DPS_1 为第一年每股股利 $=DPS_0$（$1+g$），r 为股东要求报酬率，g 为固定增长率。

该模型首先是由 Myron J. Gordon 教授发展并予以推广运用的。从估价公式中不难看出，戈登模型同样可以估计永续股票即零增长股票的价值。如果 $g=0$，戈登模型就变为 $P_0=DPS/r$。

例如，某公司当期已支付股利 3 元，即 $D_0=3$ 元，投资者估计该公司股利固定增长率为 5%。该股票的贝塔系数（b）为 1.2，无风险利率为 4%，市场平均报酬率为 12%。则按照资本资产定价模型先求得股东要求报酬率：

$$r=4\%+(12\%-4\%)\times1.2=13.6\%$$

该股票之内在价值为：

$$P_0=\frac{DPS_0(1+g)}{r-g}=\frac{3(1+5\%)}{13.6\%-5\%}=36.63\text{（元）}$$

如果该股票的市场价格低于或等于其内在价值即 36.63 元，投资者即可购入。

在财务估价中，戈登模型是个应用极为广泛的估价方法。股利的固定增长是这一模型运用的基本前提。由于股利要在一个足够长的时期内保持固定增长，因此，企业其他主要的绩效指标如盈利也应按相同的比率增长。从一个较长的时期来看，如果盈利增长率低于股利增长率，则在一个较长的时期之后，股利支付率会趋于零。因此，在模型中尽管强调的是股利增长率，如果企业真正处在一个稳定状态的话，则完全可以用盈利增长率来替代股利增长率。同时，什么样的增长率才可以被认为是“固定”而“稳定”的增长率呢？任何企业都很少可能在较长时期内维持一个高于经济平均增长水平的增长率。如果时间足够长，那么一个增长率为 10% 的企业的规模迟早会比平均增长率为 6% 的整个经济系统的规模还要大。事实上，企业的长期增长率不可能超过企业所在行业的平均增长速度。在确定增长率的时候，应当全面而深入地分析整个经济系统（国内的或国际的）或者某个产业的未来发展状况，比如国民生产总值的增长率。国家经济的期望名义增长率可按下式计算：

国家经济期望名义增长率 = 期望通货膨胀率 + 期望实际增长率

如果期望通货膨胀率为 2%，期望实际增长率为 6%，则整个国家经济期望名义增长率为 2% +6% =8%。通常地，一个稳定增长企业的增长率不会超过 8%，相反，如果一个企业的增长率在长时期内较大幅度地低于国家经济的增长率，则该企业在整个市场份额中的比重会越来越小，终至消失。

戈登模型的最大优势在于其运用极为简单，计算方便，最大的缺陷在于其评估结果过多地依赖于增长率因素。而在许多情况下，增长率的确定是项主观性极强的工作。

综合上述，如果企业已经处在一个相对稳定、成熟的发展时期，其增长速度基本上与整个国民经济的发展速度相协调，而且股利政策会在较长时期内得以延续，则该企业的股票价值或者该企业价值都可采用戈登模型来预测和估计。

（三）两阶段模型

企业在发展过程中，其增长状况很难始终保持一致。比如，在初始发展阶段，企业按较高的增长率发展。所谓高速发展是指企业盈利或现金流量的增长速度大大超过整个经济系统的增长率。经过一段时间（比如3年、5年或10年）之后，企业进入固定增长时期。在高速发展时期，假如增长率超过要求报酬率，便无法运用戈登模型进行估价。此时：

P_0 = 高速增长期股利现值之和 + 固定增长期股利现值之和

其中，固定增长期现值之和为高速增长期末的价格。则：

$$P_0 = \sum_{t=1}^{n} \frac{DPS_t}{(1+r)^t} + \frac{P_n}{(1+r)^n}，这里\ P_n = \frac{DPS_{n+1}}{r_n - g_n}$$

式中：DPS_t 为第 t 年期望每股股利，r 为高速增长期的要求报酬率（股权资本成本），P_n 为第 n 年末的价格，g 为前 n 年的高速增长率，g_n 为 n 年后的固定增长率，r_n 为稳定状态下的要求报酬率。

如果在前 n 年中，高速增长率（g）与支付率维持不变，则上式可简化如下：

$$P_0 = \frac{DPS_0\ (1+g)\ \left[1 - \frac{(1+g)^n}{(1+r)^n}\right]}{r-g} + \frac{DPS_{n+1}}{(r_n - g_n)\ +\ (1+r)^n}$$

高速增长率与高速增长期之间具有一定的相关性。通常情况下，与固定增长企业相比较，当期盈利或股利增长率越高，其高速增长期就越长。比如，当期增长率为30%的企业其高速增长期一般会超过当期增长率为10%的企业。在财务估价中一般依据如下惯例来确定高速增长期间：低于或等于固定增长率1%的，高速增长期为0；高于固定增长率1%~10%之间的，高速增长期为5年；高于固定增长率10%以上的，高速增长期为10年。[①] 同时，企业的规模越大，其高速增长期通常会越短。

运用两阶段模型，必须确定高速发展的期间，从理论上讲，这一期间的长短取决于企业产品的寿命周期及项目投资机会，但它们之间明确的相关关系却很难予以量化。

例如，某企业当期实发股利为6元，预计在5年内企业会按25%的增长率高速发展，5年后按6%的增长率固定增长，投资者要求报酬率为12%，则：

$$P_5 = \frac{6\ (1+25\%)^5\ (1+6\%)}{12\% - 6\%} = \frac{18.31\ (1+6\%)}{0.06} = 323.48\ （元）$$

$$P_0 = \frac{7.5}{(1+0.12)} + \frac{9.375}{(1+0.12)^2} + \frac{11.72}{(1+0.12)^3} + \frac{14.65}{(1+0.12)^4} + \frac{18.31}{(1+0.12)^5} + \frac{323.48}{(1+0.12)^5} = 225.75\ （元）$$

---

① 案例引自 Aswath Damodaran. *Corporate Finance*: *Theory and Practice*, p. 623. John Wiley & Sons, Inc., 1997.

1984年，Fuller与Hsia对传统的两阶段模型进行了修正，以适应更为现实的情形。他们提出的模型被称为“H模型”。在这一模型中，初始阶段的增长率不是固定不变的，而是随着时间的延续，增长率呈线性下降趋势，直至达到稳定状态下的固定增长率水平。

H模型假设初始阶段的盈利增长率（g_a）极高，并在整个高速增长期间（这一期间为2H年）内呈线性下降至固定增长率（g_n）的水平。同时，它还假设股利支付率保持不变，与增长率的变化无关。

按照H模型，股票价格可估价如下：

$$P_0 = \frac{DPS_0\ (1+g_n)}{r-g_n} + \frac{DPS_0 \times H\ (g_a - g_n)}{r-g_n}$$

式中：g_a 为高速增长率；g_n 为2H年末的增长率；2H为增长率线性下降的年限，比如高速增长率逐年下降，降至固定增长率（g_n）的水平需要10年，则2H=10年，H=5年。公式右边的第一项为固定增长期价值，第二项为高速增长期价值。

例如，某公司现期每股盈利为4元，每股股利为3元，高速增长率为20%，高速增长期为10年，10年后的固定增长率为6%，股东要求报酬率为12%，则：

$$固定增长期价值 = \frac{3\times(1+6\%)}{12\%-6\%} = 53\ (元)$$

$$高速增长期价值 = \frac{3\times10/2\times(20\%-6\%)}{12\%-6\%} = 35\ (元)$$

$P_0 = 53 + 35 = 88$（元）

（四）三阶段模型

将两阶段模型与H模型结合到一起便可得出三阶段模型。这时候，现金流量即盈利或股利的变动特征为：①在第一阶段，盈利按一固定的高增长率逐年增加，股利支付率维持在一个较低的水平上且保持不变。②在第二阶段，盈利逐期呈线性下降，直至达到第三阶段的固定增长率水平。在这期间股利支付率逐期提高。③第三阶段为固定增长阶段，增长率合理且永久保持不变，较高的股利支付率也保持不变。股票价值为这三个时期的股利价值之和：

$$P_0 = \sum_{t=1}^{n_1} \frac{EPS_t(1+g_a)^t \times b_a}{(1+r)^t} + \sum_{t=n_1+1}^{t=n_2} \frac{DPS_t}{(1+r)^t} + \frac{EPS_{n_2}(1+g_n)\times b_n}{(r_n-g_n)(1+r)^n}$$

公式右边的第一部分为高速增长期价值，第二部分为线性下降期价值，第三部分为固定增长期价值。

式中：EPS_t 为第t年的每股盈利；DPS_t 为第t年的每股股利；g_a 为高速增长期增长率（结束于 n_1 年）；g_n 为固定增长期增长率；b_a 为高速增长期股利支付率；b_n 为固定增长期股利支付率；n为高速增长期的股东要求报酬率；r_n 为固定增长期的股东要求报酬率。

企业的增长是以足够的资金作支持的。在其他因素相同的情况下，为了维持企业较高的增长率，管理人员必须降低股利支付率，从而将更多的净利留存在企业中进行再投资，以不断扩大企业规模。企业增长率的降低，同样也意味着对内部资金需求的减少，因而股利支付率可逐渐有所提高。

与其他模型比较，三阶段模型需要输入更多的变量方能得出结果。通常地输入变量的增加在一定程度上表明估价模型具备了更加现实的可操作性，但从另一方面讲，由于影响最后结果的变量越来越多，且这些变量绝大部分是主观估计的结果，因此一旦有误，对财务估价最后结论的影响也是比较大的。但三阶段估价模型的适用范围还是非常广泛的，因为对于绝大部分企业而言，三阶段模型所假设的未来现金流量的变动特征还是比较现实的。比如许多高科技产业，由于其产品的新颖性与高技术含量，在投入市场的初期能够对顾客产生较大的吸引力，甚至产生一定的轰动效应，在一定的年限里获得惊人的高速发展。但随着其他竞争对手的不断增多和不断成熟，企业高速增长的势头必将受到牵制，增长率趋于下降。增长率的这种下降，对于激烈竞争中的企业而言是一种正常现象。这是对以前时期非正常、高速发展的一种回归性调整。高水平的管理人员能够恰当地处置这种类型的增长率的下降，从而使企业在一个合理的、固定增长的状态下获得新的长期的均衡，促使企业价值最大化目标的实现。

例如，[①] HD 公司在近年以来是一高速增长公司。估价人员认为其每股盈利在未来的 5 年内每年会以 36% 的速度增长，股利支付额与股权投资者自由现金流量大体相当，财务杠杆保持不变。

有关背景信息如下：

当期盈利/股利比率：

1994 年每股盈利 = $ 1.33

1994 年每股股利 = $ 0.16

高速增长时期的有关数据如下：

高速增长时期年数 = 5 年

期望增长率 = 36%（根据分析专家的预测）

高速增长时期的贝塔值（b） = 1.60

高速增长时期股权资本成本 = 7.5% + 1.60 ×（5.5%） = 16.30%

长期公司债券利率 = 7.5%

股利支付率 = 12.03 %（根据现有支付率）

转换时期的有关数据如下：

转换时期年数 = 5 年

盈利增长率从第 5 年的 36% 开始逐年线性下降，直至第 10 年的 6%

股利支付率在同样时期呈逐年线性上升，从 12.03% 直至 60%

贝塔值（b）在同样时期里逐年线性下降，从 1.60 直至 1.00

固定增长时期的有关数据如下：

期望增长率 6%

固定增长时期的贝塔值（b） = 1.00

股权资本成本 = 7.50% +（1.0 × 5.5%） = 13.00%

股利支付率 = 60%

---

① 案例引自 Aswoth Damodaran. *Corporate Finance: Theory and Practice*, pp. 209 - 211.

根据以上信息可以估计高速增长期、转换时期以及固定增长时期的期望每股盈利、股利支付率、每股股利和股权资本成本。

年度	每股盈利（$）	支付率	每股股利（$）	股权资本成本	现值（$）
1	1.81	12.03%	0.22	16.30%	0.19
2	2.46	12.03%	0.30	16.30%	0.22
3	3.35	12.03%	0.40	16.30%	0.26
4	4.55	12.03%	0.55	16.30%	0.30
5	6.19	12.03%	0.74	16.30%	0.35
6	8.04	21.62%	3.28	15.64%	1.33
7	9.97	31.22%	4.55	14.98%	1.61
8	11.77	40.81%	5.93	14.32%	1.83
9	13.18	50.41%	7.28	13.66%	1.98
10	13.97	60.00%	8.38	13.00%	2.02

由于股权资本每年都在变化，股利现值必须用累计股权资本成本进行计算。比如，第7年的股利现值为：

第7年股利现值 = $ 4.55/（$1.1630^5 \times 1.1564 \times 1.1498$） = $ 1.61

第10年末的股票价格可根据以下资料计算：第11年的每股盈利，固定增长率6%，股权资本成本13%（以b=1为基础），股利支付率为60%：

最终价格 = $ 13.97×1.06×0.6/（0.13−0.06） = $ 126.96

则股票价值的各个组成部分计算如下：

高速增长时期股利现值 = $ 1.31

转换时期股利现值 = $ 8.77

转换期末最终价格的现值 = $ 30.57

HD公司股票价值 = $ 40.65

以上通过对永续模型、固定增长模型、两阶段模型以及三阶段模型的讨论，分析了股利或者更一般地说是现金流量在未来时期不同的变动特征对股票或企业内在价值的影响。通常情况下，现金流量在未来时期的变动不外乎永续状态、固定增长状态、两阶段状态（即高速增长—固定增长状态）、三阶段状态（即高速增长—转换期—固定增长状态）等几种情况。在财务估价中，估价人员通过对企业产品的状况、科技水平、市场竞争力、产业状况、国民经济状况等因素的分析，大致可以确定企业在未来一定时期内现金流量变动的一般特征，然后选择不同的估价模型进行财务估价。从企业价值最大化的角度来讲，尽量长时期地维持高速增长率对于理财目标的顺利实现具有极其重要的作用。企业按高速增长率发展，意味着企业具有足够多的投资机会和足够高的获利能力。企业的管理水平将从根本上影响这种高速发展的能力。

二、增长率的确定

在现金流量变动特征分析中，增长率的确定是一个极为紧要的环节。增长率的有无、高低以及延续时间的长短将在极大程度上影响到财务估价的质量。一个企业的价值取决于其未来时期所获得现金流量的多寡，而这种多寡主要取决于各期增长率的高低。因为企业现金流量始终都处在不断地变动之中。Donaldson 教授曾指出企业目标最普通的表示便是增长率。但必须了解的是，良好的增长率是企业价值最大化的过渡性目标。增长率必须是以各项净现值最大化为基础的增长率。

前已论及，所谓增长率，既是指股利增长率，也是指盈利增长率。从一个较长时期来看，二者应当是相等的。增长率可以分为两种：①客观增长率，这是根据企业盈利、现金流量等项目的历史数据，按照一定的统计分析方法计算得出的。客观增长率代表了企业盈利和现金流量在近期以来的实际变动特征。估价者如果预测企业在可预见的未来时期内经营状况不会出现较大的波动，即可以客观增长率作为未来预期增长率进行财务估价。②主观增长率，这是管理人员或估价人员根据企业战略规划及经营计划对企业未来时期增长率的一种预期，并通过科学的财务控制，使实际增长率达到这一预期水平。企业管理水平越高，预期实现的可能性越大。企业价值估价必须考虑这种管理战略因素。主观增长率的确定体现的是管理当局对未来企业价值实现的预期，但它必然以客观增长率为重要依据。企业的发展是一个延续的过程。

根据历史资料计算增长率，最简易也是最常用的方法即是计算算术平均数或几何平均数。算术平均数是以往增长率的一个平均数，几何平均数则考虑了复利因素。集合平均数能够更准确地反映以往时期的增长水平。

例如，某企业自 1995～1999 年的盈利实现情况及增长率如下：

年度	税后盈利（万元）	增长率（%）
1995	275	
1996	300	9.09
1997	360	20.00
1998	400	11.11
1999	434	8.50

算术平均数 = （9.09% + 20.00% + 11.11% + 8.50%）/4 = 12.18%

几何平均数 = $(434/275)^{1/4} - 1 = 12.08\%$

几何平均数低于算术平均数，而且这一差异会随着盈利波动的加大而增加。在平均增长率计算过程中，始末年度的选择影响较大，尤其是计算几何平均数的时候。同时，选择多长时期计算增长率也是一个不容忽视的问题。通常地，选择哪些年度为始末年度以及选择多长时期，均由估价人员主观予以确定。在确定过程中，估价人员必须清楚增长率在财务估价中的重大影响，因而应力争使计算得出的增长率能够较为客观地反映企业盈利、现金流量等的变动趋势。比如按照几何平均法计算，使得平均增长率的高低集中于起始年度与结束年度的指标水平，而忽略了中间的变动态势。这可能会影响到增长率所代表的变动特征的真实性。

在财务估价中，有时候可以运用增长率与其他指标之间的相关关系来间接地估算未来时期的增长率，其中最常用的是运用留存率与股权资本报酬率来确定增长率。留存率是指将税后净收益留存在企业中进行再投资的比例，与股利支付率的关系是：留存率 = 1 - 股利支付率。股权资本报酬率等于净收益除以股权资本的账面价值，增长率、留存率与股权资本报酬率之间的关系可推导如下：

$g_t = (NI_t - NI_{t-1}) / NI_{t-1}$

式中：g_t 为净收益增长率；NI_t 为 t 年的净收益。

按照股权资本报酬率的含义，t - 1 年的净收益：

$NI_{t-1} = \text{股权资本账面价值}_{t-1} \times ROE_{t-1}$

式中：ROE_{t-1}为 t - 1 年的股权资本报酬率。

t 年的净收益等于：

$NI_t = (\text{股权资本账面价值}_{t-1} + \text{留存盈利}_{t-1}) \times ROE_t$

假设股权资本报酬率保持不变，即 $ROE_t = ROE_{t-1} = ROE$，则：

$g_t = \text{留存盈利}_{t-1} / NI_{t-1} \times ROE = \text{留存率} \times ROE$

按照这一公式，增长率是以下两个变量的增函数：①留存率。留存率越高，增长率越高。②股权资本报酬率。股权资本报酬率越高，增长率越高。

以上假设在未来时期内的股权资本报酬率保持不变，如果该报酬率发生变化的话，可按下式进行估算：

$g_t = [\text{股权资本账面价值}_{t-1} (ROE_t - ROE_{t-1}) / NI_{t-1}] + \text{留存率} \times ROE_t$

公式右边第一项计算的是现有股权资本的变动的影响。股权资本报酬率的提高（降低）会使利润增加（减少）并带来更高（更低）的增长率。

另外，还可根据总资产报酬率与财务杠杆来估算增长率。

财务杠杆程度会影响企业的获利水平和增长率。在项目（资产）利息前、税后报酬率高于负债的税后利率的情况下，杠杆程度越高，股权资本报酬率越高，这意味着股东财富增加的速度越快。

$ROE = ROA + D/E [ROA - i (1 - t)]$

式中：ROA = 总资产报酬率 = ［净收益 + 利息（1 - 税率）］/总资产账面价值 = 纳税付息前利润（1 - t）/总资产账面价值；D/E = 负债账面价值/股权资本账面价值；i = 负债利息费用/负债账面价值；t = 所得税税率。

在这里，总资产账面价值等于负债账面价值与股权资本账面价值之和。

因此：

$g = \text{留存率} \times \{ROA + D/E [ROA - (1 - t)]\}$

在这个等式中，可以清楚地看出留存率、总资产报酬率、负债比重等与增长率之间的相关关系。换言之，增长率的高低要受到股利政策、资本结构决策、资本预算决策的综合影响。

计算出历史平均数之后，应当运用一定的方法对未来时期的增长率进行预测。这就需要对历史增长率与未来增长率之间的关系进行研究。换言之，两种增长率之间是一种什么样的关系？有没有相关性？比如，有学者经过实证研究发现，一个高速增长期很难再延续着一个高速增长期。

在以历史增长率为依据预测未来时期增长率的时候，应当注意如下一些问题：①增长率的波动。比如用标准差计算以往各时期增长率的波动程度。波动程度越大，在预测未来增长率时越需要谨慎地运用这些历史信息。②企业的规模。按照一般规律，企业的规模——资产规模、收益规模等越大，维持高速增长率的难度就越大。许多高科技产业在创业伊始即获得了惊人的发展，但一些传统的、大规模企业却很难取得如此高的增长率。如近年来网络技术企业、软件开发企业的发展即属此列。③经济发展周期。通常情况下，经济繁荣时期，绝大多数企业的发展速度较快；经济低迷时期，绝大多数企业的增长率也会降低。企业的发展与整个国民经济状态之间存在着很密切的相关性。④会计政策因素。如果是运用净利润等会计数据来预测增长率，必须考虑会计政策的变动对这些会计数据的重大影响。比如，在物价上升时期，采用先进先出法对存货进行计价就比采用后进先出法所得的利润要多。⑤管理战略。考虑管理战略，是将管理人员对未来理财行为的预期合理地纳入到未来增长率的确定过程中，从而以客观增长率为基础估算出合理的、可以准确地反映企业价值增加的主观增长率。例如，投资决策、融资决策以及股利政策等财务决策的重大改变，尤其是长期投资决策，均会影响到企业未来时期现金流量的增长速度。因而在增长率的估算过程中，必须全面地考虑这些因素。其他经营决策的重大改变也会影响到增长率的确定。比如新产品的开发上市、某些产业的重大调整、市场份额的重大变化，甚至主要管理人员的变更等。这些企业经营的基本因素的变化必须以较为合理的方式纳入到增长率的估算过程之中。

第六节　现金流量预测

根据前面的分析，如果企业现金流量始终处在永续状态或者固定增长状态之中，那么对这种企业的价值进行估算将非常简单。估价人员可通过多种方式来了解企业未来时期现金流量的变动特征，其中最常见的是通过企业的经营计划来达到这一目标。①

依照西方企业惯例，经营计划一般按 5 年的时间跨度编制。在 5 年期经营计划中，具体内容由先而后逐渐由细致而粗略。经营计划一般由企业宗旨、企业经营范围、企业目标、企业战略、经营环境及产业计划等所组成。企业宗旨即是企业经营的终极目标。在西方企业界一般将“股东财富最大化”作为企业经营的宗旨。这是企业制定一切经营决策的根本依据。企业经营范围即是要确定企业经营的主要产业及其主要地区。一个

① Eugene F. Brigham and Louis C. Gapenski. *Intermediate Financial Management*, fifth edition, pp. 655 – 690. The Dryden Press, 1996.

企业如想获得长期稳定发展，必须明确其主要经营范围。过度的经营分散化不利于企业的发展。企业目标是以企业宗旨及经营范围为依据而提出的具体的、量化的、直接指导管理行为的一些要求，比如目标市场份额、目标股权资本报酬率、目标每股盈利增长率等。在一个特定时期里，企业目标可能是一个目标群，并且会随着时间的延续而有所变化。企业战略是比具体计划更为宽泛的一种目标性、长期性规划。近年来，战略管理已经引起了企业界人士的密切关注。产业计划是经营计划的主体，是以上企业宗旨、目标及战略等在企业日常经营活动中的具体化。产业计划由以下计划所构成：营销计划、生产计划、管理及人事计划、研究与开发计划、新产品计划以及财务计划。

通过财务计划，可以对企业近期的财务状况予以详尽分析，进行销货额预测，编制资本预算、现金预算以及预测财务报告，确定未来时期对外部融资的需求量。具体而论，财务计划由以下内容组成：①营运资本，包括营运资本政策、现金与有价证券、存货管理、信用管理与应收账款管理。②股利政策。③财务预测，包括资本预算、现金预算、预测财务报表、外部融资需求以及财务状况分析。④会计政策计划。⑤控制计划。其中通过财务预测，理财人员可以对未来一定时期内的现金流量及其相关信息加以预测。

销货额预测既是编制各种财务预算的基础与前提，事实上也是现金流量预测的基础与前提。因为经营活动带来现金流量的主要源泉即是销售产品和劳务所获得的营业收入。企业应当调动各方面力量，考虑各方面因素，做出一个合理而有效的销货额预测。这里的合理，是指销货额预测是以企业最近几年的经营情况为依据，经过科学的管理，能够顺利达到目标的要求；这里的有效，是指预测的销货额确能作为企业进行财务控制的一个工具，并且通过这一销售额计划的履行加速企业价值最大化目标的实现。通常情况下，企业应当滚动式的、不间断地做出 10 年或 5 年的销货额预测，为其他财务预算的编制提供依据。回归分析法是销货额预测中较常采用的方法之一。

预测财务报表编制的主要依据即是预测的销货额。预测财务报表包括预测损益表与预测资产负债表。编制预测财务报表的主要目的一是进行财务预测，二是确定未来时期里为了满足经营的资金需求而必需的外部融资额。“固定比率法”（constant ratio method）是编制预测财务报表的重要方法。其基本原理为：首先预测销货额，这是编制预测报表的最主要数据。然后，假设报表有关数据与销货额的比率保持不变，以固定比率按照新的销货额，预测报表中的有关项目数据。比如，销货额增长 10%，则成本、现金、应收账款、存货、固定资产净值、应付账款、应计项目假设也在原来的基础上增长 10%。最后，经调整后，编制预测财务报表。

从现金流量预测的角度讲，比较预测财务报表，现金预算的作用更大、更直接。但必须说明的是，在财务管理活动中，现金预算的主要功用是用以短期规划与日常控制。但在财务估价中，所需现金流量信息通常是 5 年、10 年甚至数十年以上。因此，在运用现金预算进行长期现金流量预测的时候，一定要注意这种差异。尽管如此，现金预算所提供的信息尤其是经营活动带来的现金流量的信息，对于预测长期现金流量及其变动特征具有重大作用。

现金预算是短期规划的重要组成部分。一般地，企业以月为单元编制未来数年的现金流量，并以日或周详细列示现金流入与现金流出。现金预算的基本结构是：第一部分，收款与付款工作底稿，详细列示销货款收入以及购货款支出。第二部分，现金溢余与短缺，列示现金收款（来自第一部分）、现金付款（来自第一部分）、工资支出、租金支出、其他费用、所得税及其他付款。然后以现金收款扣除以后各项付款之后，如为正值即为现金溢余，如为负值即为现金短缺。第三部分，现金超额或需求。就各月末现金余额与目标现金余额进行比较，如前者大于后者，则为现金超额；如前者大于后者，则为现金需求，需要以贷款等方式予以补足。除了上面所提到的具体项目之外，为了全面地表现未来时期现金流量的情况，如股利支付、股票和公司债发行、新增固定资产等活动所引起的现金流量变动也必须全面地列示在现金预算之中。换言之，现金预算一定包括企业所发生的一切现金流入和现金流出，无论其性质如何。

从前面的讨论中已经了解，真正决定企业价值的是经营活动所带来的现金流量的多少。现金预算的第一部分所关注的正是这部分现金流量。

例如，某企业编制7～12月现金预算的第一部分如下：

现金流入与流出	实际		7月	8月	9月	10月	11月	12月
	5月	6月						
1. 销货额	1000	1100	1100	1200	1200	1400	1600	1600
收款情况								
2. 销货当月：			323.4	352.8	352.8	411.6	470.4	470.4
(0.3)(0.98)月销额								
3. 销货后1个月：			660	660	720	720	840	960
0.6（上月销货额）								
4. 销货后两个月：			100	110	110	120	120	140
0.1（上两个月销货额）								
5. 总收款（2+3+4）			1083.4	1122.8	1182.8	1251.6	1430.4	1570.4
购货付款情况								
6. 0.6（下月销货额）		660	720	720	840	960	960	
7. 付款（一个月间隔）			660	720	720	840	960	960
8. 收付款净额			423.4	402.8	462.8	411.6	470.4	610.4

从表中不难看出，企业的销货额转化为现实的现金流入，需要经过3个月：销货当月收回30%，给购货方提供现金折扣2%；销货后1个月收回60%；销货后两个月收回10%。为满足企业生产经营需要，每月按下月销货额的60%发出购货订单，货款1个月以后付清。对于一般的经营类企业而言，表中所列示的现金流入与现金流出构成了企业现金流量的主体，因而在现金流量的预测过程中必须重点予以考虑。在这其中，销货额的预测又是关键中的关键，因为销货额预测的质量从根本上决定了现金流量预测的质量。

●本章案例

一、案例背景介绍

海信集团是特大型电子信息产业集团公司，成立于1969年，率先在国内构架起家电、通讯、信息为主导的3C产业结构，主导产品为电视、空调、冰箱、冷柜、洗衣机、商用空调系统、计算机、移动电话、软件开发、网络设备等，已经形成年产1100万台彩电、800万套空调、800万台冰箱、70万台冷柜、470万部手机的强大产能。通过收购科龙，海信已经拥有海信电器（600060）和科龙电器（000921）两家在沪、深、港三地的上市公司，同时成为国内唯一持有海信（Hisense）、科龙（Kelon）和容声（Ronshen）三个中国驰名商标的企业集团。海信电器股份有限公司2001年荣获了首届"全国质量管理奖"，海信电视、海信空调、海信电脑、海信手机、科龙空调、容声冰箱全部当选中国名牌，海信电视、海信空调、海信电脑、海信冰箱全部被评为国家免检产品，海信电视首批获得国家出口免检资格。

海信拥有国家级企业技术中心，建有国家一流的博士后科研工作站。2005年6月，我国音视频领域第一块自主知识产权的、产业化的数字视频媒体处理芯片在海信诞生，此举打破了国外垄断的历史。

在这个案例中，我们就以海信电器（600060，上海证券交易所）为例，分析现金流动特征的具体内容。

海信电器（600060）2003～2005年度现金流量表　　单位：元

指标名称 \ 年份	2003	2004	2005
一、经营活动产生的现金流量			
销售商品、提供劳务收到的现金	4603409053.39	4574470591.93	6874105711.05
收取的租金			
收到的税费返还	12967735.31	14571750.49	26761541.49
收到的其他与经营活动有关的现金	122786767.78	215097707.10	268754072.57
其他经营现金流入（特殊及平衡项目）			
经营活动现金流入小计	4739163556.48	4804140049.52	7169621325.11
购买商品接受劳务支付的现金	3627456960.60	3800237839.17	5687731168.38
经营租赁所支付的现金			
支付给职工以及为职工支付的现金	221940810.03	236508820.49	324964880.27
支付的各项税费	256631112.87	142281359.03	224584193.31
支付的其他与经营活动有关的现金	726060525.24	538737618.60	943416498.76
其他经营现金流出（特殊及平衡项目）			
经营活动现金流出小计	4832089408.74	4717765637.29	7180696740.72
经营活动净额差额（特殊及平衡项目）			
经营活动产生的现金流量净额	-92925852.26	86374412.23	-11075415.61

续表

年份 指标名称	2003	2004	2005
二、投资活动产生的现金流量			
收回投资所收到的现金	19730355.70		61495.94
取得投资收益所收到的现金	7371787.72		
分得股利或利润所收到的现金			
取得债券利息收入所收到的现金			
处置固定无形和长期资产收回的现金	921455.98	6757945.03	1475782.76
收到的其他与投资活动有关的现金			31738162.50
其他投资现金流入（特殊及平衡项目）			
投资活动现金流入小计	28023599.40	6757945.03	33275441.20
购建固定无形和长期资产支付的现金	136497295.81	73531867.82	222893529.28
投资所支付的现金			10000000.00
权益性投资所支付的现金			
债权性投资所支付的现金			
支付的其他与投资活动有关的现金			221000.00
其他投资现金流出（特殊及平衡项目）			
投资活动现金流出小计	136497295.81	73531867.82	233114529.28
投资活动净额差额（特殊及平衡项目）			
投资活动产生的现金流量净额	-108473696.41	-66773922.79	-199839088.08
三、筹资活动产生的现金流量			
吸收投资所收到的现金			
吸收权益性投资所收到的现金			
发行债券所收到的现金			
借款所收到的现金	5000000.00	40000000.00	285000000.00
收到的其他与筹资活动有关的现金			
其他筹资现金流入（特殊及平衡项目）			
筹资活动现金流入小计	5000000.00	40000000.00	285000000.00
偿还债务所支付的现金	5000000.00	30000000.00	75000000.00
发生筹资费用所支付的现金			
分配股利、利润和偿付利息所支付的现金	4358135.99	2418718.62	49620429.84
融资租赁所支付的现金			
减少注册资本所支付的现金			
支付的其他与筹资活动有关的现金			55083.58

续表

年份 指标名称	2003	2004	2005
其他筹资现金流出（特殊及平衡项目）			
筹资活动现金流出小计	9358135.99	32418718.62	124675513.42
筹资活动净额差额（特殊及平衡项目）			
筹资活动产生的现金流量净额	-4358135.99	7581281.38	160324486.58
四、汇率变动对现金的影响			
现金及现金等价物差额（特殊报表科目）			
现金及现金等价物差额（合计平衡项目）			
五、现金及现金等价物净增加额	-205757684.66	27181770.82	-50590017.11
补充资料			
1. 不涉及现金收支的投资与筹资活动			
以固定资产偿还债务			
以固定资产进行长期投资			
以投资偿还债务			
融资租赁固定资产			
以存货偿还债务			
债务转为资本			
一年内到期的可转换公司债券			
2. 将净利润调整为经营活动现金流量			
现金流量表附注净利润	41401798.66	58424811.02	102400671.32
现金流量表附注少数股东损益	3500717.47	4648336.14	17920870.54
现金流量表未确认的投资损失			
计提的资产减值准备	-8536438.23		16322765.66
计提的坏账准备或转销的坏账		8429641.06	
计提的存货跌价损失准备			
固定资产折旧	70032758.92	72707855.94	70473034.80
无形资产摊销	4634341.74	4615053.91	9592807.56
递延资产摊销			
长期待摊费用摊销	28850770.17	28852333.59	70354093.23
待摊费用的减少（减：增加）	-554069.94	-834319.44	-3883416.04
预提费用的增加（减：减少）			
处置固定无形和其他长期资产的损失（减：收益）	3424224.17	1587267.35	-42545.45

续表

年份 指标名称	2003	2004	2005
固定资产报废损失		345258.43	839220.82
现金流量表附注财务费用	1690193.32	2418718.62	2387679.70
投资损失（减：收益）	-1672.85	6038066.13	4942518.11
递延税款贷项（减：借项）			
存货的减少（减：增加）	12428865.67	-493692810.24	-315291567.57
经营性应收项目的减少（减：增加）	-142993730.90	-11159397.43	-678600320.98
经营性应付项目的增加（减：减少）	-106803610.46	403993597.15	691508772.69
增值税增加净额（减：减少）			
其他现金流量			
经营活动产生之现金流量净额	-92925852.26	86374412.23	-11075415.61
3. 现金及现金等价物净增加情况			
货币资金的期末余额	711548198.49	738729969.31	688139952.20
减：货币资金的期初余额	917305883.15	711548198.49	738729969.31
现金及现金等价物净增加额	-205757684.66	27181770.82	-50590017.11

海信电器（600060）2003~2005 年度资产负债表 单位：元

年份 指标名称	2003	2004	2005
流动资产			
货币资金	711548198.49	738729969.31	688139952.20
短期投资			
短期投资跌价准备			
短期投资净额			
应收票据	462169611.15	417283977.06	1032740084.66
应收股利			
应收利息			
应收账款	249176613.66	352087236.05	444628544.61
应收账款净额	234656292.33	332029538.82	418223735.29
其他应收款	23948343.89	28507169.38	17626326.28
其他应收款净额	21488500.75	25532086.96	14353296.35
内部应收款			
坏账准备	16980164.47	23032779.65	29677839.25

续表

指标名称 \ 年份	2003	2004	2005
应收款项净额	256144793.08	357561625.78	432577031.64
预付账款	76189620.75	18220491.00	48853297.34
其他补贴款			
存货	1302041841.62	1795734651.86	2110940357.72
存货跌价准备	23601379.74	26400297.71	18465056.34
存货净额	1278440461.88	1769334354.15	2092475301.38
待摊费用	881817.75	1716137.19	798902.68
流动资产合计	2785374503.10	3302846554.49	4295584569.90
长期股权投资			
长期股权投资	77205897.87	71152831.73	67920772.91
长期债权投资			
其他长期投资			
长期投资合计	77205897.87	71152831.73	76142984.62
长期投资减值准备			8222211.71
长期投资净额	77205897.87	71152831.73	67920772.91
股权投资差额			15137462.55
固定资产			
固定资产原价	1302633640.55	1346445533.31	1409967945.40
累计折旧	419016022.74	474003116.55	510044117.29
固定资产净值	883617617.81	872442416.76	899923828.11
减：固定资产减值准备	10982106.19	10560214.10	10020124.43
固定资产净额	872635511.62	861882202.66	889903703.68
在建工程	89717291.70	52088453.07	113600064.35
在建工程减值准备			
在建工程净额	89717291.70	52088453.07	113600064.35
固定资产清理	232108.16	20905.03	317810.03
固定资产合计	962584911.48	913991560.76	1003821578.06
无形资产			
无形资产	131112157.10	131402758.69	180545633.73
无形资产减值准备	74683495.17	74683495.17	73858495.17
无形资产净额	56428661.93	56719263.52	106687138.56
开办费			
递延资产			
长期待摊费用	30151509.73	31066825.51	71086832.91

续表

年份 指标名称	2003	2004	2005
无形资产及其他资产合计	86580171.66	87786089.03	177773971.47
递延税款借项			
资产总计	3911745484.11	4375777036.01	5545100892.34
流动负债			
短期借款	30000000.00	40000000.00	50000000.00
应付票据	125252258.42	483441795.84	409698494.08
应付账款	1142201969.25	1203827550.20	1870819178.98
预收账款	228013563.93	204481411.10	319030130.32
应付工资	3844874.72	3518556.30	3770018.12
应付福利费	-15755359.05	-20156026.73	-20522300.30
应付股利			
应交税金	-113256299.91	-117214635.87	-71110401.27
其他应交款	2449709.72	489585.02	926524.06
其他应付款	78890264.45	80319427.63	116811011.19
预提费用			
流动负债合计	1481640981.53	1878707663.49	2679422655.18
长期负债			
长期借款	7462975.00	7462975.00	207462975.00
应付债券			
长期应付款			
住房周转金			
专项应付款		2038480.72	15876086.62
其他长期负债			
长期负债合计	7462975.00	9501455.72	223339061.62
递延税款贷项	1338022.04	1338022.04	1338022.04
负债合计	1490441978.57	1889547141.25	2904099738.84
所有者权益			
少数股东权益	72545742.64	78030547.38	136466302.73
股本	493767810.00	493767810.00	493767810.00
已归还投资			
股本净额	493767810.00	493767810.00	493767810.00
资本公积金	1474591469.72	1475608243.18	1518919856.25
盈余公积金	146224304.19	166192697.52	202080141.42

续表

年份 / 指标名称	2003	2004	2005
公益金	48140636.84	54796767.95	66759249.25
未分配利润	234174178.99	272630596.68	289767043.10
现金股利（未转出）		49376781.00	
货币换算差额	2421303505.54	2486229894.76	2.23
股东权益合计	2348757762.90	2408199347.38	2504534850.77
负债及股东权益总计	3911745484.11	4375777036.01	5545100892.34

海信电器（600060）2003～2005 年度利润表 单位：元

年份 / 指标名称	2003	2004	2005
一、主营业务收入	5734404256.29	7500208663.30	10163432298.44
折扣与折让			
主营业务收入净额	5734404256.29	7500208663.30	10163432298.44
减：主营业务成本	4859253273.24	6436814312.77	8525186120.32
主营业务税金及附加	17172371.29	8902202.05	21855102.74
二、主营业务利润	857978611.76	1054492148.48	1616391075.38
加：其他业务利润	13752977.18	22535690.40	26826171.83
减：存货跌价损失			
营业费用	669507925.50	837112167.20	1306805262.60
管理费用	150074075.27	159764637.21	176959649.63
财务费用	－6579627.38	－15855303.46	3247309.69
其他费用（特殊及平衡项目）			
三、营业利润	58729215.55	96006337.93	156205025.29
加：投资收益	1672.85	－6038066.13	－13164729.82
补贴收入	334400.00	3978261.55	9844309.31
营业外收入	5002559.08	4637487.72	4968338.86
减：营业外支出	5979163.15	5449607.35	2510127.26
营业外收支净额	－976604.07	－812119.63	2458211.60
四、利润总额	58088684.33	93134413.72	155342816.38
减：所得税	13186168.20	30061266.56	35021274.52
财政返还			
少数股东损益	3500717.47	4648336.14	17920870.54
五、净利润	41401798.66	58424811.02	102400671.32
年初未分配利润	207171050.90	234174178.99	272630596.68

续表

指标名称 \ 年份	2003	2004	2005
调整以前年度损益			
盈余公积转入		49376781.00	
住房周转金转入			
其他转入			
可分配利润	248572849.56	292598990.01	375031268.00
提取法定盈余公积	4760515.83	6656131.11	11962481.30
提取法定公益金	4760515.83	6656131.11	11962481.30
可供股东分配的利润	239051817.90	279286727.79	351106305.40
应付优先股股利			
提取任意盈余公积金	4877638.91	6656131.11	11962481.30
应付普通股股利			49376781.00
转作股本的普通股股利			
未分配利润	234174178.99	272630596.68	289767043.10
扣除非经常性损益后的净利润	35681652.56	55733590.39	91943528.55
非经常性损益	5720146.10	2691220.63	10457142.77

二、比率分析

（一）流动性比率

1. 现金流动负债比。经营活动产生的现金流量是偿债最有力的保证。现金流动负债比是经营活动产生的现金流量对流动负债的比率。在这里，用期初流动负债余额和期末流动负债余额的平均值作为流动负债的取值，其计算公式如下：

$$现金流动负债比=\frac{经营现金净流入}{流动负债平均值}\times 100\%$$

$$流动负债平均值=\frac{期初流动负债余额+期末流动负债余额}{2}$$

根据 1998 ~2005 年海信电器的现金流量表和资产负债表，可以得到下表中的数据：

现金流动负债比

年份	1998	1999	2000	2001	2002	2003	2004	2005
比率（%）	-14.89	9.22	21.88	36.84	5.27	-6.06	5.14	-0.49

从 1998 ~2005 年的 8 年间海信电器有 3 年的现金流动负债比小于零，另外有 3 年低于 10%，只有 2000 年和 2001 年超过 20%，2001 年甚至达到创纪录的 36.84%。究其原因，2001 年经营活动现金流入 3474160937.28 元，现金流出 2963394279.42 元，现金流量净额 510766657.86 元，是这 8 年中最高的。下图也说明同样问题，即 2001 年经

营活动现金流入曲线相对于流出曲线距离最远，而其他年份的两条曲线接近重合甚至流入曲线低于流出曲线。

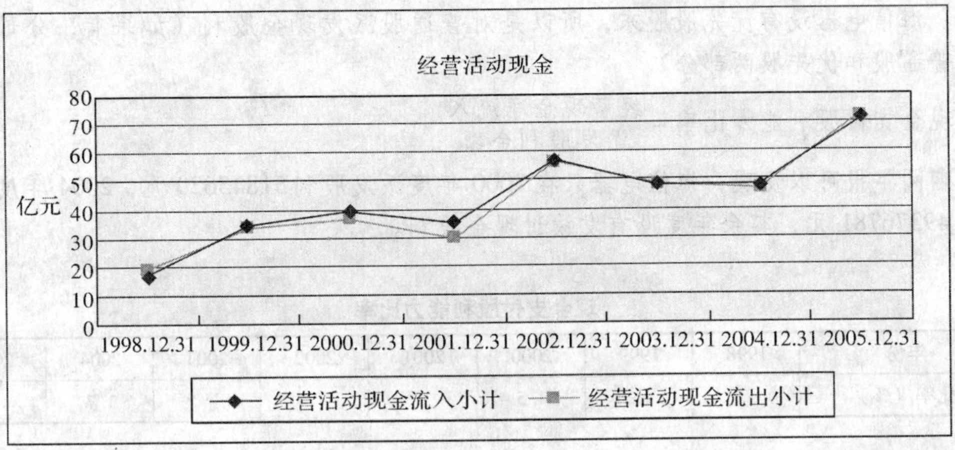

从海信电器2005年年报中可以看到公司对此的解释："报告期内，公司经营活动现金净流量为－1108万元，比去年同期下降113%。主要原因是随着与商家结算模式的改变，回款中现金回款的比例不断下降，票据比例不端上升；同时由于销售规模的不断扩大，存货量也因此而有所增长。而报告期经营活动现金净流量比净利润少1.15亿元，主要影响项目是应收票据的增加和存货的增长。""报告期财务费用325万元，比同期增长120%，主要原因是报告期内承兑贴现额比同期有所增加而引起贴现息的增长。"

海信电器2005年现金流量变动情况　　单位：元

	2005年	2004年	同比变动（%）
经营活动现金流量	－11075415.61	86374412.23	－112.82
投资活动现金流量	－199839088.08	－66773922.79	－199.28
筹资活动现金流量	160324486.58	7581281.38	2014.74

海信电器2005年主要费用项目变动情况　　单位：元

	2005年	2004年	同比变动（%）
营业费用	1306805262.60	837112167.20	56.11
管理费用	176959649.63	159764637.21	10.76
财务费用	3247309.69	－15855303.46	120.48
所得税	35021274.52	30061266.56	16.50

总体来说，海信电器的现金流出负债比过低，偿还短期债务经常面临资金压力，近3年只有2004年为5.14%，2003年、2005年甚至小于零，资金链绷得很紧。根据流动性研究证实，对一个公司，比率大于或等于40%，其流动性比较合理。

2. 现金支付股利能力比率。这是一个反映公司以经营活动产生的现金流量支付当前股利能力的指标。其计算公式是用经营活动产生的现金流量除以全部要分配的股利得到。不同情况下该比率反映的内容会有所不同，即支付的是普通股股利还是全部股东的股利。海信电器没有优先股股东，所以是对普通股派发现金股利（如果有，分母应该包括普通股和优先股两部分）。

$$现金支付股利能力比率=\frac{经营现金净流入}{派发股利金额}$$

翻阅年报可以发现，海信电器只在2000年度派发股利51845620元，2004年度派发股利49376781元，其余年度没有发放过现金股利。

现金支付股利能力比率

年份	1998	1999	2000	2001	2002	2003	2004	2005
比率（%）			4.5				1.7	

两次现金股利分配相隔四年，而且2004年现金支付股利能力比率比2000年大幅下降，说明企业对现金股利的保障程度降低。

（二）偿债能力比率

1. 现金债务总额比。这个指标克服了传统债务率（用债务除以全部资产）弊端，把具有不同流动性的资产区别对待，能够真实反应企业清偿长期债务的保障能力。该比率越高，企业承担债务的能力就越强。

$$现金债务总额比=\frac{经营现金净流入}{平均总负债}\times 100\%$$

$$平均总负债=\frac{期初负债余额+期末负债余额}{2}$$

现金债务总额比

年份	1998	1999	2000	2001	2002	2003	2004	2005
比率（%）	-14.86	9.20	20.58	34.26	5.15	-6.03	5.11	-0.46

一般认为该比率在20%比较合理。海信电器只在2000年和2001年达到或者超过20%，其余年份普遍低于10%。2003～2005年更是在零上下徘徊，公司偿债能力比堪忧。

2. 现金偿付利息能力比率。该比率是经营活动现金净流量、实际支付利息和实际支付税金之和除以实际支付的利息之比。之所以采用实际支付利息而不是全部的利息费用是因为用现金支付的利息减少了经营活动的现金，对实际支付的税金同样如此。该比率越高，偿付利息的能力越强。

$$现金偿付利息能力比率=\frac{经营现金净流入+实际支付利息+实际支付税金}{实际支付利息}$$

现金偿付利息能力

年份	1998	1999	2000	2001	2002	2003	2004	2005
比率（%）	8.6	12.5	25.9	50.7	120.4	38.6	95.5	5.3

海信电器的现金偿付利息能力一直维持在比较高的水平，但在2005年出现非常大的下降，这主要是由当年实际支付利息高达49620429.84元，但是经营活动现金流量净额却为负造成的。

海信电器利息、税金支出

单位：元

年份	实际支付利息	实际支付税金
1998	24543168.17	344593528.03
1999	21609230.85	155140026.46
2000	15807834.10	161172291.09
2001	12405797.76	105875801.24
2002	2399071.45	200360556.66
2003	4358135.99	256631112.87
2004	2418718.62	142281359.03
2005	49620429.84	224584193.31

（三）现金流量收益率

1. 全部现金流量比率。该指标用来衡量企业内部生产经营活动产生的现金净流量满足投资和筹资现金需求的程度。

$$\text{全部现金流量比率}=\frac{\text{经营现金净流入}}{\text{筹资现金流出}+\text{投资现金流出}}\times 100\%$$

全部现金流量比率

年份	1998	1999	2000	2001	2002	2003	2004	2005
比率（%）	-12.41	36.19	17.52	53.77	18.90	-63.71	81.52	-3.10

海信电器的经营现金净流入只能部分满足投资和筹资活动需要。最后3年波动起伏非常大，2004年的经营现金净流入接近投资和筹资现金流出，但2003年和2005年的经营现金净流入皆为负。

2. 销售现金比。该比率是经营现金净流入对销售额的比，也被称为边际现金流量，用来反映每1元销售额得到的净现金。该比率越高，说明企业将销售额转换成现金的能力越强。

销售现金比

年份	1998	1999	2000	2001	2002	2003	2004	2005
比率（%）	-6.58	3.13	5.42	13.19	1.53	-1.62	1.15	-0.11

2001年前公司将销售额转化成现金的能力不断得到增强，2002~2005年销售现金比很低，2003年和2005年还出现销售额无法变现的情况，尽管此期间的收入快速增长，实际海信电器将销售额转换为现金的能力下降了。

3. 现金流量对净利润贡献。其计算公式如下：

$$现金流量对净利润贡献=\frac{经营现金净流入}{净利润}\times 100\%$$

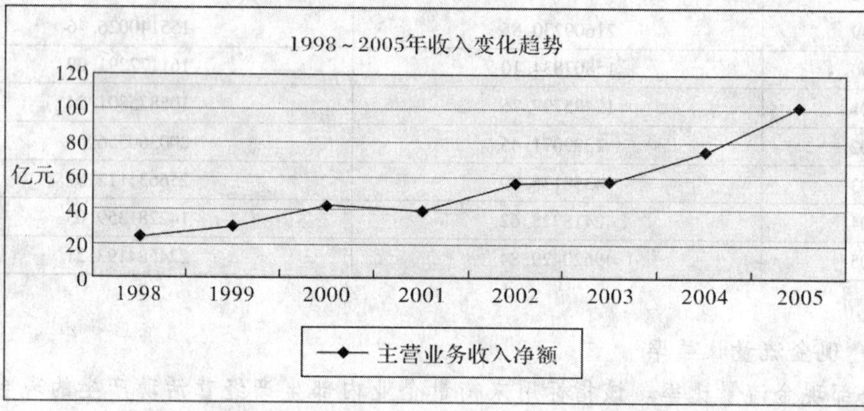

现金流量对净利润贡献

年份	1998	1999	2000	2001	2002	2003	2004	2005
比率（%）	-112.12	78.46	185.64	-2838.29	245.61	-224.45	147.84	-10.82

根据计算不难看出，经营现金净流入对净利润贡献最大，影响也是最大。如果经营现金净流入小于零，就是对净利润起到负贡献。

三、结构分析

1. 现金流入结构分析。现金流入结构反映企业经营活动现金流入、投资活动现金流入及筹资活动现金流入在全部现金流入中所占百分比，以及各项业务活动现金流入中各个部分的构成。

现金流入构成表

指标名称	2003 年		2004 年		2005 年	
	金额（元）	比例（%）	金额（元）	比例（%）	金额（元）	比例（%）
经营活动现金流入小计	4739163556.48	99.31	4804140049.52	99.04	7169621325.11	95.75
销售商品、提供劳务收到的现金	4603409053.39	97.14	4574470591.93	95.22	6874105711.05	95.88
收到的税费返还	12967735.31	0.27	14571750.49	0.30	26761541.49	0.37
收到的其他与经营活动有关的现金	122786767.78	2.59	215097707.10	4.48	268754072.57	3.75
投资活动现金流入小计	28023599.40	0.59	6757945.03	0.14	33275441.20	0.44
收回投资所收到的现金	19730355.70	70.41		—	61495.94	0.18
取得投资收益所收到的现金	7371787.72	26.31		—		—
处置固定无形和长期资产收回的现金	921455.98	3.29	6757945.03	100.00	1475782.76	4.44
收到的其他与投资活动有关的现金		—		—	31738162.50	95.38
筹资活动现金流入小计	5000000.00	0.10	40000000.00	0.82	285000000.00	3.81
吸收投资所收到的现金		—		—		—
吸收权益性投资所收到的现金		—		—		—
借款所收到的现金	5000000.00	100.00	40000000.00	100.00	285000000.00	100.00
收到的其他与筹资活动有关的现金		—		—		—
合计	4772187155.88	100.00	4850897994.55	100.00	7487896766.31	100.00

在海信电器2005年总现金流入中，经营活动现金流入占到95.75%，投资活动现金流入占0.44%，筹资活动现金流入占3.81%，可见经营活动现金流入在全部现金流入中占主要地位。在经营活动现金流入中，销售收入占95.88%，可以反映出企业经营活动正常。在投资活动产生的现金流入中，收到的其他与投资活动有关的现金为95.38%，结构过于单一，2004年投资活动产生的现金流入全部来自于处置固定无形和长期资产收回的现金，2003年的投资收回则占了主要部分。筹资活动现金流入全部来源于借款，没有实现多渠道融资。

2. 现金流出结构分析。

现金支出构成

指标名称	2003 年		2004 年		2005 年	
	金额(元)	比例(%)	金额(元)	比例(%)	金额(元)	比例(%)
经营活动现金流出小计	4832089408.74	97.07	4717765637.29	97.80	7180696740.72	95.25
购买商品接受劳务支付的现金	3627456960.60	75.07	3800237839.17	80.55	5687731168.38	79.21
支付给职工以及为职工支付的现金	221940810.03	4.59	236508820.49	5.01	324964880.27	4.53
支付的各项税费	256631112.87	5.31	142281359.03	3.02	224584193.31	3.13
支付的其他与经营活动有关的现金	726060525.24	15.03	538737618.60	11.42	943416498.76	13.14
投资活动现金流出小计	136497295.81	2.74	73531867.82	1.52	233114529.28	3.09
购建固定无形和长期资产支付的现金	136497295.81	100.00	73531867.82	100.00	222893529.28	95.62
投资所支付的现金					10000000.00	4.29
支付的其他与投资活动有关的现金					221000.00	0.09
筹资活动现金流出小计	9358135.99	0.19	32418718.62	0.67	124675513.42	1.65
偿还债务所支付的现金	5000000.00	53.43	30000000.00	92.54	75000000.00	60.16
分配股利、利润和偿付利息所支付的现金	4358135.99	46.57	2418718.62	7.46	49620429.84	39.80
支付的其他与筹资活动有关的现金					55083.58	0.04
合计	4977944840.54	100.00	4823716223.73	100.00	7538486783.42	100.00

从表中可以看出，2005 年支出的现金中有95.25%用于支付经营活动现金流出，有3.09%用于支付投资活动现金流出，1.65%支付筹资活动现金流出，即总支出中主要是用于经营活动。在经营活动现金流出中，79.21%是为购买商品接受劳务支付的现金，说明原材料成本大部分非公司可控，这与海信电器生产的平板电视中的面板主要靠国外厂商供应有直接关系。投资支出中购建固定无形和长期资产占到全部支出的95.62%，这是其目前快速扩产的写照。在筹资活动支出的现金中，主要是偿还债务支付的现金。

3. 现金余额结构分析。

现金余额构成

指标名称	2003 年		2004 年		2005 年	
	金额（元）	比例（%）	金额（元）	比例（%）	金额（元）	比例（%）
经营活动产生的现金流量净额	-92925852.26	45.16	86374412.23	317.77	-11075415.61	21.89
投资活动产生的现金流量净额	-108473696.41	52.72	-66773922.79	-245.66	-199839088.08	395.02
筹资活动产生的现金流量净额	-4358135.99	2.12	7581281.38	27.89	160324486.58	-316.91
合计	-205757684.66	100.00	27181770.82	100.00	-50590017.11	100.00

对一个健康的正在成长的企业来说，现金净额合计应该为正数（同时还应该补偿当期非现金消耗性成本），经营活动现金应是正数，投资活动的现金流量是负数，筹资活动的现金流量是正负相间。观察表中数据可以发现，海信电器2003年和2005年现金净额都小于零，2003年经营活动产生的现金流量净额-92925852.26元，这是造成当年现金净额为负的主要原因之一；2005年净额小于零是因为当年投资活动产生的现金流量净额高达-199839088.08元，相当于全部现金余额的-316.91%；2004年则处于比较合理的运转状态。因而可以得出结论：海信电器处于“扩张—稳定生产—再扩张”的循环生产模式中，由于产品单位价格偏高、原材料成本80%部分的不可控性以及控制着销售渠道的连锁大卖场不断侵占厂商利润空间，快速扩张产能没有为企业带来真正的现金流，而是换来大量应收票据，海信电器只能不断把票据向银行贴现以支持相应的投资扩张计划。这就像玩接龙游戏，下家必须紧接着上家的脚步行事，万一哪个人没有做出正确回答，游戏就结束了。对海信电器而言，如果上游原料供应商采用新工艺进一步提高原材料中固定比例的份额，或者有新的替代产品出现，它将一下子处于高风险状态。

4. 现金流入和现金流出的比例。

现金流入和现金流出比例

项目		2003 年		2004 年		2005 年	
		金额（元）	收入/支出	金额（元）	比例	金额（元）	收入/支出
经营活动	经营活动现金流入	4739163556.48	0.98	4804140049.52	1.02	7169621325.11	1.00
	经营活动现金流出	4832089408.74		4717765637.29		7180696740.72	
投资活动	投资活动现金流入	28023599.40	0.21	6757945.03	0.09	33275441.20	0.14
	投资活动现金流出	136497295.81		73531867.82		233114529.28	

续表

<table>
<tr><td colspan="2" rowspan="2">项目</td><td colspan="2">2003 年</td><td colspan="2">2004 年</td><td colspan="2">2005 年</td></tr>
<tr><td>金额（元）</td><td>收入/支出</td><td>金额（元）</td><td>比例</td><td>金额（元）</td><td>收入/支出</td></tr>
<tr><td rowspan="2">筹资活动</td><td>筹资活动现金流入</td><td>5000000.00</td><td rowspan="2">0.53</td><td>40000000.00</td><td rowspan="2">1.23</td><td>285000000.00</td><td rowspan="2">2.29</td></tr>
<tr><td>筹资活动现金流出</td><td>9358135.99</td><td>32418718.62</td><td>124675513.42</td></tr>
<tr><td rowspan="2">合计</td><td>现金收入合计</td><td>4772187155.88</td><td rowspan="2">0.96</td><td>4850897994.55</td><td rowspan="2">1.01</td><td>7487896766.31</td><td rowspan="2">0.99</td></tr>
<tr><td>现金支出合计</td><td>4977944840.54</td><td>4823716223.73</td><td>7538486783.42</td></tr>
</table>

经营活动现金流入与经营活动现金流出之比用来衡量同一会计年度内，单位现金投入所能产出的现金数额的百分比。当比率大于1时，反映每1元现金流出，可以带来大于1元的现金流入，表明企业现金充裕，营运资金处于良性循环，盈利能力较强；当比率接近1时，反映每1元现金流出，可以带来同量的现金流入，表明企业仅可以维持经营现状；当比率小于1时，反映每1元现金流出未能全部收回，表明现金流入量与现金流出量的增长不相适应，或流入的增长慢于流出的增长，现金流出过量、偏大，企业资金发生沉淀，现金缺乏，资金周转困难，盈利能力较差。观察表中数据可以发现：经营活动三年的收入与支出比都接近或等于1，这也就意味着1元的现金流出只能带来1元的现金流入，资金的利用效率比较低，没有发挥出杠杆效应。

投资活动中，三年的收入支出比分别是0.21、0.09、0.14，即公司投资活动引起的现金流出很大。一般扩张期的企业此值比较小，这也和前面的分析相一致。

筹资活动中，只有2003年流入/流出小于1，2004年是1.23，2005年是2.29。观察现金流量表可以发现，2003年借款5000万元、2004年借款4000万元和2005年借款8500万元（扣除高新技术企业出口产品贷款2亿元）都属于还旧债借新债。

综合三年的现金流入流出比，每年基本上都接近于1，这说明海信电器现金流入与现金流出大体平衡，会稍有结余或短缺，收支基本平衡。

问题：

1. 请指出海信电器生产经营活动，投资活动和筹资活动的现金流动及流向特征。

2. 海信电器的财务指标是特例还是行业的普遍现象，请通过金融证券类网站（巨灵证券、上海证券交易所等）查找同行业上市公司年报资料以证实你的观点。

（资料来源：①张先治、韩季瀛：《现代财务分析》，中国财政经济出版社，2003；②海信集团背景介绍来自其公司的官方网站，链接地址如下：http://www.hisense.com/company/company01.htm. 2003～2005年的三张报表来自公司年报；③计算指标参考“参考文献”中的杜古军、王守海：《如何进行现金流管理》，北京大学出版社，2004。王祯整理。）

●思考题及答案要点

一、思考题

（一）重要的专业术语

1. 现金。

2. 现金等价物。

3. 现金流量。

4. 自由现金流量。

5. 自由现金流假说。

（二）简答

1. 自由现金流假说的主要内容。

2. 对现金流量进行指标分析主要针对哪些方面？

3. 对现金流量的变动特征分析与流量分析分别指什么内容？

4. 确定股票价格的模型有哪些？分别适用于什么情况的企业？请具体描述。

5. 企业一般如何编制其现金预算？

二、计算分析题

1. 某企业本年度的长期借款为830万元，短期借款为450万元，本年的总借款利息为105.5万元，预计未来年度长期借款为980万元，短期借款为360万元，预计年度的总借款利息为116万元，若企业使用的所得税税率为30%，则预计年度债权人的现金流量为多少？

2. 若某企业保持目标资本结构资产负债率为40%，预计的净利润为200万元，预计未来年度需增加的营业流动资产为50万元，需要增加的资本性支出为100万元，折旧摊销为40万元，若不考虑非营业现金流量，则未来的股权自由现金流量为多少？

3. A公司年初投资成本4000万元，预计今后每年可取得息前税后利润400万元，假设每年的净投资为0，若资本成本为6%，则企业价值为多少？

4. A公司是一个高新技术公司，具有领先同业的优势，2005年每股营业收入10万元，每股营业流动资产3元，每股净利润4元，每股资本支出2元，每股折旧1元，投资资本中负债占40%。

预计2006~2009年营业收入增长率维持在10%的水平。到2010年增长率下滑到2%，以后一直保持此增长率，假设该公司的资本支出、折旧与摊销、净利润与营业收入同比增长，营业流动资产占收入的比重为30%，可以维持不变。

2005年该公司的β值为1.94，预计从2006年开始均匀下降，到2010年β值降为1.1，预计以后稳定阶段的β值可以始终保持1.1。国库券利息率为3%，市场组合的预期报酬率为7%。

要求：计算目前的股票价值。

三、答案要点：

略

●参考文献

1. Jensen Michael C. Agency Costs of Free Cash Flow, Corporate Finance, and Takeovers, American Economic Review, Vol. 76, May, pp. 323 – 329

2. Aswath Damodaran: *Corporate Finance: Theory and Practice*, p. 623. John Wiley & Sons, Inc. 1997

3. Eugene F. Brigham and Louis C. Gapenski: *Intermediate Financial Management*, fifth edition, pp. 655 – 690. The Dryden Press, 1996

4. Jensen, M. C., and W. H., Meckling. Theory of the Firm: Managerial Behavior, Agency Costs and Ownership Structure. Journal of Financial Economics, 1976, 3:305 – 360

5. 肯尼斯·汉克尔，尤西·李凡特著，张恺译. 现金流量与证券分析. 第 2 版. 北京：华夏出版社，2001

6. 由华. 自由现金流量预测和分析问题的研究．[学位论文]. 沈阳工业大学，2002：1 – 32

7. 詹姆斯·范霍恩等著. 郭浩译. 现代企业财务管理. 北京：经济科学出版社，1998

8. 汤姆·科普兰，蒂姆·科勒. 价值评估. 北京：中国大百科全书出版社，1998

9. 汤谷良，朱蕾．自由现金流量与财务运行体系．会计研究．2002（4）

10. 汪平．自由现金流量概念研究．河北经贸大学学报，2003（4）

11. 廖冠民，陈勇．自由现金流量的界定与辨析．西北工业大学学报（社会科学版）. 2006. 3

12. 侯艳蕾等．现金流量在企业财务预测决策中的应用．经济论坛．2006（10）

13. 杨德怀．现金流量指标：财务分析指标体系的核心．财会月刊．2005（10）

14. 石伟红．浅论企业现金流量的财务分析．价格月刊．2005（10）

15. 张先治，韩季瀛. 现代财务分析. 北京：中国财政经济出版社，2003. 8

16. 杜古军，王守海. 如何进行现金流管理. 北京：北京大学出版社，2004. 10

第五章 资本预算决策与企业价值

●本章提要

资本预算决策作为企业最为核心的财务决策，决定了企业价值的创造。本章阐述了资本预算决策与企业价值之间的关系，分别论述了资本预算决策与价值最大化；确定条件下的资本预算决策技术；风险条件下的资本预算决策技术以及公司战略与资本预算之间的关系。通过本章学习要深刻理解资本预算在企业价值创造过程中的作用，理解各种条件下资本预算决策的制定。

●章首案例

电力工业是一种规模经济，具有天然的垄断性。它采用发、输、配、售垂直一体的垄断运营模式已经有上百年的历史。电力工业在垄断模式下发展、壮大、成熟，同时也为用户提供了廉价可靠的电力。但是到20世纪末期，材料科学和制造技术的进步使电力工业的规模经济性开始逐步枯竭，发电机组的效率已经提高到某种极限，更大容量发电机组的建造已经无法进一步降低发电成本。此外，长期垄断运营也产生诸如机构臃肿，劳动生产率低下，发电成本居高不下等一系列问题。为了刺激电力工业的有效运行，美国在20世纪70年代末期开始对电力工业市场化改革进行探索，从20世纪80年代开始，世界上不少国家开始重建其电力工业，通过打破垄断、引入公平竞争以提高经济效率，实现社会资源的合理分配和社会总体效益的最大化。在我国进行以打破垄断、引入竞争为目的的电力改革后，国有电力公司被改组，国内电力市场形成五大发电集团和两大电网公司的新格局。在竞争性市场环境下，各个电力集团为了提升自身的竞争力，进行了大规模的投资扩张，这被认为是一次电力领域的“圈地运动”。电网公司也在筹集资金进行电网的改扩建，再加上出现的大规模电荒，使得电力投资十分具有吸引力，很多民营企业也纷纷看好这一此前很少涉足的电力投资领域。一些地方政府出于解决区域电力供应紧张、增加税收的目的，投资电力项目的欲望也很强烈。国内正在掀起新一轮电力投资热潮。

电力设备专用性强，使用寿命有限，具有资本密集与技术密集的特点。目前国家不再直接干预成本和收益分配，而是让市场机制自动调节投资者剩余和消费者剩余，这为发电厂商提供了更多投资机会。但是，竞争本来存在优胜劣汰，电的不可存储性，负荷需求与电价的不确定性增加了电源投资风险。电力市场作为一个特殊的经济系统，与普通商品市场的运行有着很大不同：复杂的市场规程，多变的供求关系，严格的技术约束和系统状况，使整个市场的运行存在着很大的不确定性。

中国华电集团公司（以下简称中国华电）成立于2002年12月29日，注册资本120亿元人民币，是中央直接管理的国有独资公司。截至2005年年底，中国华电资产总额达到1492亿元，电源项目分布在全国21个省（市、区），发电装机容量38814MW，拥有百万千瓦以上电厂13家。

目前，中国华电计划投资建设6个新的火力发电厂。按净现值法测算，新项目净现值为负。从财务评价角度看，净现值小于零，该项目不应进行接收。但是，它为华电提供了一个进入新市场从而盈利的机会。这样的机会称为“实物期权”，它能为某些项目增加大量价值。

中国华电和其他几家发电集团在设计新电厂时有很多选择。它们可以选择建设“基本负荷”的电厂，这种电厂造价比较昂贵，但是经营成本低；也可以建设“峰化产量”的厂房，它的成本比较低，但是经营成本较高。如果中国华电确切地知道未来的需求情况，它就能建设最佳的电厂类型。然而，华电只能大概估计未来趋势，而且在电厂建设过程中，需求模式和电价都有可能发生变化。

华电的工程师设计了一种巧妙的方法来解决这个问题。他们设计了6个建设成本很低但是经营成本高于行业平均水平40%的发电厂。根据对电力的期望需求量计算，这些电厂期望NPV为负。但是如果实际需求量仅仅达到期望值，华电并不打算使用这些电厂。相反，当需求电量和电价都高于期望值并超过盈亏平衡点后，华电就会启用这些新电厂。实际上，这些电厂给予华电一个能在价格和利润都很高时供应电力的期权。期权的价值高于电厂的建设成本，因此华电采用新的项目。

（资料来源：①张晳：《不确定条件下电力投资项目的价值分析》，《华北金融》2005.6；②梁志宏等：《电力市场下基于实物期权理论的电源投资动态决策模型研究》，《中国电机工程学报》2006.8；③吉兴全：《发电投资的实物期权决策方法》，《电力系统自动化》2005.6；④倪迎春，杨炯：《实物期权法在电力项目投资评估中的应用》，《华北电力大学学报》2004.2；⑤马喑等：《考虑旋转备用的发电商运行资产价值的实物期权模型及短期风险评估》，《继电器》2004.12。王桢整理。）

第一节　资本预算决策与价值最大化

一、资本预算决策概述

在现代理财学中，所谓资本，实际上就是指长期资产或者固定资产；而资本预算，即是有关资本投资——固定资产投资所涉及现金流量及其风险程度分析的预算。资本预算是一种必要的管理工具。公司经营过程中必须要选择能够产生满意的现金流入和收益率的投资项目。因此，我们要决定某个投资项目是否值得投资，并且要能够在不同的项目之间进行取舍。为了实现这一目的，就需要一套方法对各个项目进行评估、比较以及筛选。这套方法我们可以称之为资本预算。

（一）资本预算编制的基础

不论是公司的权益资本还是债务资本，相对于公司的投资需求来讲，资源都是有限的。在我国，企业获取在股票市场上进行股权融资的资格难度相对较大。金融机构也不可能无限制地向企业提供债务融资。同时，企业出于对资本成本以及风险的考虑，在制定相应的融资政策时是非常谨慎的。

资源的稀缺性要求企业在不同的投资项目之间进行很好的选择和分配。在接受或否决某个项目时要非常谨慎，要运用科学的方法进行决策。在不同项目之间进行选择时，一定要从公司价值创造的角度出发，要鉴别出能够最大限度地增加企业价值的项目。这正是资本预算编制的基础。

（二）区分资本支出与本期支出

本期支出是指支出发生的当年全部核销掉的支出，例如工资、薪金、原材料等项目。资本支出是长期的需要在一定年限内按照一定的方法进行摊销。

资本支出的项目一般包括：

1. 企业为扩大生产经营而新购入的机器设备。
2. 出于技术更新或自然淘汰而进行的现有设备的更新。
3. 诸如购买土地、购买专利权等其他方面的支出。

二、资本预算决策与企业价值最大化

对于企业的价值创造而言，资本预算决策是财务决策中最重要的决策。其他的决策则要服从服务于投资决策的需要，投资决定了融资的数量和时间。投资决定了购置的资产类别，不同的生产经营活动需要不同的资产。

按照现代财务理论的基本架构，资本预算应当属于财务理论体系中的核心部分。没有科学的资本预算，便没有经营活动现金流量的最大化，也就没有企业价值的最大化。资本投资决策是企业根本意义上的财务决策，是统领融资决策、股利政策以及其他从属性或称次生性财务决策的首位财务决策。

从投资定价模式下的企业价值可以看出：企业的投资决策决定了企业价值。企业价值决定于企业的投资决策及由此所决定的获利能力和经营风险。换言之，决定企业价值的最根本因素是企业的投资决策。

企业的资本投资决策决定企业经营活动创造现金流量的能力，进而决定着企业价值的创造。一个企业在发展过程中所面临的基本财务问题便是资本投资问题。通过资本预算，理财人员可以清晰地了解现金流量产生的原因以及企业价值创造的途径。因此，资本投资决策是最为核心的财务决策。见图 5－1。

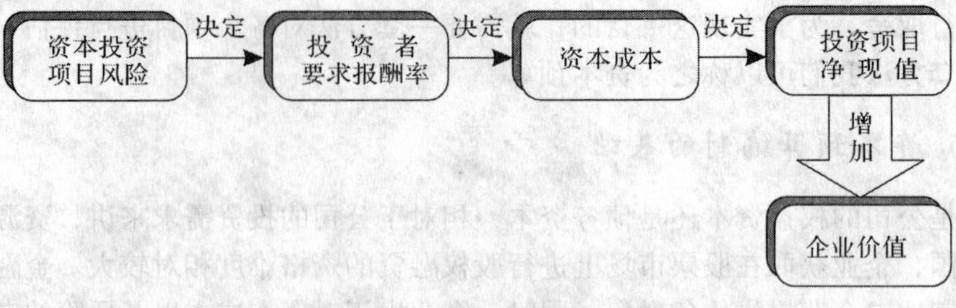

图 5-1 企业价值创造图

第二节 资本预算决策技术：确定情况下

一、资本预算决策的基本程序

资本投资决策的基本程序大致为：寻找资本投资机会，设计投资项目；预测投资项目绩效；根据有关目标和准则，选择投资项目；实施并控制、反馈、修正投资项目，保障资本投资项目绩效的顺利实现。

（一）寻找资本投资机会，设计投资项目

严格而论，在这个环节起决定性作用的并不是企业的理财人员，而是企业的顶级管理人员。在寻找资本投资机会的过程中，管理人员或管理当局应当站在战略发展以及可持续发展的高度来考虑问题，结合企业生产经营的现实以及宏观经济条件，设计出领先一步的资本投资项目。企业家的能力和水平往往体现在对这种投资机会的精确把握上。

按照一个并不严格的分类，资本投资项目被划分为如下几类：必要性投资、替代性投资、扩张性投资、多样化经营投资，等等。这些投资有一些共同的特征：所需投资额较大，投资有效期较长；能够给企业现金流量产生重大的或不利、或有利的影响；对企业价值通常具有决定性的影响，等等。

（二）预测投资项目绩效

对于长期资本投资项目而言，决定投资项目绩效的主要因素有二：一是投资项目投产以后所创造现金流量的多少；二是蕴涵在这些现金流量中的风险程度有多大。

毋庸置疑，带来更多的现金流量是进行资本投资的直接目标所在。无论什么样的投资项目，其绩效的重要表现形式均是现金流量。现金流量越多，表明投资项目的绩效越好，对企业价值的正面影响越大。

前已述及，理财人员与其他企业管理人员的重要区别在于：前者在充分考虑追求收益的同时，也会对伴随收益而来的风险进行分析和规避。蕴涵在资本投资项目中的风险水平往往是比较大的，处理不当会严重影响到企业的可持续发展。

资本投资项目→生产管理→经营管理→营销活动→销售额→现金流量的创造，对这些活动之间的相关性进行分析是预测投资项目绩效的主要途径。

（三）根据有关目标和准则，选择投资项目

追求企业价值的创造，维护股东的财富是公司的既定目标，也是进行资本投资决策时所遵循的基本准则。采纳的投资项目一定是有助于企业价值最大化的项目；相反，被否决的投资项目一定是抵减企业价值的项目。

在选择投资项目的工作中，全面地考察投资项目与理财目标实现之间的相关性是一个极为紧要的环节。错误的投资决策往往就是因为忽略了投资项目对企业价值的影响，而斤斤计较于项目本身的有关特征因素，比如单纯技术方面的高水平等。

（四）实施并控制、反馈、修正投资项目，保障资本投资项目绩效的顺利实现

鉴于资本投资项目对企业价值的重大影响，当项目正式投入运营之后，理财人员一定要密切监控项目的所有重要指标，比如现金流量的时间和数量，报酬率的实现状况，等等。根据投资项目的目标实现情况，理财人员需重新对项目进行评估，以决定是继续该项目还是放弃该项目。如果决定放弃原已实施的资本投资项目或对之进行重大调整，还需重新编制资本投资预算。

必须强调的是，在以上的资本预算决策程序中，各个环节所起的作用是不一样的。从对企业可持续发展的根本性影响上来看，寻找新的资本投资机会，可能具有更加重要的意义。但不幸的是，理财人员或者理财技术在这个环节上不会发挥太大的作用。在寻求新的投资机会的时候，对机会的把握能力，对企业未来发展的战略上的考虑，对企业经营的内、外部环境的敏锐观察，可能比系统的学识更重要。企业家的创新精神主要就体现在这些方面。但是，一旦发现了新的可以考虑的资本投资项目，紧随其后的程序化的资本预算决策技术的运用便是非常重要的了。不经过严密的现金流量、资本成本等因素的预测，不经过科学的评估指标的计算和选择，就决定资本投资项目的取舍，是盲目的财务决策行为，将对企业的可持续发展产生极为严重的后果。

二、资本投资项目的选择法则

对企业管理最高当局或者相关部门所建议的资本投资项目进行财务绩效评价，在科学预测、计算、评估的基础上，对各种备选投资方案进行取舍决策，是理财人员的主要工作内容之一，也是决定企业价值能否实现的核心决策。

对资本投资项目进行财务绩效评价的主要技术工具即是在财务管理活动中应用极为广泛的折现现金流量模型。因此，对备选的投资项目进行现金流量分析是资本预算中的

一个极为紧要的环节，同时，也是最为困难的一个环节。只有在明了投资项目之投资期间、运营有效期间的各个时间段的现金流量后，才能够对投资项目的财务绩效进行深入的分析和评价。

具体方法有：回收期法（payback）、会计报酬率法（accounting rate of return，ARR）、净现值法（net present value，NPV）、内含报酬率法（internal rate of return，IRR）、修正的内含报酬率法（modified IRR，MIRR）、获利能力指数法（profitability index，PX）等。

（一）回收期法

投资者经常需要对收回初始现金流量所花费的时间进行估计。在不考虑货币的时间价值的情况下收回投资所需的时间就是项目的投资回收期。计算投资回收期时，我们只需按时间顺序对各期的期望现金流量进行累计，累计额达到初始现金流出量时的时间即为投资回收期。

回收期 = 原始投资额/每年现金净流入量

在每年现金流入量不等，或者原始投资是分几年投入时，则如下公式能够计算投资回收期：

$$\sum_{K=0}^{n} I_K = \sum_{K=0}^{n} O_K$$

式中：I_K 为第 K 年的现金流入量，O_K 为第 K 年的现金流出量。

投资回收期法决策的基本法则是接受投资回收期小于要求年限的项目。如果仅以回收期作为标准，不同方案比较时，回收期越短，方案越有利。

投资回收期法判断投资绩效时隐含这样一个假设：在回收期之前，折现率为零，即不考虑货币的时间价值；但在回收期之后，折现率变为无穷大，使得回收期后所有现金流量的价值均被忽略不计。这与决策者在考察项目投资绩效时首先考虑资金能否顺利回收，然后才有获利空间的想法是一致的。

在实务界，传统的投资回收期法是一种重要的、被广泛运用的方法，因为：

1. 投资回收期法计算简便，结果明确，非常适用于简单的纵向或横向比较。其他指标差不多的投资项目，回收期短的项目自然比回收期长的投资项目更具有吸引力。

2. 一般而言，回收期越短，项目的风险越小；而回收期越长，表明投资的风险程度越大。投资项目的风险程度与其回收期成正比例关系。投资回收期法与一般的经营实践相符。

3. 投资回收期法能对项目的流动性进行控制，而且提供了另一种风险控制方式。这对于那些规模较小、流动性较差的企业显得尤其重要，因为这些企业更偏好回收快的投资，它们希望把收回的现金再投资于其他有盈利能力的项目或用于归还到期债务，以改善企业的财务状况。①

---

① Eugene F. Brigham & Michael C. Gerhardt. Financial Management：theory and practice. Beijing：China Financial & Economic Publishing House，2003.

4. 对缺乏资金的企业而言，使用回收期法更具有一定的合理性。一个投资项目在项目初期不能带来正净现值，资金缺乏企业会停止运营此项目，放弃此项目在遥远的将来可能带来的正净现值，否则企业在近期将由于缺乏资金而无法运营。

但是，由于没有考虑货币时间价值以及回收期以后项目的现金流量，投资回收期法算不上是一种科学的资本预算评价方法。

投资回收期法忽略货币时间价值的缺陷可以通过对现金流量进行折现予以弥补，在此基础上可以计算折现投资回收期。折现投资回收期是使项目的贴现现金流量等于其初始成本所需要的时间。这种方法的理论基础是：在回收投资时要考虑货币的时间价值。必须指出的是，在一个现代企业中，仅仅依靠回收期法就决定一项资本投资项目的取舍的情况是极为少见的。由于回收期法忽略了回收期之后的现金流量状况，因而表明这种对投资项目绩效的估价方法不能完整地体现企业价值观念，对企业价值的实现也就没有足够的促进作用。

（二）会计报酬率法

会计报酬率法又被称为平均会计报酬率法（average accounting return，AAR）。这是一个历史较为悠久的投资项目评估方法。在实际应用中，会计报酬率法的计算方法有多种。但一般程序如下：首先计算平均会计利润或平均净收益；然后计算平均投资额；最后，以平均会计利润除以平均投资额，即可得出会计报酬率。

比如按照下式计算平均会计报酬与平均投资额：

平均年会计报酬 =（销货额 - 经营费用 - 折旧 - 所得税）/获得会计报酬的年限

平均投资额 =（期初投资成本 + 期末投资残值）/2

会计报酬率 = 平均年会计报酬/平均投资额

会计报酬率法决策的基本法则为：只要资本投资项目的预测会计报酬率超过企业事前规定的目标会计报酬率，项目即予采纳；反之，预测会计报酬率低于目标会计报酬率，即予否决。

会计报酬率法的最大优势在于：一是计算较为简便；二是利用了人们对财务会计数据或会计指标较为熟悉的现实。

会计报酬率法也不是一个具备科学特质的项目评估方法。除了它完全没有考虑货币的时间价值之外，主要的原因是这一估价方法对会计报酬以及投资额的界定没有一个大家所共同认可的标准。这就为这一方法的普遍应用设置了障碍。同时，从经济学的角度或者从理财学的角度讲，会计报酬率指标往往没有足够的理论依据。比如，会计报酬率与企业价值之间到底是一种什么关系？这种关系能否量化？等等。另外，企业目标会计报酬率的确定同样没有足够的理财学基础。

（三）净现值法

资本预算项目的净现值是与项目相联系的所有现金流量（包括其现在和未来的所有成本和收入）的现值。

净现值的计算公式为：

$$净现值（NPV）=\sum_{t=0}^{n}\frac{CF_t}{(1+k)^t}$$

式中：CF_t 为预期第 t 年的净现金流量；k 为资本投资项目的资本成本，它取决于项目风险程度的大小；n 为投资有效期。

净现值法决策的基本法则为：资本投资项目的净现值大于 0 或者等于 0，予以采纳；投资项目的净现值小于 0，予以否决。

在净现值的计算中，现金流量可以划分为两大类：一是现金流入，这是决定投资项目净现值的决定性因素；二是现金流出，一般是指资本投资项目中的投资额。在现金流量的预测过程中，现金流入的预测难度要大大地超过现金流出的预测难度。

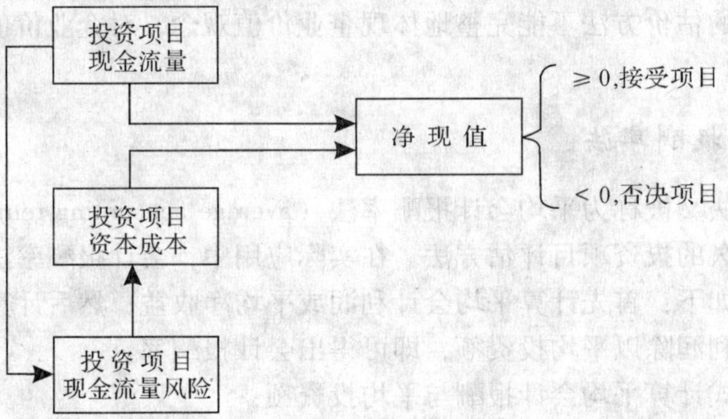

获得正值净现值的关键乃是要有足够的现金流量。为了实现企业价值的创造，理财人员以及企业的其他管理人员必须清楚地知晓能够带来正值净现值的主要途径，比如进行技术创新，开发新产品，进行营销改革等。没有这些具体的企业经营行为，便不可能增加现金流量、实现企业价值的最大化。

净现值法主要有三个特点：①

首先，净现值法使用的是现金流量数据。分析人员可以直接使用项目经营所获取的现金流量（比如，分配股利、投资其他资本预算项目或是支付利息）。相比之下，利润则包含了许多人为的因素，不适宜在资本预算中使用。

其次，净现值的计算包含了项目的全部现金流量，其他一些投资决策方法往往会忽略某一特定时期之后的现金流量，使用这些方法时应当小心。

最后，净现值法考虑了货币的时间价值，而这一点往往被其他方法所忽略。

从一定的意义上讲，净现值最大化就是企业价值的最大化，两者之间是连通的。

（四）内含报酬率法与修正的内含报酬率法

在净现值为 0 的情况下，表明资本投资项目的报酬率水平与要求报酬率水平即项目的资本成本刚好相等。此时的项目报酬率水平即是所谓的内含报酬率（IRR）。换言之，

① 斯蒂芬·A. 罗斯等著：《公司理财》（原书第 6 版），吴世农等译，机械工业出版社，2003。

使投资项目净现值等于0的那个报酬率即是该项目的内含报酬率。实际上，内含报酬率实乃资本预算项目的期望报酬率，就是说按照目前预测的现金流量及其风险状况，投资项目所能够达到的报酬率水平。因此，以内含报酬率作为折现率，可得：

现金流入的现值 = 资本投资成本的现值

或者

$$\sum_{t=0}^{n} \frac{CF_t}{(1+IRR)^t} = 0$$

内含报酬率法决策的基本法则为：只要资本投资项目的内含报酬率高于该项目的资本成本，采纳该项目；反之，项目的内含报酬率低于其资本成本水平，便否决该项目。

实际上，内含报酬率法则与净现值法则的基本精神是完全一致的，它们进行项目取舍评估的结论通常也是相同的。如果投资项目的内含报酬率等于项目的资本成本，那么该项目的净现值为0；如果内含报酬率超过资本成本，则项目的净现值大于0。也就是说，无论是按照净现值法则还是按照内含报酬率法则，有助于企业价值增加的资本投资项目均可以被采纳，减少企业价值的投资项目将被放弃。

但由于内在的假设条件不一样，净现值法与内含报酬率法之间仍然存在着一些重大的区别。比如，在互斥投资项目的选择过程中，这两种评估方法所选择的结果便可能产生矛盾。原因就是净现值法与内含报酬率法各自所假设的资金再投资报酬率存在重大差异。净现值法假设的再投资报酬率即是其资本成本，也就是计算净现值时所使用的折现率；而内含报酬率法假设的再投资报酬率则是内含报酬率。从财务估价的角度讲，净现值法所隐含的再投资报酬率假设是合理的、科学的，因为只要获得高于资本成本的报酬率水平，企业就可以保障企业价值最大的创造。这一点已经在前面做了充分的分析。内含报酬率法所隐含的再投资报酬率假设显然已经超出了合理、科学决策的范围。具体言之，理财人员没有足够的理由，必须要求资本投资项目的报酬率一定要达到内含报酬率的水平。比如，在项目资本成本为10%的情况下，只要资本投资项目的预测报酬率水平等于或高于10%，项目即可被接纳。至于超过资本成本10%而产生的超额利润，并非财务决策所必须考虑的因素。另外，如果资本投资项目不是通常的投资项目（这种项目的现金流出在前，现金流入在后，同时，从现金流出到现金流入的转变只有一次。换言之，在现金流入之后，不会再有现金流出的发生），即现金流入与现金流出的转换不止一次，则投资项目内含报酬率的计算可能没有结果，即算不出内含报酬率；也可能不止一个而有多个内含报酬率。所有这些都说明与净现值法则比较，内含报酬率法仍是一个欠完美的估价方法。

所谓修正的内含报酬率，是指使投资成本的现值等于项目“最终价值”（terminal value）现值的那一个折现率，即：

投资成本的现值 = 最终价值的现值

$$\sum_{t=0}^{n} \frac{COF_t}{(1+k)^t} = \frac{\sum_{t=0}^{n} CIF_t (1+k)^{n-1}}{(1+MIRR)^n}$$

即：$PVcost = \dfrac{TV}{(1+MIRR)^n}$

式中：COF 为现金流出，即投资项目投资额；CIF 为现金流入。公式左边是以资本成本进行贴现的投资支出的现值，公式右边的分子是现金流入的终值，并假设这些现金流入将以资本成本为报酬率进行再投资。这些现金流入的终值被称为最终价值，即 TV。使最终价值现值与投资成本现值相等的那个折现率就是修正的内含报酬率。

修正的内含报酬率是假设所有来自于投资项目的再投资资金的报酬率是资本成本，与净现值法保持一致。

（五）获利能力指数法

获利能力指数法也是一个较常使用的传统评估方法。所谓获利能力指数即是以利润的现值除以成本的现值：

$$\text{获利能力指数} = \frac{\text{利润的现值}}{\text{成本的现值}} = \frac{\sum_{t=0}^{n} \frac{CIF_t}{(1+k)^t}}{\sum_{t=0}^{n} \frac{COF_t}{(1+k)^t}}$$

式中：CIF 为期望现金流入即利润；COF 为期望现金流出或成本。

获利能力指数决策的基本法则为：只有获利能力指数大于 1，投资项目才可以被采纳；获利能力指数越大，投资项目的排列就越往前。

对于独立的投资项目而言。无论是净现值法、内含报酬率法，还是获利能力指数法等，所做出的评估结论都是一样的。

以上对几种较常使用的投资项目绩效评价技术做了说明。根据有关资料，尽管企业对不同的评估技术各有偏好，但基本上都是共同使用几种方法，从而保证做出科学的投资决策。

三、资本预算之现金流量预测

在资本预算的编制过程中，有关投资项目现金流量尤其是现金流出的预测是最为困难、也是最为核心的一项工作。现金流量预测的质量将直接关系到整个资本预算编制的质量，甚至会影响到企业未来的可持续、健康发展。因为如若将没有前景的投资项目，在现金流量预测方面出现了盲目的乐观，以致投资运营后无法按预算实现预期的现金流量，其严重后果可能会将企业推至破产的边缘。而对于极有前景的资本投资项目，如果由于现金流量预测的过分保守而遭放弃的话，同样会极大程度地减少企业未来经营活动创造现金流量的实力。

必须指出，由于资本投资对于企业未来发展的极端重要性，企业在资本预算现金流量的预测与规划过程中，应当投入相当的人力与关注。因为资本预算中现金流量的预测，绝非简单的现金流量预测，事实上，这一预测过程应当充分体现企业管理当局对于未来发展的展望，对于自身管理实力的估计，以及对于各种内、外部环境的客观分析。没有主观的、积极进取追求的现金流量预测是毫无意义的数字排列。从这个角度讲，即使预测期再长，也不存在预测精度问题，因为所有的预测均是对未来的展望，是管理意志的体现，是要通过科学的财务控制，实现企业价值的创造。预测现金流量没有实现，只能表明管理的不当。对未来现金流量、企业价值等目标追求，预测期越长，控制技术越高，实现得越顺利，表明企业的管理实力越强大。

企业价值的实现，归根结底取决于企业管理实力的强弱。而这种管理实力，在很大程度上，体现在对未来的预见能力、规划能力、控制能力，以及变目标为现实的能力。

前已说明，决定资本投资项目绩效水平的主要因素有二：一是项目现金流量；二是隐含在现金流量中的风险程度，表现为资本成本的高低。

决定投资项目绩效的现金流量为相关现金流量，即采纳该投资项目后企业经营活动现金流量减去不采纳该项目时的现金流量，也就是采纳资本投资项目后的现金流量增量。比如，在没有实施某资本投资项目之前，企业的净经营活动现金流量（即税后净利＋折旧）为1000万元，而采纳这一项目后，净经营活动现金流量增加为1200万元，那么，与该投资项目相关的现金流量为200万元。这一金额越大，投资项目绩效越高，所创造的企业价值也就越多。

与资本投资项目绩效水平相关的现金流量大致可分为如下三类：投资初始现金流量即投资成本、经营活动现金流量以及终结现金流量。

初始现金流量，通常是指资本投资项目开始实施时所发生的现金流量，主要是现金流出。主要内容包括：长期资产的购置成本、运输费用、安装费用与调试费用；项目运行所需要的新增营运资本投入比如存货投资、应收账款投资等；在以旧换新项目中，处置原有设备所产生的现金流量等。初始现金流量的预测相对难度要小一些，因为它们涉及的时间较短；同时，作为投资成本，一般也有足够的市场信息可供参考。

经营活动现金流量，是指投资项目投产以后所产生的经营活动现金流量增量，主要是现金流入。主要内容包括：在扣除费用之后所增加的经营收入；因投资项目而增加的各种间接费用，比如水电费用；因投资项目的采纳而节约的有关费用，比如人工费用、材料费用；因投资项目的采纳所产生的所得税调整，比如由于增加设备投资增加的折旧而减少的所得税支付，等等。

经营活动现金流量可按下式计算：

经营活动现金流量＝销售额－变动成本－经营固定成本－折旧－所得税＋非付现费用（比如折旧）

＝税后净利＋折旧

终结现金流量是指投资项目完结时所产生的各种现金流量，主要包括：处置设备等的残值收入、回收的营运资本投资、其他现金流量等。

第三节 资本预算决策技术：有风险情况下

一、资本预算风险的性质

资本预算的风险源自资本投资项目现金流量的不确定性。

在没有投资风险的情况下，由资本投资决策所决定的未来经营活动现金流量是完全确知的，且是唯一的。投资项目所涉及的每一笔现金流量的价值都只与时间有关，时间越长，现金流量的价值就越小。比如某些基于营销契约的资本投资项目，像军火供应项目、航天设备供应项目等，其未来的现金流量既是确知的也是唯一的，除非有什么重大的宏观形势方面的变故。这样的资本投资项目，在其有效期内，每一个时间总是对应着每一笔确定的现金流量。换言之，唯有时间的改变才会带来现金流量的变化。即：

现金流量 = f（时间）

按照投资组合理论，无风险的现金流量的内在价值应当由无风险利率来计算求得。因此，对于无风险的资本投资项目而言，其净现值的计算也应当是以无风险贴现率为基础的。

对于通常的资本投资项目而言，完全没有风险几乎是不可能的。在存在投资风险的情况下，投资项目所涉及的每一笔现金流量的价值既与时间有关，也与实际发生的客观状况有关。比如，在项目投入运营之后，实际现金流量取决于如下两个因素：发生的时间以及该时间的实际状况。具体情形往往是：在好的状况下，现金流量较多；但在不好的状况下，现金流量较少。在通常情况下，人们会分别三种情形来预计未来可能发生的状况，即最差状况、一般状况（或称最可能发生的状况）和最佳状况。

因此，在存在投资风险的情况下，为了确定投资项目的净现值，必须对未来现金流量所发生的时间及其具体状况进行预测和判断。不同的时间，对应着不同的现金流量；不同的状况，同样对应着不同的现金流量。可能出现的状况越多，越复杂，表明该资本投资项目的风险越大。即：

现金流量 = f（时间，状况）

可以想象，在实际的资本预算过程中，在复杂的竞争环境下，现金流量的预测面临着极大的变数，各种状况也难以准确预见。如何分析在有风险状况下的资本预算决策问题，便成为一个不容回避的重大财务课题。

由于投资项目的风险源自现金流量的不确定性，即各期 CF 的不确定性。对这种风险程度进行度量，可以通过如下两种途径：

（一）调整现金流量

通过调整现金流量的方法来度量未来现金流量的风险程度，一般被称为“确定等值法”（certainty equivalent method，CE）。其基本原理为：高风险的现金流量与低风险的现金流量之间存在着一种等值关系，即较多的高风险现金流量可以与较少的现金流量等值。Brigham 教授以一个简例说明了这一原理：

1. 假设掷一枚硬币。如果正面朝上，你可以得到 100 万元，但如果反面朝上，则一无所得。按照概率理论，这一游戏的期望值为 100（50%）+0（50%）=50 万元。事实上，该游戏的结果要么是 100 万元，要么是 0，因此，风险极高。

2. 如果不掷硬币，你可以获得 30 万元。

在这个游戏中，30 万元是一笔确知的、无风险的现金流量，50 万元则是一笔高风险的现金流量。如果你认为这两种选择没有差异，则意味着无风险的 30 万元与高风险的 50 万元所提供的效用是完全一样的，即 50 万元的确定等值为 30 万元。当然，不同的人由于风险厌恶感程度的不同，对确定等值的计量也有不同。比如，对一位喜欢刺激的亿万富翁来讲，他极有可能会选择掷币；但对于一位不喜欢冒险、且收入歉丰的人士而言，他会选择获得稳定的 30 万元现金流入。

从理论上讲，确定等值概念可以应用于资本预算的编制：①根据各年期望现金流量及其风险程度确定各个时期的确定等值现金流量；②以无风险利率对各期的确定等值现金流量进行贴现，求得该投资项目的净现值。按照这一技术，实际上是以一组无风险的现金流量替代了原来的有风险的现金流量。其中，如何实现这种从有风险现金流量向确定等值现金流量的转换是一个核心问题。一般可以通过计算确定等值系数（certainty equivalent coefficient）的方法来解决这个问题：

$$确定等值系数=\frac{第\ t\ 年的确定等值现金流量}{第\ t\ 年的有风险现金流量}$$

以上述游戏为例，确定等值系数可以计算为：

确定等值系数 =30/50 =0.6

由于时间延续越长，现金流量的风险程度越大，因此，在资本投资项目中，随着时间的延长，确定等值系数会逐年或逐期地下降。如表 5-1 所示。

表 5-1 有风险现金流量、确定等值系数与确定等值现金流量

年份	有风险现金流量	确定等值系数	确定等值现金流量
1	100000	0.9	90000
2	200000	0.8	160000
3	300000	0.7	210000
4	400000	0.6	240000
5	500000	0.5	250000

从理论上讲，确定等值法是对有风险资本投资项目进行风险分析最为科学的一种方法，因为它从技术上吻合了人们对风险的厌恶感觉。但是，这一风险分析技术所面临的最大一个困难就是确定等值系数的确定。如果企业在资本预算的编制过程中，运用这一方法来对未来时期的现金流量进行风险分析，在许多情况下，在进行必要的统计计算的

基础之上，只能依靠理财人员的主观判断来估计确定等值系数，尽量保证确定等值现金流量预测的科学性与合理性。

（二）调整折现率

组合理论与资本资产定价模型在现代理财学中的大量运用，使得根据风险程度的高低来调整折现率成为一个相当成熟的风险分析技术，一般被称为“风险调整折现率法”（risk – adjusted discount rate method）。具体程序大致为：首先假设投资项目的折现率为无风险利率；然后分析和判断现金流量风险程度的大小，并据此确定风险补偿利率；最后，无风险利率加上风险补偿即为适用于该投资项目的折现率。公式表示为：

投资项目折现率 = 无风险利率 + 风险补偿利率

按照现代财务理论，资本预算所使用的折现率取决于投资者对资本投资项目风险程度的评价，即项目风险越大，要求的报酬率越高，折现率就越高。一般而论，投资项目的折现率不能低于同等风险程度的金融证券投资所获得的报酬率水平。如果企业资本投资不能带来超过金融市场上同等风险证券投资所带来的报酬率的话，管理当局应当将用于资本投资的资金分派给投资者，由他们自己去投资，从而获得更高的报酬率。

对于资本预算而言，风险补偿利率可按下式确定：

风险补偿利率 = $b \cdot c$

式中：b 为企业设定的风险系数；c 为差异系数。

差异系数是对一项资本投资项目现金流量的风险程度的度量，具体是指投资项目现金流量的标准差与其期望值之比。差异系数越大，表明该项投资的风险程度越高。投资的风险系数通常是企业参照以往适中风险程度的同类投资项目的历史资料计算确定的。风险厌恶感较小的企业，可将风险系数定得高一些；相反，较为厌恶风险的企业，则可把风险系数定得低一些。

按照调整折现率方法对投资项目的风险程度进行评价和度量，对于风险较大的投资项目，采用较高的折现率；对于风险较小的投资项目，采用较低的折现率；没有风险的投资项目，则以无风险利率为折现率。由于理解容易，再加上有资本资产定价模型的助威，因而被普遍应用于资本预算决策中。但是，必须明确的是，确定风险补偿利率绝非是一个毫无理论争议的问题。同时，估算过程还包含有重要的假设因素，其局限性相当明显。

二、资本预算风险的分析方法

资本预算风险分析的具体方法有：敏感性分析（sensitivity analysis）、场景分析（scenario analysis）、蒙特卡罗模拟（Monte Carlo simulation）等。

（一）敏感性分析

资本预算决策是以相关因素的预测数据为依据的，因此，决策的科学性和合理性便会受到各种因素预测水平的制约和影响。由于企业未来经营活动的宏观因素与微观因素均处于不断的变动之中，投资项目现金流量的风险是一种客观的存在。为了了解各种预测因素对投资项目绩效比如净现值的影响程度，有必要进行敏感性分析。某一相关因素在很小幅度内发生变动，如果对项目的净现值造成较大的影响，表明投资绩效对该因素的敏感性较强；相反，某一因素在较大幅度内发生变动，如果对项目的净现值影响甚微，则表明投资绩效对该因素的敏感性较差。对于敏感性较强的因素，在资本投资项目的控制过程中，应当加强监管，以保证净现值目标的顺利实现。

按照净现值法则，决定资本投资项目绩效水平的主要因素有现金流量、项目有效期与折现率三项。进行敏感性分析，即在其他因素不变的情况下，只改变一个影响净现值的因素，或现金流量，或有效期，或折现率，以考察该因素变动对投资项目净现值的影响幅度。

敏感性分析具有两重意义：一是研究投资项目各预测因素在多大范围内发生波动不至于影响该投资项目的可行性。无疑，波动范围越大，表明投资项目的风险越小。二是研究投资项目绩效变化对各预测因素变化的敏感程度。

比如，某投资项目的初始投资额为200万元，有效期为10年，残值为30万元，有效期内每年实现现金流入为50万元，企业要求报酬率即折现率为15%。则该投资项目的净现值为：

$$NPV_{15\%,10} = \sum_{t=1}^{10} \frac{50}{(1+15\%)^t} + \frac{30}{(1+15\%)^{10}} - 200 = 58.3539 \text{（万元）}$$

如何确定敏感程度？依照惯例，是考察各不确定因素的单位变动（一般是变动1%）会引起投资项目绩效即净现值多少变化。仍以上例，分别确定投资项目净现值对折现率、有效期与现金流量等预测因素的敏感度。

1. 净现值对折现率的敏感性分析。让折现率变化1%，考察净现值的变动情况，从而判断净现值对折现率的敏感度。为了计算方便，让折现率从15%变化至16%和14%，即相对变化6.67%。此时：

$$NPV_{16\%,10} = \sum_{t=1}^{10} \frac{50}{(1+16\%)^t} + \frac{30}{(1+16\%)^{10}} - 200 = 48.4619 \text{（万元）}$$

净现值减少 = 58.3539 − 48.4619 = 9.892（万元）

$$NPV_{14\%,10} = \sum_{t=1}^{10} \frac{50}{(1+14\%)^t} + \frac{30}{(1+14\%)^{10}} - 200 = 68.8982 \text{（万元）}$$

净现值增加 = 68.8982 − 58.3539 = 10.5443（万元）

因此，当报酬率提高1%时，净现值减低9.892/6.67 = 1.4831（万元）；当报酬率降低1%时，净现值增加10.5443/6.67 = 1.5809（万元），则该投资项目净现值对折现率变化的敏感度为：

（1.4831 + 1.5808）/2 = 1.532（万元）

2. 净现值对有效期的敏感性分析。让有效期从10年分别变化为11年和9年，即相对变化10%。此时：

$$NPV_{15\%,11} = \sum_{t=1}^{11} \frac{50}{(1+15\%)^t} + \frac{30}{(1+15\%)^{11}} - 200 = 68.1332 \text{（万元）}$$

净现值增加 = 68.1332 − 58.3539 = 9.7793（万元）

$$NPV_{15\%,9}=\sum_{t=1}^{9}\frac{50}{(1+15\%)^t}+\frac{30}{(1+15\%)^9}-200=47.1078\text{（万元）}$$

净现值减少 = 58.3539 − 47.1078 = 11.2461（万元）

因此，当有效期增加1%时，净现值增加9.7793/10 = 0.97793（万元）；当有效期减少1%时，净现值减少11.2461/10 = 1.12461（万元），则该投资项目对有效期变化的敏感度为：

（0.97793 + 1.12461）/2 = 1.05127（万元）

3. 净现值对现金流量的敏感性分析。将每年现金流量从50万元变化为50.5万元和49.5万元，即相对变化1%。此时：

$$NPV_{15\%,10}=\sum_{t=1}^{10}\frac{50.5}{(1+15\%)^t}+\frac{30}{(1+15\%)^{10}}-200=60.8648\text{（万元）}$$

净现值增加 = 60.8648 − 58.3539 = 2.5109（万元）

$$NPV_{15\%,10}=\sum_{t=1}^{10}\frac{49.5}{(1+15\%)^t}+\frac{30}{(1+15\%)^{10}}-200=55.846\text{（万元）}$$

净现值减少 = 58.3539 − 55.846 = 2.5079（万元）

则该投资项目对现金流量变化的敏感度为：

（2.5109 + 2.5079）/2 = 2.5094（万元）

以上结果汇总于表5−2。

表5−2　投资项目敏感性分析

项目	敏感度（万元）
折现率变化1%	1.5320
有效期变化1%	1.0513
现金流量变化1%	2.5094

通过敏感性分析可以看出，该资本投资项目的净现值对各个预测因素的敏感程度从强到弱分别为现金流量，折现率和有效期。

（二）场景分析

所谓场景分析，即是将未来企业经营活动预计要出现的各种情况称为“场景”，并对在各种场景下的决定净现值的各种变量的可能变化及其对项目净现值的影响进行风险分析，借以判断资本投资项目的风险程度。

通常，理财人员将未来可能发生的情景分为“坏场景”（低销售额、低销售价格、高单位变动成本、高建造成本等）、“一般场景”（即最有可能发生的情景）与“好场景”等几种情景，并计算各种情形下的项目净现值，通过比较研究，判断项目的风险程度。

例如，影响某项目净现值的有关因素可能出现的情景如表5−3所示，并据此进行相应的计算。

表 5－3

可能场景	销售量（单位）	销售价格（万元）	净现值 × 概率 = 结果（万元）
坏场景	15000	1700	（10079）　0.25　（2520）
一般场景	25000	2200	12075　0.50　6038
好场景	35000	2700	41752　0.25　10438
			期望 NPV = 13956 NPV 标准差 = 18421

从表 5－3 中可以看出该项目未来的风险情况。通常情况下，项目的销售量为 25000 单位，价格为 2200 元，净现值为 12075 万元；如果经济形势不好，销售量会下降至 15000 单位，价格降为 1700 元，净现值出现负值，为－10079 万元；如果经济形势很好，则销售量将上升至 35000 单位，价格也将上涨为 2700 元，此时，净现值为 41752 万元，为最理想的状态。根据大量的数据分析和经验判断，出现一般情形的概率为 0.5，出现不好情形或者是很好情形的概率各为 0.25。因此，该资本投资项目的期望净现值为：

$$0.25\times(-10079)+0.50\times(12075)+0.25\times(41752)=13956\text{（万元）}$$

期望的净现值大于通常情况下可能出现的净现值，即 12075 万元，这是因为由于风险的存在，将来可能出现的有利于净现值增加的因素超过了不利于净现值增加的因素。从数量上看，当经济形势不好时，净现值的减少幅度为 10079＋12075＝22154（万元）；而当经济形势很好时，净现值增加的幅度为 41752－12075＝29677（万元），高于经济形势不好时的净现值减少值。

净现值的标准差为 18421 万元：

$$\delta_{NPV}=[0.25\times(-10079-13956)^2+0.50\times(12075-13956)^2+0.25\times(41752-13956)^2]^{1/2}=18421\text{（万元）}$$

因此，该项目的差异系数：

$$CV_{NPV}=\frac{\delta_{NPV}}{E(NPV)}=\frac{18421}{13956}=1.3$$

理财人员根据投资项目的标准差和差异系数，比较企业或行业中其他项目的风险水平，判断该项目的相对风险程度。

对投资项目进行场景分析，是风险分析中较为简单、易于运用的一种方法。

（三）蒙特卡罗模拟

在计算机技术获得广泛应用的今天，蒙特卡罗模拟是一种极为重要的风险分析方法。运用这一分析方法，可以将投资项目投入运营之后的各种情形予以充分地展现、模拟和计算，在计算机技术支持下，利用统计方法，对投资项目的风险程度进行较为客观的分析和评价。运用蒙特卡罗模拟技术，需要大量的影响投资项目风险程度的相关数据，比如足够多的销售额预测，这从一定程度上避免了以前分析方法中涉猎将来情形不够全面的缺陷。按照场景分析，由于技术方法的限制，对未来可能出现的变化只能假设为极为有限的几种情形，如一般、好、不好等。但这种离散分布式的未来情形变化并不符合企业投资项目风险的实际情况，是一种简化了的风险分析方法。按照蒙特卡罗模拟方法，可以将未来可能出现的种种变化设想为一种连续的变化，并在此基础上，通过上千次或者上万次的计算，确定基于广泛分布下的各种风险评价指标，比如期望的净现值以及净现值的分布情形，最大的净现值，最小的净现值等，借以判断投资项目的风险程度。

蒙特卡罗模拟的基本程序为：

1. 根据特定的概率分布情况，蒙特卡罗模拟软件随机地选择各种风险变量的数值；

2. 根据随机选择的风险数值，结合各种经济因素比如所得税税率、折旧费用等，计算确定各年的净现金流量，并据此计算特定情形下的净现值；

3. 以上程序反复进行多次，在此基础上，再计算净现值的风险分布情况，确定投资项目的风险程度。

表 5－4 列示了对某投资项目进行蒙特卡罗模拟的结果。根据表中的数据可以对该投资项目的风险程度进行较为详尽的分析。在分析中，首先假设销售价格的波动呈现为连续正态分布状态。假设期望值为 2200 元，而实际的销售价格的变动不会偏离期望值 500 元，即低于 1700 元或者高于 2700 元。按照正态分布的规律，期望值加上或减去三个标准差即可基本包括全部的分布，在此例中这一价格波动的三个标准差大约为 500 元，即 $\delta = 500/3 = 167$。换言之，在假设项目销售价格呈现正态分布的情况下，期望值为 2200 元，标准差为 167 元。

下一步，假设销售量同样围绕着期望值 25000 单位波动，如果经济情形良好，销售量可以高达 40000 单位，但如果经济情形不好，需求下降，销售量会降至 10000 单位。这就是说，销售量预测符合三角形分布的特征，具体分布数据有：最有可能数值（即期望值）为 25000，最小边界为 10000，最大边界为 40000。

运用以上假设和数据，利用计算机技术即可进行模拟计算，对资本投资项目的风险进行评价和分析。具体模拟计算结果均列示在表 5－4 中。在表的上部，列示了 NPV 大于设定值的概率。比如，NPV > －2114 元的概率为 90%；NPV > 0 的概率为 85.7%（即该项目 NPV ≤ 0 的概率为 14.3%），NPV > 2577 元的概率为 80%，等等。通过模拟，对投资项目净现值的期望值、最大值、最小值以及净现值的分布区间等重要风险标志数据进行了计算。有了这些数据，理财人员对于该投资项目的风险程度可以有一个非常稳健、非常深入的认识，对于将来进行投资项目的事后控制也可提供重要参考。

在风险分析方法中，蒙特卡罗模拟是一个较为科学的分析方法。它可以对投资项目未来可能出现的各种情形进行全面地预测和模拟，对风险的分析较为透彻。

表 5-4　NPV 超过某个特定值的概率

概率	0.90	0.857	0.80	0.70	0.60	0.50	0.40	0.30	0.20	0.10
NPV（元）	(2114)	0.00	2577	6153	8993	11637	14740	17797	21417	26424

NPV 分布统计

期望 NPV	12096
最大 NPV	46755
最小 NPV	(13888)
NPV 区间	60643
NPV >0 的概率	85.7%
NPV <0 的概率	14.3%
标准差	10724
差异系数	10724/12096 = 0.89
偏曲度	0.15（正值偏曲度表示项目净现值分布偏向右）

三、实物期权与资本预算

梅耶斯（Stewart Myers）教授于 1977 年提出了实物期权的概念。他指出，一个投资项目产生的现金流所创造的利润，是来自于目前所拥有资产的使用，再加上一个对未来投资机会的选择。企业可以取得一个权利，在未来以一定的价格取得或者出售一项实物资产或者投资项目，而取得此项权利的价格则可以使用期权定价公式计算出来，所以实物资产的投资可以应用类似于评估一般金融期权的处理方式来进行评估。因为其标的物为实物资产，所以他把这种性质的期权称之为实物期权。

（一）实物期权与传统净现值法的比较

实物期权与传统的净现值法最大的差别在于实物期权方法可以充分利用管理弹性进行不确定性投资项目的评价以及相关的投资经营决策。在实际市场上，由于不确定性以及竞争的影响，实际现金流量可能会与最初的预期不同。当新的信息逐渐被获取，市场风险降低，管理者可以转换运营战略来把握有利的机会并减少损失，这就是所谓的管理弹性（Managerial Flexibility）。比如说，管理者可以在项目寿命期内推迟、扩张、收缩、放弃或转换至不同阶段等。这些决策行为本身是有价值的。由于该法考虑到不确定性投资收益的各种复杂特征，因此，比简单地采用相同一个固定贴现率的 DCF 方法更加科学。

另外，在评估无形资产价值时，实物期权方法认识到，尽管大多数无形资产当前不能产生现金流，但是产生的各种机会也是有价值的。现金流折现的估值方法是用风险调整贴现率来折现未来的现金流。经过资本市场的竞争，预期报酬率体现了资本的成本，所以折现值能够反映市场的评价，但这种无套利均衡关系并非直接的，不能通过市场中的套利者建立套利头寸来直接和迅速地建立均衡。而且，这种估值的正确性依赖于资本市场的完善，对市场的完善性要求很高，整个资本市场都应该是完全自由竞争的。而实物期权分析方法中的动态复制原理则主要是比较同时存在于同一金融市场中的其他资产的价值，因而无套利均衡关系表现得更为直接，可以通过套利行为迅速建立均衡。相对来说，这种分析方法能够更直接地体现出市场的评价。

然而，这并非说传统的 NPV 方法应被彻底地抛弃，而是应该被当做一种拓展的期权框架的输入量。也就是说，新的实物期权评价方法包括两部分内容：一部分为传统静态被动的 NPV 现金流；另一部分为适应运营或战略弹性的期权价值。所以，实物期权方法并非是对 DCF 的彻底否定，而是对折现现金流量理论与方法的重大补充。

（二）实物期权的种类

实物期权的种类很多，事实上，几乎不存在完全相同的两个项目。在投资实务中，管理者可以选择改变原有项目方案或增加某些策略性项目，甚至可以根据实际情况创造出新的实物期权，实现企业的价值。这里只简要介绍几种常用的实物期权，分别为延迟期权、阶段投资期权、改变营运规模期权、放弃期权、转换期权、成长期权，及多重交互影响期权等。①

1. 延迟期权（option to defer）。市场环境的不确定性，企业面对某一投资项目时（如矿产勘探、购买土地、厂房设备的兴建等），在决策分析上所面临的最大问题是何时才是最佳的投资时点。经营管理者掌握投资时机的决定权，可以等待若干时间，待投资价值最大化之后再执行投资项目。这种可延迟投资的期权，使投资项目更有价值，我们可视其为一个美式买权，称此种期权为“延期期权”；标的资产则为投资项目，履约价格是投资项目总成本，存续期间是投资项目可以延迟等候的期间。延迟投资机会价值可表示如下：

$E_0 = Max（V - I_1，0）$

式中：E_0 为等待投资机会价值；V 为投资项目的价值；I_1 为投资项目的成本。

2. 阶段投资期权（time-to-build option）。大型投资项目的支出常具有阶段性，例如，资本密集的长期开发项目，可能需要耗费多年方可完成，在整个投资期间，当新信息产生时，需重新评估投资方案继续的可行性及其价值。如果未来资本支出大于未来所能产生的收益时，企业可中断此项投资项目或是放弃这个项目，以免带来更大的损失，危及企业生存。每一期的投入，都可视为取得下一次的投资机会的期权。

3. 改变营运规模期权（option to operating scale）。决策者面对多变的环境，为了随时维持其竞争优势，必须不断地改变其投资决策。当市场情况比预期的要好，公司可以提高资源利用率或扩张生产规模以掌握契机；假使市场情况不如预期，公司会考虑缩小生产规模；如果市场情况不佳，公司的收益小于变动成本时，管理当局可能会先暂休业一段时间，等市场情况好转后再重新营业。整个投资经营过程中隐含了四种型态的期权，分别是扩张营运期权（option to expand）、紧缩期权（option to contract）、暂中止期

① 黄敏：《投资决策及其实物期权研究》［博士论文］，2003。

权（option to shut down），以及重新开始期权（option to restart）。投资项目若含有上述调整企业规模的“管理弹性”期权，因其能增加企业适应外在环境的变化，会增加投资项目的价值，因此当评估资本预算时，企业不可忽略此类期权所带来的价值。

扩张营运投资机会价值可表示如下：

$E = V + Max（eV - I_e，0）$

式中：E 为扩张营运的投资机会价值；V 为投资项目的价值；e 为扩张营运的系数；I_e 为投资项目增加的资本支出。

紧缩营运投资机会价值可表示如下：

$E = Max（I_c - cV，0）$

式中：E 为紧缩营运的投资机会价值；V 为投资项目的价值；c 为紧缩营运的系数；I_c 为投资项目缩减的资本支出。

暂时停止（重新开始）营运投资机会价值可表示如下：

$E = Max（C - I_v，0）$

式中：E 为暂时停止（重新开始）营运的投资机会价值；C 为年现金收入；I_v 为投资项目缩减的资本支出。

4. 成长期权（growth option）。企业常因某种战略性的考虑，必须先执行某些战略性的项目后，才能取得进一步的其他投资机会，以执行收益较大的投资项目。这种战略投资项目或产品刚开始发展时带来的基本设施、经验以及潜在的副产品，都是未来发展相关领域新兴用途以及发展低成本、高质量产品的一个跳板，加上学习及经验的累积，企业未来可以指望因此项目受益，等于是当情况好转时企业可因此获得成长的机会。这种观念犹如期权到期后标的资产价格低于履约价格是扩张规模所必须再投入的成本，由于没有特定的履约日期，它是一个美式买权。

5. 转换期权（switch option）。当产品价格或需求改变时，决策者在生产制造过程中，可利用相同的生产资源，选择生产最有利的产品组合，称为产品弹性（product flexibility）；此外，利用不同的生产资源，如不同的机器设备、原物料以及人工等资源，来生产相同的产品，称为生产弹性（process flexibility）。管理者可依据市场需求的变化来决定最有利的投入与产出，这种权利类似持有一个转换期权；标的资产是依据市场需求变化而选择的投入与产出，履约价格则是选择投入或产出后，必须调整各项生产设备所付出的费用成本。除投入与产出的技术型转换期权外，企业因生产成本、汇率、制造能力等因素产生改变，跨国公司将其生产线移转至生产成本较低的国家或一般企业转换不同的配套厂商生产，也是转换期权的另一种形式。

转换投资机会价值可表示如下：

$E = Max（V，S）$

式中：E 为转换投资机会的价值；V 为投资项目的价值；S 为转换使用（或放弃以取得残值）的价值。

6. 放弃期权（option to abandon）。市场不景气时，投资项目可能面临巨额的亏损，若该项目投入的资产设备难以转换用途，管理者可考虑继续执行方案或永久放弃该投资项目，并在二级市场上变卖资本设备和其他资产以获取其残值。面对这种永久放弃投资的管理弹性，如同管理者手中持有一个美式卖权，标的物是目前的投资项目，执行价格是处分资产的价值。但由于资本方案所投入的资金大部分属于沉没成本，放弃价值属于可回收成本（残值），其价值不一，需视投资项目的性质而定。放弃投资机会价值可表示如下：

E = V + Max（A – V，0）

式中：E 为放弃投资机会价值；V 为投资项目的价值；A 为残值或最佳替代方案价值。

7. 多重交互影响实物期权（multiple interacting options）。面对不确定性环境的变化，决策者必须对可能出现的状况作出反应，以确保企业价值的最大化。因此，现实生活中投资项目大多不只包含一种期权，而是包含多种期权的多重交互影响实物期权。数种实物期权的结合通常将使得其价值更难评估。因为这些选择权，彼此之间经常是相互影响甚或是相互排斥的，比如，当执行放弃经营的权利则扩张的权利将会消失。

评价多重交互影响期权的价值时，需要考虑各种实物期权间交互作用的情况，如果各种实物期权间的相互作用并不明显，那么为了计算简便，我们可将单个实物期权的价值相加总，求得一个近似值；然而，如果各种实物期权的相互作用很大，单纯将单个实物期权价值相加总，势必产生高估或低估的现象。

例如，某项目初始投资为 100 万元，年现金流量为 50 万元，项目的寿命期为 5 年，项目的期末价值为 80 万元。该项目的贴现率为 50%，企业可以采取以下两种投资方案：

方案一：项目开始时一次性投入 100 万元风险资金；

方案二：要求风险投资公司分两年注入风险资金，每年投入 500 万元，但是第二次投入与否由风险投资公司根据企业第一年运作状况的好坏来做出决定，即给风险投资公司一个放弃投资和进一步扩大投资的期权。

方案一中累计净现值如下表 5 – 5：

表 5 – 5　一次性投入风险资金净现值计算表　　单位：万元

年份	0	1	2	3	4	5
现金流入	0	50	50	50	50	130
现金流出	–100	0	0	0	0	0
现值系数	1	0.667	0.444	0.296	0.198	0.132
净现值	–100	33.3	22.2	14.8	9.9	17.2
累计净现值	–100	–66.7	–44.5	–29.7	–19.8	–2.6

在第二种投资方案中，项目运作好、坏的概率各为 50%。企业可以在第二年根据第一年的现金流入情况决定是否继续投资 50 万元。如果不再投资，则项目在第一年后得不到任何现金流入，且项目的期末价值也会减至 75 万元。在这种条件下，项目的现金流量分析如表 5 – 6、表 5 – 7、表 5 – 8。

表5-6　分次注入资金第一年为好的情况下净现金流量　　单位：万元

年份	0	1	2	3	4	5	现值
现金流入	0	90	90	90	90	90	156.33
期末价值	0	0	0	0	0	80	10.56
投资	-50	-50	0	0	0	0	-83.35
净现金流量	-50	40	90	90	90	170	83.54

表5-7　分次注入资金第一年为坏的情况下净现金流量　　单位：万元

年份	0	1	2	3	4	5	现值
现金流入	0	10	0	0	0	0	6.67
期末价值	0	0	0	0	0	75	9.9
投资	-50	0	0	0	0	0	-50
净现金流量	-50	10	0	0	0	75	-33.43

表5-8　两种情形的平均值　　单位：万元

年份	0	1	2	3	4	5	现值
净现金流量期望值	-50	25	45	45	45	122.5	25.05

方案一中该项目的价值为-2.6万元，而方案二中该项目的价值为25.05万元。可见，实物期权在风险投资中的作用是很重要的。考虑与不考虑实物期权的结果是截然不同的。在本例中，如果不考虑期权，则该项目的净现金流为负值，因而不应进行投资。但若将期权价值考虑在内，则该项目的净现金流为正值，应当投资。

第四节　公司战略与资本预算决策

在进行企业资本预算决策时，并不是单纯运用资本预算法则就可以完成决策的，这一过程涉及很多重要方面。一项投资决策往往受到公司战略、股票市场、公司现有资源配置状况等因素的约束，同时它也可能极大地影响公司价值和公司未来发展的路径。资本预算决策在很大程度上从属于公司的战略决策，属于企业发展过程中居于核心位置的决策内容。通过资本预算决策，一方面将公司管理当局对将来的展望预算化，一方面寻求到企业发展与客观经营环境相互协调的途径和机制。

一、公司战略

（一）公司战略的概念

将战略思想引入公司的经营管理，也就产生了公司战略。但是，对于公司战略的概念而言，目前并没有统一的定义，因此也就形成了不同的战略管理学派。比较有代表性的概念如下：①

泰勒斯认为公司战略是公司的一组目标和各种主要政策。

钱得勒认为公司战略设计公司长期目标的确定、行动路线的采用以及为完成这些目标而对各种资源的分配。

孔茨和唐奈认为，公司战略包括目标以及为实现这些目标而对资源所作的部署以及在利用资源方面所遵循得主要政策。

明兹伯格认为：①公司战略是一种计划。②公司战略是一种行为模式。③公司战略是一种定位。④公司战略是对未来的预期和希望。⑤公司战略是一种手段。

（二）公司战略的构成要素

一般来讲，公司战略由如下四个要素组成：

1. 经营范围：公司进行生产经营的领域。

2. 资源配置：是指公司过去和当前资源的配置水平和模式，这将会对企业价值的实现产生重要影响。每个公司在不同的发展时期，资源配置的方式是不同的，也会对公司的财务决策产生重要影响。

3. 竞争优势：是指公司同资源配置等决策，在市场上形成的与其竞争对手不同的竞争地位。

4. 协同作用：是指公司在资源配置的决策中寻求到的各种共同努力的效果。例如，投资协同效应、管理协同效应等。

（三）公司战略的层次

公司战略一般分为如下三个层次：

1. 公司战略。公司战略是指公司的总体战略。这一层次战略要解决的问题是：明确公司长期经营目标；明确公司应该在哪些经营领域从事经营活动；决定发展或收缩哪些领域内的经营，进入或退出哪些经营领域，进而进行合理的资源配置等。

2. 业务战略。也就是公司的事业层战略。这一层次战略所要解决的问题是：应该开发哪些产品和服务以及将这些产品和服务提供给哪些市场；这些产品和服务满足顾客的程度以及对达到企业的价值创造目标做出了怎样的贡献等。

3. 职能战略。也称之为经营层战略，其所要解决的问题主要是公司的营销、生产、

① 张兆国主编：《高级财务管理》，第2页，武汉：武汉大学出版社，2002。

财务、人事如何为上述两个层次的战略提供支持与服务。

二、公司战略与资本预算

资本预算决策是公司财务战略的重要组成部分，是公司价值的源泉，主要解决公司的投资目标、投资规模、投资方式以及投资时机等问题，是公司处于主导地位的财务决策。

（一）资本预算决策与公司战略之间的一致性

财务决策作为公司决策的一部分，与公司战略之间具备一致性。公司存在的根本目的在于最大化企业价值，满足股东及其他利益相关者的财富需求。不论是公司战略还是资本预算决策，其最终的目的都在于此。因此，从创造企业价值的角度出发，两者是统一的，财务活动作为公司经营活动的一个方面，资本预算决策又要从属于公司战略。资本预算决策不仅是表达公司战略意图的一种重要表达方式，而且还是保证公司战略实施的关键环节。没有公司的资本预算决策，就不可能有公司战略的良好实施。

（二）资本预算决策的制定①

鉴于资本预算决策对于公司的重要性及核心地位，在制定资本预算决策过程中，必须考虑公司战略及所处的内外部环境因素的要求，以保证公司战略的实施，进而保证公司目标的实现。其中，最为关键的控制收益与风险的关系。

1. 资本预算战略的类型。

1）稳定性资本预算策略。

稳定性资本预算战略是一种维持现有投资水平的战略，现有的投资水平一般是指公司现有的投资规模。在公司外部环境和内部条件变化不大的情况下，公司会维持现有的投资水平，不断降低成本，尽可能从现有产品或服务的提供中获取更大的利益。通常这种战略实际上是产品转向的过渡期。

2）扩张性资本预算战略。

扩张性资本预算战略是一种不断扩大现有投资水平的战略，公司通过扩大投资规模或提高投资的增长速度，来扩大公司的生产经营规模，增加生产和产品的种类，提高市场占有率。扩张性投资战略一般包括市场开发战略、产品开发战略、市场渗透战略和多角化战略。

3）紧缩性资本预算战略。

稳定性资本预算战略是一种收缩现有投资水平的战略，公司从现有竞争领域退出，从现有经营领域抽回部分资金，缩小公司的经营范围。这种战略主要分为两种：一是完全紧缩性资本预算战略，就是公司面临严峻形势，难以维持经营，将全部资金收回用于清偿债务；二是部分紧缩性资本预算战略，是将公司部分非关键资产停产，并出售相应

① 胡国柳等编著：《企业财务战略与财务控制》，第5~39页，北京：清华大学出版社，2004。

的资产或非关键的技术等，一边紧缩公司的经营规模。公司在经营决策出现严重失误、经营优势丧失或取得既定的竞争优势后，需要放慢竞争节奏，或者处于经营周期的衰退阶段时，均有可能采取这种资本预算策略。

2. 资本预算战略的制定方法。

1）SWOT 分析法。

SWOT 分析法中的字母分别代表了公司内部与外部所处的竞争环境和优势，即“优势、劣势、机会、威胁”。将公司的内部与外部环境相结合，得出公司的不同竞争环境。进而确定公司的资本预算策略。

当公司处于内部优势和外部机会都很好时，可以采用增长型战略，采取扩张性的资本预算战略，使公司得到迅速的发展，例如，加大对现有产品和市场的投入力度，或者采用兼并的方式扩大公司规模。

当公司处于内部劣势和外部机会良好时，可以采用扭转型战略，有效利用外部环境带来的机会，采用合资或者混合多元化的资本预算策略。

当公司处于内部优势和外部威胁时，可以采用多种经营战略，有效利用内部优势，采用在相关领域进行合并的资本预算策略。

当公司处于内部劣势和外部威胁时，可以采用防御性战略，采用收缩或退出的资本预算策略。

2）生命周期分析法。

生命周期分析法是依据公司所处的生命周期来决定其资本预算策略的方法。

当公司处于初创期时，因为需要大量的资金投入，这一阶段经营活动创造的现金流入相对较低。公司应该实行一体化的资本预算战略：投资决策权集中在总部；母公司提出未来投资发展的方向；子公司提出的投资项目及资本，由总部批准及资金分配；项目资金的分配要按照项目资本预算的数额进行。

当公司处于发展期时，由于初创期的大量投资而形成了大量的固定资产，同时企业的发展还需要大量的资金投入，应该采用适度分权的资本预算战略：项目投资依据金额大小及对公司整体利益的影响而确定决策层次；严格中小项目投资决策与管理；采用灵活的资本项目供应方式。

当公司处于成熟期时，公司市场增长的潜力不大，企业之间的竞争由价格战转化为内部成本管理战。并且，固定资产新增投资项目不多，形成大量的现金净流量，企业此时有足够的实力对外借款，能充分利用财务杠杆。这一时期的资本预算战略应该以技术改造为重点，开展资本预算活动，并拓宽投资视野，着眼于未来投资方向的定位。

当公司处于衰退期时，一般采取的是紧缩性的资本预算策略，部分或全部从现有业务收缩。并且对新进领域的财务可行性进行全面评估，提出合理的资本预算决策。

3）波士顿矩阵分析法。

波士顿矩阵法是依据公司市场相对份额以及行业增长率两个因素对公司的战略经营单位进行评价。两者都高的经营单位被称为公司的“明星”业务，对于处于明星区域的战略经营单位应该加大资金的投入，采用扩张型的资本预算策略；市场相对份额高而行业增长率低的经营单位被称为公司的“现金牛”业务，为公司创造了大量的现金流入，对于这类业务可以采取稳定型的资本预算策略；市场相对份额低而行业增长率高的经营单位被称为公司的“问号（不稳定）”业务，如果其能够进入“明星”区域，则应该采取扩张型的资本预算策略，如果不能，则应该进行收缩型的资本预算策略；市场相对份额低且行业增长率低的经营单位被称为公司的“瘦狗”业务，对于这类业务可以采取收缩型的资本预算策略。

●本章案例

一、项目介绍

背景：“好空调，格力造”。珠海格力电器股份有限公司是中国目前生产规模最大、技术实力最雄厚的大型专业化空调生产企业。公司组建于1991年，现拥有珠海、丹阳、重庆、巴西四大生产基地，可年产空调1200万套。现拥有包括家用空调、家用中央空调、商用中央空调在内的共20大类、400个系列、7000多个品种规格的产品。公司于1996年在深圳交易所上市。2004年9月，格力电器成功收购了珠海凌达压缩机有限公司、珠海格力电工有限公司、珠海格力新元电子有限公司、珠海格力小家电有限公司四家企业的股权。2005年格力电器销售额达到182亿元人民币。目前，其研发部门取得了节能技术的新突破，通过采用真正的超导技术，可以把空调能耗降低到原来的70%。该技术领先全球同行3年左右，并取得相关专利。产品已经通过前期的试验性生产，需要决定是否开始大规模投产。

产品定价：格力电器的营销部门认为，如果每台定价为6000元，预计年销售量会达到16000台，那么该产品的年销售额为9600万元。因为产品定位于中高端，销量不会逐年上升。但考虑到通货膨胀因素，价格将以每年2%的速度增长（取2001～2005年中国通胀率平均值）。

相关费用支出：考虑到新产品工艺的特殊性，格力计划以2000万元人民币为该产品的生产单独购买一处新厂房。该厂房将在2006年12月31日购入并付清，按现行税法的规定其折旧年限为20年，采用直线法计提折旧，厂房最终残值为零。

专门的生产设备（含流水线）将在2006年年底购入并安装完毕，同时也在2006年12月31日结清价款。按税法规定所需设备的折旧年限为10年，采用直线法计提折旧，该设备成本是3600万元（包括运输费和安装费），设备最终残值为零。

该项目预期的经济寿命为4年，之后会因为技术的普及会使产品价格大幅度下降。4年后，厂房市值预计为1100万元，账面价值1600万元；设备的市场价值800万元，账面价值2160万元。

生产部门估计变动制造成本为3500元/台，除去折旧，每年发生的固定费用为1200万元。预计变动成本每年增长2%，固定成本每年增长1%。

其他相关资料：格力电器的所得税税率是33%，资本成本为15%。假设公司每年的经营现金流量都发生在年底。由于新业务将在2007年1月1日开始，因此第一年的经营现金流量将在2006年12月31日发生。

另外，该项目暗含着其他假设；该项目的回报及格力电器其他项目的回报与股市正相关，也就意味着如果其他部门运转良好，整体经济走势强劲，那么该项目很有可能成功；如果接受该项目，公司必须按照合同约定经营满4年，因此管理者必须与零部件供应商签好合约。

二、具体资金预测及分析

有关该项目的财务数据已经整理在表1中：

表1

基本财务信息			
厂房成本（万元）	2000	2006 厂房市值（万元）	1100
设备成本（万元）	3600	2006 设备市值（万元）	800
净经营性营运资本/销售额	10%	所得税税率	33%
第一年销售量（台）	16000	加权平均资本成本	15%
年销售量增长率	0.00%	通胀率：零售价	2%
单位产品售价（万元）	0.60	通胀率：单位变动成本	2%
单位产品变动成本（万元）	0.35	通胀率：固定成本	1%
固定成本（万元）	1200		

1. 按照现行税法规定，格力电器采用直线法计提折旧，厂房和设备的最终残值都是零。因设备是在2006年年底购入并安装完成，故从2007年1月开始计提折旧。每期期末的账面价值等于每期期初的初始成本减去每期的折旧额。厂房的累计折旧为400万元，因此账面价值=2000-400=1600（万元）。设备的累计折旧为480万元，因此账面价值=1200-480=720（万元），具体内容见表2。

表2

折旧表						
	厂房			设备		
年份	折旧率	折旧额（万元）	期末账面价值（万元）	折旧率	折旧额（万元）	期末账面价值（万元）
1	5%	100	1900	10%	480	3240
2	5%	100	1800	10%	480	2880
3	5%	100	1700	10%	480	2520
4	5%	100	1600	10%	480	2160

下面公司需要估计处置资产时所产生的现金流。预计值和账面值分别来自表1和表2对应的数据。预期的利得或者损失等于预计值减去账面值。厂房存在1600-1100=500（万元）的损失，该部分损失应列入营业外支出，是当年收入的抵减项，可以少缴所得税165万元。同理，设备在2010年年末会产生2160-800=1360（万元）的损失，抵减收入后可以少缴所得税448.8万元。残值的净现金流等于残值（市场价值）减去所得税，对于厂房，其残值净现金流量=1100-（-165）=1265（万元），而设备的

净现金流量 = 800 - （-448.8） = 1248.8（万元）。详见表3。

表3

2010年年末净残余价值（万元）			
	厂房	设备	合计
预计值	1100	800	
账面值	1600	2160	
预期利得或损失	-500	-1360	
应缴税金或税收抵减	-165	-448.8	
残值的净现金流	1265	1248.8	2513.8

2. 然后我们应该计算出未来4年中每年所能带来的现金流，主要包括现金流入和流出两部分。

1）2006年年末购买厂房和设备的现金流出：2000 + 3600 = 5600（万元）。

2）2007~2010年经营性现金流入，见表4。

表4　经营性现金流入

年份	2006	2007	2008	2009	2010
销售数量		16000	16000	16000	16000
销售价格（元）		6000	6120	6242	6367
销售收入（万元）		9600	9792	9988	10188
单位变动成本（元）		3500	3570	3641	3714
固定成本（万元）		1200	1212	1224	1236
厂房折旧（万元）		100	100	100	100
设备折旧（万元）		360	360	360	360
息税前利润（EBIT）万元		2340	2408	2477	2548
所得税（33%）		772	795	818	841
净利润（万元）		1568	1613	1660	1707
加回折旧额（厂房+设备）万元		320	320	320	320
每年经营性现金流（万元）		1888	1933	1980	2027

表4中，销售数量在未来4年中保持不变；销售价格按每年2%的增长，2010年年末达到6367元/台；相应的单位变动成本也保持2%的年增速。我们在计算现金流入时，息税前利润（EBIT）等于销售收入减去变动成本，再减去固定成本、厂房折旧和设备折旧之和，其中，销售收入等于销售数量乘以销售单价。息税前利润减去应交所得税，就是该项目每年的净利润。又因为我们是在计算经营性现金流，而不是会计利润，所以应该加回厂房和设备每年的折旧额。

3）净经营性营运资本现金流量。

表5

年份	2006	2007	2008	2009	2010
每年需要投入的净经营性营运资本（万元）	960	979.2	999	1019	
实际应该补充的净经营性营运资本（万元）	-960	-19.2	-39	-59	1019

我们在前面已经假设格力电器必须留有占下一年销售收入10%的净经营性营运资本用于购买材料，以满足第二年正常生产的需要。2007年销售额为9600万元，所以2006年末公司应该投入用于购买材料的资金是960万元；2007年年末需要的净经营性营运资本是979.2万元，当年的经营性现金流为1888万元，说明上一年投入的净经营性营运资本已经全部收回，故而只需要追加979.2-960=19.2（万元）的营运资金；2007年、2008年、2009年亦是同样道理；2010年年末项目终结，前一年投入的1019万元资金已经全部收回，故产生1019万元的现金流入。

4）项目终结资产变卖现金流入：1265+1248.8=2513.8（万元）（见表3）

3. 净现金流量的确认及项目评估。

表6

年份	2006	2007	2008	2009	2010
净现金流量（万元）	-6560	1869	1895	1921	5560

综合表1～表5，我们就能得出2006～2010年各年的净现金流量：2006年购买厂房和设备投资支出5600万元，加上年末投入的净经营性营运资本960万元，总共产生现金流出6560万元；2007年经营活动产生的现金流量为1888万元，减去需要补充的净经营性营运资本19.2万元，得到净现金流量1869万元；2008年、2009年与2007年计算过程相同；2010年除产生正的经营活动现金流量外，还有收回净经营性营运资本以及厂房和设备变卖带来的现金流入，故2010年净现金流量=2027+1019+2513.8=5560（万元）。

下面就采用净现值法（NPV）、内含报酬率法（IRR）、修正的内含报酬率法（MIRR）以及回收期法来评判是否应该接收该项目。

1）净现值法（NPV）。

$$NPV = \sum_{t=0}^{n} \frac{CF_t}{(1+k)^t}$$

式中：CF_t 为第t期的预计现金流；k为项目资本成本；n是项目寿命。

也可以在Excel表中基于已知的每年现金净流量，输入公式“=NPV（rate，value1，value2…）”返回该项投资的净现值，其中rate表示各期的贴现率，value1，value2…分别代表1到29笔支出或收入的参数值。该项目的净现值为939.6万元。

2）内含报酬率法（IRR）。

所谓内含报酬率是指使项目预期现金流入的现值等于项目成本的贴现率。用公式表示就是：$NPV=\sum_{t=0}^{n}\frac{CF_t}{(1+IRR)^n}=0$

一般采用“逐步测试法”和“内插法”可以比较准确地计算出项目内含报酬率，也可以在Excel表格中输入公式“=IRR（values）”得到，其中values是数组或单元格的引用，包含用来计算内含报酬率的数字。该项目的内含报酬率是20.71%。

3）修正的内含报酬率（MIRR）。

我们直接在Excel表格中输入公式“=MIRR（values，finance_ rate，reinvest_ rate)”，其中values是每年的现金流量，finance_ rate是投入资金的融资利率，reinvest_ rate是各期收入净额再投资利率，就可以求出项目修正的内含报酬率等于18.91%。

4）回收期法。

$$回收期=全部回收前的年数+\frac{回收当年年初尚未回收的成本}{回收当年全年的现金流量}$$

$$=3+\frac{876}{876+4684}=3.16（年）$$

所有测算方法的最终结果已经整理在表7中。

表7

年份	2006	2007	2008	2009	2010	回收期	净现值（NPV）	内含报酬率（IRR）	修正的内含报酬率（MIRR）
累计现金流	-6560	-4691	-2797	-876	4684	3.16	939.60	21.71%	18.91%

根据现在计算的数据指标，净现值大于零，内含报酬率和修正的内含报酬率都大于项目要求的资本成本，应该接受该项目。但如果我们重新考虑之前的一个假设，即该项目风险与公司平均风险是一致的，那么就会发现，如果该项目的风险高于公司其他项目的风险，甚至高得多，就应该调高该项目的资本成本，这就可能使净现值为负，或者内含报酬率、修正的内含报酬率都低于要求的WACC，让项目变得不可接受。

三、项目风险分析

特卡罗模拟是一种随机模拟方法。它因摩洛哥著名的赌场而得名。大概是因为赌博游戏与概率的内在联系，第二次世界大战时美国曼哈顿计划中把这种方法称为蒙特卡罗方法。在这之前，蒙特卡罗方法就已经存在。1777年，法国Buffon提出用投针实验的方法求圆周率π，这被认为是蒙特卡罗方法的起源。蒙特卡罗方法能够帮助人们从数学上表述物理、化学、工程、经济学以及环境动力学中一些非常复杂的相互作用。数学家们称这种表述为“模式”，而当一种模式足够精确时，它能产生与实际操作中对同一条件相同的反应。

这种方法的基本思想是人为地造出一种概率模型，使它的某些参数恰好重合于所需计算的量；又可以通过实验，用统计方法求出这些参数的估值；把这些估值作为要求的量的近似值。因而这种方法需要大量的实验。实验次数越多，所得到的结果也就越精确。

下面我们会借助于 Excel 电子表格，用蒙特卡罗方法模拟上述项目在未来 4 年中现金流量的变动情况，并计算出该项目净现值的概率分布。

首先，格力电器销售部门选定销售数量、销售价格、单位变动成本以及销售量增长率四个变量作为模拟中重点分析的对象。

销售数量主要受市场需求的影响，如果市场反应热烈，销量会大于预计值，甚至达到最大产能。他们认为销量最有可能是预测的 16000 台，如果需要，能够扩大产能，但第一年该条流水线的最大产能为 26000 台。同时，经销商没有与公司签订最低购货合同，这主要是因为经销商无法明确新产品的销售前景，不愿独自承担风险。所以销售量可能出现比较低的情况。

假设销售价格符合期望 E = 6000，标准差 σ = 300 的连续正态分布。根据标准正态分布的特征，曲线以下，在距离期望 1 个 ±σ 的范围内的概率是 68.26%，距离期望 2 个 ±σ 范围内的概率是 95.46%，距离期望 3 个 ±σ 范围内的概率是 99.74%，这也意味着销售价格低于 5100 元或是高于 6900 元的概率很小。当然，这个假设是否正确还需要我们在后面的计算结果中验证。

针对单位变动成本，销售部门认为原材料有长期上涨趋势，短期价格波动比较大，存在下跌可能性。由于国内现阶段期货市场不完善，无法通过套期保值锁定成本，格力电器只能与原材料供应商签订短期供应合同。人力成本方面，短期内劳动力市场仍然是买方市场，工资应该趋于稳定，不会大幅度上涨。综合两方面因素，模拟中假设单位变动成本最大概率出现在 3500 元，下限不会低于 3000 元，上限不超过 4500 元。

销售量的增长速度可能大于 0 也可能小于 0，这和市场的潜在用户需求以及产品推广力度有着较大关系。假设增长速度服从标准正态分布，它的期望 E = 0，标准差 σ = 5%。

根据做出的假设我们把相关数据输入计算公式，并重复了 5000 次计算，下面只列出第一年部分计算过程：

第一年								
销售模拟		单价模拟		单位变动成本模拟		增长速度模拟		净现金流量
随机数	销售量	随机数	单价	随机数	单位变动成本	随机数	增长速度	
39	16000	15	5580	42	3500	44	0	2079.76
4	10000	14	5580	44	3500	51	0	446.70
29	16000	52	6000	34	3500	14	-0.15	1331.10
28	16000	75	6250	64	4000	97	0.17	2062.64
41	16000	19	5700	79	4500	19	-0.09	973.72
4	10000	97	6500	26	3500	38	0	1167.60
83	20000	24	5700	80	4500	41	0	158.60

第二年到第四年和第一年计算方法相同，最后按照15%的资本成本折现求出该项目的净现值。

第四年									
销售模拟		单价模拟		单位变动成本模拟		增长速度模拟		净现金流量	项目的净现值
随机数	销售量	随机数	单价	随机数	单位变动成本	随机数	增长速度		
35	16000	32	5700	91	4750	58	0	4140.00	-2378.94
49	16000	59	6000	14	2750	21	-0.09	5992.04	-1099.20
57	20000	48	6000	92	4750	31	-0.09	4425.85	-1445.74
73	20000	4	5580	20	3714	18	-0.09	5137.00	-1539.91
35	16000	31	5700	95	4750	85	0.17	3395.13	-2992.08
12	5000	4	5580	1	2750	44	0	3721.65	-2515.05
41	16000	31	5700	79	4250	95	0.17	4852.05	544.19

把最后的计算结果汇总到下表中：

模拟计算结果（万元）					
	价格	销售量	变动成本	增长速度	净现值
期望	5979	16804	3827	-0.43%	1162
标准差	303	6049	571	10.44%	1435
最大值	6500	26000	4750	17%	7387
最小值	5580	5000	2750	-15%	-2303
变异系数					1.235
净现值为负的概率					23.54%

可以看出，价格的期望是5979，和我们的假设6000相差21；标准差为303，与标准差的假设300非常接近。这说明价格的正态分布假设成立；增长速度的期望是-0.43%，标准差10.44%，符合我们做出的假设$E=0$、$\sigma=10\%$。变动成本的期望3827大于假设3500，这主要是价格上涨预期的结果。净现值的期望是1162，还小于原来计算出的期望939.6；净现值标准差1435，整个项目的变异系数是1.235，如果集团其他项目平均变异系数是1，说明这个项目略高于平均风险。

项目的NPV>0，说明应该接受这个项目。但是净现值的最大值达到7387万元，最小值为-2303万元，波动范围达到9690万元，再考虑到标准差为1435万元，说明仍然属于风险很大的项目。

把5000次运算出的项目净现金流量结果分类汇总，按频率高低统计在下面的柱线图中。

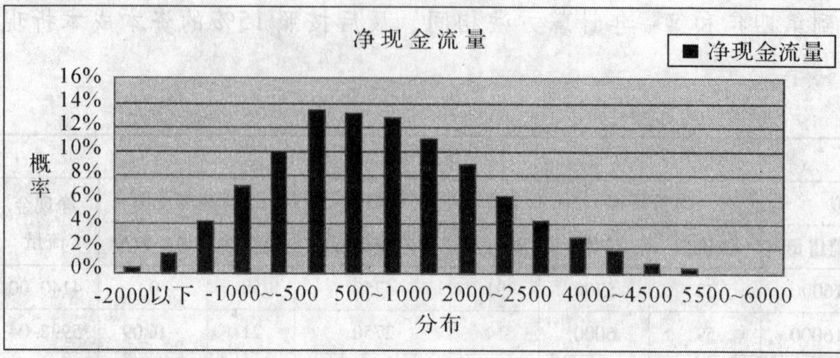

很容易就能发现净现值接近正态分布，但整体右偏，说明项目盈利的可能性比较大。

综上所述，格力电器的“超导空调”项目净现值大于零，内含报酬率为21%，修正的内含报酬率19%，属于高收益高风险项目，应该接受。

问题：

1. 项目风险都有哪几种类型，你能用其他的分析方法衡量案例中的个体风险吗？

2. 在资本预算中，“风险”的含义是什么？风险能在多大程度上量化？如果能够做到这一点，我们所依据的是历史数据的统计分析还是主观的判断估计？

（资料来源：①（美）Eugene F. Brigham，Michael C. Ehrhardt：《财务管理理论与实践》，第10版，清华大学出版社，2005.7；②韩良智：《EXCEL在财务管理与分析中的应用》，中国水利水电出版社，2004.1。王桢整理。）

●思考题及答案要点

1. 简述资本预算决策与企业价值的关系。
2. 简述资本预算决策的基本程序。
3. 简述蒙特卡罗模拟的基本程序。
4. 简述SWOT分析法下资本预算策略的制定。

答案要点：

1. 对于企业的价值创造而言，资本预算决策是财务决策中最重要的决策。其他的决策则要服从服务于投资决策的需要，投资决定了融资的数量和时间。投资决定了购置的资产类别，不同的生产经营活动需要不同的资产。

按照现代财务理论的基本架构，资本预算应当属于财务理论体系中的核心部分。没有科学的资本预算，便没有经营活动现金流量的最大化，也就没有企业价值的最大化。资本投资决策是企业根本意义上的财务决策，是统领融资决策、股利政策以及其他从属性或称次生性财务决策的首位财务决策。

从投资定价模式下的企业价值可以看出：企业的投资决策决定了企业价值。企业价值决定于企业的投资决策及其由此所决定的获利能力和经营风险。换言之，决定企业价值的最根本因素是企业的投资决策。

2. （1）寻找资本投资机会，设计投资项目。

(2) 预测投资项目绩效。

(3) 根据有关目标和准则，选择投资项目。

(4) 实施并控制、反馈、修正投资项目，保障资本投资项目绩效的顺利实现。

3. (1) 根据特定的概率分布情况，蒙特卡罗模拟软件随机地选择各种风险变量的数值。

(2) 根据随机选择的风险数值，结合各种经济因素比如所得税税率、折旧费用等，计算确定各年的净现金流量，并据此计算特定情形下的净现值。

(3) 以上程序反复进行多次，在此基础上，再计算净现值的风险分布情况，确定投资项目的风险程度。

4. (1) 当公司处于内部优势和外部机会都很好时，可以采用增长型战略，采取扩张性的资本预算战略，使公司得到迅速的发展，例如加大对现有产品和市场的投入力度，或者采用兼并的方式扩大公司规模。

(2) 当公司处于内部劣势和外部机会良好时，可以采用扭转型战略，有效利用外部环境带来的机会，采用合资或者混合多元化的资本预算策略。

(3) 当公司处于内部优势和外部威胁时，可以采用多种经营战略，有效利用内部优势，采用在相关领域进行合并的资本预算策略。

(4) 当公司处于内部劣势和外部威胁时，可以采用防御性战略，采用收缩或退出的资本预算策略。

●参考文献

1. 汪平著．财务理论．北京：经济管理出版社，2003

2. Eugene F. Brigham，Michael C. Ehrhardt［美］．财务管理理论与实践．第10版．北京：清华大学出版社，2005.7

3. Don Dayananada et al. *Capital Budgeting: financial appraisal of investment projects.* Cambridge: University Press, 2002

4. 胡国柳等编著．企业财务战略与财务控制．北京：清华大学出版社，2004

5. 张兆国主编．高级财务管理．武汉：武汉大学出版社，2002

6. 斯蒂芬·A. 罗斯等著．吴世农等译．公司理财（原书第6版）．北京：机械工业出版社，2006

第六章　长期融资决策与企业的发展

●本章提要

长期融资决策是公司理财的核心决策之一，对于公司的长远发展具有重要意义。本章共分五节，分别讨论了资本市场与公司理财的关系，长期融资政策的制定，公司的长期债务融资，公司的股权融资以及融资决策与公司价值之间的关系。通过本章的学习要充分理解公司的长期融资决策的制定以及融资决策在公司价值创造中的作用。

●章首案例

麦道克报业债务危机。

不论多大的企业，其扩张和发展都离不开融资。融资可以分为内部融资和外部融资。按照公司治理与融资结构选择主流学说的结论，存在着融资顺序，即内源性融资 > 债务融资 > 股票融资。其中债务融资泛指通过金融中介部门举债以及在资本市场发行债券两种方法。举债有两个优点：①支付的利息可以抵税，进而能够降低债务的实际成本。②在企业经营状况良好时，股东支付给债权人固定的利息后，可以独享企业增长的收益。同时，债务融资的缺点也是显而易见的：①负债率越高，企业的风险越大，因此负债和股权融资的成本也越高。②如果一家企业经营困难，经营性收入不足以弥补利息费用，则缺口部分的资金必须由股东补足。如果股东资本还是不够，则企业将面临破产的困境。

这方面的一个典型例子就是麦道克债务危机。麦道克控制着世界上最大的新闻出版集团，他的报业王国每年营业收入达 60 亿美元，澳大利亚 70% 的新闻业、45% 的英国报业以及美国相当一部分电视网络都处于他的王国统治之下。但麦道克报业集团同时还背负着 24 亿美元债务，146 家债主遍布世界各地。高负债也就意味着高风险。若是碰到一个财务管理失误或是公关危机，就可能像多米诺骨牌一样产生连锁反应，结果一发不可收拾。

20 世纪 90 年代初麦道克从美国匹兹堡一家银行获得 1000 万美元短期借款。财物部门以为这笔贷款到期可以付息转期，延长贷款期限。谁知这家银行认为麦道克当时的支付能力不佳，在借款快到期时要求必须到期全额收回现金。

实际上，麦道克的财务危机就此全面爆发了……

1. 求款无门。当时麦道克在澳洲资金市场上享有短期融资特权，期限从 1 周到 1 个月，金额高达上亿美元，但他提出融资请求后发现自己特权已被冻结。美洲市场上与此情况类似，以前经常合作的贷款银行都不肯放贷，又应了那句“银行只会锦上添花，而不会雪中送炭”的老话。麦道克有点手足无措，若因不能按时还款闹到法庭，那就不是匹兹堡一家，而是146家债主会成群结队来索还贷款，即使具有最佳支付能力的大企业都经受不了债权人联手要钱，最后只有破产一条路。

2. 柳暗花明。麦道克打算背水一战，回头去找他的最大债主——花旗银行。债主与债户原本同乘一条船，只可相帮不能拆台。其在麦道克投入资金最多，如果麦道克清算，花旗银行的损失无疑是最高的。花旗银行权衡利弊，同意对他的报业王国进行一番财务调查，将资产负债状况做出全面评估，取得结论后采取对策行动。花旗派了一位女副经理，加利福尼亚大学柏克莱分校出身的女专家带了一个班子前往着手调查。

花旗银行的调查工作小组每天工作20小时，通宵达旦，把一百多家麦道克企业一个个拿来评估，最后得出一个结论：支持麦道克！同时提出解决方案：由花旗银行牵头，所有贷款银行都不许退出贷款团。以免一家银行退出，引起连锁反应。匹兹堡那家小银行，由花旗出面，对它施加影响和压力，要它到期续贷，不得收回贷款。

花旗银行纽约总部最终同意了该方案，并成功说服了匹兹堡那家银行。

麦道克渡过了这一关，但他在支付能力上的弱点已暴露在资金市场上。此后半年，他仍然处在生死攸关的困境之中。由于得到了花旗银行牵头146家银行一齐都不退出贷款团的保证，他有了充分时间调整与改善报业集团的支付能力，半年后，他终于摆脱了财务的困境。

（资料来源：《价值中国—人才频道—商学院—MBA案例》，《麦道克的债务危机》，2006-8-14。王桢整理。）

第一节　资本市场与公司理财

一、资本市场概述

（一）资本市场的概念

资本市场也称为长期金融市场，是相对于货币市场（短期资金市场）而言的一种金融市场。通常是指买卖的金融工具偿还期在一年以上的金融市场，包括股票市场、债券市场和长期信贷市场等。股票市场与债券市场是资本市场的重要组成部分，一般狭义的理解资本市场就是指股票市场与债券市场。融资者和投资者是资本市场的主要参与者，加上中介机构和管理机构，他们相互制约、相互依存就构成了资本市场的完整内涵。在所有资本市场的参与者中，融资者即公司是主力军，从某种意义上讲，没有公司的存在、发展与积极参与，也就不会有资本市场的快速发展。资本市场中买卖的金融工具包括股票、政府公债、公司债券、金融债券等。

对资本市场的不同认识是资本理论争议性的一种重要表现。可能出于对资本理解的严重分歧，也可能是由于资本工具的复杂性，或者可能是由于资本市场的强操作性和多变性，导致了人们对资本市场的认识很不一致。这突出地表现在对资本市场定义和界定的不同。

从经济学原理的角度出发，美国著名经济学家斯蒂格利茨（Stiglitz）认为，资本市场通常是指“取得和转让资金的市场，包括所有涉及借贷的机构”。斯蒂格利茨指出：[①]发展中国家或多或少都低估了资本市场在经济发展中的作用，因为新兴资本市场在金融制度上还存在一定缺陷，有时监管又比较温和，投资者不愿将太多的资金投入资本市场。中国是一个高储蓄率的以银行体系为主体的经济体，资本市场相对不发达，而且股票市场不占主导地位。在稳定有力的政府领导、监管下发展多层次的资本市场，对中国经济的长期持续增长是有利的。单纯从期限层面，美国斯坦福大学教授詹姆斯·范霍恩（James C. VanHorne）等认为，资本市场是“长期（成熟期在1年以上）金融工具（股票和债券）的交易市场”。美国著名经济学家弗里德曼（Friedman）从资本市场的功能出发，指出资本市场是“通过风险定价功能来指导新资本的积累和配置的市场”。在我国，从货币银行学的角度出发，则认为广义的资本市场包括中长期信贷市场和证券市场，狭义的资本市场是指证券市场。

（二）资本市场的功能与特点

相对于货币市场而言，资本市场主要具备如下特点：①资本市场中涉及的金融工具，流动性相对较差，风险较高。②所涉及的金融工具的偿还期限较长，至少在一年以上，某些长期债券可能是几十年的偿还期。③在资本市场上进行交易的主要目的在于满足长期投资的资金供给。④一般而言，资本市场的融资额度相对较大，一般用于满足公司长期投资的需要，而不是短期的资金需求。[②]

一个正常有效的资本市场应该具备三项功能：融资功能、定价功能、资本配置功能。在具备以上功能的资本市场上，投资者才会进行理性的投资，而不是为了赚取短期的差价收入，可以通过资本市场上资本的流动来实现资源的合理配置。

我国资本市场由于存在大量的非流通股，造成流通股价格不能反映它的内在价值。上市公司大股东和流通股东利益不一致的现象比较严重，经常会发生大股东侵占流通股东利益的行为。上市公司呈报的虚假财务报表、股东挪用上市公司资金、恶意担保等这些行为导致资本市场的定价功能、资本配置功能极其低下。资本市场缺乏定价功能，它就不可能发挥对存量资源的配置。而通过流动性对存量资产进行再配置正是资本市场的优势所在，当市场失去了定价的功能，对存量资源定级功能不复存在。也就使得资本市

---

① 来源于斯蒂格利茨2004年7月22日在上海证券交易所所作的题为《经济发展过程中资本市场的角色》的演讲。

② 在我国某些上市公司中存在将股市筹集的资金存放为银行存款的现象，从资本成本等角度来看，是违背资本市场规律的行为。

场变成了一个投机的场所，成为上市公司的非流通股股东圈钱的场所。只有实现同股同权同利时，才能使资本市场的功能得以健全，使其变为一个价格发现、生产要素合理配置的市场，资本市场才能发挥应有的作用。

二、资本市场与公司理财

对投资项目的决策以及如何为筹措所需要的资金一直是公司理财的核心问题；而资本市场的发展，使其本身不仅仅是一个资金的集散地，且更多地成为公司决策函数中的一个重要变量。随着资本市场的不断发展，对评估和构造公司的投资方向和有价证券的结构方面，也变得复杂起来。优秀的公司理财人员能够充分利用不断发展的资本市场，并且能够从资本市场学习中吸取教训，将其应用到公司管理和公司战略中去。

公司财务活动与金融市场的相互作用如图 6 - 1 所示。①

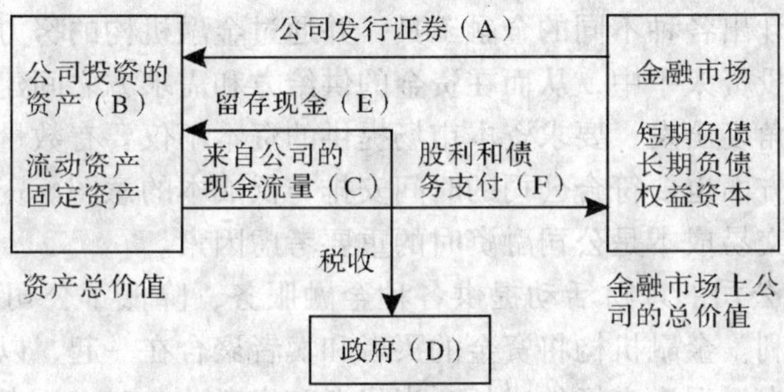

图 6 - 1　公司财务活动与金融市场的相互作用

（A）代表公司发行证券进行的融资，包括长短期债务以及权益融资；②

（B）公司投资于资产，即进行的资本预算活动；③

（C）公司的经营活动创造了现金流量；

（D）公司将相应的税收支付给政府；

（E）公司将留存的现金投资于再生产；

（F）公司支付给投资者（股权投资者与债权投资者）的股利与利息。④

从公司创造价值的角度出发，只有当公司创造的现金流量大于资本预算中使用的现金流量时，公司的价值才会上升，并且，当公司的价值超过对债权人的支付时，股东的财富才会实现增值，才会拥有公司价值的剩余索偿权。这是公司存在的根本目的。而现金在公司与资本市场之间的往返是公司价值创造的关键点之一。

---

① 斯蒂芬·A. 罗斯等著，吴世农、沈艺峰、王志强等译：《公司理财》，第 5 页，机械工业出版社，2006。

② 这里的金融市场是货币市场与资本市场的总称，因为其中包括了短期债务融资。

③ 这里的 A、B 顺序并不代表融资在前，资本预算活动在后。

④ D、E、F 三项内容涉及了公司的股利政策。

（一）资本市场对公司理财活动的影响

对于公司的理财人员而言，其核心的任务是制定公司的财务决策，促进公司的价值创造，并进而在公司的利益相关者，特别是债权投资者以及股权投资者之间进行价值的分配。从公司经营活动与资本市场的相互作用关系图中我们可以看到：几乎公司所有的经营活动都涉及了与资本市场的关系。为了实现公司制定的资本预算政策，则需要资本市场的资本提供。在资本提供的过程中，公司就需要对投资者要求的报酬率进行计量，需要对公司的融资能力进行评估，诸如此类问题的分析构成了公司融资决策的主要内容。公司的资本预算决策的制定及实施也需要资本市场提供的环境与条件，例如公司间的并购活动。公司股利政策的制定就是要满足资本市场上不同投资者的索偿权要求。

1. 资本市场是公司筹集资金和进行间接投资的场所，对公司理财活动起着直接的制约和调节作用。资本市场可以调剂资金供求，为公司资产提供流动性，公司可以通过资本市场实现长、短期资金的相互转化。具体来说，资本市场的参与方能够根据发行人和投资人的需要设计出各种不同的金融工具，并通过金融机构的努力，将这些金融工具销售到不同类型的投资人手中，从而在资金的供给方和需求方之间建立起资金的传递机制。从科学理财的角度出发，要求资本市场提供的资本不仅要有数量上的保证，并且在融资的速度与质量方面也要符合公司的时间安排与低成本的意图。资本市场上的金融工具的灵活性以及低交易成本是公司融资时的重要考虑因素。

2. 金融机构为公司的理财活动提供各种金融服务，降低了公司理财的成本，为公司提供了极大的便利。金融机构将资金的买者和卖者聚合在一起，以便利金融资产的交易，降低了交易成本，促进市场的成长。当买者和卖者分散时，买者和卖者之间的信息不对称，收集交换信息时必须付出相当的成本，这样交换便难以完成。金融机构由于其本身的专业性，可以通过有形的或无形的场所，将资金供求双方联系在一起，从而减少交易者的信息搜集费用，方便了交易者从事理财活动。同时还为公司理财提供有价值的信息，这些信息是公司进行生产经营和财务决策的重要依据。如资本市场上利率的变化反映了资金供求的状况，有价证券的市场行情反映了投资者对公司经营状况和盈利水平及前景的评价等。

3. 资本市场为公司财务决策的实施提供了依据。公司的并购等活动需要适宜的市场环境与操作规则，而这些都是资本市场的重要构成要素。如果没有这些环境与规则作为依据，公司的财务决策将很难实施。同时，资本市场还在某种程度上向公司提供市场信号，市场的价格通常会称为引导资源向高效行业的流动。公司财务决策的制定不能脱离对市场信号的反应与分析。公司在资本市场上的表现，也就是公司市场价值的高低将称为对公司经营管理者进行奖惩的依据之一。

（二）资本市场对公司理财效率的体现

资本市场对公司理财效率的体现正是市场有效性理论的应用。在健全、有效的资本市场上，公司股票价格的变动应该能够体现经营业绩的变化。股票价格与公司业绩之间的相关程度表现了资本市场有效性的程度。

第一篇讨论市场有效性的著述是 Gibson（1889）对这一假说的大致描述，但并没有提出这一概念。1990 年 Bachelier 在其博士论文中提出了“随机游走”假设。1953 年 Kendall 检验了英国 19 种工业股票指数与纽约棉花、芝加哥小麦的价格周变化后，明确提出了股票价格遵循一种随机游走。Samuelson（1965）与 Mandelbrot（1966）首次认真研究了随机游走模型的市场有效性的关系，认为有效市场意味着“公平博弈”（Fair Game）预期收益模型，随机游走是市场有效性的充分但非必要条件。Fama（1965）提出了市场有效性的获得广泛接受的定义。但这一定义本身是不可检验的，因此就出现了对这一定义的不同角度的理解以及在此基础上的不同检验方法。Cootner（1964）出版了《股票市场价格的随机性》一书，奠定了市场有效性研究的基础。Roberts（1967）提出了基于不同层次可用信息集的市场有效性的三种形式：即弱式有效市场、半强式有效市场以及强式有效市场。Fama（1970）对 20 世纪 70 年代以前有效市场理论的发展与实证研究进行了总结，从自己 1965 年的定义出发，严格论证了有效市场与随机游走模型、公平博弈模型以及下鞅模型的关系，并对三个层次的实证研究从方法与文献两个方面进行了总结。

按照资本市场有效性理论，在弱式有效市场中，过去价格变化的时间序列中不包含任何有关未来价格变化的信息，经济学家将其诠释为“市场是没有记忆的”，研究过去的信息不会给投资者带来超常的收益。在这种情况下公司的经营业绩很难通过股票价格得到体现。股价高，经营业绩不一定好，反之亦然。而这可能只是庄家炒作的结果，或者是整个社会环境的变化、行业发展甚至可能得益于政府的支持。[①] 也就是讲，在这种情况下，资本市场上公司股票价格的高低及其变化并不能反映公司理财的效率。投资者也就不能相信这种市场中的股票价格。资本市场上的价格传递机制不可能发挥作用。

如果市场是半强式有效的，则股票价格不仅反映了历史价格的信息，还反映了一切公开的信息，在这种情况下，价格会对诸如公司的兼并计划、新股的发行等所有公开的信息迅速做出反应，是可以令投资者相信的。如果投资者仅仅依靠阅读报纸、分析公司的年报等手段是不可能获取超额收益的。股票价格在一定程度上反映公司经营管理者的理财效率，管理者的理财能力在一定程度上可以通过资本市场的价格信号予以反映。也就使得资本市场的价格传递机制能够在一定程度上发挥作用。

如果市场是强式有效的，则股票价格反映了公司所有的相关信息，在这样的市场上，只有幸运与非幸运的投资者，不可能通过对信息甚至内幕信息的掌握来获取超额的收益。股价反映了公司的经营业绩，体现了公司的理财效率。公司经理人员的管理能力有可能通过资本市场的价格信号被充分反映出来。经营管理好的公司，其盈利水平就较高。通过资本市场的价格信号传递功能，市场上的投资者购买该股票的人就较多，而该股票价格自然会上涨。反之，管理差的公司，股票价格就下跌。即公司盈利水平的高低与管理人员业绩正相关，而公司经营业绩又与股票市场价格通过强式有效的资本市场相关。

---

① “亿安科技”1999 年中期业绩每股只有 0.11 元，但它在 1999 年年底到 2000 年年初，却从每股 5 元涨到每股 120 多元，严重背离其实际价值。表明其业绩与股票价格之间不相关。

第二节 长期融资政策的制定

融资决策的制定对公司的投资项目的有效运行、生产经营的有效运作都产生着极为重要的影响。长期融资决策要结合长期融资的特点、公司价值创造的需要、资本预算政策的制定与实施以及公司目标资本结构等方面要求来制定。

一、长期融资模式的选择

从公司价值创造的角度出发，公司无非将创造的现金流量用于资本支出以及满足净营运资本支出①的需要。历史上，美国公司将创造的现金流量的80%作为资本支出，剩余的20%作为公司的净营运资本。② 从美国1975～1999年工业性公司长期融资的选择中，我们可以看到美国公司长期融资模式的选择。从其历史上的数据可以看到，内部融资所占的比重很大，从65%～97%不等。剩余的资金缺口则通过外部融资来满足，在外部资金来源中，债务是主要的融资方式，权益融资所占比重较小，有很多年份因为股票回购而使权益融资的金额为负值。这也就是通常提及的融资优序理论。这种理论也反映了长期融资的特点：从融资方式上来讲，内部创造的现金流量是公司融资的主要来源，这是最主要的长期融资方式。也就是讲，公司现金流量抑或公司价值的创造为公司的长期融资提供了最主要的来源。为满足公司创造价值的需要而进行的资本支出以及净营运资本的需要一般情况下会超过公司内部产生的现金流，这也就是通常所讲的现金缺口。现金缺口的存在使得公司必须寻求外部的资金支持，就资本市场而言，无非是长期债务资本和权益资本的提供。出于资本成本的考虑，债务资本的成本体现为利息，权益资本的成本体现为股利以及资本市场上的资本利得。从价值分配的角度出发，利息的支出具有抵税作用，而股利的支付是在税后进行的。所以，公司的长期债务筹集的规模应该大于权益资本筹集的规模。

资本成本成为公司融资顺序的一种合理解释。③ 同时，对于公司的管理者来讲，当公司的权益被市场高估时，他们可能更倾向于股权融资。而当公司面临的市场前景等竞争环境都很好时，公司的债权人认为公司具备足够的能力偿还将来的债务，认为公司不会违约，但是，管理者可能更能理解与把握公司未来可能出现的危机，在这种情况下，管理者在对待公司的债务融资方面可能存在犹豫。所以，在权益与债务的定价方面，管理者心存疑惑，在这种情形下，公司的内部融资成为最好的选择。只有出现资金缺口

---

① 净营运资本等于公司的流动资产扣减流动负债后的余额。

② 斯蒂芬·A. 罗斯等著，吴世农、沈艺峰、王志强等译：《公司理财》，第275页，机械工业出版社，2006。

③ Gordon Donaldson 曾对美国公司确定长期融资方式的策略进行了调查，所得到的结果与融资优序理论是相符合的。

时，才会救助于外部融资，从公司的控制权、资本成本以及财务杠杆等因素出发，公司会优先选择债务融资，当公司整体的报酬率高于债权人要求的报酬率时，会给公司的股东带来剩余的公司价值。

二、从价值索偿权角度对公司融资的理解

现代公司理论提示了这样一个基本道理：公司产权处于“依存状态”，公司控制权和剩余索偿权的分配，随着公司财务和经营状况的变化而变化。令 x 为公司的总收入，w 为应该支付给工人的合同工资，r 为债权人的合同支付（本金加利息），π 为股东所要求的一个满意利润。假设 x 在 0 到 X 之间分布（其中 X 是最大可能的收入），工人的索偿权优于债权人。那么“依存状态”说的是：当 $x \geqslant w+r$ 时，控制权掌握在股东手里；当 $w \leqslant x < w+r$ 时，控制权掌握在债权人手中；当 $x < w$ 时，控制权掌握在员工手中；当 $x \geqslant w+r+\pi$ 时，控制权掌握在经理手中（张维迎，1996）。所以，同为融资契约的股权融资契约和债权融资契约具有不同的公司所有权配置特征，股东作为公司的所有者拥有公司的剩余索偿权和剩余控制权，当公司资不抵债，无法偿还债务时，债务人可以通过对公司进行资产重组、再建的方式介入公司经营，取得公司的剩余索偿权，并将公司的控制权和经营权转移到自己手中。

从市场定价的角度出发，公司的价值等于负债市场价值与股权资本市场价值之和。从这一点公司可以看出：公司的融资决策决定了公司价值的构成。从公司价值创造的角度出发，债权投资者与股权投资者都为公司提供了用于价值创造的现金流量，所以，从现金流之于公司的意义来讲，并没有必要对债权投资者与股权投资者作严格意义上的区分。但是，如果从公司价值分配的角度出发，债权投资者与股权投资者则存在本质区别，债权人的要求报酬体现为债权的利息，利息支付的数量以及金额是公司与债权人的债务契约先行约定的，并且利息的支付是在公司所得税之前进行的，对公司具有节税的作用，无论公司的价值增值与否，债权人获取的报酬都是既定的。当公司完成了除股权投资者以外的其他利益相关者的价值分配以后，公司创造的剩余公司价值则归属于股权投资者所有，也就是，股权投资者拥有公司的剩余索偿权。当公司的资本预算决策得以正确实施，创造的投资报酬高于支付给债权人的报酬时，则股权投资者就利用了债权人提供给公司的现金流量为自己创造了剩余的公司价值；当然，如果公司创造的价值等于或少于对债权人的承诺支付，股东将得不到剩余的索偿权。这种创造价值无异而分配价值有异的现金流提供方式为股东利用债权人提供的现金流为自身创造价值增值变为现实，所以，这也是股东为何关注公司整体价值上升的一个重要原因。另外一个重要的问题就是为了最大化公司的价值，应该采用的债务融资比例应该是多少，这就体现了公司股东能够在多大程度上承担相应的风险。公司的管理者应该去考虑如下问题：怎样的融资决策才能提升公司的价值创造能力，进而在安全环境下为股东创造更多的剩余财富？

融资决策并不单是一个融资契约的选择问题，更重要的是资金背后产权主体相互依存、相互作用、共同构成的某种制衡机制的配置问题，公司不同融资契约的选择就是公司不同治理机制的选择，融资决策就是通过确定公司最合适的资本结构，形成有效的制

衡机制，约束代理人行为。正如威廉姆森（Williamson，1988）的观点，股本和债务与其说是融资工具，不如说就是控制与治理结构。阿洪和博尔顿（Ashion & Bolton，1992）认为，公司资本结构的选择也就是控制权在不同证券持有人之间分配的选择，最优的负债比例是在该负债水平上导致公司破产时将控制权从股东转移给债权人。

融资决策导致的资本结构的合理性是公司价值创造与价值分配的一个前提，将公司债权融资的硬约束与股票融资的投票权有机地结合起来，形成一个相对合理的资本结构对提高公司的价值创造能力是不可缺少的。

三、长期融资中应该考虑的因素以及相应的融资渠道①

（一）长期融资应该考虑的因素

公司的理财人员在制定融资决策中理应考虑其公司资本结构的影响。必须对如下因素进行详尽分析：

1. 经营风险。经营风险是指由于公司经营过程中存在的固定成本而使得息税前利润的变动率大于销售收入变动率。只要公司存有固定成本，不论数量大小，就会存在经营杠杆。而经营杠杆的大小又反映了公司经营风险的大小。经营风险是决定公司资本结构的一个重要因素。例如在公司进行大规模固定资产投资时，其资金来源应主要采取普通股等权益融资方式，再加以适度的举债。也就是高经营杠杆与低财务杠杆的结合。

2. 财务风险。财务风险是指由于公司存在的固定的利息费用而导致属于普通股每股收益（EPS）的变动率大于息税前利润的变动率。公司财务风险的大小对于公司的资本结构存有重要的影响。财务杠杆利益是指公司利用负债融资而给所有者带来的额外利益。只要公司的报酬率大于其资本成本，公司就会倾向于债务融资，但是随着债务比率的增加，公司的财务风险也会进一步上升，对公司的收益产生不利影响，会导致债务比率的下降。

3. 税收。一般来讲，所得税税率越高，利息的抵税收益就越多，较多的债务可以带来较多的现金流量。公司举债的愿望就越强。此时，应当结合折旧抵税状况进行分析。如果折旧的抵税效果已经非常明显，公司就没有必要采用高负债率政策，以避免承受较大的财务风险。

4. 管理战略及其政策。按照杠杆分析的一般原理，经营杠杆与财务杠杆不适宜采用“双高”策略，即：在经营杠杆较高的情况下，不宜再实施较高的财务杠杆或高负债率策略；如果经营风险较低，也就是固定资产的投资规模不大，则可以采用高负债率策略，以最大程度地运用负债经营的收益。不同公司的规律，人员对于风险的态度也有非常大的不同，有的喜欢冒险，有的则讲究稳健。这些态度以及对客观形势的不同的判断都会严重地影响到公司的资本结构决策。

5. 金融机构或其他的外部机构。事实证明，理财人员在进行资本结构决策时，必

① 汪平著：《财务理论》，经济管理出版社，2003。

须要关注金融机构及其相应的外部机构对公司采用负债经营策略的反应。大多数情况下，银行等其他金融机构对公司的资本结构状况、财务风险状况也是非常关注的。即使一个公司的管理当局对本公司的发展前景充满信心，试图在超出公司偿债能力的条件下运用较高的财务杠杆，银行也未必会满足公司的贷款申请。宏观金融形势的改变会使得银行对公司的资本结构产生不同的评价。

6. 资产结构。公司所拥有的全部资产中，假若无形资产的比重较大，其破产成本较高，因为公司的无形资产价值具有极大的不稳定性，比较难以变现用于偿还债务。所以，该类公司资本结构中的负债比率应相对较低，以保持较强的偿债能力。而对于资产总额中无形资产比重较低的公司而言，由于其破产成本较低，公司在资本结构决策中可以保持较高的负债比率，充分运用财务杠杆，为所有者赚取更大的利益。

7. 公司的发展速度尤其是现金流量的增长速度。一般而论，公司在高速发展阶段，由于销售额增长较快，现金流量充沛，公司资产的流动性很强，为了充分利用时机，获得更快的增长速度，理财人员可以最大程度地运用负债经营策略，提高财务杠杆，促进公司的发展。因为高速增长的现金流量会在很大程度上消除可能出现的经营风险与财务风险。然而，一旦公司的增长速度放慢，管理当局一定要置留一定的流动性储备，比如一定金额的速动资产，或者一定幅度的贷款储备等。这时，负债率政策应当留有余地，不宜太高。处于成熟期的、发展速度已经明显放缓的大型公司，为了维持必要的可持续发展实力，应当采用较低的负债率政策。

8. 市场状况。股票与债券市场上长期、短期的变动会影响公司的最佳资本结构。例如，经过目前的信用碰撞，垃圾股债券市场低迷，公司以“合理”的利率来发行低质量负债已变得不可能。因此，等级比较低的公司不得不违背目标资本结构发行股票或使用短期负债。当环境变得宽松时，这些公司可以发行债券并将其资本结构调整至目标轨道上。

9. 公司未来的收益能力和偿债能力。公司在大规模举债之前，必须对其自身未来的收益水平和偿债能力进行科学而合理的预测与分析。如果公司预计未来的收益水平下降，经营风险加大，内部积累不足以偿还到期的债务，管理人员应当审慎地考虑，合理地确定其资本结构。对未来经营活动判断的严重失误，极有可能将公司带入一个极其危险的境地。我们还可以观察到：高权益报酬率的公司使用相对较少的负债。原因在于像Merck，Intel，Microsoft这样高盈利的公司，不需要太多的负债融资，高额收益使留存收益可以满足融资需求。

10. 管理当局对控制能力的态度。管理当局在确定公司的资本结构时，往往会考虑负债或股票融资对其控制地位所可能造成的影响。如果担心控制地位被动摇，管理当局在股票融资问题上会变得极为谨慎；相反，如果没有对控制实力方面的考虑，负债融资与股票融资的选择就会单纯得多。

如果将抵税所带来的现金流量也视为公司价值的一个源泉的话，融资决策势必会对公司价值产生重大的影响。尤其负债率的高低通过不同的利益相关者比如供货商、顾客等，极有可能对公司的经营活动状况产生间接但绝非可以忽视的影响。表面上看，融资决策的内容非常简单：①以负债融资还是以股权资本融资？②以何种方式融资？如决定以债务融资，那么，具体是向银行贷款还是发行公司债券？决定以股权资本融资，是发行普通股融资、优先股融资还是以留存盈利等进行内部融资？但事实上，融资决策对公司的影响往往是长期的和深远的。理财人员在进行融资决策时，一定要综合考虑各方面因素，审慎地、科学地、有远见地权衡收益和风险，制定出最有利于公司可持续发展的资本结构决策。

在进行融资决策之前，理财人员应当在理论和实践两方面做好准备。理论上，了解资本成本、资本结构理论，尤其是透彻地理解资本成本、资本结构与公司价值之间的关系；并掌握必要的风险—收益分析方法，如财务均衡点分析、杠杆分析等，这是科学地进行融资决策所不可或缺的。

一般来讲，融资决策的主要步骤大致有：①确定需要增加的融资数量。②根据公司现状及金融形势，确定是以负债融资还是以股权资本融资。这是极为关键的一步，选择的不同将直接导致不同的资本结构。③在第二步的基础上，进一步确定融资的具体方式，如公司债券、优先股或普通股等。④对各种融资方案进行风险—收益评价，了解方案一旦采纳可能给公司风险—收益带来的风险、收益两方面的影响。⑤以加权平均资本成本最低、公司价值最大为主要的决策标准，确定目标的资本结构。

（二）公司在资本市场上的融资渠道

公司融资渠道，从大的方面划分可分为两大类，即外部融资渠道和内部融资渠道。内部融资渠道是指从公司内部开辟资金来源，内部的资金来源主要是经营活动创造的现金流量；外部融资渠道是指从公司在金融市场上进行的长短期融资，从形式上看主要包括长短期债务融资以及权益融资，从数量上看是公司发行的负债与权益融资总额扣除股票回购后的余额,[①] 由于短期债务要求以公司流动性作保障，这在一定程度上会影响公司创造价值的能力。[②] 所以，资本市场承担了公司融资主力军的职责。公司绝大部分的资金来源资本市场上长期债务与权益资本的提供。公司在资本市场上筹集资金的方式主要有三种：

1. 间接融资方式，公司作为资金的需求方，通过金融中介机构而获取资金的一种融资方式。不论金融中介的资金来源如何，比如发行债券，或者股票，或者是吸收资金供给者的存款，或者以其他形式出售自己的金融资产，公司直接从金融中介获得资金，自身并不发行任何形式的证券。这种形式筹集资金，和公司相关的是一家或者少数几家金融机构，融资的数额和期限有着一定程度的灵活性，而且公司可以获得金融机构良好的服务。

2. 公开发行证券，是指融资公司在证券交易所直接公开发行本公司的股票或者债券进行融资。在融资的过程中，公司通常由金融中介代理在资本市场上发行证券。证券的购买者不仅仅是少数的金融机构，而且包括了广大的居民投资者。因此，使用这种融资方式，市场对于公司的监管力度很大，要求公司充分披露其经营信息，以保护广大投

---

① 在西方国家，受股票回购的影响，权益融资呈现缩减的现象；在我国股票回购则几乎是不可能的事情。

② 因为公司价值的增长主要来源于公司的资本预算政策，则会要求公司的固流比率相对较高。

资者的利益；而且，证券的流动性相当好，投资者可以随时在证券市场上购入或抛出某一个公司的有价证券。对于公司而言，通过这种方式可以在资本市场上融通巨额资金，但同时也需要面临较高的融资费用。

3. 私募筹集资金，是指公司直接与债权人协商而获得资金的一种方式。这种方式可以使公司节约融资费用，并且按照自己的意愿定向地筹集资金。但是，私募筹集资金和公开发行证券相比，筹集的资金数额受到限制。而且对于投资者而言，投资的流动性很差，加之公司所受到的监管比较少，因此，投资者的风险往往比较大，他们往往会要求较高的投资报酬率。

四、长期融资的国际比较

信息不对称下的资本结构决策影响了公司在内部融资和外部融资之间的选择，也影响了发行新债和发行新股之间的选择。由此形成的公司融资的一种先后次序是：公司融资的首选是公司的内部资金，主要的形式是利润再投资；其次是发行新的债券；最后是发行新的股票。据考证，美国公司将 80% 的现金流量作为资本投放，20% 作为净营运资本。①

表 6－1　1990～1994 年西方不同国家内部融资的统计分析（%）

项目	美国	日本	英国	德国	加拿大	法国
内部现金流量	82. 8	49. 3	68. 3	65. 5	58. 3	54
外部现金流量	17. 2	50. 7	31. 7	34. 5	41. 7	46
长期负债增长率	17. 4	35. 9	7. 4	31. 4	37. 5	6. 9
短期负债增长率	－3. 7	9. 7	6. 1		3. 8	10. 6
股票融资增长率	3. 5	5. 1	16. 9		10. 3	12. 4

表 6－2　1992～2000 年我国上市公司融资结构变化趋势②

年份	公司数量	资产总额（亿元）	负债总额（亿元）	负债比率（%）	流动负债比率（%）
1992	53	481. 00	312. 73	65. 02	50. 1
1993	183	1821. 00	888. 00	48. 76	37. 1
1994	291	3309. 00	1681. 00	50. 80	38. 8
1995	323	4295. 00	2337. 00	54. 41	42
1996	530	6352. 00	3412. 00	53. 72	40. 6
1997	745	9660. 58	4835. 81	50. 06	38. 8

① 刘爱东主编：《公司理财》，第 164 页，复旦大学出版社，2006。
② 转引自黄少安、张岗：《中国上市公司股权融资偏好分析》，《经济研究》，2001 : 11。

续表

年份	公司数量	资产总额（亿元）	负债总额（亿元）	负债比率（%）	流动负债比率（%）
1998	851	12407.52	6140.76	49.49	38.1
1999	949	16107.36	8468.01	52.57	39
2000	1088	21673.88	11594.11	53.49	40.2

表 6-3　中国与西方国家非金融类上市公司外源融资来源比较表①

国家	外部融资比重	外部融资的组成		备注
		债务融资	股权融资	
中国	0.48	0.58	0.42	所有上市公司扣除当年股权融资为 0 的样本
	0.75	0.24	0.76	
美国	0.23	1.34	-0.34 *	1991～1993
日本	0.56	0.85	0.15	1991～1993
德国	0.33	0.87	0.13	1991～1993
法国	0.35	0.39	0.61	1991～1993
意大利	0.33	0.65	0.35	1991～1993
英国	0.49	0.72	0.28	1991～1993
加拿大	0.42	0.72	0.28	1991～1993

注：* 表明美国公司的股票回购使公司的权益融资为负。

从上面的比较可以看出，在西方国家公司的融资活动中，基本遵循了融资优序理论，即内部创造的现金流量是公司融资的主要来源，长期融资中的绝大部分来自于公司内部形成的现金流量。只有当内部资金来源不能满足公司资本支出以及净营运资本的需要时，才会利用外部融资来弥补这种缺口，就公司的外部资金来源而言，新发行的权益资本所占融资总额的比重并不大。西方国家公司的这种融资顺序在一定程度上体现了公司理财的科学化，解释了资本成本理论的合理性，并且，就外部融资而言，新的债务的发行不会稀释拥有权益的管理者的所有权，就会在一定程度上遏制管理者浪费公司资源的动机。②

而我国的公司在融资方面则显示了内部融资不足，而内部融资的规模取决于公司获利能力的大小，同时，与公司的投资机会的多少、股利政策等也有着紧密的关系。是公司“贫血症”的重要表现。

在外部资金来源方面，则显示了很强的股权融资偏好。上市公司的负债率呈现了下降的趋势。于东智所做的相关研究也得出了同样的结论：③ 其以中国 2000 年 12 月 31 日以前在深、沪交易所上市并于 2001 年 4 月 30 日前公布年度报告的 1083 家公司为总样

① 管征著：《上市公司股权再融资》，第 85 页，社会科学文献出版社，2006。

② 这是自由现金流量假说提供的进行债务融资的一个理由。

③ 于东智：《资本结构、债权治理与公司绩效：一项经验分析》，《中国工业经济》，2003：1。

本，以1997~2000年为研究区间，选用了负债比率作为反映公司资本结构状况的指标，对中国上市公司资本结构的状况进行了描述性分析与分区间统计。结果表明：①在四个年度的区间里，中国上市公司的负债比率有逐年降低之势，但总体上资本结构的状况变化不大。四个年度内上市公司的负债比率最集中的区间都为40%~50%，处于这一区间的公司数分别占当年度样本总数的21.7%、22.12%、20.85%、20.96%。②通过对各区间的总资产报酬率指标的计算，我们发现：除1997年度各区间的总资产报酬率的均值表现出了单边下降的特征外，其他三个年度都表现出倒U型的特征。四个年度总资产报酬率的均值最高的负债比例区间分别为0~10%、10%~20%、20%~30%、10%~20%。③通过对各区间的主营业务利润率指标的计算，我们发现：除2000年度呈现出一种不规则的状态之外，1997年度、1998年度、1999年度处于各负债比率区间的公司的主营业务利润率的均值都随着负债比率的上升而呈现出一种单边下降的态势。四个年度主营业务利润率的均值最高的负债比例区间分别为0~10%、0~10%、0~10%、10%~20%。

我国上市公司的股权融资偏好，形成的原因可能有：

1. 对债务融资存在着风险的担心。由于提高债务比例，会加大公司的财务风险程度，特别是当公司经营收益欠佳时，极易使公司陷入财务危机之中。出于对风险的厌恶，使得相当一部分公司不喜欢负债融资。

2. 在我国一部分上市公司中，国有股份占绝对的比例，由此形成了国有股份对公司的控制权，并且国有股份未进入市场流通。因此，发行股票融资不影响国家对公司的控制。在代理人成为公司的内部控制人后，发行新股大多都属于高度分散的个人股，对经理人员的利益也难以形成威胁。

3. 公司的代理人逃避责任，掩盖经营的低效率。发行股票融资，股东对公司的经营剩余收益的索偿权是无限的，但股利的发放是根据公司创造的经营收益来决定的。在收益较低或亏损时，可以不分红，这被一些业绩不佳的管理人员看做是减轻压力、逃避责任的一种方式。与股票融资相反，债务融资要求公司经营者最低也要创造出相当于债务利率的报酬。在公司外部股权对经理人员的约束程度受到限制或者当股票的价格难以反映经营业绩、股票价格不能和经理人员的报酬相关时，债务融资就能够有效地约束经理人员的行为。

4. 基于投资扩张的动机采用股权融资。在对公司的经理人员约束无效的情况下，经理人员的投资扩张动机就不能得以有效的抑制。如果通过债务融资，债务融资定期还本付息的压力就使得经理人员的投资扩张动机难以成为现实。但是采用股权融资，公司可以通过股票股利等形式将公司的利润留存于公司，或者对投资者少分红或不分红，所筹集的权益资本对经理人员投资扩张的约束力低。如果将资金投放于效益较高的投资项目，股东还可以增加报酬，但是，如果投资是盲目的，则可能会给股东带来较大的损失。

5. 利用上市公司的融资特许权谋取控股股东私利。上市公司具有在资本市场上的融资权利，当控股的法人股东资金困难时，可能会利用对上市公司财务政策的控制权利，以上市公司的名义筹集资金，而上市公司再将筹集的资金转入控股公司的账户，这是典型的利用资本市场圈钱的方式，也是对现代公司制度的一种嘲弄。在对上市公司监管不严、股权过于集中于法人股东的情况下，就难免发生这样的行为。

6. 最好的情况是公司制定了目标资本结构，公司的经营状况和目标资本结构不允许公司采取高负债的策略。

上市公司的融资偏好，应该是以对股东的回报为前提的，任何时候资金的使用者都要对资金的所有者负责，否则，就会受到惩罚。如果上市公司股本扩张的速度是以牺牲了股东财富的增值为代价的话，股票的价格相应会下降，会严重损害上市公司的形象，进而导致再度股权融资的失败。上市公司不能无限度地依赖于股权融资，这既是上市公司理财的规律，也是资本市场的规律。

第三节 公司长期债务融资

一般来讲，长期债务融资涉及的金额巨大，偿还的周期较长，债权人承担的风险较大。作为公司理财的核心环节之一，长期融资可以解决公司长期资金的不足，同时由于偿还期限较长，债务人可以对债务的归还做长期安排，但是，与股权融资相比，资金的使用上具有时间性，需要到期偿还，不论公司经营的好坏，都会产生固定的利息支出，从而形成了公司的固定负担。债权人为保证自身债权的安全，通常还会向债务人提出一些限制性条件以保证其能够及时、足额地偿还债务本金和利息。

一、长期债务融资的理财原则

1. 有价值创意原则：寻找机会发行新的债务证券，新的债务证券应能减少发行人的融资成本，并且增加投资者的风险调整税后报酬率。

2. 双方交易：出售新的债务证券，需要其价格和其他条件能为投资者接受。

3. 选择权：认识到债券的提前偿债选择权所具有的价值。它使发行人在利率下跌时能赎回债券，并以成本较低的负债取而代之，因此是有价值的。①

4. 风险—报酬权衡原则：向投资者提供风险较高的新债务证券，将要求支付较高的利率。

相对于公司的股东而言，债权投资者是没有表决权的，与公司签订的债务、债权契约成为他们保护自身利益的工具。因为债务契约完全体现了公司债务的本质，在契约中债权人通过对公司的限制性条款来保障自身的利益。当公司不能清偿债权人到期的债务时，债权人可以依据相应的法律将公司提请破产。所以“财务危机”也是公司进行长期债务融资的一项潜在成本。公司对债务所支付的利息作为公司的财务费用，具有完全

---

① Douglas R. Emery and John D. Finery: Corporate Financial Management Copyright 1997 By Prentice Hall Inc., pp. 36 – 98.

的抵税作用，相当于政府以税收的形式对公司使用债务融资所承担的“财务危机”风险的部分补偿。从公司市场定价的角度来看，如果公司价值高于债务的市场价值，则债权人与股东的权益都可以得到保障，并且使公司免受“财务危机”的风险。

在可供公司选择的长期债务类型中，包括公司债券、租赁以及公司的长期借款。融资企业不论选择哪种长期债务，都要考虑上述债务融资的理财原则。

二、公司债券

在西方发达工业国家，公司债券已经成为公司融资最为重要的方式。从其资本市场来看，债券市场所占比例要远远大于股票市场所占比例，大致情况是股票市场占20%～30%，债券市场占70%～80%。20世纪80年代以来，美国公司在债券市场上增加了10000亿美元的债券，发行债券已成为美国公司外部融资的主要渠道。发达国家公司的债券融资比重往往数倍于股权融资的比重，这个差额有时甚至能达到近10倍。

（一）公司债券的主要类型

按照不同的分类标准，可以对债券进行不同的分类。

按照债券是否记名分类分为记名债券和无记名债券。记名公司债券：是指在券面上记有持券人的姓名或名称，同时在发行公司的债权人名册上进行登记的债券。无记名债券：是指在券面上不登记持券人的姓名或名称，也不在债权人名册上登记债权人的姓名或名称，还本付息以债券为凭的债券。其转让由债券持有人将债券交付受让人后即发生效力，无须背书，因而比较方便。

按照有无抵押担保分类分为抵押债券、担保债券和信用债券。抵押债券是指以发行公司的特定财产作为抵押的债券。它按抵押品的不同，又可分为不动产抵押债券、设备抵押债券、证券抵押债券。这种债券在西方比较常见。担保债券是指由一定保证人担保而发行的债券。当公司没有足够的资金偿还债券时，债权人可以要求保证人偿还。信用债券又称无抵押担保债券，是指发行公司没有抵押品担保，完全凭信用发行的债券。这种债券通常是由信誉良好的公司发行，政府债券一般属于信用债券。

按照债券是否上市分类可分为上市债券与非上市债券。上市债券是指经有关机构批准，可以在证券交易所买卖的债券。债券上市对发行公司和投资者都有一定的好处：①上市债券因其符合一定的标准，信用度较高，出售的价格一般较高。②债券上市有利于提高发行公司的知名度。③上市债券成交速度快，变现能力强，更易于吸收投资者。④上市债券交易便利，成交价格比较合理，有利于公平融资和投资。

（二）公司债券中包含的主要契约

公司债券实质上是一种债权债务凭证，表明了公司需要偿还的债券的本金和利息以及偿还的期限等债务人应该履行的义务。债权人为保障自身权益，通常以债券契约的形式对自己的权利以及债务人的职责予以明确，是对公司债券投资者的一种保障方式。债券契约涉及的内容较多，但其主旨是确保债券发行者履行其职责。[1]

1. 基本条款。债券的基本条款也就是构成债券的基本要素，包括债券的面值、债券的利率以及债券偿还的期限。债券买卖双方的交易决定了债券的市场价值，实际的市场价值取决于利率水平等因素，与股票的面值之间会存在一定差异。在确定债券的偿还期限时，其变现能力的强弱是个非常重要的因素。这就涉及了债券市场发达程度的问题，在发达的债券市场上，债券的流通能够得以保障，变现力就会强。在我国，债券市场还不发达，债券的变现能力很弱，公司长期以来过分倚重股权融资，债券融资在公司的融资政策中地位较低。2005 年中国人民银行发布了《短期融资券管理办法》、《短期融资券承销规则》以及《短期融资券信息披露规则》，允许符合条件的公司在银行间债券市场向合格机构投资者发行短期融资券，虽然规定该短期融资券不向社会公众发行，但却是我国融资方式的重大突破。[2] 但与西方国家成熟的证券市场相比，仅仅是一个开端。

2. 资产契约。该契约主要明确借贷资金的占用形式，也就是公司的资本预算方向，因为公司价值创造的决定性作用，对资产占用形式的明确也就成为保障长期债务偿还的最佳保证，这就规定了公司资产的购置、使用以及转让。一般而论，债权人对于借贷资金的运用要具有知情权。公司应当按照事前在贷款契约中规定的用途将资金用在既定风险程度之上的投资项目，债权人还会对公司要进行资本预算项目的现金流量状况有个大致的了解，以保护债权人的利益。

3. 融资契约。从财务分析的角度而言，长期负债的债权人最关注的是公司的长期盈利能力，也就是公司创造价值的能力以及公司负债率的高低。在一般的债券契约中，融资契约是一项非常重要的内容，债权人要通过这一契约对公司的资本结构进行一定程度的控制，防止公司过度举债而增加的财务风险。财务风险的增加会影响原有债权人的索偿权，通常被称为索偿权稀释。是指债券发行之后，股东发行同等级别或有更优先级别的债券，因此稀释了原有债券持有者的索偿权。融资契约规定了公司可以发行的额外债务总额以及这些额外债务违约时对资产的索偿权。这种契约通常指明任何新发行债务一定对资产有附属索偿权。

4. 财务比率契约。在债券契约中，债权人通常对公司的主要财务比率有一定的要求，债权人会从不同的层面评价公司的债务偿还能力。目的在于确保公司的财务状况处于一个较为稳定的状态。

债务比率契约对于评价公司的风险以及对债权人利益的保护是必需的。当债务资本投资的收益率大于债务成本，不仅能够满足债权人的索偿权要求，还会对其股东提供额外收益，反之亦然。此外，当公司处于不利状态时，利息和债务的优先请求权会对公司产生严重的负面影响。公司无力承担这些义务会导致违约而且可能破产。在贷款契约中，一般会要求公司的主要财务比率不能低于设定的水平，比如流动比率不能低于

---

① 并非每种债券都包含这些所有的契约类型。

② 2005 年 5 月 26 日，华能国际、振华港机、国航股份、五矿集团、国家开发投资公司等 5 家公司，在银行间债券市场成功发行了 7 只期限分别为 3 个月、6 个月、9 个月、1 年短期融资券，总面额计 109 亿元。其中 1 年期参考收益率为 2.92%。

150%，利息保障倍数应该达到的水平等等。

5. 偿债基金契约。这是与公司融资相关的一种普通契约。公司债券的偿还意味着公司购回到期或者尚未到期的公司债券。一般而言，在美国，直接销售债券的偿付计划会在贷款契约中直接做出具体的规定；而公开发行的债券，则通常采用偿债基金和赎回条款的形式进行。偿债基金通常是债券信托人管理的账户，信托人用公司每年支付的金额在市场上购回公司的债券。它要求一部分债券到期前要赎回，约定在融资期限内偿还贷款而不是等到期一次偿还，一般是按照债券的面值将其赎回。

偿债基金的设立在一定程度上降低了投资者或者债权人的风险，缩短了平均债券期限或者平均借款期限。特别当公司陷入财务危机时，可能会难以支付偿债基金，因此，公司偿债基金的支付状况就会向债权人传递公司财务状况的信号，起到一种预警作用。另一方面，公司偿债基金的设立也赋予了发行公司一定的灵活性。一旦公司债券的价格低于债券面值，公司可按较低的市场价格购入债券，实现偿债基金要求部分债券提前赎回的要求。如果公司债券的市场价格高于其面值，则按照面值进行清偿。

6. 保护性条款。[①] 公司债券通常附有限制性条款，其意图在于保护债券持有人。常见的保护性条款有：①增加债务限制。②用现金去发放股利或进行股票回购限制。③禁止抵押条款。④子公司借款限制。⑤主要资产处置限制。⑥兼并、合并或出售限制。⑦售后租回限制。

债权人设置保护性条款的初衷是为了保护自身债权的安全性，但无形中可能会使股东收益。因为保护性条款的设置在一定程度上使得债权人承担的风险减少，也会使公司破产的风险降低，风险程度的降低意味着其要求的报酬的降低，也就是债权人在设置保护性条款后通常要求较低的利息率。这也会降低融资公司的资本成本，会给公司股东带来更多的剩余公司价值。

（三）债券评级在公司债券融资中的作用

在西方国家，大多数公司发行的公司债券都是一种信用债券，也就是无担保的债券。债券持有者手中的债券没有特定形式的资产担保，这会在一定程度上影响债权人对债券发行者的索偿权，所以，对公司信用状况的考察成为债券选择中至关重要的一种因素。

债券评级是一种特定债务发行的资信等级评定。其目的在于度量债券的信用风险。债券的等级取决于公司违约风险的大小以及债权人违约时债券契约对债权人的保护程度。有时信用风险和违约风险可互替使用，投资者为承担信用风险所要求的额外收益称为违约溢价。债券等级的评定是依据公司的财务信息等进行的，所以公司财务信息的可靠程度会在很大程度上影响公司债券评级的结果。

穆迪投资者服务公司和标准普尔投资者服务公司是两家主要的评级公司，其关于债券等级的评定如表 6－4 所示。

---

① Smith 与 Warner 的研究表明，在债券的公开发行中，有 91% 的债券契约包括了限制发行其他债务的条款，23% 限制股利的发放，39% 限制兼并，36% 限制资产的出售。

表 6－4 债券等级评定表

	高等级	较高级	投机级	低级
标准普尔	AAA AA	A BBB	BB B	CCC CC C D
穆迪	Aaa Aa	A Baa	Ba B	Caa Ca C D

注：穆迪与标准普尔公司有时会调整证券等级。标准普尔使用加减号进行调整，A＋代表 A 级中的最高级别，A－代表 A 级中的最低级别。穆迪采用的符号是 1、2 或 3，1 代表了最高级别。

AAA 与 Aaa 级是债券等级中的最高级别，表明债券具有极强的偿付本利的能力。AA 与 Aa 级债券有较强的本利偿付能力，同高级债券一起构成了债券的最高类别。

A 级债券偿还本利能力强，但比较容易随环境的经济状况的变动而产生不利的变动。BBB 与 Baa 级债券具有足够的能力偿还本金和利息，被称之为中级债券，因为一般都规定了充分的保护措施，因此，同高级债券相比，不利的经济情况或环境变化更能减弱该级别债券的本利偿付能力。

BB、Ba 至 CC、Ca 级债券一般被认为具有显著的投机性，BB 与 Ba 级债券的投机度最低，Ca 与 CC 级债券的投机度最高。尽管这种债券可能具有某种特质与保护性特点，但还是带来了很大的不确定性。

C 级债券被归属于从未支付利息收益的证券。

D 级债券无力清偿债务，该种债券无法按时支付利息以及偿还本金。

公司债券等级的评定结果会对债券发行公司及债券购买者产生重要影响。购买者的购买决策与债券评定结果之间的相关度较高，债券等级越低，在购买这种债券时承担的风险就越高，要求的报酬率也就越高，发行公司的成本必然会增加。如果两家公司财务比率相似，债券类型一致，则信用评级较高的债券比信用评级较低的债券出售价格要高。

我国的债券评级目前还没有统一的等级标准，根据中国人民银行的规定，凡是向社会公开发行的公司债券，需要经中国人民银行认可的资信评级机构进行评估。

（四）公司债券融资的利弊分析

公司债券的利息具有抵税作用，可以降低公司的资本成本。公司债券的抵税作用来自于公司价值分配中利息和股利的支出顺序的不同，世界各国税法基本上都准予利息支出在税前列支的，节约的这部分税负相当于政府给予公司的一种变相补贴。而股利支付则是在税后进行。

公司债券不会导致股权控制的稀释，公司通过发行债券筹集资金，只要公司能够按合同条件归还本金和利息，公司的控制权仍掌握在原来的股东手中，公司股东并不会因为发行的债券而使其在公司中的地位受到挑战。对于债券投资者，他只享有按期收取利息、到期收回投资本金的权利而不能参与公司经营决策，不能参与公司经营管理，因而不会导致股权稀释，有利于股东对公司的控制，有利于保护已有股东的权益。只有当公司无法按合同规定归还债券本金和利息时，公司的控制权才会受到影响。

但是，公司债券的财务风险较高。债券有固定的到期日，并需定期支付利息，发行公司必须承担按期还本付息的义务。在公司经营不景气时，亦需向债券持有人还本付息，这会给公司带来更大的财务困难，财务危机成本较高，有时甚至导致破产。并且，发行债券的限制条件一般要比长期借款、租赁融资的限制条件要多且严格，从而限制了公司债券融资方式的使用，甚至影响公司以后的融资能力。

三、租赁

租赁于20世纪50年代在美国兴起，60年代传到日本，之后在世界各国逐渐兴起。是承租人与出租人之间的一项契约性协议。在协议中规定在承租人支付一定报酬的条件下，出租人将自身的资产在约定的期限给承租人拥有和使用的权利。现在，租赁已经成为公司融资的一种重要方式。

（一）经营租赁

经营租赁，有时又称服务性租赁，以满足承租人临时使用资产而产生的租赁行为，承租人租入资产的目的在于短期的生产经营需要，其目的并不真正在于融资。在这种租赁契约中，财产的所有者称为出租人，使用者称为承租人，一般地，经营租赁要求出租人对租赁设备提供维修服务，维修的所有费用计入租赁支出。

通常情况下，在经营租赁中，出租人无法通过租金收入得到完全的补偿，也就是讲，租金收入不能弥补出租人资产的全部成本。原因在于经营租赁的短期性，一般会低于资产的经济寿命，所以出租人资产的剩余成本只能通过资产的再次出租或者资产的出售加以弥补。

从财务分析的角度出发，公司的财务风险与公司的负债率呈正相关关系，如果公司通过举债来购买某项资产时，会导致资产负债表中资产与负债的同时增加，而在经营租赁中，租赁的资产以及因此而承担的责任并未在承租公司的资产负债表中予以体现，所以经营租赁实际上产生了表外融资。也可能成为公司管理当局粉饰财务报表的一种手段。

（二）融资租赁

融资租赁，又称资本租赁，与经营租赁的不同在于：出租人不提供维修服务，并且在融资租赁中出租人的资产成本能够得到全部补偿；在这种租赁契约中承租人不能撤销或完全撤销，即出租人收到的租金等于租赁设备的全部价格加上投资报酬率，并且要承担面临的所有风险。

在典型的融资租赁中，使用设备的公司（承租人）选择所需要的具体设备，接着同制造商协商价格和运输条款。这种方式所支付的成本一般低于公司为购买资产而进行的债务或权益融资的成本，并且，租赁费用的支出时间较长，使得公司的现金流能够缓慢地流出企业，也就使其成为公司购买资产的一种效果极佳的替代融资方式。因为经营租赁产生的表外行为，在对待租赁的资本化问题上，已经制定了相关的标准：

根据租赁条件，财产所有权实际上从出租人转移给承租人。

租赁期满时，承租人可以按低于真正市场价值的价格购买财产。

租赁期限等于或者超过资产年限的80%。这样，如果资产的使用年限是10年，租赁期是8年，租赁费用必须资本化。

租赁支出的现值等于或者超过资产原始价值的90%。

如果符合上述一种或几种情况，租赁应划分为资本租赁（融资租赁），予以资本化并在资产负债表中直接列示，承租人租用的资产将被视为公司的资产列示在资产负债表的左方，租赁合同中的租赁付款额将作为公司负债列示于资产负债表的右方。有利于公司利益相关者客观地评价企业的资产负债状况。

（三）租赁迅速增长的原因

租赁成为公司广泛使用的一种融资手段，主要基于如下几种原因。

租赁通常是基于税收考虑的。对承租人而言，租赁费用在税前是可以全额抵扣的。并且在承租人与出租人税率存在差异的情况下，这种节税的效应更为明显。假如承租人的所得税税率低于出租人的公司所得税税率，公司购入某项资产计提的折旧以及因购买资产而进行的债务融资的利息带来的税收的节约相对较小，此时，由出租人购入该项资产而出租给承租人，则出租人的折旧及利息的税收节约就高。这种税负的差异加之租赁市场上的竞争可能会使出租人以较低的租赁成本将其购买的资产租赁给承租人使用。从而达到双方都获益的目的。

在经营租赁中，租赁的资产以及承租人承担的租赁费用都未在公司的资产负债表中反映，不会使公司的负债上升，也就不会改变公司的资本结构。稳定的资本结构对于公司将来的融资能力会产生一定的积极影响。并且，承租人也不承担由于技术原因而导致的资产的淘汰风险，有利于公司财务状况的稳定。

一般而言，租赁的效率要高于融资购买资产的效率，资产租赁中的限制条件要远远少于公司利用债券、长期借款以及股权融资的限制。并且租赁费用的支出是在较长时间内完成的，也就延缓了现金流量流出公司的时间。

四、公司的长期借款

公司的长期借款是指向银行以及非银行金融机构借入的、使用期限超过一年的款项，这是我国公司融资的一项重要来源。长期贷款合约的签订中，一般也会向公司债券那样具有一定的限制性保护条款。

（一）长期借款的优点

与股票、债券等长期融资方式相比，借款融资速度快。公司利用长期借款融资一般所需时间较短，程序较为简单，可以快速获得现金。而发行股票、债券筹集长期资金，需做好发行前的各种工作，如印制证券等，发行也需一定时间，故耗时较长，程序复杂。

借款成本较低，利用长期借款融资，其利息可在所得税前列支，故可减少公司实际负担的成本，因此比股票融资的成本要低得多；与债券相比，借款利率一般低于债券利率；此外，由于借款属于间接融资，融资费用也较少。

借款弹性较大，在借款时，公司与银行直接商定贷款的时间、数额和利率等；在用款期间，公司如因财务状况发生某些变化，亦可与银行再行协商，变更借款数量及还款期限等。因此，长期借款筹集资金对公司具有较大的灵活性。

（二）长期借款的缺点

融资风险较高，借款通常有固定的利息负担和固定的偿付期限，故借款公司的融资风险较高。限制条件较多，这可能会影响到公司以后的融资和投资活动，如要求担保。融资数量有限，一般不如股票、债券那样可以一次筹集到大批资金。

在我国公司融资的历程中，银行的角色实现了多次转变。在计划经济体制下，公司的资金来源是国家的拨款，企业无须计提固定资产的折旧，也无须进行成本核算等。改革之初，实行了由“拨”改“贷”，即银行向企业提供生产经营及发展所需要的资金，银行成为公司资金的借贷者，造成了企业很高的银行贷款率，致使公司的负债率相对较高。资本市场特别是股票市场在我国得以发展后，我国企业表现出了很强的股权融资偏好，成为公司融资的首选。很多公司为解决公司高负债率问题，还实行了债权改股权的做法。

第四节　公司股权融资

一、股权融资的理财原则

股权融资决策对于任何一家上市公司来讲，都是一个极为重要的财务决策。在我国，股权融资是公司外部长期融资中的主要渠道之一。由于股票市场发展历史较短，上市资源控制较为紧张，通过股票上市来筹集资金变得非常复杂而困难。表 6－5 显示了我国从 1990～2003 年股权融资规模。

表 6－5　我国股票市场融资情况①　　单位：亿元

年份	首次发行融资		再次发行融资			其他	融资总额
	A 股	B 股	H 股、N 股	A、B 配股	A、B 增发	可转债	
1990	45.90						45.90
1991	5.00						5.00

① 管征：《上市公司股权再融资》，社会科学文献出版社，2006。

续表

年份	首次发行融资		再次发行融资			其他	融资总额
	A 股	B 股	H 股、N 股	A、B 配股	A、B 增发	可转债	
1992	50.00	44.09					94.09
1993	194.83	38.13	60.93	81.58			375.47
1994	49.62	38.27	188.73	50.16			326.78
1995	22.68	33.35	31.46	62.83			150.32
1996	224.45	47.18	83.56	69.89			425.08
1997	655.06	80.76	361.03	198.00			1294.85
1998	439.45	20.76	44.96	334.97			840.14
1999	499.52	3.81	47.20	320.64	59.00	15.00	945.17
2000	789.91	14.00	562.21	519.46	188.00	28.50	2102.08
2001	544.89	0.00	70.21	430.64	206.14	0.00	1251.88
2002	462.16	0.00	181.75	56.32	218.68	41.50	960.41
2003	463.50	3.56	534.64	93.47	100.67	180.60	1376.44
合计	4446.97	323.91	2166.68	2217.96	772.49	265.60	10193.61

在股权融资决策中要体现如下原则：

双方交易原则：股票的发行需要设置投资者能够接受的价格和其他条件。

信号传递原则：宣布一种普通股即将公开销售通常会导致股票市场的消极反应，因为这种行为暗示，管理当局认为公司股票已被高估，适合利用发行股票筹集资金。

资本市场有效原则：把公司普通股交易活跃时的股票市价作为衡量其价值的最佳尺度。①

二、普通股融资

普通股是股份公司权益资本构成中最基本的股份，公司股权融资代表了股东对公司净资产的所有权。在西方国家，公司的融资基本遵循融资优序理论，在公司的经营中，股权融资的规模在公司融资中所占的份额并不高，并且现在呈现了较强的股票回购势头。从资本成本、公司控制权以及剩余索偿权的角度并不难理解这一问题。

（一）股票发行与公司价值

公司在对资本预算项目进行决策后，如果发现是良好的投资机会，就会通过权益或负债的形式筹集所需要的资金。在股权融资中，股票的发行主要通过新股发行和配股发行两种形式完成的。

① Douglas R. Emery and John D. Finery: Corporate Financial Management Copyright 1997 By Prentice Hall Inc., pp. 36 – 98.

新股发行时，由于公司管理者用于更多的信息而导致了其与公司外部利益相关者之间的信息不对称，当管理者认为公司的股票价格被高估的时候，公司就会有发行新股进行融资的冲动，这将对公司现有的股东有利。但是，管理者的这种决策会通过某种渠道传递给市场潜在的投资者，我们将其称之为“信号效用”。管理当局的这种行为会让潜在的投资者做出一种判断：在此时，应该抛售公司的股票。这就会引起新股发行公告与公司价值的负相关关系。

公司在选择债权融资方式时，要在债务带给企业的税收节约与财务危机发生的成本进行权衡。当公司的管理者意识到公司存在支付困难，并判断公司有可能发生财务危机时，他们就不会在选择债务融资，而是倾向于权益融资。这同样也会给公司外部的潜在投资者一种信号：该公司目前或不远的将来有可能发生支付的困难。这也会使得他们做出出售公司股票的决策，也会引起公司价值的下降。虽然融资决策与企业经营活动所创造的自由现金流量没有关系，与公司的价值没有直接的联系，但是，负债规模的扩大会给企业带来较大的财务风险，这会降低企业价值；并且融资行为以及公司融资方式的选择会作为一种信号影响到投资者对企业未来时期现金流量的预期，并通过他们的投资活动影响企业价值。

在没有规定优先认购股权时，新股的发行会使现有股东的所有权的比例下降。与之相比，配股时向现有股东出售的公司股票，不会引起现有股东所有权的稀释。与现金发行过程不同的是，公司的每个股东都会取得配股的权利，配股的价格一般会低于公司原有股票的价格。在配股过程中，原有股东可以行使配股的权利，即以约定的价格购买公司的股票，也可以放弃这种权利的行使，即向社会潜在投资者让渡这种权利，让渡过程中会得到外部投资者的补偿。无论原有股东怎样选择，配股都会导致公司股票价格的下降。原因在于配股后发行的股票的市场价格低于配股发行前的股票市场价格。当原有的股东放弃配股权利时，要在让渡权利的收益与配股导致的股价下跌的损失之间进行权衡。

（二）普通股股东的权利

公司重大决策的表决权，普通股股东是股份公司的所有者之一，通过公司的首次公开发行（IPO）成为公司最基本的股东。普通股股东财富的创造与保护是公司决策最主要的出发点。因此，对于公司的重大决策和经营管理，一般来讲，普通股股东按照持有的股份数额享有投票权，这是公司理财与公司治理的基本原则之一。如果普通股股东本身不能参加投票，可以委托代理人来行使其投票权。通过投票，普通股股东间接地参与了公司的经营管理，所以普通股股东又具有参与经营权。

企业价值分配权，公司的理财目标在于创造企业价值，为公司利益相关者特别是股东创造财富。但是，股东享有的财富分配权是居其他利益相关者之后的，实际上也就是一种剩余分配权和索偿权，其分配的价值在数量上是不固定的，当企业创造的价值不足以满足债权人等利益相关者的需要时，还会侵害到以往年度创造的股东财富。正是这种风险的承担使得普通股股东享有满足其他利益相关者之后的剩余企业价值，在企业经营状况良好时，能够利用债权人提供的债务资本为自己创造高于债务资本成本的剩余收益。

剩余资产的分配权，股份公司解散或清算时，普通股股东有权按持有股份的比例来获得财产的分配。但是，普通股的资产分配权在优先股之后。必须说明的是，在优先股之前，还有债权人的债务偿付问题。如果某股份公司解散或清算，要首先清偿不包括优先股和普通股股东在内的债权人的债务，然后才是优先股股东享有剩余资产的分配。如果优先股股东的财产请求权满足以后还有剩余，普通股股东才有可能得到一定的剩余资产分配。

优先购股权，一般来说，普通股股东有优先购买新股的权利，以保障现有普通股股东在该公司资本的所有权在一定程度上保障其控制权不被稀释，对普通股的优先购股权，普通股股东可以自己行使，购买新股票；也可以转让给别人，让别人优先购股，这在公司的配股中体现的非常明显。

（三）普通股融资的评价

普通股融资作为公司主要的股权融资形式，在公司的 IPO 决策以及日后的股权再融资中发挥了主要的作用。由于其没有固定的股利负担，没有固定的到期日，无须偿还本金等特点，一度成为我国公司融资的主要选择，使我国公司显示了很强的股权融资偏好。

但是，股权融资的成本表现为公司发放的股利以及在资本市场上的资本利得。一般而言，由于普通股承担的风险较大，使得普通股融资的成本要高于债务资本成本。而债务融资其债权人风险较低，支付利息允许在税前扣除。此外，普通股的发行成本也较高，一般来说发行证券费用最高的是普通股，其次是优先股，再次是公司债券，最后是长期借款。

利用普通股融资，出售新股票，增加新股本，可能会分散公司的控制权；此外，新股东对公司已积累的盈余具有分享权，这就会降低普通股的每股净收益，从而可能引起普通股市价的下跌。

我国上市公司偏好股权融资，部分原因在于上市公司认为一般无须向股东发放股利，也就是认为权益资本的使用是无成本的。他们认为公司与股票购买者之间的关系只存在于股票买卖的瞬间，之后投资者提供的现金流如何使用是公司自己的事情，① 但是，从资本提供要获取报酬的角度出发，这种现象就违背了资本市场的基本规律，不论是权益投资者还是债务投资者都向公司提供了现金流量，都应该获取公司提供的报酬，差异在于提供报酬的形式与优先顺序。

在我国还存在一个较为特殊的情况，即公司的部分上市，我们国内一些所谓管理先进的企业集团将一些优良资产剥离出来，达到上市的要求后上市，但上市筹集来的资金却是属于整个企业集团来使用的。使得利用股票价格来衡量公司的经营业绩变得异常困难。这也是造成我们股票市场没有效率的原因之一。更为可怕的是一些企业将上市作为衡量企业管理水平的一种标准。在进行包装甚至是做假后上市，而后将股市作为一种圈

① 很少有公司的中、下投资者参加公司股东大会的情景，他们更关心的是资本市场上的“炒股”收益。

钱的工具。根本不考虑投资者的利益。很多人认为股票交易是一种零和交易便是很好的证明，正确的现象应该是所有的投资者共输赢的现象。

三、优先股融资

优先股融资也属于公司的权益融资，与公司的普通股相比，其“优先”主要体现在股利支付与公司破产清偿时财产的索偿权。对于持续经营的公司而言，优先股的优先权仅仅体现在股利的获取顺序上。

（一）优先股与普通股

与普通股相比，优先股尽管具有分配股利以及清算时的优先权利，但是，却没有公司重大事项的决策权，所以不会对普通股固定的表决权以及对公司的控制权造成威胁。因为承担的风险小于普通股承担的风险，除去固定的收益后，也就不会拥有公司剩余企业价值的分配权。并且，大多数优先股是可以赎回的，这就使其有可能成为公司调整资本结构的工具。与普通股一样，公司发行优先股也具有很多限制，并且优先股的收益率相对较低。优先股股利的支付是定期进行的，不像普通股股利的发放那样灵活。

（二）优先股与公司负债

优先股股东只能获取既定的股利，并且在公司进行清算时，也只会获取既定的价值补偿，从这一角度出发，优先股类似于公司的债务融资。

但是，从税收节约的角度看，优先股与公司负债有较大的差别，债务利息是在税前支付的，而优先股股利是税后支付的，所以不会给公司带来税收节约效应，使得优先股的资本成本相对较高。但是，发行优先股的公司会在一定程度上避免债务融资带来的财务危机。

第五节　融资决策与价值最大化[①]

一、融资决策与公司价值

融资决策是公司的重要财务决策之一，其与资本预算决策一道组成了财务理论研究的核心内容。对融资决策及其与公司价值之间相关性进行分析和探讨也是财务理论研究的主要内容之一。资本结构理论正是对融资决策及其与公司价值之间相关性研究的核心内容之一。在财务理论研究中，融资决策对公司价值的影响是不容回避的一个问题，这

① 汪平著：《财务理论》，经济管理出版社，2003。

一问题的解决与否以及如何解决对于整个理财学的发展都会产生重大的影响。MM 资本结构理论为这一问题的解决提供了一个科学的范式。

根据 MM 资本结构理论，融资决策与资本预算决策对公司价值影响的机制是完全不一样的；投资决策是根本意义上的财务决策，只有资本预算决策才对公司价值产生根本的影响，而融资决策是派生的、处于从属地位的财务决策；现金流量与资本成本是财务决策影响公司价值的联结体。

按照严格的理论分析定义，资本结构是指长期负债尤其是指公司债与股权资本尤其是指普通股之间的比例关系。在众多的理论分析中，为了简化问题的难度，一般会假设公司只以公司债与普通股两种融资方式来筹措公司经营所需要的资金。那么所谓资本结构理论，实际上是要探讨这样一个问题：在公司资本预算决策既定的情况下，以公司债融资与以普通股融资对公司价值会产生怎样的影响？

按照人们的一般想法，资本结构对公司价值应当产生重大的影响。这是因为债务的资本成本要比股权资本的资本成本低得多。因此，较多地使用债务，公司的加权平均资本成本将趋于下降，就可以提高公司的价值。如果首先假设当债务比重提高时，债务成本与股权资本成本保持不变的话，最理想的资本结构应当是 100% 的债务比率。债务成本通常要远远低于股权资本的成本，因此，随着债务比率的上升，公司的加权平均资本成本会下降。当负债率达到 100%，公司的加权平均资本成本最低，公司价值最大。所谓“负债经营”的理论依据便是源于此。

但是，负债率的提高会增加公司的财务风险，进而会提高投资者对公司的报酬率要求，造成资本成本的提高。很明显，在这种情况下，公司的资本成本并不独立于其资本结构，而每一家公司均有其最佳的资本结构。

最佳的资本结构或者称作最优的资本结构，在通常情况下，是指使公司的加权平均资本成本最低，与此同时，也是使公司价值达到最大化的资本结构。人们经常以负债率来替代严格意义上的资本结构。

二、MM 资本结构理论

MM 资本结构理论的发展分为三个阶段：（1）1958 年 6 月，MM 无公司税资本结构理论，又称资本结构无关理论。1958 年 6 月，莫迪哥莱尼（Franco Modigliani）教授与米勒（Merton H. Miller）教授在《美国经济评论》杂志上发表的《资本成本、公司理财与投资理论》（*The Cost of Capital, Corporation Finance and the Theory of Investment*）一文，阐释了这一理论。MM 在严格的假设前提之下，以无套利分析技术论证了资本结构与公司价值之间的不相关关系。（2）1963 年 6 月，MM 有公司税资本结构理论。1963 年 6 月，MM 两教授在《美国经济评论》杂志上发表了《公司所得税与资本成本》（*Corporate Income Taxes and the Cost of Capital*）一文，探讨了在有公司所得税的情况下，资本结构是如何影响公司价值的。（3）1977 年 5 月，米勒模型。1977 年 5 月，米勒教授在《金融杂志》上发表了一篇论文《债务与税》（*Debt and Taxes*），认为 MM 有公司税资本结构理论夸大了公司所得税对于公司价值的正向作用。同时，私人所得税的存在会抵消这种影响。尤为重要的是，在米勒均衡状态下，即使存在着各种所得税，资本结构对公司价值也没有影响。米勒模型是 MM 资本结构理论的一般形式，其他两种理论均可由此导出。

MM 无公司税模型建立在以下假设的基础上：

1. 公司经营风险可由纳税付息前利润的标准差（δ_{EBIT}）来衡量，有相同经营风险的公司处于同类风险级。

2. 现在或潜在的投资者对每一个公司未来的纳税付息前利润的估计完全相同，即投资者对公司未来的收益和风险的预期是相同的。

3. 股票和债券在完全资本市场上交易意味着：没有交易成本，投资者（个人和组织）可与公司一样以同等利率借款。

4. 公司和个人的负债没有风险，负债利率为无风险利率。此外，无论公司或个人举债多少，这个假设不变。

5. 所有现金流量都是固定年金，即公司的增长率为 0。

MM 无公司税模型包括如下三个命题：

命题一，公司价值命题

$$V_L = V_U = \frac{EBIT}{K_{WACC}} = \frac{EBIT}{K_{SU}}$$

命题二，风险补偿命题

$$K_{SL} = K_{SU} + (K_{SU} - K_d)(D/S)$$

命题三，投资报酬率命题

$$IRR \geqslant K_d = K_{SU}$$

式中：EBIT 为纳税付息前利润；K_{WACC} 为加权平均资本成本；K_{SU} 为处于一定风险等级中的资金来源全部为股权资本的投资者期望报酬率；K_d 为负债利率；D 为负债市场价值；S 为股票市场价值；IRR 为内含报酬率；L 为有负债公司；U 为无负债公司即全部股权资本公司。

命题一说明，只要 EBIT 相等，那么处于同一风险等级里的公司，无论是负债经营的公司还是无负债经营的公司（全为股权资本经营的公司），它们的价值相等。公司的资本结构与公司的加权平均资本成本、公司价值毫不相关。命题二是对命题一的进一步阐述。在 MM 的世界里，之所以资本结构对资本成本、公司价值不产生影响，是因为负债率的提高在降低加权平均资本成本的同时，又会由于风险的加大而使得股权资本成本提高，即所谓的风险补偿，$(K_{SU} - K_d)(D/S)$。负债率（D/S）越高，负债因素使得加权平均资本成本降低越多，但股权资本的风险补偿也会越多，这又会提高加权平均资本成本的水平。两者相互抵消，使得公司的加权平均资本成本的水平始终与无负债状态下的股权资本成本相同，即 $K_{WACC} = K_{SU}$。命题三说明，内含报酬率大于加权平均资本成本或者预期报酬率是进行资本预算决策的基本前提。只有采纳了内含报酬率大于加权平均资本成本即净现值大于 0 的项目，公司价值才能够得以增加。在有效的资本市场上，公司股票的行市也会因此而提高。

MM 两教授运用无套利证明的方法论证了他们的资本结构命题。

例如，有风险相同的 A、B 两家公司。除了 A 公司完全没有负债，而 B 公司有 60000 元、利率为 5% 的债务之外，其他各方面均相同。依据一般的思路，由于 B 公司采用了成本较低的负债作为资金的来源，会通过降低加权平均资本成本来提高公司的价值。因而，B 公司的价值应当高于 A 公司的价值，即 $V_A < V_B$。

但 MM 认为，这种认识是错误的。B 公司的价值被高估了，而且这种情形无法继续下去，因为套利行为会使得两个公司的价值最终趋于相等。理性的投资者即套利者会出售被高估公司的股票，购买被低估公司的股票，这个过程将会一直持续到两个公司的市场价值完全相等为止。B 公司的投资者可以投资于 A 公司而得到相同金额的报酬，同时，在无需增加融资风险的情况下，还能以较低的支出得出上述的结果。由于投资者可以通过支出较少的投资来增加财富，因此，B 公司的投资者将出售其所持有的 B 公司的股票，购买 A 公司的股票。此种套利行为将一直持续下去，直到 B 公司股票价格下跌，同时，A 公司股票价格上扬至两家公司的价值完全相等，即 $V_A = V_B$ 为止。

在套利过程中，市场上必须有理性的投资者（套利者），他无视公司财务杠杆与个人财务杠杆的差异，且资本市场是完全有效的，没有交易成本，没有破产、代理成本等。而这一切在事实上却做不到。所以，MM 的最初资本结构理论是在极端假设条件下建立的一个具有极端性质的资本结构模型。这一理论的重要意义在于它揭示了负债运用的收益与成本之间的密切相关性，形成了第一个科学的、严谨的资本结构理论，并以此推动了整个财务理论的发展。

1963 年，MM 两教授在以往研究的基础上加入了公司所得税因素，发展了他们的资本结构理论。

MM 有公司税资本结构理论同样包括三个命题：

命题一，公司价值命题

$V_L = V_U + TD$

命题二，风险补偿命题

$K_{SL} = K_{SU} + (K_{SU} - K_d)(1 - T)(D/S)$

命题三，投资报酬率命题

$IRR \geqslant K_{SU}[1 - T(D/V)]$

MM 有公司税模型的中心思想是：由于利息的支付是可以抵税的，因此财务杠杆降低了公司税后的加权平均资本成本，进而提高了公司价值。

例如，有 A、B 两家公司，A 公司为全股权资本经营公司，没有负债，B 公司有 8000 元、利率为 5% 的公司债，公司所得税税率为 50%，其他资料均相同，详见表 6-6。

表 6-6 单位：万元

项目	A 公司	B 公司
（1）营业净利	20000	20000
（2）公司所得税	10000	10000
（3）息前税后净利	10000	10000

续表

项目	A 公司	B 公司
(4) 无负债公司税后资本化率	8%	8%
(5) (3) 之资本化价值	125000	125000
(6) 负债利息	0	4000
(7) (1－税率) × (6)	0	200
(8) 利息抵税额	0	200
(9) 利率	—	5%
(10) (8) 之资本化价值	0	4000
(11) 公司总价值	125000	129000

表 6－6 中第 5 项为股权资本价值，即息前税后净利之资本化价值；第 10 项为负债价值，即利息抵税额之资本化价值。依照 MM 理论，当公司所得税存在时，这两项之和即为公司总价值。公司总价值亦可用以下公式直接计算求得：

$$V = \frac{O(1-t)}{\rho_k} + tD$$

$$= \frac{20000 \times (1-0.5)}{0.08} + 0.5 \times 8000$$

$$= 125000 + 4000$$

$$= 129000\text{（万元）}$$

式中：O 为预期营业净利；t 为所得税税率；ρ_k 为某一风险等级下无负债公司的税后资本化率（普通股东要求报酬率）；D 为负债市场价值。

上式表明，一公司的价值会随着所使用负债的增加而增加。就某种意义上讲，政府补贴使用负债的公司，负债越多，政府给予公司的补贴越多，因而增加了公司价值。

同时，在不考虑财务风险的情况下，使用负债越多，公司的加权平均资本成本就越低。经税负调整后的资本成本为：

$$K_{WACC} = \rho_k \left(1 - t \times \frac{D}{D+S}\right) \times 100\%$$

因此，

$$\text{A 公司资本成本} = 0.08 \times \left(1 - 0.5 \times \frac{0}{0 + 125000}\right) \times 100\% = 8\%$$

$$\text{B 公司资本成本} = 0.08 \times \left(1 - 0.5 \times \frac{8000}{8000 + 125000}\right) \times 100\% = 7.6\%$$

总之，按照有公司税的 MM 资本结构理论，一公司可经由财务杠杆的不断提高而持续不断地降低其资本成本，增加公司价值。财务杠杆程度越高，资本成本越低，公司价值就越大。100% 的负债率是使公司价值达到最大的负债率水平。

米勒教授显然也意识到了以上结论的谬误之处，因此沿着以上研究的轨迹进一步发展和完善了 MM 资本结构理论，这就是关于资本结构的米勒模型的提出。

米勒教授认为，有公司税的资本结构模型夸大了利息由于抵税给公司价值所带来的增值作用。作为公司价值的最终享有者，普通股股东的收益水平不仅仅涉及公司所得税，还会涉及个人所得税的多寡。具体言之，较低的公司所得税支付，可能由于税法的原因，会带来较多的个人所得税支付，从而抵减了公司所得税所带来的优势。而恰恰是个人所得税的存在在很大程度上抵消了公司所得税对于公司价值的正向影响。

假设 T_c 为公司所得税税率，T_s 为适用于股票所得（含股利与资本利得）的个人所得税税率，T_d 为适用于利息所得的个人所得税税率。

考虑到个人所得税因素，无负债公司的价值可表述为：

$$V_U=\frac{EBIT(1-T_c)(1-T_s)}{k_{sU}}$$

由于个人所得税的加入，事实上是减少了可以支付给投资者的收益。

米勒模型同样可以用无套利证明的方式来予以论证。下面的论证方法更为简单。首先将有负债公司的现金流量 CF_L 划分为属于股东所有的现金流量与属于债权人所有的现金流量两部分：

$$\begin{aligned}CF &= \text{属于股东所有的现金流量}+\text{属于债权人所有的现金流量}\\ &=(EBIT-I)(1-T_c)(1-T_s)+I(1-T_d)\end{aligned}$$

上式中 I 为利息。上式可进一步调整为：

$$CF_L=[EBIT(1-T_c)(1-T_s)]-[I(1-T_c)(1-T_s)]+[I(1-T_d)]$$

上式中的第一项为无负债公司的税后现金流量，对其进行折现的折现率应当是 k_{sU}。第二项与第三项均为与财务杠杆相关的现金流量，对其进行折现的折现率是负债的成本，即 k_d。将以上三项现金流量的现值相加，即可得有负债公司的价值，如下：

$$V_L=\frac{EBIT(1-T_c)(1-T_s)}{k_{sU}}-\frac{I(1-T_c)(1-T_s)}{k_d}+\frac{I(1-T_d)}{k_d}$$

上式中的第一项即为无负债公司的价值，因此：

$$V_L=V_U+\frac{I(1-T_d)}{k_d}\left[1-\frac{(1-T_c)(1-T_s)}{(1-T_d)}\right]$$

税后的、永续的利息除以债权人的要求报酬率即是债务的市场价值（D），即：

$$\frac{I(1-T_d)}{k_d}=D$$

所以，

$$V_L=V_U+\left[1-\frac{(1-T_c)(1-T_s)}{(1-T_d)}\right]D$$

这就是著名的米勒模型（Miller Model）。

对米勒模型可做如下说明：

1. 来自于财务杠杆的收益为：

$$\left[1-\frac{(1-T_c)(1-T_s)}{(1-T_d)}\right]D$$

这取代了 MM 无公司税模型中的 TD。

2. 如果舍去各种所得税因素，即 $T_c=T_s=T_d=0$，则米勒模型回到最初的 MM 无公司税资本结构模型。

3. 如果舍去个人所得税因素，即 $T_s = T_d = 0$，则中括号内 $[1-(1-T_c)]$ 减少为 T_c。米勒模型回到有公司税的 MM 资本结构模型。

4. 如果适用于股票收益的所得税税率等于适用于债务收益的所得税税率，即 $T_s = T_d$，则 $(1-T_s)$ 与 $(1-T_d)$ 可以抵消，同样回到有公司税的 MM 资本结构模型。

5. 如果 $(1-T_c)(1-T_s)=(1-T_d)$，即债务对公司价值的抵税优势恰好被个人所得税在股票收益上的优势所抵消，则使用财务杠杆给公司价值带来的影响为 0，资本结构与公司价值无关。米勒模型回到了无公司税的 MM 资本结构模型。

6. 由于股票收益适用的所得税税率较低，且可以递延，因此，股票收益税率通常要低于债务收益税率。在这种情况下，来自于财务杠杆的收益要低于在 MM 无公司税资本结构模型下所计算的水平。假设 $T_c=40\%$，$T_d=30\%$，$T_s=20\%$，则有负债公司的价值要比无负债公司的价值增加所运用负债的市场价值的 31%：

$$\text{来自于财务杠杆的收益} = \left[1-\frac{(1-T_c)(1-T_s)}{(1-T_d)}\right]D$$

$$= \left[1-\frac{(1-0.40)(1-0.20)}{(1-0.30)}\right]D$$

$$= [1-0.69]D$$

$$= 0.31D$$

按照有公司税的 MM 资本结构模型，来自于财务杠杆的收益相当于公司所运用负债的市场价值的 40%，即 $T_cD = 0.40D$，大于米勒模型下的 0.31D。换言之，早期的 MM 资本结构理论高估了财务杠杆对于公司价值的增值作用。

在米勒模型中，还有一个问题必须再做说明，即米勒均衡状态。如果 $(1-T_c)(1-T_s)=(1-T_d)$，就意味着实现了米勒均衡。在这种状态下，资本结构的任何变化同样不能作用于公司价值。这可以看成是对 MM 无公司税资本结构理论的另一种证明。

三、MM 资本结构与公司价值

公司价值理论是现代财务理论的核心内容。MM 理论的重大贡献之一就是对公司价值进行了科学地界定与度量，为以后公司价值理论的发展奠定了基础。

按照 MM 的定义，所谓公司价值是公司未来经营活动所创造现金流量的现值：

$$V_L = V_U = \frac{EBIT}{K_{WACC}}$$

在以上模型中，EBIT 即是所谓的纳税付息前利润，是经营活动所创造的现金流量。现金流量越多，公司价值就越大。K_{WACC} 是将未来现金流量进行资本化以得出公司价值数量的资本化率，其高低反映着公司风险的大小。这样，理解公司价值概念有以下两点极为紧要：一是公司价值是未来现金流量的资本化；二是现金流量是公司经营活动的结果。二者应当是同样重要的。

既然如此，那么在 MM 资本结构理论的发展过程中，有些问题就有必要进行更深一步的探讨。在有公司税的情况下，公司价值可以定义为：

$V_L = V_U + TD$

换言之，公司价值由以下两部分构成：

公司价值 = 源自经营活动现金流量的价值 + 源自利息抵税收益的现金流量的价值

在这里，现金流量并没有按照它们产生的渠道进行严格的划分。源自利息抵税收益的现金流量与源自经营活动的现金流量一样，被视为是产生公司价值的重要因素。如若从财务决策的视角，现金流量的源头是一个极为关键的问题，不容忽视。作为投资者财富增加的保障，同时，也是公司之所以存在的缘由，经营活动创造的现金流量才是公司价值增加的唯一途径。无疑，MM 无公司税资本结构理论关于公司价值的模型极好地体现了这一点。

从公司与投资者的角度而言，利息抵税收益确实带来了现金流量的增加。但必须明确的是，利息抵税收益源自公司的融资决策与所得税法，与经营活动创造的现金流量之间有着本质的不同。再进一步讲，即使是利息抵税收益，它对公司价值的正向影响也是通过经营活动所创造的现金流量来达到的。没有理想的经营活动，没有理想的经营活动现金流量，利息抵税效应便很难发挥作用。总之，严格而论，公司经营活动所带来的现金流量才是创造公司价值的唯一途径，其他任何形式的现金流量（包括利息抵税产生的现金流入，财务危机、代理冲突产生的现金流出等）不过是对公司价值所做的调整而已，无关公司价值的实质。作为公司财务管理活动的目标追求，公司价值的性质正在于此。

既然经营活动创造现金流量是公司价值的唯一源头，那么，决定公司价值的根本因素只有一个，就是资本预算决策。科学的资本预算决策总是能够在公司发展的任何一个阶段产生大量的、预测中的现金流量，从而保证公司价值的持续增长。至于其他的财务决策均应当保障资本预算决策的顺利实施和投资目标的实现。

自理财行为开始，直至公司价值最大化，投资者财富最大化，其程序大致为：

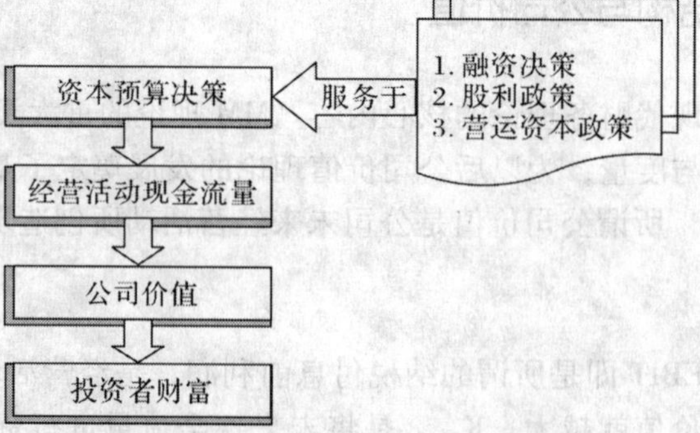

图 6-2　价值创造程序图

图 6-2 表明，决定公司价值的财务决策是资本预算决策。通过科学的资本预算决策，公司可以创造理想的经营活动现金流量，结合合理的风险控制，促进公司的价值创

造，进而实现投资者财富的最大化。与资本预算决策相比较，融资决策是派生的、从属的、次要的财务决策。融资决策等其他从属的财务决策的主要目的是保证资本预算决策的顺利实施，保证规划中经营活动现金流量的实现。比如，在融资决策中，采用有利的融资方式，选择合理的融资时机，确定科学的融资组合等，在很大程度上都取决于公司资本预算决策的性质和特点。从根本上讲，融资资本成本的高低同样取决于这些融集的资金最终的用途。离开资本预算决策，从属的财务决策的优劣将无从判断。

●本章案例

工行 IPO

一、好女待嫁

从 1999 年开始，中国工商银行年年入选《财富》世界 500 强，多次被《欧洲货币》、《银行家》、《环球金融》、《亚洲货币》和《金融亚洲》评选为“中国最佳银行”、“中国最佳本地银行”、“中国最佳内地商业银行”，并连续被国内媒体评为“中国最受尊敬企业”。2005 年被标准普尔评级公司连续两次提升信用评级，2006 年 7 月，穆迪评级公司将其综合财务实力评级的前景展望由稳定调升为正面。凡此种种，无不彰显中国工商银行雄厚的经济实力。

（一）股东组成

2005 年 4 月 21 日，国家正式批准中国工商银行实施股份制改革。2005 年 4 月 22 日，中央汇金投资有限责任公司（以下简称“汇金公司”）向工行注入资本金 150 亿美元，原所有者权益中实收资本的 1240 亿元人民币转为财政部资本金。随后中国工商银行完成了财务重组和国际审计。2005 年 10 月 28 日，中国工商银行由国有独资商业银行整体改制为股份有限公司，正式更名为“中国工商银行股份有限公司”，注册资本人民币 2480 亿元，全部资本划为等额股份，股份总数为 2480 亿股，每股面值为人民币 1 元，财政部和汇金公司各持 1240 亿股。

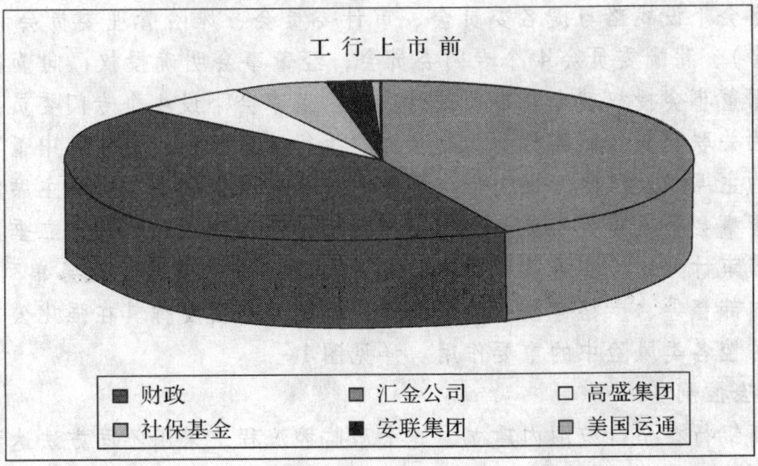

2006 年 1 月 27 日，中国工商银行与高盛集团（The Goldman Sachs Group，Inc.）、安联集团（Allianz Group）、美国运通公司（American Express Company）三家境外战略投资者签署战略投资与合作协议，获得投资 37.82 亿美元；2006 年 4 月，高盛集团有限公司、安联保险集团（通过其全资子公司 Dresdner Bank Luxembourg S.A.，或称德累斯登银行）、美国运通公司分别认购本行 A 股发行和 H 股发行前已发行股份的 5.7506%、2.2452% 和 0.4454%。2006 年 6 月 19 日，工商银行与全国社会保障基金理事会签署战略投资与合作协议，社保基金会将以购买工行新发行股份方式投资 180.28 亿元人民币，占 A 股发行和 H 股发行前已发行股份的 4.9996%。此时的股本结构见下表 1。

表 1

股东名称①	股份性质	持股数（股）	所占比例（%）
财政部（SS）	国家股	124000000000	43.2796
汇金公司（SS）	国家股	124000000000	43.2796
高盛集团（FLS）	境外法人股	16476014155	5.7506
社保基金理事会（SS）	国家股	14324392623	4.9996
安联集团（FLS）	境外法人股	6432601015	2.2452
美国运通（FLS）	境外法人股	1276122233	0.4454

注：①表中股权性质标识含义为：

SS：国家股股东（State - own Shareholder 的缩写）。

FLS：境外法人股股东（Foreign Legal - person Shareholder 的缩写）。

（二）治理结构

中国工商银行依据“三会分设、三权分立、有效制约、协调发展”的原则，设立了股东大会、董事会、监事会，聘任了高级管理层。股东大会是工行的权力机构。股东大会依法对工行重大事项做出决策。董事会下设的专门委员会是董事会的辅助决策机构。工行董事会下设战略与提名委员会、审计委员会、风险管理委员会（下设关联交易控制委员会）、薪酬委员会 4 个专门委员会，经董事会明确授权，向董事会提供专业意见，或根据董事会授权就专业事项进行决策。董事会下设 4 个专门委员会及风险管理委员会下设的关联交易控制委员会均有独立非执行董事担任委员，其中董事会下设 3 个专门委员会的主席以及风险管理委员会下设的关联交易控制委员会的主席由独立非执行董事出任。董事会下设审计委员会，提高内部审计管理决策层次。建立垂直管理的内部审计局和内部审计分局。实施区域分工、包片负责、垂直管理、财务单列、独立审计、直接报告、内部督导、严格考核的管理及运作机制，全面发挥其在强化公司治理、健全内控体系、防控各类风险中的重要作用。详见图 1。

（三）风险控制

中国工商银行在全行范围内建立、健全了监控流程，采用不同方法达到风险管理与风险承担之间的平衡。这些监控流程与方法，围绕不同的业务领域、地域分行、垂直支

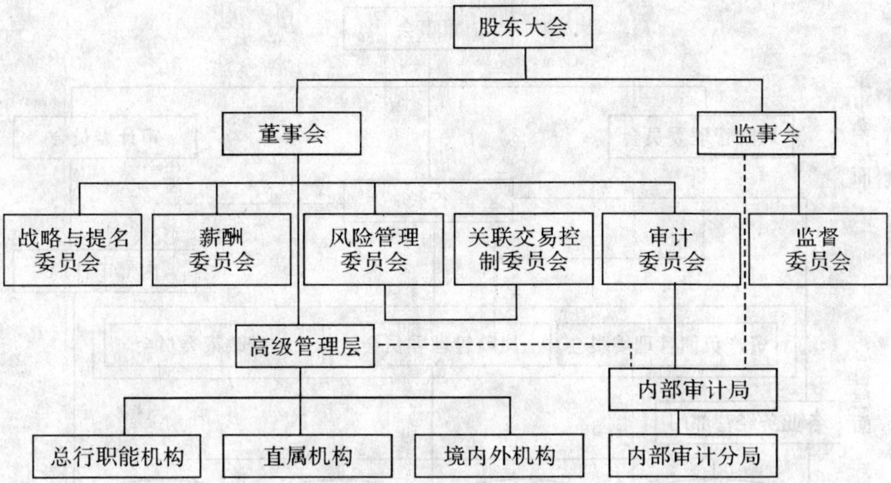

图1　公司治理架构图

持单位（包括风险管理、财务规划、信息技术系统、人力资源、合规与法律事务）和内部审计而设计。同时，董事会通过相关委员会对全行风险管理职能实施整体监督。

在实施中主要把握四大原则：①明确划分风险管理职责。明确了董事会、高级管理层、相关委员会、风险管理部门以及业务管理部门各自特定的风险管理职能。针对风险管理的不同范畴，建立了独立的职责部门。②风险的集中监控管理。风险管理及内部审计职能，各自在全行范围内以垂直、集中的方式进行，互相独立。通过风险管理职能，对流动性、信用、市场和操作风险进行管理；通过内部审计职能，对风险管理活动做出独立监察。③前、中、后台的职能分离。实现了前台业务活动、中台评估与审批，以及后台风险管理与监控职能的分离。④矩阵式风险报告体制。在现行的风险管理框架下，分行风险管理部门同时向分行管理层和总行相应的风险管理部门汇报。详见图2。

（四）经营状况

中国工商银行作为中国最大的商业银行，其贷款余额和存款余额长期保持首位。截至2005年年末，中国工商银行资产总额64541亿元人民币，各项贷款32896亿元人民币，各项存款56605亿元人民币，分别占我国银行机构总资产、贷款余额和存款余额的16.8%、15.4%和19.4%。当年实现营业净收入1505.51亿元，实现净利息收入1378.58亿元，当年实现净利润337亿元。资产利润率和资本利润率达到0.59%和13.3%。2005年工行中间业务与资金业务共实现非利息收入126.93亿元，比2004年增加17.19亿元。其中手续费净收入105.46亿元，这主要得益于电子银行、投资银行、银行卡、资产托管等业务40%以上的大幅增长。

中国工商银行还在公司银行业务、个人银行业务和资金业务中的许多领域确立了领先地位。2005年年末工商银行信贷资产在总资产中占49.7%，首次低于50%，出现了根本性变化。信贷投放保持适度增长，各项贷款余额32895.53亿元。非信贷资产32482.45亿元，在总资产的比重增至50.3%。债券投资主要投向央行票据、政策性金融债和国债。负债总额61966.25亿元，其中各项存款余额56604.62亿元。不良贷款余

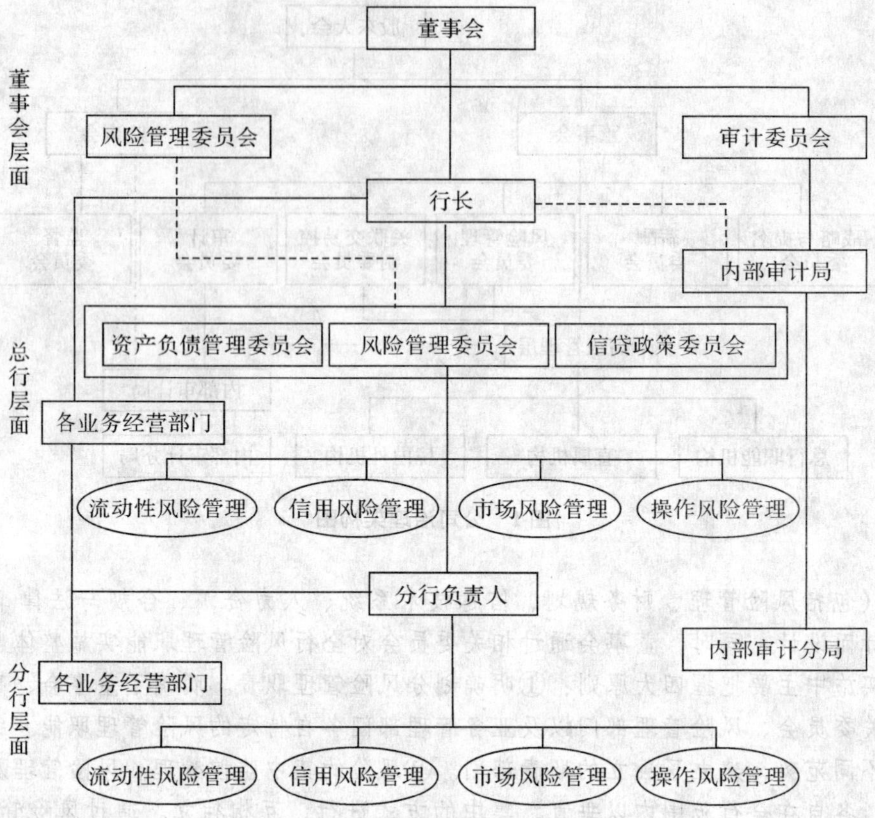

图2　风险管理体系

额1544.17亿元，不良贷款率降至4.69%。这种规模、市场地位及品牌的认知度将使工行持续加强对主要市场领域的渗透力，将使其收入来源更加多元化，并获得可观的规模经济效益。

中国工商银行所拥有的庞大且优质的公司及个人客户基础令很多同业十分羡慕。截至2005年12月31日，工行公司银行客户总数超过250万元，对公存款余额25438亿元，对公贷款余额27622亿元，主要集中在中长期贷款和票据融资；人民币结算量185万亿元，是人民币结算第一大行；托管资产2132亿元，实现托管业务收入2.63亿元，在国内托管银行中率先通过SAS70国际内控审计认证，分别荣获《全球托管人》杂志和《财资》杂志评选的2005年度"中国最佳托管银行"称号；拥有超过1.5亿名个人银行客户，其中在工行金融资产余额超过5万元以上的个人客户超过1600万名，连续三年获得了《亚洲银行家》杂志"中国最佳国有零售银行"称号。此外，工行还拥有广泛的分销网络，并且是最大的电子银行服务提供商。截至2006年6月，工行境内分行、营业网点及其他机构达18038家。2006年上半年工行实现税前利润386亿元，同比增长9.1%；净利润251.43亿元；2006年合并净利润预计不少于472亿元，同比增长26.2%。

二、比武招亲

“一只蝴蝶在巴西轻拍翅膀，可以导致一个月后得克萨斯州的一场龙卷风。”美国气象学家爱德华·罗伦兹（Edward Lorenz）1963 年在一篇提交纽约科学院的论文中提出“一只海鸥扇动翅膀足以永远改变天气变化。”在以后的演讲和论文中他用了更加有诗意的蝴蝶。我们可以把中国工商银行改制上市看成这样一只蝴蝶，上百亿美元的 IPO 项目招标在全球金融领域只能算是沧海一粟，却引发了美国华尔街投资银行精英们的殊死争夺。

该次中国工商银行上市不仅事关估计总额为 3 亿美元的承销费用——将由至少二家，最多四家投资银行分享，同时还关系到这一可炫耀的宝贵资本——曾参与安排 1999 年以来全球规模最大的 IPO。工行 IPO 将会打破日本 NTT DoCoMo 公司（NTT DoCoMo 公司是日本最大的移动通信运营商）曾经创下的全球最大规模上市纪录，后者在 1998 年的 IPO 中发售了 184 亿美元新股。

2006 年 3 月份，搭载着全球投行界精英的私人飞机和商务航班纷纷在北京降落，为中国工商银行这场期盼已久的“选美活动”备战。在此之前，中国工商银行已经邀请七家金融公司参与争夺其海外上市的咨询顾问业务，筹资规模超过 100 亿美元。“这是一笔大买卖”，参与此事的一家公司高管表示，“为了赢得这笔业务，大家会想尽一切办法”。多家投资银行人士纷纷表示，此次参与中国工商银行项目的象征意义要远远大于实际的经济收入，因为中国工商银行项目的特殊性，参与承销的各大投资银行都使出了浑身解数，并且调动了可以调动的全部资源以保障项目的顺利实施。巨大的投入和实际收益相比，工行项目并不十分赚钱。

最终，美林（Merrill Lynch & Co.）、瑞士信贷第一波士顿（Credit Suisse Group）、德意志银行（Deutsche Bank AG）、中国国际金融公司（China International Capital Corp）以及工商东亚（ICEA Finance Holdings）五家公司被正式委任为工行 IPO 承销团成员，而高盛（Goldman Sachs）、摩根士丹利（Morgan Stanley）两大投资银行则先后出局多少让人感到意外。据相关人士分析，高盛最后出局，可能原因之一是其入股工行，独立性会受到质疑（2006 年 1 月高盛与安联、运通共同出资 37.82 亿美元入股中国工商银行，作为牵头者，高盛更是斥资 25.8 亿美元一举拿下了中国工商银行 5.7% 的股份），其次由于中国银行和中国工商银行两大银行上市间隔较近，已经揽获中行承销资格的高盛在人手和销售方面可能会有些问题。从此次中国工商银行挑选的承销商组合来看，美林的客户主要集中在美国，而瑞士信贷第一波士顿和德意志银行则在欧洲市场拥有广阔的销售网络（瑞士信贷与中国工商银行有长期合作关系，并与中国工商银行合资成立了一家资产管理公司；而德意志银行首席执行官阿克曼去年曾亲自与中国工商银行签订了一份投资银行合作协定），中金公司则在香港市场历练多年，而工商东亚能够分得一杯羹，则是源于其与中国工商银行的渊源。

三、启动上市

2006 年 9 月 26 日中国工商银行发布首次公开发行股票（A 股）招股意向书，宣布将公开发行（简称为 IPO）130 亿股 A 股，如果全额行使超额配售选择权（即“绿鞋”机制），发行数量将上升到 149.5 亿股。在 H 股方面，中国工商银行将发行约 354 亿股

H股，如果全额行使“绿鞋”机制，发行股数则会达到407亿股。总集资额约为191亿美元。

（一）A股发行概况

1. 发行股票类型：人民币普通股（A股）。

2. 发行股数：13000000000股（未考虑A股发行的超额配售选择权）。
14950000000股（若全额行使A股发行的超额配售选择权）。

3. 每股面值：人民币1.00元。

4. 每股发行价格：通过向询价对象询价确定发行价格区间。发行人与主承销商组织路演推介，在发行价格区间内进行累计投标询价，并综合累计投标询价结果和市场走势等情况确定发行价格。本行计划A股的发行价格在经港元与人民币汇率差异做出调整后，将与H股发行价格一致。

5. 预计发行日期：2006年9月27日至2006年10月24日。

6. 拟申请上市证券交易所：上海证券交易所。

7. 发行数量。

1）A股发行和H股发行后总股：327821930026股（未考虑A股发行和H股发行的超额配售选择权）；334018850026股（若全额行使A股发行和H股发行的超额配售选择权）。

2）境内上市流通的股份数量（A股）：250575954838股（未考虑A股发行和H股发行的超额配售选择权）；250962348064股（若全额行使A股发行和H股发行的超额配售选择权）。

其中财政部和汇金公司所持有的A股股份在获得中国证监会或国务院授权的证券审批机构批准后，将可以转为H股。

3）境外上市流通的股份数量（H股）：77245975188股（未考虑H股发行的超额配售选择权）；83056501962股（若全额行使H股发行的超额配售选择权）。

8. 股东承诺：财政部和汇金公司承诺，自工行A股股票在上海证券交易所上市之日起36个月内，财政部和汇金公司不转让或者委托他人管理财政部和汇金公司已直接和间接持有的工行A股股份，也不由工行收购财政部和汇金公司持有的工行A股股份。财政部和汇金公司持有的工行A股股份在获得中国证监会或国务院授权的证券审批机构批准转为H股后，转为H股的部分将不受上述36个月锁定期限制。但根据《公司法》规定，财政部和汇金公司自工行股票首次在证券交易所上市交易之日起一年内不会转让该股份。

9. 联席保荐人（主承销商）：申银万国证券股份有限公司
中国国际金融有限公司
中信证券股份有限公司
国泰君安证券股份有限公司

10. 2006年9月27日至2006年9月29日
2006年10月9日至2006年10月11日 } 询价推介时间。
2006年10月16日至2006年10月19日，网下申购及缴款。

2006年10月19日，网上申购及缴款。

2006年10月23日，刊登定价公告。

预计股票上市日期为2006年10月27日。

（二）“绿鞋”机制

超额配售选择权（Over Allotment Option），也称绿鞋（Green Shoe）、绿鞋期权（Green Shoe Option）、超额发售权等。它是指发行人授予主承销商的一项选择权，获此授权的主承销商按同一发行价格超额发售不超过包销数额15%的股份，即主承销商按不超过包销数额115%的股份向投资者发售。这种机制的主要目的是为了防止股票发行上市后股价下跌至发行价甚至更低，达到支持和稳定二级市场交易目的。被称做“绿鞋”是由于超额配售选择权的做法源于1963年美国一家名为波士顿绿鞋制造公司的股票发行。绿鞋机制的具体操作主要分为以下几个步骤：

1. 在股票发行前，发行人授予主承销商以“超额发售不超过发行数额15%股份”的选择权；在股票发行时，主承销商向投资者发行不超过本次发行数量115%的股份，其中常规发行部分直接面向投资者发行并实际配售，超额配售的15%部分则是名义配售。该部分的最终配售结果要视市场情况在配售期结束之后加以最终确定；在增发股票上市后的30天内，如果股票二级市场价格跌破发行价，主承销商将动用投资者认购增发的资金从二级市场购买15%的股票，并在超额配售期满之后将该股份以发行价分配给对此超额发售部分提出认购申请的投资者；如果二级市场价格高于发行价，主承销商则可以行使超额配售权，要求发行人增发15%的股票，过户给获得超额配售权的投资者。超额配售选择权的主要作用在于，股票上市后一定期间内对股票价格起到维护作用。超额配售选择权赋予主承销商一定的调控市场的能力，对以比较接近市价的价格发行股票是有利的。

2. 在引入超额配售选择权后，即使发行价接近于市价，如果发行后股票的市价低于发行价，主承销商可以在行使期内用超额发售股票所获资金，按不高于发行价的价格从市场中购买，并分配给提出认购申请的投资者，因此大多数情况下股价是在发行价以上运行，股价跌破发行价的可能性大幅降低，从而保护投资者利益，维护发行人、主承销商形象。

3. 超额配售选择权不仅可以降低主承销商的承销风险，还可以增加获利机会。通过行使超额配售选择权，市场趋强时，发行量增加15%，主承销商因此所获得的主承销费用也会比原来相应增加15%。而如果市场趋弱，股票的市价低于发行价，主承销商可以用超额发售股票所获资金从市场中购买，并分配给提出认购申请的投资者。由于购入价低于发行价，主承销商又可以在未动用自有资金的情况下获得一笔可观的差价。

根据工行《A股发行安排及初步询价公告》，本次工行A股发行初始发行规模为130.0亿股，同时将授予A股联席保荐人（主承销商）不超过A股初始发行规模15%（合19.5亿股）的超额配售选择权。

（三）路演

2006年9月25日工行H股发行启动预路演，10月9日启动国际路演，10月16日启动公开招股，20日正式定价，27日在香港联交所挂牌。在工行A股初步询价和预路演推介过程中，中国工商银行和四家主承销商在北京、上海、深圳和广州四地共举行了20多场预路演推介交流会，其间，大部分询价对象向中国工商银行的主承销商反馈了初步询价表，大多数机构投资者均对中国工商银行的估值水平表示了认同。

国际路演方面，香港是第一站。10月9日中午12：30在香港四季酒店工行召开了面向基金等机构的推介会，包括中国工商银行行长杨凯生在内的管理层全都出席。9~11日中国工商银行高层继续与海外基金经理会面，据港交所提供的资料显示，有14名基石投资者（以禁售期换取优先配股权的投资者）已与中国工商银行订立配售协议，共认购272亿港元的中国工商银行H股，该批股份认购价格与全球发售价格一致，并设有一年禁售期。14名基石投资者认购的情况包括：中国人寿集团认购44亿港元；长江实业及和记黄埔分别认购8亿港元；郑裕彤私人公司周大福认购16亿港元；中信泰富和荣智健各认购8亿港元；李兆基认购16亿港元；新加坡政府投资公司（GIC）认购28亿港元等。11日开始中国工商银行董事长姜建清和中国工商银行行长杨凯生分别带领两个路演团队展开全球巡回路演。一队前往阿联酋迪拜再转道美国，然后拜访波士顿、纽约等几个大城市。另一队则在新加坡停留两天，之后前往欧洲的伦敦、法兰克福等城市，为时两周。中国工商银行路演团队之所以在新加坡和迪拜停留，是因为境外企业投资者包括来自中东的科威特投资局、卡塔尔投资局、新加坡政府投资有限公司（GIC）和大华银行等。在预路演的前期沟通中，中东机构投资者反应热烈，表现出很大兴趣。

国内方面，上海9月28日开始路演。尽管在上海的时间只有两天，但安排紧凑。路演主要分为两个部分，首先是“一对一”的路演，然后是“一对多”的路演。28日上午路演主要是以“一对多”形式为主，下午则采用“一对一”上门拜访的形式。上午“一对多”路演采取的方法和中行路演基本一样，就是轮流地进行会谈，虽然被称为是“一对多”，但实际上真正参加路演的机构投资者为数不多，都是经过主承销商认真筛选过且要求资产至少要在百亿元以上。下午的路演则主要采用“一对一”登门拜访的形式进行。拜访的公司有三家，以保险公司为主，每家公司停留一小时左右，双方涉及的内容主要是工行的业绩以及未来的发展前景。A股正式申购是从10月16日拉开序幕的。10月16日平安人寿与工行签署了A股配售协议，以工行公开发售的最终人民币定价（除经纪佣金及征费）认购该行A股，总对价为11亿元，认购股数不超过工行发行后总股本的0.13%。中人寿股份及其母公司中人寿集团分别认购20亿元，太平洋人寿也以20亿元的认购额与其相比肩，泰康人寿、太平人寿、新华人寿和中国再保险（集团）则分别认购5亿元，华泰财险认购2亿元。九家保险公司认购总金额达93亿元，占工行A股战略配售总额180亿元的51.6%。在开始申购的当天，中国工商银行的三支路演团队仍然继续进行推介活动：中国工商银行董事长姜建清率领的路演团队继续在美洲与投资者见面；中国工商银行行长杨凯生率领的团队继续在欧洲推介；内地则由中国工商银行副行长李晓鹏负责。

（四）平稳着陆

2006年10月27日中国工商银行正式“A+H”同步上市。上午9：30工行A股（601398）首先在上海证券交易所亮相，以3.4元开盘，收盘于3.28元，比3.12元的发行价上涨5.13%。首日换手率为37.81%，成交额87.25亿元。工行H股（1398）上午10：00在香港联交所挂牌交易，以3.60港元的价格开盘，比发行价3.07港元高出17.3%，3分钟内便达到3.63港元。其后工商银行股价由高位回落，低位达到3.49港元，尾市收于3.52港元，较发行价3.07港元高出14.66%。首日成交总额374.52亿港元，占大市总成交额760.18亿港元的49.27%。

截至2006年12月8日上午11点，工商银行（上海，601398）股价为3.95元，相比于发行价上涨26.6%。中国工商银行上市后股本结构变换情况如表2：

表2

股东名称	股份类别	本次A股发行和H股发行前		本次A股发行和H股发行后（全额行使超额配售选择权后）	
		持股数（股）	所占比例（%）	持股数（股）	所占比例（%）
财政部	A股	124000000000	43.2796	118006174032	35.3292
汇金公司	A股	124000000000	43.2796	118006174032	35.3292
社保基金理事会	H股	14324392623	4.9996	18172114559	5.4404
高盛集团	H股	16476014155	5.7506	16476014155	4.9327
安联集团	H股	6432601015	2.2452	6432601015	1.9258
美国运通	H股	1276122233	0.4454	1276122233	0.3821
其他H股股东	H股			40699650000	12.1848
其他A股股东	A股			14950000000	4.4758
总计		286509130026	100	334018850026	100

工行IPO完成后，五家簿记行实际获得约4亿多美元收入，平均每家约为8000万美元。同时，工行IPO对各大投资银行的排名产生巨大影响。据资本市场数据提供商Dealogic PLC预测，中国工商银行的交易结束后，亚洲地区（不含日本）IPO承销量排名情况中，高盛集团（Goldman Sachs）仍稳坐头把交椅，而美林公司将取代瑞士银行（UBS AG）跃居第二，瑞士银行则滑落至第三，德意志银行由此前的第八攀升至第五，瑞士信贷则从第十五升至第六。

对于工商银行自身而言，除获得了资本市场200多亿美元资金，增加了资本的流动性外，还获得了一条便捷的融资渠道，像股票回购、库存股票出售、拆股、送股、红利再投资计划等工具和手段都是可以在资本市场灵活采用的。

这是一个大家都希望看到的多赢局面！

（资料来源：①工商银行背景资料来源链接：中国工商银行官方网站 http://www.icbc.com.cn/about/index.jsp column = % B9% A4% D0% D0% B7% E7% C3% B2% 3E% B9% A4% D0% D0% BC% F2% BD% E9；②工商银行年报来源链接：a. 中国工商银行官方网站 http://www.icbc.com.cn/about/index.jsp column = % B9% A4% D0% D0% B7% E7% C3% B2% 3E% B9% A4% D0% D0% C4% EA% B1% A8；b. 上海证券交易所 http://

www. sse. com. cn/sseportal/ps/zhs/home. shtml；③投行背景资料链接：a. 新浪财经http://finance. sina. com. cn/stock/othermarket/20060310/09322406776. shtml；b. 山西证券有限责任公司 http://www. i618. com. cn/document/2006/09/25/4028817b0d9a5dab010de2b69aff1994. shtml；c. 百度知道 http://zhidao. baidu. com/question/194326. html；④上市交易情况链接：a. 新华网证券频道 http://news. xinhuanet. com/stock/2006 - 10/26/content _ 5252104. htm ；http://news. xinhuanet. com/stock/2006 - 10/28/content _ 5259631. htm；b. 新浪财经 http://finance. sina. com. cn/focus/ghssjxs/index. shtml；c. 证券之星 http://resource. stockstar. com/info2005/special_00. asp? id = SS,20060927,30460610&columnid = 673。王桢整理。)

问题：

1. 有些人一直担忧国有商业银行排队上市"不过是给圈钱找个理由罢了"。中国工商银行管理层是否能止于对上市带来的大批真金白银的满足，而在着手解决一系列深层问题上接受考验，或者说中国工商银行上市是否能真正带来有效的公司治理机制？请谈谈你的看法。

2. 中国工商银行 IPO 实现了企业价值最大化吗？IPO 过程中哪些步骤是比较重要的？

●思考题及答案要点

1. 简述强式资本市场对公司理财效率的体现。

2. 分析我国上市公司的股权融资偏好形成的原因。

3. 简述长期负债的理财原则。

4. 简述股权融资的理财原则。

5. 简述 MM 资本结构理论发展的三个阶段。

答案要点：

1. 如果市场是强式有效的，则股票价格反映了公司所有的相关信息，在这样的市场上，只有幸运与非幸运的投资者，不可能通过对信息甚至内幕信息的掌握来获取超额的收益。股价反映了公司的经营业绩，体现了公司的理财效率。公司经理人员的管理能力有可能通过资本市场的价格信号被充分反映出来。经营管理好的公司，其盈利水平就较高。通过资本市场的价格信号传递功能，市场上的投资者购买该股票的人就较多，而该股票价格自然会上涨。反之，管理差的公司，股票价格就下跌。即公司盈利水平的高低与管理人员业绩正相关，而公司经营业绩又与股票市场价格通过强式有效的资本市场相关。

2. 我国上市公司的股权融资偏好形成的原因：

（1）对债务融资存在着风险的担心。

（2）在我国一部分上市公司中，国有股份占绝对的比例，由此形成了国有股份对公司的控制权，并且国有股份未进入市场流通。

（3）公司的代理人逃避责任，掩盖经营的低效率。

（4）基于投资扩张的动机采用股权融资。

(5) 利用上市公司的融资特许权谋取控股股东私利。

(6) 最好的情况是公司制定了目标资本结构，公司的经营状况和目标资本结构不允许公司采取高负债的策略。

3. 长期负债的理财原则：

(1) 有价值创意原则：寻找机会发行新的债务证券，新的债务证券应能减少发行人的融资成本，并且增加投资者的风险调整税后报酬率。

(2) 双方交易：出售新的债务证券，需要其价格和其他条件能为投资者接受。

(3) 选择权：认识到债券的提前偿债选择权所具有的价值。它使发行人在利率下跌时能赎回债券，并以成本较低的负债取而代之，因此是有价值的。①

(4) 风险—报酬权衡原则：向投资者提供风险较高的新债务证券，将要求支付较高的利率。

4. 股权融资的理财原则：

(1) 双方交易原则：股票的发行需要设置投资者能够接受的价格和其他条件。

(2) 信号传递原则：宣布一种普通股即将公开销售通常会导致股票市场的消极反应，因为这种行为暗示：管理当局认为公司股票已被高估，适合利用发行股票筹集资金。

(3) 资本市场有效原则：把公司普通股交易活跃时的股票市价作为衡量其价值的最佳尺度。

5. MM 资本结构理论发展的三个阶段为：

(1) 1958 年 6 月，MM 无公司税资本结构理论，又称资本结构无关理论。1958 年 6 月，莫迪哥莱尼（Franco Modigliani）教授与米勒（Merton H. Miller）教授在《美国经济评论》杂志上发表了他们著名的、引用率极高的学术论文《资本成本、公司理财与投资理论》(*The Cost of Capital*, *Corporation Finance and the Theory of Investment*)。MM 在严格的假设前提之下，以无套利分析技术论证了资本结构与公司价值之间的不相关关系。

(2) 1963 年 6 月，MM 有公司税资本结构理论。1963 年 6 月，MM 两教授在《美国经济评论》杂志上发表了《公司所得税与资本成本》(*Corporate Income Taxes and the Cost of Capital*) 一文，探讨了在有公司所得税的情况下，资本结构是如何影响公司价值的。

(3) 1977 年 5 月，米勒模型。1977 年 5 月，米勒教授在《金融杂志》上发表了一篇论文《债务与税》(*Debt and Taxes*)，认为 MM 有公司税资本结构理论夸大了公司所得税对于公司价值的正向作用。同时，私人所得税的存在会抵消这种影响。尤为重要的是，在米勒均衡状态下，即使存在着各种所得税，资本结构对公司价值也没有影响。米勒模型是 MM 资本结构理论的一般形式，其他两种理论均可由此导出。

---

① Douglas R. Emery and John D. Finery: Corporate Financial Management Copyright 1997 By Prentice Hall Inc., pp. 36 - 98.

●参考文献

1. 汪平．财务估价论．上海：上海财经大学出版社，2000

2. 汪平．财务理论．北京：经济管理出版社，2003

3. 沈艺峰．资本结构理论史．北京：经济科学出版社，1999

4. 刘爱东主编．公司理财．上海：复旦大学出版社，2006

5. 管征著．上市公司股权再融资．北京：社会科学文献出版社，2006

6. 孙杰著．资本结构、治理结构和代理成本：理论、经验和启示．社会科学文献出版社，2006

7. 沈艺峰、沈红涛著．公司财务理论主流．沈阳：东北大学出版社，2004

8. 汪平主编．中级财务管理．上海：上海财经大学出版社，2004

9. Douglas R. Emery and John D. Finery：*Corporate Financial Management*，Copyright 1997 By Prentice Hall Inc.

第七章　短期财务决策与企业价值

●本章提要

财务管理决策通常分为长期和短期的资产（资金投放）管理和负债（融资来源）管理。长短期财务管理之间最重要的区别是现金流量的时间长度。短期财务管理涉及一年或一年以内的现金流入或流出。短期财务管理又被称为“营运资本管理”。一个公司除非在短期内实现价值的最大化，否则它将无法实现长期企业价值的最大化。根据西方企业界的调查，企业财务经理大约把60%以上的精力与时间用于营运资本管理上。事实上，许多公司破产的主要原因在于它们不能满足营运资本的需要。营运资本管理由于具有经常实施的特征，因此，又被称作日常的财务管理活动。良好的营运资本管理是公司得以生存的必要条件。

●章首案例

海尔集团取得今天的业绩，和实行全面的信息化管理是分不开的。借助先进的信息技术，海尔发动了一场管理革命：以市场链为纽带，以订单信息流为中心，带动物流和资金流的运动。通过整合全球供应链资源和用户资源，逐步向“零库存、零营运资本和（与用户）零距离”的终极目标迈进。“零营运资本管理”，即在满足企业对流动资产基本需求的前提下，尽量使营运资金趋于最小的管理模式。

第一，海尔做到了以市场链为纽带来重构业务流程。结合市场链模式，海尔集团对组织机构和业务流程进行了调整，把原来各事业部的财务、采购、销售业务全部分离出来，整合成商流推进本部、物流推进本部、资金流推进本部，实行全集团统一营销、采购、结算；把原来的职能管理资源整合成创新订单支持流程3R（研发、人力资源、客户管理）和基础支持流程3T（全面预算、全面设备管理、全面质量管理），3R和3T流程相应成立独立经营的服务公司。整合后，海尔集团商流本部和海外推进本部负责搭建全球的营销网络，从全球的用户资源中获取订单；产品本部在3R支持流程的支持下不断创造新的产品满足用户需求；产品事业部将商流获取的订单和产品本部创造的订单执行实施；物流本部利用全球供应链资源搭建全球采购配送网络，实现JIT订单加速流；资金流搭建全面预算系统。这样就形成了直接面对市场的、完整的核心流程体系和3R、3T等支持体系。

第二，ERP + CRM：快速响应客户需求。在业务流程再造的基础上，海尔形成了“前台一张网，后台一条链”（前台的一张网是海尔客户关系管理网站（haiercrm. com），后台的一条链是海尔的市场链）的闭环系统，构筑了企业内部供应链系统、ERP 系统、物流配送系统、资金流管理结算系统和遍布全国的分销管理系统及客户服务响应 Call – Center 系统，并形成了以定单信息流为核心的各子系统之间无缝连接的系统集成。

第三，CIMS + JIT：海尔 e 制造。海尔的 e 制造是根据定单进行的大批量定制。海尔 ERP 系统每天准确自动地生成向生产线配送物料的 BOM，通过无线扫描、红外传输等现代物流技术的支持，实现定时、定量、定点的三定配送；海尔独创的过站式物流，实现了从大批量生产到大批量定制的转化。

第四，定单信息流驱动：同步并行工程。海尔的企业全面信息化管理是以定单信息流为中心，带动物流、资金流的运动，所以，在海尔的信息化管理中，同步工程非常重要。比如美国海尔销售公司在网上下达一万台的定单。定单在网上发布的同时，所有的部门都可以看到，并同时开始准备，相关工作并行推进。不用召开会议，每个部门只要知道与定单有关的数据，做好自己应该做的事就行了。

第五，零距离、零库存——零运营资本。海尔认为，企业之间的竞争已经从过去直接的市场竞争转向客户的竞争。海尔 CRM 联网系统就是要实现端对端的零距离销售。海尔已经实施的 ERP 系统和正在实施的 CRM 系统，都是要拆除影响信息同步沟通和准确传递的阻隔。ERP 是拆除企业内部各部门的“墙”，CRM 是拆除企业与客户之间的“墙”，从而达到快速获取客户定单，快速满足用户需求。传统管理下的企业根据生产计划进行采购，由于不知道市场在哪里，所以是为库存采购，企业里有许许多多“水库”。海尔现在实施信息化管理，通过三个 JIT 打通这些水库，把它变成一条流动的河，不断地流动。JIT 采购就是按照计算机系统的采购计划，需要多少，采购多少。JIT 送料指各种零部件暂时存放在海尔立体库，然后由计算机进行配套，把配置好的零部件直接送到生产线。海尔在全国建有物流中心系统，无论在全国什么地方，海尔都可以快速送货，实现 JIT 配送。库存不仅仅是资金占用的问题，最主要的是会形成很多的呆坏账。现在电子产品更新很快，一旦产品换代，原材料和产成品价格跌幅均较大，产成品积压的最后出路就只有降价，所以会形成现在市场上的价格战。不管企业说得多么好听，降价的压力就来自于库存。海尔用及时配送的时间来满足用户的要求，最终消灭库存的空间。

（资料来源：hc360 慧聪网“企业管理”板块。许笑丹整理。）

第一节　营运资本政策

营运资本（working capital）是财务管理中的一个重要概念，它是企业进行经营周转使用的日常性流动资金，涉及的范围很广，其触角可以延伸到企业生产的各个方面，它的投入和收回是在不断的循环过程中进行的。只有营运资本不断处于良好的管理和运转下，才能保证企业供、产、销各阶段的衔接，企业才得以生存与发展。营运资本在企业总资产中占有很大比重，平均在50%以上。营运资本的周转是固定资产乃至企业整个资金周转的依托，没有营运资本的良好运转，企业的生存与发展是不可能的，人们为企业界定的各种各样的目标也就无从谈起。因此，营运资本管理的好坏往往是企业成败的决定因素。许多公司破产的主要原因是他们不能满足营运资本的需要。

营运资本政策是指对企业营运资本管理所采取的各种策略。上市公司的四大财务政策，包括资本结构政策、股利政策、营运资本政策、资本预算政策。资本预算政策与资本结构政策是具有战略意义的财务决策，它们将从根本上决定企业价值的大小。但企业的战略目标能否实现，在很大程度上还将取决于日常财务控制水平的高低，尤其是营运资本管理水平的高低。营运资本管理是指企业在营运资本政策的指导下实施的对流动资产和流动负债的管理，又称短期财务管理，它是对企业所有流动项目进行的一项管理。管理人员根据企业的投资决策、融资决策以及其他长期规划，结合过程中内外部环境的变化制定合理的营运资本政策，将战略规划与日常控制的操作性科学地结合在一起。

营运资本政策属于企业财务体系中的重要组成部分之一。无论是流动资产的占用还是流动负债的筹集，均应当以企业的营运资本政策为依据。科学确定企业合理营运资本政策的重要意义还在于，在追求营运资本最大利用水平的同时，又要确保流动资产的必要存量，以保持企业良好的偿债能力，将企业经营过程中的财务风险降低到最低水平。良好的营运资本管理必须依靠一种切实可行的、能够有效地考虑风险与收益的营运资本政策，营运资本管理目标的实现必须依靠科学的营运资本政策，当然，营运资本政策中势必也体现出营运资本管理目标中的要求。因此，正确理解营运资本政策与企业的战略目标之间的关系，引导企业从实现战略目标的角度制定营运资本政策，具有一定的理论意义。

一、营运资本的定义

营运资本（working capital），也称总营运资本，一般是指企业的流动资产，即企业垫支于流动资产上的资本。具体包括现金、有价证券、应收账款、存货等占用的资金。而净营运资本（net working capital）是指流动资产减流动负债的差额。若流动资产大于流动负债，则净营运资本为正数，反之，净营运资本为负数。净营运资本与流动比率、速动比率和现金比率等指标，一起构成评价和衡量企业资产的流动性和短期偿债能力的财务指标体系。①

营运资本的概念包括流动资产和流动负债两部分。当分析营运资本时，要综合考虑流动资产、流动负债以及二者的差额。营运资本的概念强调企业投资于流动资产的数额。净营运资本是流动资产总额减去流动负债总额的差额，它体现着企业在流动资产及其筹资安排上的效果，而且把短期支付的需要和能力相比较，反映了企业的短期偿债能力。

1. 流动资产。流动资产是指预期在一年以内转化为现金的那部分资产。通常包括

① 汪平：《中级财务管理》，上海财经大学出版社，2004。

现金、有价证券、应收账款和存货等项目。流动资产一般具有如下特点：①投资回收期短，投资于流动资产的资金一般在一年或一个营业周期内收回，对企业影响时间较短。②流动性。营运资金经过供、产、销三个阶段，占用形态不断变化，一般生产企业流动资产按现金—原材料—产成品—应收账款—现金循环顺序流动。③并存性。流动资产的各种形态在企业营运的某一时间同时存在，需要管理中合理配置各项目的比例，以保证其顺利周转。④波动性。流动资产的占用量随生产及季节上下起伏，可把它划分为固定性占用量及波动性占用量两部分，这也要求流动负债的配比波动。

对于流动资产，按照其用途可进一步划分为临时性流动资产和永久性流动资产。临时性流动资产是指那些受季节性、周期性影响的流动资产，如季节性存货、销售和经营旺季的应收账款等；而永久性流动资产则是指那些即使企业处于经营低谷仍需保留的用于满足企业长期稳定需要的流动资产。与流动资产相对应，流动负债也可以分为临时性负债和自然性负债。临时性负债是为了满足临时性流动资金需要发生的负债；而自然性负债指直接产生于企业持续经营过程中的负债，如商业信用、日常经营中的其他应付款项以及应计费用等。

流动资产本身并不具有直接的盈利性：现金无利息，应收账款不具有盈利性，存货在出售之前也无收益。在资本投资性质及其效率的既定情况下，无能的、低效的营运资本管理会在很大程度上抵减企业经营活动现金流量的创造力。流动资产的持有保证了企业的流动性。它是企业生产经营中必不可少的。营运资本的周转是固定资产乃至企业整个资金周转的依托。

流动资产主要具有两方面的作用：①生产功用：如现金可以提供流动性；存货（原材料和产成品）提供满足订货需求的能力，维持适当的销售水平（比如防止存货短缺）；应收账款向每位顾客提供信用以刺激需求现金支付。②理财功用：企业对于固定资产的投资将从根本上决定企业的现金流量和企业价值，营运资本决策只是对这一现金流量起部分修正作用。对于流动资产，应主要关注其流动性，突出加快其周转速度的管理。正确理解流动资产的性质，有助于企业更加有效地达到企业价值最大化的理财目标。

2. 流动负债。从性质上讲，流动负债是用于满足企业短期投资资金需求的融资方式，债务的偿还期与投资收益的回收期力争一致，从而确保企业必要的流动性，减少财务风险。

流动资产投资的资金需要既可以依靠长期负债解决，也可以依靠短期负债解决或者通过权益资本解决。流动负债与长期负债相比，主要有以下几个特点：①速度快。由于还款期短，贷方风险小，因此借款容易。②弹性高。短期借款一般限制条件少，给债务人以更大的灵活性。③成本低。流动负债时间短，利息低。“自然性流动负债”如应付工资、应交税金等没有利息负担，应付账款则可使企业不必迅速地支付账款，从而现金仍然留在企业中用来投资和赚取收益。④风险大。指偿还风险和利率波动风险而言，流动负债的过多使用可能导致企业短期无法支付而破产。当然，流动负债各种类之间也有差别。流动负债的形式多样，但它们的资本成本相对都比较低，有些甚至无须交付现金成本，因此，较多地采取流动负债将会节约资本成本，并进而增加收益。不过由于短期负债期限较短，企业需要经常面临着还债的压力，并会经常遭受利率波动之风险，而且，在流动资产基本不变的情况下还会使营运资本净额和流动比率降低，更增大了财务风险。归纳起来看，企业较多地使用流动负债，势必导致较高的收益和较大的风险；反之，企业较多地使用长期负债，则会导致较低的收益和较小的风险。

营运资本本身的特点决定了企业营运资本管理具有其风险性，同时，营运资本自身的运作及其效率对整个企业的财务风险也会产生重大影响。在市场经济条件下，企业风险呈现多样化并难以回避，但可以预防。因此，企业在其可供选择的融资渠道中，应该注意分析其资金结构和风险分布，尽量保持流动资产与流动负债之间的平衡，加强对流动比率、速动比率等财务指标的监控，从而降低企业无力偿还到期债务的风险程度。因此，企业在安排筹资特别是流动资产筹资时，需要权衡风险与收益，在长期资金（主要是长短期负债）中做出选择。

二、营运资本政策

（一）营运资本投资政策

营运资本投资政策，我国一些学者也将其称为流动资产结构管理，[①] 其目的在于确定一个既能维持企业的正常生产经营活动，又能在减少或不增加风险的前提下，给企业带来尽可能多利润的流动资产水平。企业投资于流动资产金额的多寡，通常是以流动资产占公司总营业收入的比率为衡量标准。营运资本投资政策[②]通常包括三种：稳健型营运资本投资政策、激进型营运资本投资政策和适中型营运资本投资政策。

从本质上讲，三种营运资本投资政策是不同的，因为在销售水平一定的情况下，它们对流动资产的要求数额不同。图 7 – 1 表明，维持 100 万元销售额的流动资产，稳健型政策需要 30 万元，适中型政策需要 23 万元，而激进型政策需要 16 万元。

下面，我们将对三种政策逐一进行分析：

1. 稳健型。稳健型营运资本投资政策的特征是：持有大量的现金余额和短期证券；保持高水平的存货投资；放宽使用条件，保持高额的应收账款。这种政策的流动资产持有水平最高，从而持有成本也最高，但未来的现金流入（销售收入）亦最高。稳健型的营运资本投资政策的出发点是为了维护企业的安全运营。在稳健型营运资本政策下，企业持有足够多的营运资本，其持有成本也最高。现金除满足企业正常生产经营的需要外，还有大量的剩余，以预防企业临时性的现金支付的需要；信用条件较为宽松，以满足企业销售的需要；对存货进行大量的投资，以保证生产和销售的需要，使企业生产和销售不受存货不足的限制。但由于现金、短期有价证券投资不产生收益，存货占用使资

① 如（厦门大学）毛付根等。与此对应，营运资本融资政策也称为流动负债的结构性管理，营运资本政策称为营运资本的结构管理。

② ［美］斯科特·贝斯里（Scott Besley）、尤金·F. 布里格姆（Eugene F. Brigham）：《财务管理精要》，第 12 版，刘爱娟等译，机械工业出版社，第 364 页。

金营运效率低，从而降低了企业的盈利能力。稳健型的营运资本政策的结果是流动性最强而收益性较低。

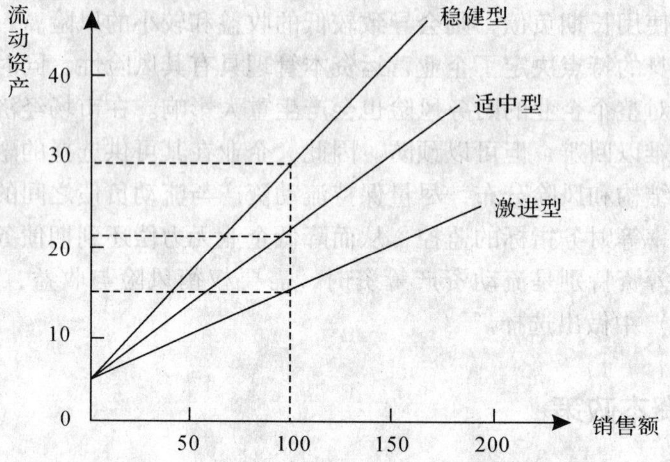

图 7－1　可选的营运资本投资政策（单位：万元）

注：这里用直线表示销售和流动资产的关系，但它们二者之间的关系通常是曲线关系。

2. 激进型。激进型营运资本投资政策的特征是：保持低水平的现金余额，对短期证券很少进行投资；对存货进行小规模投资；不允许或很少赊销，没有或很少有应收账款。这种政策的流动资产持有水平最低，从而持有成本也较低，但未来的现金流入也会较少。激进型营运资本投资政策的出发点是为了使企业获取最大的收益。在激进型营运资本政策下，企业持有的营运资本较低。除满足企业日常生产经营的需要外，企业一般不置存多余的现金；存货的置存量被压缩到最低的幅度，以释放存货占用的资金，节约资金占用的成本；应收账款的置存量也较低，以减少资金占用，避免由于应收账款置存量过大造成的机会成本和坏账费用的升高。流动资产周转率提高可增加企业收益。激进型营运资本持有政策的结果是风险大而收益亦大。在外部环境相当稳定，企业能非常准确地预测未来的情况下，可采用该政策。

3. 适中型。适中型营运资本投资政策的特征介于上述两种政策情况之间，其出发点是为了保持恰当的风险和收益水平。在适中型的营运资本持有政策下，营运资本的持有量既不过高也不过低，恰好现金足够支付企业所需，存货足够满足生产和销售，应收账款能够在流动性和收益性二者之间进行妥善的权衡。适中型的营运资本政策使企业能够保持一个较为恰当的收益与风险水平。在企业能够比较准确地预测未来流动资产和流动负债时，可采用该政策。但是，在理论上，我们只能够将其视为较为理想的政策，是企业确定营运资本的指导理念，但是由于营运资本水平是由多种因素共同作用的结果，包括销售水平、存货和应收账款周转速度等，所以我们很难量化地描述最佳营运资本持有量，难以通过数量模型准确地确定企业营运资本的持有水平。企业只有根据自身的具体情况和环境条件，对未来进行合理预测，在未来环境变化不大、预测结果比较可靠的前提下，将流动资产与流动负债尽量相匹配，以保持适中的营运资本，接近最佳营运资本持有量水平。

就预期风险和收益而言，稳健型政策通常对投资的回收期望最小，所冒风险也是最小的；激进型政策则正好相反，通常是对投资的回收期望最大，所冒风险也最大；适中型营运资本投资政策介于两种政策情况之间。

就现金周转期而言，稳健型政策下的存货量和应收账款都很大，存货周转期和应收账款回收期也较长；相反，激进型政策要求紧缩存货周转期和应收账款周转期，最终导致相对较短的现金周转期。适中型政策下的现金周转期介于上述两种政策情况之间。

营运资本投资政策的选择，取决于公司当时的状况。一家营运风险较低的公司，只需保持紧缩水平的流动资产，因为在市场需求十分稳定时，可以设定较低的安全存量，故存货投资额可以较少。反之，若公司所提供的信用条件非常宽松，则需要较多的应收账款投资。产业差异亦会影响到流动资产的投资规模：制造业的生产程序要求充足的原料、在产品和产成品，因而投资于存货的金额颇为可观；相对地，服务业对于存货的投资显然不多。此外，某些公司的经营重心在于放宽客户的信用，以从未付的货款中赚取利息，因而对于应收账款投资的部分较多。营运资本投资的总体水平取决于未来现金流的稳定性，它们越是不确定，公司就越有可能投资于现金和股票。航空公司常常具有较高水平的营运资本投资，而饮食和医药公司一般则持有较低的水平。在确定的条件下——即销量、成本、采购期、付款期等条件已知时，所有企业将保持最低水平的流动资产。想要增加流动资产就必须增加外部融资，但不会相应提高利润。

根据有关资料可以发现，自20世纪70年代以后，美国企业界的营运资本投资政策趋向于紧缩，即完成同样多的销售额，所占用的流动资产越来越少。甚至在一些管理非常优秀的一流公司中，通过对存货、应收账款等主要流动资产占用严格而科学的管理（如实施存货控制的JIT系统等），使得流动资产的占用降低至一个极低的水平上，以至于企业的流动资产不占用自己的资金，从而谋求企业收益的最大化。在这种情况下，企业经营对流动性的需求以及理财人员对财务风险的控制，将完全依靠企业现金流量超常的周转速度来实现。不容置疑，这是公司短期财务管理所应当达到的一个至高境界。

“零营运资本”（zero working capital）① 是近年来国外一些管理优秀的公司在营运资本管理方面时常用到的一个重要概念。按照这一理念，营运资本的定义为：

营运资本 = 存货 + 应收账款 - 应付账款

存货与应收账款是协助长期资本资产创造经营活动现金流量的重要流动资产，为了最大限度地提高企业的获利能力，这部分资产占用所需要的资金应当由企业的客户通过商业信用的方式来提供。如果应付账款的数额足够多的话，营运资本的占用甚至可以小于0。毫无疑问，达到“零营运资本”境界的关键是要按照科学、严密甚至是极其苛刻的管理理念和手段来进行营运资本的控制，尤其是加强存货、应收账款的控制，使其占用维持在一个极低的水平之上。

① Eugene F. Brigham & Louis C. Gapenski. Intermediate Financial Management, pp. 703 - 704. The Dryden Press, 1996.

（二）营运资本融资政策

在营运资本投资政策中，我们研究了流动资产投资水平。现在，我们在假定流动资产投资为最优的前提下，研究流动负债水平（流动资产与流动负债的匹配）问题。从性质上讲，流动负债是用于满足企业短期投资资金需求的融资方式，债务的偿还期与投资收益的回收期力争一致，从而确保企业必要的流动性，减少财务风险。在企业投资项目中，所谓短期投资项目，通常是与流动资产比如存货、应收账款等的占用密切相关的。事实上，无论是存货，还是应收账款，其基本占用部分即所谓的永久占用部分，应当由长期融资方式（比如股权融资、公司债融资等）满足，只有那些临时性的、暂时性的占用增加（比如存货的季节性增加）才需要运用流动负债的方式来满足。这部分短期的资金占用和资金筹措，属于日常性而非决策性的财务决策，对企业的财务状况、对企业价值的创造等不应发生根本性的影响。一个最为重要的特征就是，流动负债在全部融资结构中不应当成为一个主要的、对企业财务状况带有决定性影响的一部分。而在我国大部分国有企业当中，流动负债不仅数量过多，甚至已经成为企业得以安身立命的基本资金支持。这种流动负债政策无疑是与财务理论的分析不相吻合的。

流动资产与流动负债构成了营运资本的两要素。企业的资产按周转时间的长短，可分为周转时间在一年以下流动资产（包括货币资金、短期投资、应收账款和存货等）和周转时间在一年以上的长期资产（包括长期投资、固定资产和无形资产等）。对于流动资产，如果按照用途再作区分，则可以分为临时性流动资产和永久性流动资产。临时性流动资产指那些受季节性、周期性影响的流动资产，如季节性存货、销售和经营旺季的应收账款；永久性流动资产指那些即使企业处于经营低谷也仍然需要保留的、用于满足企业长期稳定需要的流动资产。

企业负债按照债务时间的长短，以一年为限，分为短期负债（包括短期借款、应付账款、应付票据、应计费用等）和长期负债（包括长期借款、长期债券等）。与流动资产按照用途划分的方法相对应，流动负债也可以分为临时性负债和自发性负债。临时性负债只为了满足临时性流动资金需要所发生的负债，如商品零售企业春节前为满足节日销售需要，超量购入货物而举借的债务；食品制造企业为赶制季节性食品，大量购入某种原料而发生的借款等。自发性负债指直接产生于企业持续经营中的负债，如商业信用筹资和日常经营中产生的其他应付款，以及应计费用等。

营运资本融资政策，① 即如何为流动资产筹措资金，具体而言就是如何安排临时性流动资产和永久性流动资产的资金来源。一般可区分为三种：稳健型融资政策、激进型融资政策和适中型融资政策。

1. 稳健型营运资本融资政策的出发点是为了维护企业的安全运营，降低企业到期不能偿还债务的财务风险的发生。稳健型营运资本融资政策的特点是：临时性负债只融通部分临时性流动资产的需要，另一部分临时性流动资产和永久性资产（包括永久性流动资产和固定资产，下同），则由长期负债、自然性负债和权益资本作为资金来源。

① 注册会计师教材：《财务成本管理》，第216页，北京：经济科学出版社，2004。

如图 7－2 所示。

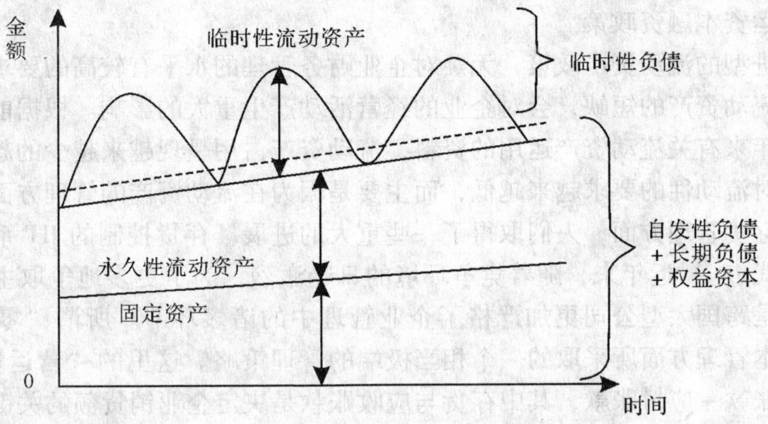

图 7－2　稳健型融资政策

稳健型融资政策由于临时性负债所占比重较小，所以企业无法偿还到期债务的风险较低，同时蒙受短期利率变动损失的风险也较低。但另一方面，却会因长期负债资本成本较高，以及经营淡季时仍需负担长期负债利息，从而降低企业的收益。所以，稳健型融资政策是一种风险性和收益性均较低的营运资本融资政策。

2. 激进型营运资本融资政策的出发点是为了最大程度上降低资本成本，增加企业的收益。激进型营运资本融资政策的特点是：临时性负债不仅融通临时性流动资产的资金需要，还满足部分永久性资产的需要。如图 7－3 所示。

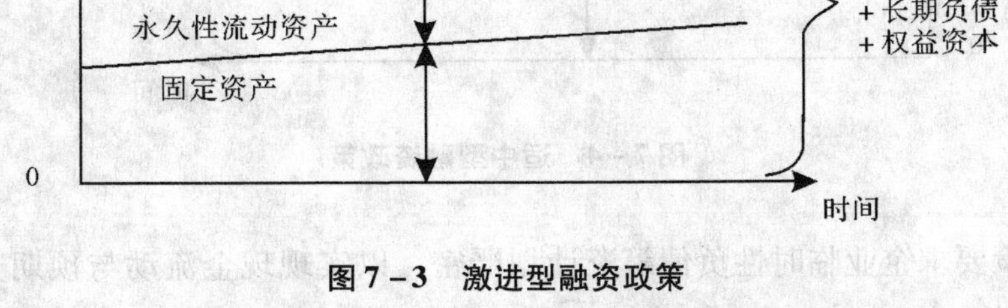

图 7－3　激进型融资政策

激进型融资政策由于临时性负债所占比重较大，且临时性负债的资本一般低于长期负债和权益资本的成本，所以该政策下的企业资本成本较低。但另一方面，为了满足永久性长期资金需要，企业必须在临时性负债到期后重新举债或申请债务展期，这样便会更为经常地举债和还债，从而加大筹资困难和风险，还可能面临由于短期负债利率的变动而增加企业资本成本的风险。因此，激进型营运资本融资政策是一种收益性和风险性均较高的营运资本融资政策。

采用激进型的流动资产政策，无疑对企业财务管理的水平有较高的要求。因为一旦失控，由于流动资产的短缺，会对企业的经营活动产生重大的影响。根据前面所提到的美国公司多年来有关流动资产运用的资料，流动资产占用呈现越来越少的趋势。这并不意味着企业对流动性的要求越来越低，而主要是因为在流动资产的管理方面，尤其是在应收账款和存货管理方面，人们取得了一些重大的进展。存货控制的 JIT 系统便是其中的一个典型代表。① 近年来，随着竞争环境的日趋激烈，为了更多地争取主动，许多大型公司尤其是跨国大型公司更加严格了企业管理中的诸多环节。所谓“零营运资本”，是在营运资本管理方面所采取的一个相当极端的管理策略。这里的“营运资本”，是指存货 + 应收账款 - 应付账款，其中存货与应收账款是决定企业销货额的关键因素。通过加速现金的周转以及生产经营过程各个环节的高速运转，最大程度地降低存货与应收账款；同时，尽量以应付账款的方式满足存货对资金的需求。

3. 适中型营运资本融资政策的出发点是为了使资金的融资期限与资产使用产生的现金流量相匹配，以降低企业到期不能还债的风险和尽可能降低债务的资本成本，从而使企业的收益与风险适中。适中型营运资本融资政策的特点是：对于临时性流动资产，运用临时性负债资金满足其资金需要；对于永久性流动资产和固定资产，运用长期负债、自然性负债和权益资本融资资金满足其资金需要。如图 7 - 4 示。

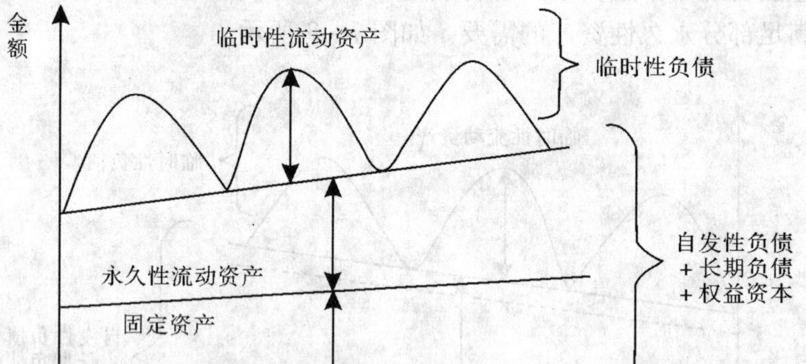

图 7 - 4 适中型融资政策

这种政策要求企业临时性负债筹资计划严密，以实现现金流动与预期安排相一致。

---

① 又被称为适时管理系统，最初是指在存货控制过程中，在最准确的时刻、最准确的地点，按照最标准的质量和最准确的数量，满足各个环节对存货的需求。尤其是在生产的最终阶段即产成品阶段，直接按照订单安排生产，因此最大程度地减少了产成品库存，实现了所谓的“无仓储管理”的最高境界，从而实现了流动资产投资的最小化，极大程度地节约了资金的占用。

在生产经营的高峰，企业按照高峰的期限举借临时性债务，一旦经营回落到正常的水平，再以回落中产生的现金流量偿还债务。生产经营处于低谷时，企业除了自然性负债外没有其他负债。这种融资政策的风险在于如果资产使用的寿命与负债不能完全配合，资产创造的现金净流量低于债务的水平，企业将会发生到期还债的困难。因此，适中型营运资本融资政策是一种理想的、对企业有较高资金使用要求的营运资本融资政策。但是，其揭示的原理，可以作为企业筹资的一个指导理念。

第二节 短期财务管理与价值最大化

营运资本是企业总资金的组成部分，营运资本管理是企业财务管理的重要内容，因此其管理目标应是企业总体目标特别是企业财务管理目标在营运资本管理上的具体体现。制定营运资本政策的目标应该等同于营运资本管理的目标，具体来讲，主要实现以下两个目标：

1. 保持适度的流动性。流动性是蕴涵于企业经营过程中的动态意义上的偿付能力，也是企业资产运用的固有特征。保持较强的流动性，对于抵消企业风险、适应环境变化具有极为重要的作用。保持营运资本具有适度的流动性以便应付日常经营的需要。企业营运资本流动性的高低，在很大程度上取决于对流动资产和流动负债的控制能力。流动性控制的目的应当顺从与企业经营的目的，这是流动性管理活动首先应该明确的问题。否则，很难做到保持适度的流动性而不是最高的或最低的流动性，从而真正发挥流动性对企业价值最大化所做出的独特贡献。

2. 实现企业价值最大化。企业营运资本管理的基本目标就是最大限度地服务于企业的长远财务规划，围绕经营活动现金流量的创造，实现企业价值最大化。但对于营运资本在企业价值创造过程中起到的作用应该有正确的认识。流动资产自身没有创造现金流量的能力，对企业价值的形成没有直接的影响。但在资本投资性质及其效率的既定的情况下，无能的、低效的营运资本管理却会在很大程度上抵减企业经营活动现金流量的创造力。因此，企业应合理确定现金持有量，保持良好的库存结构，加快应收账款的回收等，使企业整个营运资本按照营运资本政策预定的目标进行运营，促使企业实现价值最大化。

下面将具体阐述在价值最大化的短期财务管理目标下制定营运资本政策时应当注意的一些关键问题。

一、尽量降低流动资产的规模，合理安排其内部结构

流动资产自身并不具备创造现金流量的能力，但现金、应收账款、存货等流动资产为企业再生产活动的正常进行提供了必要的条件，尽管它们本身并不具有直接的盈利性，而且还会带来资金占用成本。在资本投资性质及其效率既定的情况下，过多的营运

资本在很大程度上抵减了企业经营活动创造现金流的能力。因此，企业在保持适度的流动性以及不影响销售额的情况下，应当尽量减少营运资本的占用。通过减少在流动资产上的投资，而使营运资本占企业总营业额的比重趋于减少，便于企业将更多的资金投入到固定资产或长期投资上。我国企业流动资产平均余额之所以这么大，流动资产周转之所以这么慢，是与我国企业管理水平低、管理基础差分不开的。假如我国企业的流动资产周转率能够达到美国、德国和日本的一半水平，就可以大大地减少流动资产平均余额，提高资金利用率，将更多的资金用于更大规模的企业发展。

企业在确定了一定时期内流动资产占总资产的比例之后，如果要保证流动资产的有效运作，还要求流动资产各项目之间保持数量上的合理并存、时间上的依次继起并实现消耗的足额补偿。企业在正常经营的情况下，除应收账款与企业销售规模相关之外，其他流动资产项目与流动资产总额的比例是保持相对稳定的。企业可以利用这一特点，根据以往的财务资料，确定流动资产项目与流动资产总额的比例，安排企业的流动资产投资。当实际的流动资产的占有和确定的比例发生较大偏差时，应及时调查并采取对策。而对于应收账款，则要充分考虑到销售规模因素。如果管理人员发现在一定的销售规模下，企业应收账款占有比例明显增长，就说明企业的收款能力下降，资金的周转速度放慢，企业的收账风险上升，此时应及时采取相应的改善措施。

二、重视营运资本周转效率的提高

营运资本周转效率越高，周转期越短，现金流的速度越快，公司也能更容易地偿还其债务和购买更多的材料，生产更多的商品并出售，提高企业的经营绩效。营运资本周转速度越快，周转期越短，公司对外部财务供应的依赖性就越弱，表明需要融资的额度越低。营运资本或者现金的周转期越长，就需要筹集更多的资金。营运资本周转得快，还允许企业把像现金等相对无利润资产的持有量减到最低。

改善营运资本周转期即现金周转期，使之变得更短，将会降低风险水平并增加盈利性。在企业中，营运资本所占用的资金无法被用于其他方面以增加价值。现金周转期的减少可以通过以下途径实现：①加速应收账款的回收。②缩短存货周转期。③延缓应付账款的支付。

应收账款占用的营运资本越少，变现速度越快，坏账损失越少，短期偿债能力越强，而应收账款过多往往造成企业流动性不足，资金周转不灵，形成企业风险。公司支付应付账款延迟的期限越长，现金周转得越快。能够使应收账款周转期短于应付账款延迟期，可能被看做是营运资本管理有效的一种标志。

从企业资本运营的角度考虑，存货转换周期和应收账款转换周期越短越好，而应付账款延迟周期则是越长越好，但实际上有一个度的问题。这三种方法没有一个可以减少现金周转期而不增加风险。如果存货转换周期非常短，最大的风险是发生缺货以及随之而来的多种成本，包括对信誉的影响，企业就会有损失销售市场的风险。一方面使企业减弱了抵御市场不确定性对企业的冲击力，有碍企业营销能力的扩大和盈利的增加；另一方面则减少了企业资金占用量，提高了资金利用率，使盈利能力上升以及变现风险降低。可见存货量的增加和减少对企业有利有弊，是一把双刃剑，需要我们客观对待，还必须对增加存货的机会成本与缺货的风险和导致的综合成本这两者进行权衡。同样，如果应收账款转换周期也非常短，企业就会面临损失那些需要信贷业务的客户。应付账款延付周期越长越好，但并不是无限度的长，若太长则可能导致损失早期支付的贴现或未来债务的灵活性。

三、优化负债结构

负债结构是指企业负债中各种负债数量的比例关系，尤其是流动负债资金的比例。按照融资的黄金法则——期限匹配原则，企业在制定营运资本政策时，应尽量做到流动资产与流动负债的匹配，实现现金流动与预期安排相一致。在经营淡季和低谷阶段，企业除了自发性负债外不存在其他流动负债，只有在对临时性流动资产的需求达到高峰时，企业才举借各种临时性债务。从理论上来讲，营运资本的最佳数量是在企业生产和销售计划确定的情况下，即销货量、成本、采购期、付款期等条件为已知时，企业通过现金预算计划，尽可能地将作为资金来源的流动资产和作为资金支出的流动负债在期限上衔接起来，以保持最低的净营运资本水平。配合型的营运资本融资政策将资产与负债的期间相互配合，以降低企业不能偿还到期债务的风险并尽可能地降低企业的资本成本。同时这也是对企业有着较高的资金合作要求的一种营运资本融资政策。

值得注意的是，商业信贷在企业流动负债中通常占据主要部分，企业所持有的这部分信贷额必须在下一个会计年度内偿清。它常常不仅是“无息的”，而且能够较为容易地获得。应付账款作为一项流动负债，对于任何企业来说都相当于一种短期融资。因为商业信贷象征着从供应商处得到的、直至票据被支付时的一种借款，所以它是企业对流动资产投资的一种重要融资渠道。这项短期融资来源的特殊吸引力在于成本较低，即通常不用支付利息。从这个角度上讲，企业应当利用任何一项可以得到的免费信贷，因为由此而节余的现金可以用于其他方面的盈利性投资。然而，很重要的一点是，这个工具不可以被滥用。当信用贷款到期时，任何一家未能按时支付的企业都将有可能引起供应方的担心。

四、强化“零营运资本政策”的意识

（一）零营运资本政策的内涵

自20世纪70年代以后，美国企业界的营运资本投资政策趋向于紧缩，即完成同样多的销售额，所占用的流动资产越来越少。甚至在一些管理非常优秀的一流公司中，通过对存货、应收账款等主要流动资产占用严格而科学的管理（如实施存货控制的JIT系统等），使得流动资产的占用降低至一个极低的水平，以至于企业的流动资产不占用自己的资金，从而谋求企业价值的最大化。在这种情况下，企业经营对流动性的需求以及理财人员对财务风险的控制，将完全依靠企业现金流量超常的周转速度来实现。不容置疑，这是公司短期财务管理的至高境界。

在营运资本管理中，流动资产管理与流动负债管理是紧密联系在一起的。流动资产的占用状况会影响到流动负债的结构；反过来，流动负债的融资政策又会制约着对流动资产的投资行为。近年来在西方理财学中出现的“零营运资本”理念（zero working capital），就同时涉及流动资产政策的制定和流动负债政策的制定。所谓零营运资本，事实上是极端意义上的激进型的流动资产政策，即通过严格而科学的生产、营销管理，将企业的营运资本——现金、有价证券、存货等降至最低点，从而实现营运资本管理的最高水平。它并不是要求营运资本真的为零，而是在满足一定条件的前提下，尽可能地使营运资本趋于最小。按照这一理念，所谓的“零营运资本”政策，即为实现如下结果的流动资产管理政策：

存货 + 应收账款 - 应付账款≤0

其中存货和应收账款是创造销货额的主要因素，这部分本由企业占用的流动资金由供货商通过应付账款来提供。具体表现为存货基本上是零，应收账款和短期投资低于应付账款和短期借款的一种财务运行状况。存货与应收账款是协助长期资本资产创造经营活动现金流量的重要流动资产，为了最大限度地提高企业的获利能力，这部分资产占用所需要的资金应当由企业的客户通过商业信用的方式来提供。如果应付账款的数额足够多的话，净营运资本甚至可以小于0。因此，执行零营运资本政策的关键首先是按照科学严密的管理理念和手段来进行营运资本的控制，尤其是加强对于存货、应收账款的控制，使其资本占用额维持在一个极低的水平之上。

（二）零营运资本政策的基本原理

传统的财务理论认为，由于企业的应收账款与应付账款、短期借款等负债的到期期限及金额很难做到完全匹配，而且存货的变现需要较长时间，故企业必须持有大于流动负债的流动资产才能保证按期偿还短期债务。因此，为了加强流动性，企业必须保持适量的营运资本，以应付财务风险。零营运资本政策的理论依据是以较少的资金做同样的业务，使营运资本发挥更大的作用，从而创造更多的收益。零营运资本政策的基本原理就是在满足企业对流动资产基本需求的前提下，尽量降低对流动资产的投资，强调企业资产的高速运转，并大量运用流动负债进行流动资产的融资。具体表现在以下几方面：

第一，通过降低营运资本，将被牵制在应收账款和存货上的资金解放出来，用于技术投资或投入生产经营。

第二，追求零营运资本政策，降低存货，可以节约储存空间，削减因存货而发生的一些费用，如运输、挑选整理、保管、财产和意外保险、存货废弃、变质、短少等费用，消除这一环节上的不增值作业，提高企业的生产能力。

第三，追求零营运资本政策，会促使企业加强应收账款的管理，减少应收账款，从而减少坏账损失的风险。

第四，加速营运资本的周转循环，降低营运资本在总营业额中所占的比重。

第五，对流动负债来说，要有畅通的筹措短期资金的渠道，以便满足企业的日常运作需求，同时也要考虑短期资金成本的问题。

美国的许多著名企业都在追求零营运资本。如美国通用电气公司总裁正在计划将降低营运资本水平作为企业目标；美洲标准公司总裁也决心将公司的营运资本降低为零，它们正是依赖于压缩营运资本才在崩溃的边缘挽救了公司。与重工业比较而言，桂格燕麦公司所需的营运资本较少，但为了适应日益激烈的竞争环境，公司已将营运资本占销售收入的比重由 1990 年的 13% 压缩到 1993 年的 7.3%，将节余出的 2 亿美元资金用于投资增产，从而使营业收入大大增加。① 由此可见，追求零营运资本政策的目的在于压缩存货和应收账款，加强对于营运资本的管理，以提高企业绩效。如果营运资本管理得好，效率高，那么较低数额甚至零营运资本也能得到同样的甚至更好的效益。

（三）实施零营运资本政策的有效途径

零营运资本政策源于“零存货”的基本思想，互联网的产生和迅速普及，使人类社会进入到了信息时代，网络技术和电子商务都得到了迅速发展，企业完全有条件和能力减少甚至不储备库存以减小由于库存带给企业的资金周转压力，提高资金的利用效率。

实施“零营运资本”政策，从营运资本周转周期的角度来看，主要应从存货管理、应收账款管理和应付账款管理三个方面着手。对于存货管理，一方面要加强销售，通过销售的增长来减小存货周转期；另一个方面则要通过确定订货成本、采购成本以及储存成本来计算经济批量，控制存货所占用的资金，使之最小化。对于应收账款管理，在信用风险分析的基础上，企业要制定合理的信用标准、信用条件和收账政策；通过这些措施来鼓励客户尽早交付货款，从而加速应付账款的周转。关于应付账款的管理，一般来说，企业越是拖延付款的时间，就越有利于企业，但由于延期付款可能会引起企业的信誉恶化，所以企业必须通过仔细的衡量、比较多种方案之后再做出决定。在尽可能多地使用流动负债的基础上，还应注意企业的清偿能力，并保证企业的信誉，这样才能为企业带来最大的收益。

针对我国企业目前的实际状况，要想达到零营运资本政策的目标还应创造以下条件：

1. 企业要有一个周密的生产计划。从原料投入到产品产出都处于一种有序状态，因此就要有一个周密的生产计划。通过预测，对原材料供应、各工序生产做出预定计划安排，使企业生产保持连续，不至于因计划不周而产生时间和空间上的滞留。

2. 运用先进的科学技术和设备进行科学合理的布局。首先，要运用计算机和运筹学等手段，对企业生产布局做出科学合理的安排，使之在一定的约束条件下达到最短流通距离、最少流通环节的最优状态；其次，要选用最先进的工艺设备，力求缩短操作时间和提高产品质量；最后，用流水线把整个工厂各道工序和各操作环节联系起来，并把物件送到指定地点，企业各部门必须密切配合，相互协调。

3. 要有一个比较顺畅的原料供应和产品销售流通体系。零营运资本相应地要求企业外部的原料供应和产品销售渠道十分顺畅，否则，企业就有可能为防止供应中断而增

---

① Bill Neale & Prefor McElroy. Business Finance—A Value Based Approach. Prentice Hall.

加原材料库存或者因销售系统故障而形成产品滞存。实际上这种外来影响最容易造成零营运资本方案的流产。因此，首先应保证外来原料的稳定供应，这可以通过对各种所需原料选定一定的供应商，并与其签订长期供货合同得以实现。同时，企业还应改善企业的生产设备条件，缩短产品的生产时间；选择灵活的资金结算方式，保持资金畅通；提高市场占有率，建立稳定可靠的销售网络。

同时也应注意到企业营运资本管理所面临的外部环境。我国离信用社会的要求还差得很远，企业普遍缺乏商业信用，在法制不健全的情况下，若公司缺乏信誉，容易造成公司之间相互拖欠，影响资金的运转。

零营运资金政策是一种极限式的管理，它并不是要求营运资本真的为零，而是在满足一定条件下，尽量使营运资本趋于最小的一种理想化的管理模式。但是，零营运资本政策的基本原理和管理资金的思路，在我国企业财务管理的理论和实践中具有一定的借鉴意义和实用价值，这一方法的应用前景值得我们去探讨和研究。

第三节　营运资本管理政策的实施

在实践中，企业的营运资本管理应该是保守的还是积极的，以及是否具有正规的营运资本管理政策？看一看来自于美国和加拿大的企业调查便自会得出结论。

研究人员首先在 1978 年，然后又在 1988 年对美国大型工业公司进行了调查。调查结果表明，美国大型公司的营运资本政策尽管不断变化，但是一段时间之后就变得很正规。1978 年，近 30% 的回答者指出，他们都有正式的营运资本政策，而多于 70% 的回答者指出，他们的营运资本政策很不正式，甚至没有；在 1988 年的调查中，上述两者结果分别为 37% 和 63%。

1978 年和 1988 年的调查结果还表明营运资本政策随着时间的推移趋于保守。1978 年，28% 的回答者认为他们的公司采取保守政策或称“规避风险”政策；大约 22% 的回答者认为他们的态度很积极或称“接受风险”政策；多于 50% 的回答者认为他们的政策取决于当时的情况或者不时发生变化。10 年后，答案发生了巨大变化——遵循保守的营运资本政策的公司增加到了超过 41%，而采取积极营运资本政策的公司下降到了低于 7%，政策取决于当时的情形或不时变化的比率保持不变。

1989 年在澳大利亚进行相同的调查时发现，采取营运资本政策的形式的结果是相同的——大约 38% 的回答者认为他们采取了正规的政策。但是，公司采取的营运资本管理政策的类型的调查结果却不尽相同。不到 3% 的回答者认为他们的公司采取积极的政策，25% 的公司遵循保守的政策，而大于 72% 的公司认为他们的政策取决于当时的情况或者随时发生变化。

1994 年，研究人员在加拿大对小型公司（销售额处于 500000 ~ 5000000 美元之间）展开了大规模的调查。调查结果可能也代表了其他发达国家的小型公司。首先，93% 的公司认为他们没有正式的营运资本政策，这并不令人吃惊。当被问及他们采取哪种营运资本政策时，近29%的回答者认为他们的政策比较保守，大约10%的回答者认为他们采取了积极的政策，而高于61%的回答者认为他们的政策随时发生变化或者视当时情况而定。

总之，大部分公司不具有正式的营运资本政策。而且，尽管公司更可能采取保守的营运资本政策，而不是积极的政策，但大部分公司政策仍随时发生变化，或者视具体情况而发生变化。有意思的是，调查结果还表明大部分公司对其营运资本政策的看法是"一旦需要就采用"，这表明这些公司没有正规形式的评估。我们从调查结果中得出的结论为：公司对短期融资管理更多的靠直觉，而不是用精确的方法。但是当公司努力改善其经营效率时，必须采取正式严格的营运资本政策。

有关部门①对我国3911家企业的最新调查显示，约有56%的企业感到流动资金紧张。其中，26.8%的企业感到资金"有所紧张"，资金缺口在10%以内；16.7%的企业感到资金紧张"明显加剧"，缺口在10%～20%之间；12.5%的企业感到资金"严重紧张"，缺口在20%以上。以上数字说明我国企业对营运资本的管理效率很低，不能满足企业发展的需要。绝大部分企业只是凭经验进行短期财务管理，但是企业若想提高营运资本的运行效率，必须要有正式的和科学严密的营运资本政策。

●本章案例

戴尔公司的库存管理模式——"零库存"分析

迈克尔·戴尔认为："库存不是资产而是负债！在戴尔公司，库存的只是信息。"从会计的角度看，存货是许多公司最昂贵的资产之一，它通常占全部投资的40%。这部分资金占用在某种程度上与公司的负债具有同等效应，如果存货销路不佳，则会因存货资金固定化而导致企业破产。从某种意义上说，存货就是浪费，它耗费空间、资金和时间。为加强存货管理，降低存货风险，不同的企业创造了不同的存货管理模式，诸如通用电气开创了ABC库存方式、丰田公司发明了秘密武器——即时制或零库存管理等。随着计算机技术的发展与普及，提高了像订单处理、采购管理、日程管理、配销工程等作业的整合性和同步性。存货管理走向综合化，并进展到将销售、生产、库存作为综合系统的库存管理。注重库存"物流"与"资金流"系统控制和管理，已成为企业"第三大利润源泉"。

戴尔公司于1984年由迈克尔·戴尔创立。他是目前计算机行业内任期最长的首席执行官。他的理念非常简单：按照客户要求制造计算机，并向客户直接发货，使戴尔公司能够最有效和最明确地了解客户需求，继而迅速做出回应。这个直接的商业模式消除了中间商，这样就减少了不必要的成本和时间，让戴尔公司更好地理解客户的需要。这种直接模式允许戴尔公司能以富有竞争性的价位，为每一位消费者定制并提供具有丰富配置的强大系统。通过平均四天一次的库存更新，戴尔公司能够把最新相关技术带给消费者，而且远远快于那些运转缓慢、采取分销模式的公司。

① 人民网·经济观察，2004-09-19。

一、戴尔公司零库存解读

戴尔的零库存是建立在对供应商库存的使用或者借用的基础上，并形成3%的物料成本优势。戴尔的低库存是因为它的每一个产品都是有订单的，通过成熟网络，每20秒就整合一次订单。“零库存”并不意味着没有库存。像戴尔这样的组装企业，没有库存意味着无法生存。只不过戴尔的库存很低，周转很快，并且善于利用供应商库存，所以其低库存被归纳为“零库存”，这只是管理学上导向性的概念，不是企业实际操作中的概念。经过充分的传播，戴尔的名声已经与“零库存”相联系，所以很多人一提起戴尔，马上就想起了“零库存”。

1. 精髓是低库存。戴尔不懈追求的目标是降低库存量。21世纪初期，戴尔公司的库存量相当于5天的出货量，康柏的库存天数为26天，一般PC机厂商的库存时间为2个月，而中国IT巨头联想集团是30天。戴尔公司分管物流配送业务的副总裁迪克·亨特说，高库存一方面意味着占有更多的资金，另一方面意味着使用了高价物料。戴尔公司的库存量只相当于一个星期的出货量，而别的公司库存量相当于四个星期的出货量，这意味着戴尔拥有3%的物料成本优势，反映到产品低价就是2%或3%的优势。戴尔的管理人员都借助于信息和资源管理软件来规范物料流程。在一般的情况下，包括手头正在进行的作业在内，任何一家工厂内的库存量都只相当于规定的出货量。

戴尔模式的竞争力在哪里？专家研究后发现，主要体现在低库存方面。戴尔的库存时间比联想少18天，效率比联想高90%，当客户把订单传至戴尔信息中心，由控制中心将订单分解为子任务，并通过Internet和企业间信息网分派给上游配件制造商。各制造商按电子订单进行配件生产组装，并按控制中心的时间表供货。戴尔只需在成品车间完成组装和系统测试，剩下的就是客户服务中心的事情。一旦获得由世界各地发来源源不断的订单，生产就会循环不停、往复周转，形成规模化。这样纷繁复杂的工作如果没有一个完善的供应链系统进行支撑，而通过普通的人工管理来做好，是“不可能的任务”。在得州圆石镇，戴尔公司的托普弗制造中心巨大的厂房可以容纳五个足球场，而其零部件仓库却不超过一个普通卧室那么大。工人们根据订单每三五分钟就组装出一台新的台式PC。

2. 没有零部件仓库。在厦门设厂的戴尔，自身并没有零部件仓库和成品仓库。零部件实行供应商管理库存（VMI），并且要以戴尔订单情况的变化而变化。比如3月5日戴尔的订单是9000台电脑；3月6日是8532台电脑等。每天的订单量不一样，要求供应商的送货量也不一样。戴尔订单的数量不确定，则对供应商配件送货的要求也是可变的，对15英寸显示屏和18英寸显示屏的需求组合是不同的，如3月5日的显示屏需求组合是（5000+4000）台，3月6日的需求组合是（4000+5000）台等。超薄显示屏和一般显示屏的需求组合变化也是一样的。所以，戴尔的供应商需要经常采取小批量送货，有时送3000个，有时送4000个，有时天天送货，订单密集时需要一天送几次货，一切根据需求走。为了方便给戴尔送货，供应商在戴尔工厂附近租赁仓库，来存储配件，以保障及时完成送货。这样，戴尔的零库存是建立在供应商的库存或者精确配送能力的基础上。戴尔通过对供应商库存的充分利用来降低自己的库存，并把主要精力放在凝聚订单上。而戴尔公司的成品管理则完全是采取订单式，用户下单，戴尔组装送货。

由于戴尔采取了以 VMI、CRM 等信息技术为基础的订单制度，在库存管理方面基本上实现了完全的零库存。

3. 以信息代替存货。因特网受到戴尔公司的充分重视，主要表现在：戴尔与客户、供应商及其他合作伙伴之间通过网络进行沟通的时间界限已经模糊了，戴尔与客户之间在 24 小时进行即时沟通，突破了上班时间的限制；同时，戴尔与合作伙伴之间的空间界限已经被模糊了，戴尔在美国的供应商可以超越地域的局限，通过网络与设在厦门的工厂进行即时沟通，了解客户订单的情况。

通过强化信息优势，戴尔整合了供应商库存协作关系，并在实践中，成功地磨合出了供应商的送货能力。戴尔需要 8000 个显示器，在当天供应商就能送 8000 个显示器；当戴尔需要 5000 个大规格的显示器，供应商在 2 个小时内就能够配送 5000 个大规格显示器。戴尔与供应商培植紧密的协作关系，保证为客户提供精确的库存。在流通活动中，客户的“信息”价值替代“存货”价值。在供应链管理中，戴尔作为链主，其主要的分工是凝聚订单，比如收集 10000 台电脑订单，供应商则及时供货，提供 10000 种与电脑相关的配件，如显示器、鼠标、网络界面卡、芯片及相关软件等。供应商在戴尔的生产基地附近租赁仓库，并把零配件放到仓库中储备，戴尔需要这些零配件时，则通知供应商送货。零配件的产权由供应商转移到戴尔。另外，戴尔可以充分利用库存赚取利润，比如，戴尔向供应商采购零部件时，可以采取 30 天结算，但在卖出电脑时执行的是先款后货政策，至少是一手交钱一手交货，并利用客户货款与供应商货款中间的时间差，来谋求利益。

4. 零库存是一种导向。有专家说：“戴尔的‘零库存’是基于供应商‘零距离’之上。”假设戴尔的零部件来源于全球的四个市场，美国市场是 10%，中国市场是 50%，日本市场是 20%，欧盟市场是 20%。然后在香港的基地进行组装后销售到全球。那么从美国市场供应商 A 到达香港基地，空运至少 10 个小时，海运至少 25 天；从中国市场供应商 B 到达香港基地的公路运输至少 2 天；从日本市场供应商 C 到达香港基地，空运至少 4 小时，海运至少 2 天；从欧盟市场供应商 D 到达香港，空运至少 7 小时，海运至少 10 天。如要保证戴尔在香港组装的零库存，则供应商在香港基地必须建立仓库，自建或租赁，来保持一定的元器件库存量。供应商承担了戴尔公司的库存风险，而且还要求戴尔与供应商之间要有及时、频繁的信息沟通与业务协调。而直接模式同样不可避免地遇到“库存”问题。戴尔所谓要“摒弃库存”其实是一种导向，绝对的零库存是不存在的。库存问题的实质是：既要千方百计地满足客户的产品需求，同时又要尽可能地保持较低的库存水平，只有在供应链居于领导地位的厂商才能做得到，戴尔就是这样的企业。与联想相比，戴尔在库存管理方面具有优势；在与零部件供应商的协作方面，也具有优势。“以信息代替存货”，在很多其他厂商看来是不可能的，但在戴尔却是实际存在的。

5. 零库存是一个完整的体系模式。戴尔的零库存需要客户支持、系统改进、供应商关系、市场细分等多个环节的参与配套。离开任何一个方面，零库存的优势也是不存在的。没有强大的订单凝聚能力，要借用供应商的库存是不可能的。以显示器为例，需要 10000 个订单和需要 500 万个订单，供应商的反应也是不一样的。显然，戴尔拥有了

500 万个显示器的需求，可以给供应商提出更多的要求，只不过戴尔可以把订单拆开，要求供应商送货600 次。这样做，由于订单总量仍然是很大的，所以供应商才愿意按照“随需随送”的要求来参与业务运作，虽然承担了戴尔的库存风险，但实际上总的利益还是很大的。如果订单很小，比如只有10000 个，供应商怎么可能把自己的仓库建到戴尔工厂附近，又怎么能够做到在需要的时候确保2 小时送货呢？很显然，只有订单足够大，才能实现这个目标。

二、零库存产生的背景

在微利时代，订单与低库存的匹配也是很难的。订单掌握在客户手里，能不能产生这样的需求，产生的需求能不能为戴尔公司掌握，这是很难确定的。经常的情况是，戴尔保持着零库存，而客户的订单是波动的，订单的成长性也具有淡季和旺季之分，如淡季戴尔一个月可能只卖80 万台 PC，旺季一个月可能要卖200 万台。戴尔的库存管理能力必须适应从80 万~200 万台的变化。这对讲求零库存的戴尔是一个很大的挑战。订单与低库存相匹配的按需定制方式是戴尔的优势，需要有经验的积累和供应商关系的磨合等。成本控制、节约开支等措施是戴尔日常管理的核心，这不能妨碍订单与供应商库存的协调。戴尔是如何做到这种匹配的呢？主要的方法有：一是戴尔的强势影响力，使供应商认同戴尔的潜力，它们会千方百计地满足戴尔的订单变化；二是强大的信息沟通机制能够通过迅速的沟通来满足配件、软件的需求；三是有力度的流程管理方式，使戴尔能够精确地预估未来的需求变化。

1. 库存过量。戴尔出现库存过量的背景是，公司成立才 4 年多，就顺利地从资本市场筹集了资金，首期募集资金3000 万美元。对于靠1000 美元起家的公司来说，这笔钱的筹集，使戴尔的管理者开始认为自己无所不能。大量投资存储器，一夜之间形势逆转，导致重大存货风险。“我们并不了解，自己只知道追求成长，对其他的事一无所知，”迈克尔说，“成长的机会似乎是无限的，我们也习惯于不断追求成长”；“我们并不知道，每一个新的成长机会，都伴随着不同程度的风险”。戴尔公司当时大量购买存储器的原因主要有：戴尔成长良好，其领导只看到机会，忽视了风险；戴尔当时刚刚上市，募集了数千万美元的资金，大量的现金趴在账上，导致领导者产生急于做大的心理，并为资金寻找出路；戴尔公司成立的时间不长，迈克尔本人对市场机会看得多一些，对风险则认识不足；戴尔当时的总经理沃克是个金融家，对 PC 行业的特性认识不足，没有人能够制约迈克尔的决策等。

2. 存货风险。戴尔每年的采购金额已经高达200 多亿美元，假如出现库存金额过量10%，就会出现20 亿美元的过量库存，一则会占用大量的资金；二则库存若跌价10%，就会造成2 亿美元的损失。在采购、生产、物流、销售等环节，戴尔保持低库存或者零库存的努力在继续，避免带来资金周转缓慢、产品积压及存货跌价方面的风险。迈克尔评价说：“在电子产业里，科技改变的步调之快，可以让你手上拥有的存货价值在几天内就跌落谷底。而在信息产业，信息的价值可以在几个小时、几分钟，甚至几秒钟内变得一文不值。存货的生命，如同菜架上的生菜一样短暂。对于原料价格或信息价值很容易快速滑落的产业而言，最糟糕的情况便是拥有存货。我们在1989 年经历的第一个重大挫折，原因居然与库存过量有关系。我们当时不像现在，只采购适量的存储器，而是买进所有可能买到的存储器，我们在市场景气达到最高峰的时候，买进的存储器超过实际所需，然后存储器价格就大幅度滑落。而屋漏偏逢连夜雨，存储器的容量几乎在一夕之间，从256K提升到1MB，我们在技术层面也陷入了进退两难的窘况，我们立刻被过多且无人问津的存储器套牢，而这些东西花了我们大笔的钱。这下子，我们这个一向以直接销售为主的公司，也和那些采取间接模式的竞争对手一样，掉进了存货的难题里。结果，我们不得不以低价摆脱存货，这大大减低了收益，甚至到了一整季的每股盈余只有一分钱的地步。"

3. 引发资金周转危机。库存过量风险直接引发了戴尔公司的资金周转危机。假如戴尔当时把募集资金3000万美元的30%投入购买元器件，由于市场变化，在危机后，戴尔库存价值损失90%，换句话说，在危机爆发后，戴尔就可能损失720万美元。这对一个成立刚5年的公司，打击可以说是很大的。这时只得被迫低价出售库存，以拯救公司。在成长初期，戴尔公司在论证项目和拓展业务时，比较看重收入、利润这样一些指标。假如某年戴尔的年销售收入为15000万美元，那么其容易确定翻倍的业务计划，即要求在下一年完成30000万美元的收入。在确定超高收入计划的同时，戴尔的支出指标被忽视了，利润仅仅是账面指标，不能说明问题，这是戴尔盲目追求成长的主要表现。戴尔公司从直销电脑起家，开始涉足的产品线比较单一，主要是做一些IBM的产品。后来，戴尔成长了，发展了，产品线的品种逐步丰富起来，不但做PC产品的销售，还做各类PC边缘产品的销售。后来，戴尔又向海外市场延伸业务，进入欧洲市场。由于业务增长得很快，戴尔内部出现了乱铺摊子的现象。迈克尔说："不管是当时也好，或甚至在很长一段时间内，我们并不了解其他产业的经济形态，也没有现成的系统或者管理架构来监督这种业务。我们不断地花钱，而此时的获利率却开始下降，同时存货和应收账款也愈堆愈高。"1993年戴尔公司的"现金周转成了问题"。

戴尔遇到巨大的库存风险之后，通过媒体向投资者公开披露风险信息，造成股价暴跌，这使迈克尔本人第一次面临前所未有的市场压力。巨大的库存风险促使戴尔公司积极深刻地反省自己，同时也促使迈克尔深思存货管理的价值。在IT这样剧烈波动的产业中，制约决策也是很有价值的，这次教训也坚定了迈克尔对引入双首长管理体制的决心。存货过量的风险是直接引导戴尔确立"摒弃存货"原则的基础：一是充分利用供应商库存，降低自身的库存风险；二是通过强化与供应商的合作关系，并利用充分的信息沟通降低存货风险。在经历风险之后，戴尔才深刻认识到库存周转的价值。在互联网技术出现之后，戴尔公司又进一步完善了库存管理模式，并丰富了"信息代替存货"的价值内涵。

在20世纪90年代初期，戴尔公司发现存货管理的价值和重要性，并认识到库存流通的价值。"从这次经验里学到，库存流通不仅是制胜的策略，更是必要的措施，它有助于抵抗原料的快速贬值，而且现金需求少，风险较低"，迈克尔说。2004年6月，海尔集团CEO张瑞敏在一次讲话中说，其对政府工作报告中"流转有力"体会更为深刻，认为这是"十六字方针中最为重要的方面"。换句话说，迈克尔对这个问题的认识比张瑞敏早了10多年。

戴尔认为，库存流动速度的重要性远大于库存量的大小。戴尔追求的不是准时制生产中的“零库存”，而是强调加快库存的流转速度。目前，在PC制造行业，原材料的价格大约每星期下降1%，通过加速库存流动速度，相比竞争对手而言，可以有效地降低物料成本，反映到产品底价上，就意味着戴尔拥有了更大的竞争空间。事实上，在PC行业，物料成本在运营收入中的比重高达80%左右，物料成本下降10%，其效果远远大于劳动生产率的提高。为了控制库存，在技术上，戴尔将现有的资源规划和软件应用于其分布在全球各地的所有生产设施中，在此基础上，戴尔对每一家工厂的每一条生产线每隔两个小时就做出安排，戴尔只向工厂提供足够两小时使用的物料。在一般情况下，包括手头正在进行的作业在内，戴尔任何一家工厂内的库存量都只相当于大约5个小时或6个小时的出货量。这就加快了戴尔各家工厂的运行周期，并且减少了库房空间，在节省下的空间内，戴尔代之以更多的生产线。对于戴尔公司而言，如果观察到对于某种特定产品需求持续两天或者三天疲软，就会发出警告；对于任何一种从生产角度而言“寿命将尽”的产品，戴尔将确定某个生产限额，随后，一定到此为止。

三、如何形成零库存

戴尔的零库存优势是如何形成的呢？主要的方式：一是整合供应商工作做得好。戴尔通过各种方式，赢得了供应商的信任，以至于不少供应商在戴尔工厂附近建造自己的仓库，形成了“戴尔频繁要求订货，供应商勤慎送货”的运作模式；二是形成了良好的沟通机制，戴尔与供应商形成了多层次的沟通机制，使戴尔的采购部门、生产部门、评估部门与供应商建立密切的业务协同；三是打造强势供应链运作机制，使供应商必须按照戴尔的意图来安排自己的经营计划。

1. 按单生产。“在戴尔，它的每一个产品都是有订单的，它通过成熟网络，每20秒就整合一次订单，”海尔集团CEO张瑞敏评价说。所有客户要通过订单提前确定，随后由戴尔的生产线装配。国内的联想等对手不是这样，它的许多产品是先要生产出来，并通过经销渠道销售出去。这可能面临经销商卖不出去的风险。按单生产不仅意味着经营中减少资金占用的风险，还意味着减少戴尔对PC行业巨大降价风险的回避。按单生产的精髓在于速度，优势体现在库存成本低，甚至是无库存。特别是在计算机行业，由于产品更新迅速、价格波动频繁，这使戴尔的按单生产优势体现得淋漓尽致。很多企业的问题是订单缺乏或难以获取订单，则生产线大量闲置。相反，有些企业没有强有力的配送和订单整合能力，即使获取订单，也难以尽快满足客户需求。很多公司提出按单生产的方案，它的问题在实际上很难落实，主要是需求和供给难以平衡起来，特别是凝聚需求、获取订单的能力跟不上。

2. 高效的库存作业。大约在2000年，迈克尔决定在奥斯丁附近新建一个装配工厂，他要求新工厂的目标是人均产量翻一番。至于如何做到这一点，迈克尔没有任何提示，他只是告诉手下：“我不想再看到这么多的零部件和电脑成品堆在工厂里，占用场地和人力。”2003年，戴尔的愿望完全实现：新工厂的占地面积比原来小了一半，但产量却猛增了3倍多，平均每天可组装2.5万台。戴尔的作业效率是如何提高的呢？只做最直接的工序，没有多余的动作；新装配件的自动化程度更高。虽然工人装配电脑的程序和过去大致一样，但他们经手接触电脑的次数只有13次，几乎比对手少了1倍以上；客户发出指令后不到1分钟，装配厂的电脑控制中心就会收到订货信息，然后向配件供应商预定有关零部件，并在收到零部件后直接指示工厂投入生产；省去了批发、零售等环节的开销，每台电脑的成本因此下降50美元左右；过去，戴尔公司的电脑成品是先运到一个转运中心，然后再分给不同工种来进行作业。而现在，其成品直接从装配线装上货车，仅这一项就砍掉了25万平方英尺的大仓库，而且还大大节约了交货时间。

3. 通畅的信息降低了存货。“由于戴尔的直接经营模式，我们可以从市场得到第一手的客户反馈和需求，然后，生产等其他业务部门便可以及时将这些客户信息传达到戴尔原材料供应商和合作伙伴那里，”戴尔副总裁萨克斯说。戴尔打造信息沟通的基本工具是免费800电话、全球性强大的网络交易、订货、接单体系。利用互联网，戴尔可以面对个性化的客户，并提供符合其需要的个性化服务，如提供针对财务部门的应用服务，针对销售部门的应用服务等，这样使戴尔能够成功地凝聚有特殊需求的客户群体。戴尔设在厦门的工厂，对于明天生产什么产品，他们在白天是一无所知的，因为订单在晚上才会收到。正因为戴尔与客户之间没有环节，他们可以很好地了解客户的需要，生产的产品第二天就可以发货，几天之内就到客户的手中。客户有什么问题，马上能够反馈到戴尔，以便迅速加以改进。

4. 没有批量的概念。在戴尔，没有批量的概念，即使100台电脑恰好同样的配置，也会按照不同的客户订单进行分别处理。而在一般的厂商，其产品是采取流水线作业。一种款式的PC生产开机后，一次性可以生产10000台PC，然后通过渠道来进行销售。

5. 订单驱动的库存管理。戴尔每天与1万多名客户进行对话，这就相当于给了戴尔公司1万次机会争取订单。在每年，戴尔拥有数百万次机会来争取订单。并通过订单整合供应商资源，使供应和需求之间取得平衡。如果某一部件将出现短缺现象，采购部门会提前了解这一问题，经过与销售部门联系，把需求调整到其手头所拥有的物料上。戴尔可以利用订单变化，来调整供应商库存的变化，进而调整自己的库存管理。

6. 坚定不移的零库存管理。戴尔始终把低库存放在经营活动的重点方面。戴尔直接获取订单，获得更多的第一手需求信息，因为客户会告诉戴尔他们的需要，或者他们的不满。戴尔的采购人员被要求经常性地研究下列问题：技术的发展趋势怎样；供应商能否适应客户需求的变化；供应商的成本结构和产能是否跟得上形势的变化；供应商今年提供15英寸的显示器，明年能否提供18英寸的显示器；某供应商上年提供100万只键盘，明年能否提供130万只键盘，等等。当市场上出现了对手血拼高端的情况时，戴尔总是不动声色地专注低端，以求保持最低库存。

戴尔每年都要推出一些重要新款式产品，如工作站、存储设备、服务器、交换机等，同样要坚持零库存管理。戴尔能够做到业界最低的库存，最重要的是源于真实的客户信息。

7. 效率第一的装配线。走进美国戴尔的装配工厂，人们可以看到楼梯旁挂着一排排专利证书。它们似乎在告诉每一位参观者：以直销起家的戴尔并不仅仅只是一个把别人生产的零部件拼装在一起的装配商。仔细看看那些证书，就会发现，这些发明创造的重点不在于新产品的开发，而是加工装配技术的革新，比如流程的提速、包装机的自动控制等。它们体现的是“戴尔模式”的精髓：效率第一。

戴尔工厂的作业效率是很高的，从进料到产品下线，其包装全都在一个足球场大的车间里进行。戴尔的产品经过测试后，可以打包装箱，直接运往最终客户手中。一台PC机从原料进场到打包离厂只有五六个小时的时间。

8. 寻找低库存运营方式。戴尔很注意寻找降低库存的方法，主要的做法有：精确预测最低库存量；每周召开供需平衡会议，在会议上，来自销售、营销、制造和采购等部门的业务经理一起制定具体的行动计划；增强了库存的流动性；对客户需求和市场趋势做出正确反应和预测。

9. 低库存优势。戴尔的基本优势是低库存。这个优势是具有行业水准的。在IT界，没有哪家竞争对手的库存水平能够超越戴尔。戴尔每天根据订单量来整合供应商资源。比如，戴尔可以给供应商说，我们需要600万个显示器，需要200万个网络界面，这对供应商来说是很大的机会。所以，供应商愿意按照戴尔的要求把自己的库存能力贡献出来，为戴尔做配套，也尽量满足戴尔提出的“随时需要，随时送货”的要求。

戴尔是如何实现低库存的呢？主要是精确预测客户需求；评选出具有最佳专业、经验及品质的供应商；保持畅通、高效的信息系统；最关键的还是保持戴尔对供应商产生强势影响力。这样，戴尔就能超越供给和需求不匹配的市场经济常态的限制，打造出自己的低库存优势。在戴尔，很少会出现某种配件的库存量相当于几个月出货量的情形。

10. 与供应商分享利益。戴尔零库存目标的实现主要是依赖于戴尔的强势品牌、供应商的配合以及合理的利润分配机制的整合等。按照法国物流专家沙卫教授的观点，戴尔要想与供应商建立良好的战略合作伙伴关系，应在多方面照顾供应商的利益，支持供应商的发展。首先，在利润上，戴尔除了要补偿供应商的全部物流成本（包括运输、仓储、包装等费用）外，还要让其享受供货总额3%～5%的利润，这样供应商才能有发展机会。其次，在业务运作上，要避免因零库存导致采购成本上升，戴尔向供应商承诺长期合作，即一年内保证预定的采购额。一旦采购预测失误，戴尔就把消化不了的采购额转移到全球别的工厂，以尽可能减轻供应商的压力，保证其利益。

20多年以来，戴尔公司革命性地改变整个行业，使全球的客户包括商业、组织机构和个人消费者都能接触到计算机产品。信息技术变得更加强大，易于使用，价格更能接受，从而为客户提供充分利用这些强大的、全新工具的机会，以改善他们的工作和生活。截至2006年2月3日的第四财季，戴尔亚太及日本地区的收入较去年同期增长了21%，出货量增长了27%。中国地区的出货量较去年同期增长了28%，并有很高的利润率。这再次说明了戴尔模式在全球各个地区都能有不俗的表现。

问题：戴尔公司的“零库存”管理模式为何能够成功实现？如何理解企业“零库存”的成本和收益？你认为什么样的库存状态是最优库存？

（资料来源：①http：//www.5l.com.cn；②王遐昌主编：《财务管理学》，立信会计出版社。许笑丹整理。）

●思考题及答案要点

1. 阐述营运资本及营运资本政策的含义。
2. 描述各种营运资本投资政策和融资政策的特征。
3. 简述营运资本管理的目标。

答案要点：

1. 营运资本指流动资产。净营运资本指流动资产减去流动负债。营运资本政策指与短期资本水平及其融资方式有关的策略。

2. 营运资本政策包括营运资本投资政策和融资政策。营运资本投资政策指企业在流动资产上的投资规模，主要有稳健型、激进型和适中型的营运资本投资政策。在稳健型营运资本投资政策下，公司可以持有相对较多的流动资产。而在激进型营运资本投资政策下，公司所持有的每一种流动资产的数额都必须最小化。适中型的营运资本投资政策介于上述两种政策之间。营运资本融资政策指如何为流动资产筹措资金，主要有稳健型、激进型和配合型三种。

3. 营运资本管理目标：充分的流动性、最小风险性、价值最大化。

●参考文献

1. ［美］斯科特·贝斯里（Scott Besley）、尤金·F. 布里格姆（Eugene F. Brigham）. 财务管理精要. 第 12 版. 刘爱娟等译. 北京：机械工业出版社，2003

2. 注册会计师教材. 财务成本管理. 北京：经济科学出版社，2004. p. 216

3. Ned C. Hill & William L. Sartoris，Short－term Financial Management. Macmillan Publishing Company，1988

4. Eugene F. Brigham & Louis C. Gapenski，Financial Management：Theory and Practice. 北京：机械工业出版社，1999

第八章 股利政策

●本章提要

股利政策是指公司在决定把净利润的多大份额作为股利分给股东，把多大份额留存在企业继续进行投资时所采用的分配政策，是现代公司理财活动的三大核心内容之一。股利理论就是研究股利政策与企业价值之间是否具有相关关系，并在此结论基础上合理确定企业的股利政策。依照西方公司的惯例，股利政策的确定有长短期之分。长期股利政策的制定，比如确定5~10年期间的股利政策，其主要内容就是确定目标股利支付率。这时候，一般根据剩余股利原则，也就是根据预测公司在5~10年之内的盈利情况和资本投资情况来确定目标股利支付率。但在确定每年的实际股利政策时，则应该在长期的目标股利支付率的基础之上，按照稳定或者稳定增长的原则，确定每年的股利支付率。

●章首案例

一个盈利的上市公司通常会面临以下三个问题：①净现金流中的多少分配给股东？②是以派发股利的形式还是回购股票的形式分配这些现金？③公司是保持一个稳定不变的分配政策，还是随着情况的变化而改变支付数额？

股利政策的制定同时受许多因素的影响，“什么样的股利政策才是最佳的股利政策”这个问题一直以来都困惑着理论界和实务界，被理财学界称为“股利政策之谜”。

下面的这家公司就面临着如何制定股利政策的难题：

A公司是一家高科技公司，成立于1994年。该公司开发的产品在市场上得到广泛认可，公司规模得到迅速发展，1996年以首次公开发行（IPO）普通股形式上市。1998年，公司顺应市场潮流，完成了产品的更新换代，成为公司不断壮大的又一转折点，年底公司实现收入19亿元，净利润1.54亿元。1999年由于许多实力较强的企业介入该行业，使得市场竞争变得日益激烈。A公司充分发挥本公司的优势，年底依然取得了骄人的业绩。

为了向市场证明其对未来的信心，吸引更多的投资者，从而不断壮大自己的实力。公司决定采取现金股利和股票分割的股利政策：每股0.5元现金股利，同时宣布2:1的股票分割。股利政策宣布当天，股价上升了1.2元，接下来的几个交易日都出现上涨。

A公司的股利政策试图向市场传递一种关于公司潜在的成长性和该行业市场前景较好的信号。同时也为了证实该公司的良好业绩。2:1的股票拆细虽然使得人们感觉好像用一张10元的钞票换了两张5元的钞票，实际状况并无变化。但股票分拆可以传递较好的信息。因为股票分割往往被认为是成长中公司的行为，给人一种“公司正处于发展中”的印象。有时股票分割可以降低股价，提高股票的流动性。

公司业绩较好时，合理的股利政策使得A公司的股价攀升，公司价值得到提高。但公司绩效较差时，该如何选择股利政策呢？

2003年公司发展步入困难期。由于大量企业的涌入，使得行业竞争更加激烈，市场环境恶化。A公司收入一般，公司获利水平大幅下降，总资产报酬率从上年的15%下降至4.5%，且现金流量也明显趋于恶化。公司董事会面临着如何制定股利政策的难题，为此，于2004年年初召开了董事会。会上，董事长首先做了如下发言：“公司自1996年上市以来，在广大员工及在座各位的共同努力下，公司的经营状况、获利状况均呈现了稳定增长态势。良好的业绩和合理的股利政策的制定，使我公司在证券市场上得到了投资者的高度认可，成为行业内投资价值较高的几只股票之一。在上市以来的7年中，为优化公司的市场形象，增强投资者投资于我公司股票的信心，每年均发放了一定的现金股利。然而，由于2003年度市场竞争环境恶化，公司经营状况及获利状况很不理想，实施原有的发放现金股利的政策较为困难。但如果不发放现金股利将不利于本公司的形象，打击投资者的信心。今天我们会议的重要议题就是围绕2003年度的分配进行讨论，以供股东大会决议。希望各位股东能够畅所欲言，出谋划策，帮助公司渡过难关。下面就2004年度股利分配问题请各位充分发表意见和建议。”以下是两位董事的发言：

王强：我认为公司2004年度应分配一定比例的现金股利，原因是：第一，我们公司长期以来一直分配现金股利，且呈逐年递增趋势，若2004年停止分配股利，将影响公司的市场形象和理财环境，极有可能导致股价的大幅下跌，有被竞争对手收购的风险。第二，根据测算，公司若按上年分配水平（0.4元/股）支付现金股利，约需现金2500万元，而我公司目前的资产负债率仅为40%，尚有约20%的举债空间，按目前的资产总额（约50000万元）测算，可增加举债约10000万元，因此，不会给公司的现金流量造成困难。

李冰：我认为公司2004年度应暂停支付现金股利，理由在于：第一，公司2004年经营及获利状况的不利变化主要是因环境因素所决定的，这次环境因素能否在短期内有明显改观尚难预测。而一旦环境不能改观，公司将可能陷于较长时间的经营困境，因此，为保护公司的资本实力，公司不宜分配现金股利。第二，公司尽管有较大的负债融资社会效益，但由于资产报酬率下降，使得举债的财务风险较大，因此，在没有较好的投资机会时，我建议不宜盲目增加举债，对于举债发放现金股利的建议我认为是“打肿脸充胖子”，不宜采纳。第三，我不主张分配现金股利主要是基于公司的现金存量不多，且现金流量状况不佳。但本公司目前尚有近8000万元的未分配利润，我建议可以发放股票股利，这样一方面有利稳定公司市场形象，另一方面又能节约现金支出。

王强：我不赞同分配股票股利，因为分配股票股利后，股本总额将会增加，若2005年获利状况不能改观，则会导致每股收益大幅度下降，这对公司市场形象的影响将会弊大于利。

假如你是该公司董事，你会赞同或提出何种建议？你认为公司股利政策是否会影响公司股票价值？

（郝国莹整理。）

第一节 股利理论

股利政策是指公司在决定把净利润的多大份额作为股利分给股东，把多大份额留存在企业继续进行投资时所采用的分配政策，是现代公司理财活动的三大核心内容之一。股利政策的关键问题在于确定企业是应该现在支付盈余还是将盈余留存并进行再投资。具体包括以下几个方面：①企业应该把净现金流中的多少分配给股东，即企业应该确定高还是低的现金股利支付率？②企业应该是以派发现金股利的形式还是回购股票的形式分配这些现金？③企业应该坚持稳定的还是无规律的股利？股利支付的频率如何确定？④企业应否公布其股利分配政策？

股利理论就是研究股利政策与企业价值之间是否具有相关关系，并在此结论基础上合理确定企业的股利政策。如果股利政策与企业价值不相关，则在企业的财务决策中，理财人员不需要再考虑股利政策因素，或者仅仅把股利政策视为一个被动的、次生的、对企业发展没有深远影响的财务政策。如果股利政策与企业价值相关，则我们就需要确定两者之间存在怎样的相关性，并在此基础上确定如何利用股利政策对企业价值的影响构造有利于达到企业理财目标的股利政策。

1961 年，米勒（Merton Miller）和莫迪格莱尼（Franco Modigliani）教授提出了著名的“股利无相关假说”（MM model），此假说成为股利政策理论的基础。它核心的思想在于：在完善资本市场环境中，支付现金股利和盈余留存产生的资本利得对于投资者来说是无差异的。因为，如果他们需要现金，他们可以出售股票。如果他们不需要现金，他们可以使用股利来购买股票。因此，公司对股利政策的选择不会影响公司价值，即股利政策与企业价值无关。但是，除了 MM 股利无关理论之外，关于股利政策还存在“手中之鸟”假说、税差理论、股利信号理论和当事人效应等与之相互冲突的观点。这些股利理论由于对资本市场的假设不同，分析的角度不同，从而对于股利政策与企业价值之间相关性问题的研究，取得了不同的结论。

具体言之，根据对投资者偏好的假设不同，股利理论主要可分为以下几类：股利无关理论、“手中之鸟”假说、税差理论和当事人效应。其中，股利无关理论的假设基础是投资者不在乎股利；“手中之鸟”假说的假设基础是股东偏好高的股利支付率；税差理论是建立在股东偏好较低的股利支付率的假设基础之上；当事人效应理论则假设不同的股票持有人或当事人对股利政策有不同的偏好，他们个人的社会地位、富裕程度的不同会影响到他们对股利的看法。另外，米勒和洛克（Kevin Rock）基于信息不对称条件提出了股利的信号理论，以考察和分析股利政策的重要性——信号解释功能，即股利信号理论认为股利政策具有信号解释功能。

对此，我们的观点是：其他所谓的股利理论与其说是理论还不如说是假说。因为它们都不能从理论上证明股利政策与企业价值是否相关以及相关的程度，不过是对现实经营活动中企业各种股利政策的一种解释而已。而真正意义上的股利理论应当主要探讨股利政策与企业价值之间的相关性。只有确定股利政策与企业价值的相关与否以后，才能判断股利政策是否重要。因为一切与企业价值无关的财务决策都是不重要的、次生的财务决策，而一切与企业价值相关的财务决策都是根本的、重要的财务决策。本节将重点介绍 MM 股利无关理论，同时对“手中之鸟”假说、税差理论、股利信号理论和当事人效应几种理论观点进行简单的介绍。

一、MM 股利无关理论

米勒（Miller）教授与莫迪格莱尼（Modigliani）教授于 1961 年发表了学术论文《股利政策，增长与股票估价》。该文被学界认为是对股利政策的性质和影响进行的第一次系统的分析和研究。米勒和莫迪格莱尼的论证是在一系列严格的假设条件下进行的，这些条件包括：①不存在公司或个人所得税。②不存在股票的发行和交易费用（即股票无发行成本和交易成本）。③投资者和管理者拥有公司未来投资机会的相同信息。④企业的投资决策既定，为投资者所了解，并与股利决策彼此独立。⑤没有与股权有关的订约成本或代理成本。⑥投资者对股利和资本利得无偏好。

在上述严格的假设基础上，MM 证明了：“企业的价值仅仅与其基本盈利能力和经营风险有关，而与如何把利润在保留盈余和股利之间进行分配无关。”这就是著名的 MM 股利无关理论。

我们知道，在利润分配过程中，支付股利和保留盈余是相互矛盾的，股利支付率和留存率之和恒等于 1。较高的股利支付率意味着较低的留存率。

坚持股利无关理论的学者认为：发放的现金股利和保留盈余产生的资本利得对于投资者来说是无差异的。因为如果他们需要现金，他们可以出售股票。如果他们不需要现金，他们可以使用股利来购买股票。换句话讲就是投资者对于股利和资本利得的偏好没有差异，如果公司采用不发放现金股利或较低支付率的股利政策，则需要现金的股东可以在证券市场上出售其股票换取现金。如果公司采用发放较多的现金股利，则股东可以用现金买入股票扩大投资。这样股东们并不需要关心股利支付率的大小，股利的支付比率也不会影响公司的价值。即只要公司可以获得要求的报酬率，则何时支付股利并不相关。

在米勒和莫迪格莱尼教授对股利政策无关性理论的证明中，他们实际上还隐含地假设了公司在支付股利的同时可以通过发行新股进行融资。即假定公司的投资方案与借款数额已确定，公司税后利润除用于投资支付外，全部用于支付股利，然后，公司经营者可以决定在不改变原定的投资方案和借款数额的条件下，增发新股票以增加股利支付。在这种情况下，新股东购买股票所付出的钱款，应当与股票的价值相当。否则，他们会拒绝购买。新股东购买股票后，发生的其实是新老股东之间的价值转移——老股东将自己拥有的一部分公司资产转让给新股东，新股东则把与资产同等价值的现金交付给老股东，而公司的价值却并未改变。因而，在公司的投资决策既定时，如果公司把全部利润用于再投资，而不是分配股利，投资者可以出售手中持有的部分股票，自制“股利”，从而使自己所处的环境与公司支付股利情况时相同。

毫无疑问，只有在严格假设——“完善的资本市场”、“理性行为”、“充分确定性”的基础上，MM 股利无关理论才能得到体现。但在现实中，MM 理论所假设的条件偏离现实，致使结论与现实不符，股利政策并不像 MM 股利理论所认为的那样与企业价值无关，它会影响公司市场价值，否则股东没必要重视公司股利政策。MM 在他们 1961 年的论文中也指出，“公司股利政策对其股票市场价格的影响，无论对于决策政策的公司或分散投资的投资者，还是对于试图理解并评价资本市场运行的经济学家都是十分重要的”。

最后，为了正确理解股利无关理论，我们必须正确理解股利无关的含义。所谓股利无关严格地讲是指股利政策与企业价值无关，即“企业的价值只依赖于其基本盈利能力和经营风险，而不依赖于如何把利润在保留盈余和股利之间进行分配”。股利政策与企业价值无关也可以解释为股利政策本身并不能在其他时点的股利保持不变的前提下增加某一时点的股利。股利政策实际上仅仅是在一个时点的股利和另一个时点的股利之间的抉择。一旦我们考虑时间价值，股利流量的现值就不会改变。因此，在完全资本市场假设下，股利政策并不起作用，因为无论选择增加还是减少目前的股利，都不会影响公司当前的价值。

股利无关并不是指企业价值与企业每一期实际发放的股利无关。如果在其他每一个时点的股利都维持不变的基础上，在任何一个单一时点上增加股利实际发放数，毫无疑问会增加企业价值。

二、“手中之鸟”（Bird in Hand）假说

“手中之鸟”假说是传统的股利相关理论，它是建立在股票投资者偏好高的股利支付率的假设基础之上的。因为支持“股利相关理论”的理财学者通过对投资者心理状态的分析，认为由于投资者对风险有天生的反感，并且认为风险将随时间延长而增大，因而在他们心目中，认为通过保留盈余再投资而得来的资本利得的不确定性要高于现金股利支付的不确定性，从而股利的获得是现实的，风险较小。实际能拿到手的现金股利，同增加留存盈利后再投资得到的未来收益相比，后者的风险要大得多。因此，投资者喜欢股利，投资者会高度评价高支付率的公司，也就是，高支付率将导致较高的股票市场价格。戈登与林特纳认为，由于股利风险低于资本利得的风险，运用“风险报酬权衡”原则，可以得出股利支付率降低，投资者预期报酬率提高的结论。股票预期报酬率的公式为：

$$K_s = D_1/p_0 + g$$

由于预期股利收益率（D_1/p_0）的风险小于其成长率（g）的风险，所以，在投资者心目中，一元钱现金股利的价值超过了一元钱资本利得的价值，此即所谓的“双鸟

在林不如一鸟在手”。这一观点也因此被形象地概括为“手中之鸟”假说。

现代理财学界普遍认为该传统的股利相关理论属于“手中之鸟”谬论，因为多数投资者用所得的现金股利又投资于发放股利的公司或类似的公司。长期看来，公司发给投资者的现金流量的风险取决于经营性资产产生现金流的风险，而不是股利支付政策；再者，既然股东喜欢现金股利，他们的这种投资行为也就无法解释。

三、税差理论

与“手中之鸟”假设相反，股利政策的税差理论则是建立在股东偏好较低的股利支付率的假设基础之上，它认为由于资本利得的实际税率低于现金股利，股东倾向于获得资本利得而非现金股利。“股利无关理论”与“手中之鸟”假说两种股利理论，无论认为股利政策与企业价值相关与否，均未考虑投资者纳税环境这一实际问题。而支持“税差理论”的理财学者在考虑资本利得和股利所需缴纳的个人所得税税率差异的基础上，得出股东倾向于选择较低的股利支付率的结论，原因在于资本利得的实际税率低于股利，对这两种所得均需纳税的股东来讲，必然会偏好资本利得而不是股利。以我国的股票投资者为例，由于我国税法规定，股东因股票投资所获得的现金股利，必须按照15%的固定税率缴纳所得税；而股东买卖股票获得的资本利得目前不征资本收益税，即我国的股权资本投资者获得股利收益要比获得资本利得收益支付高出许多的个人所得税，所以，对于我国的股东来讲，必然会偏好资本利得而不是股利，而实证研究也证明了我国投资者的这一偏好。

总之，按照税差理论，当现金股利与资本利得之间存在显著的税负差异时，税负差异效应会成为影响股利政策的相当重要的因素。如果资本利得税率低于现金股利税率，则这一效应对股利政策的影响就会使公司倾向于较低的股利支付率。投资者也会喜欢公司少支付股利而使较多的盈余保留下来以作为再投资使用；相反，如果资本利得税率高于现金股利税率，则这一效应对股利政策的影响就会使公司和投资者均倾向于较高的股利支付率。

因此，基于税收效应基础上，利兹博格（Litzenberger）和拉马斯瓦米（Ramaswamy）提出了股利纳税差异理论。认为在存在资本利得实际税率低于股利税率的差别赋税前提下，公司及投资者均会认为支付较多现金股利不是最优的股利分配政策，公司会选择合适的股利支付方式，使公司的税收成本最小，股东的财富实现最大化，从而企业的价值达到最大。即使在税率相同的情况下，由于资本利得只有在实现之时才缴纳资本增值税，因此，相对于现金股利保税而言，其仍然具有延迟纳税的好处。可见，从逻辑上讲，一个好的股利政策除了应使融资成本和代理成本最小化之外，还应使税收成本最小化。

四、股利的信号理论

上述三种股利理论均是建立在信息完全的假设基础之上。在现实经济生活中，完全信息假设并不成立，信息不仅是不完全的，而且还是不对称的，即在经济活动中，信息的不对称具有普遍性和客观存在性。根据现代信息经济学的基本理论，我们可知企业的管理当局作为代理人相对于委托人股东具有信息优势，由于作为内部人的管理当局掌握更多的关于公司当前和未来的各种信息，因此，居于信息劣势的投资者为了获取更多信息，会把管理层的许多行为（例如发放股利的行为）作为他们掌握的内部信息的信号。对此，米勒和洛克基于信息不对称条件提出了股利的信号理论，以考察和分析股利政策的重要性——信号解释功能。

如果股利出现了未预见到的增加，股票价格会提高；如果股利出现了未预见到的减少，股票价格则会降低。这是否意味着投资者都喜欢高股利支付率呢？答案是否定的，即股票价格的改变并不是由于投资者都喜欢高股利支付率，而是因为股利的改变透露出管理当局对企业未来发展的看法，这就是所谓的股利信号理论。股利的信号理论中隐含着这样的“信号”假说——即管理者不愿意削减股利，因此，在通常情况下，公司只有在预期未来能获得较高收益时才可能改变股利支付率，即除非股利的增加可以维持，否则管理当局不会增加股利，所以投资者视股利的增加为管理层对未来收益看法的信号。于是，股利增加时股票价格的上升反映的是对未来每股收益的较高预期，而不是对于股利的预期。

虽然大量实证分析验证了股利政策的信号理论，但是，信号理论中所谓的信号传递过程是一个很复杂的过程，一般来说，为使信号有用，必须满足三个条件：①无论绩效信息好坏，管理部门总是发出真实信号。②高绩效企业的信号不容易被低绩效企业模仿。③不存在发布同样信息的更加经济的方法和途径。但实际上，许多情况并不是这样的。而且，企业通过股利政策发送信号也是有成本的。例如，公司以支付现金股利的方式向市场传递信息，通常也要付出较为高昂的代价，包括：①较高的所得税负担。②一旦公司因分派现金股利造成现金流量短缺，就有可能被迫重返资本市场发行新股，而这一方面会随之产生必不可少的交易成本，另一方面又会扩大股本，摊薄每股的税后盈利，对公司的市场价值产生不利影响。③如果公司因分派现金股利造成投资不足，丧失了有利的投资机会，这就产生了一定的机会成本。这些都需要企业在信号的成本与收益之间做出权衡。

五、当事人效应

所谓当事人效应是指一些人喜欢高股利支付率，另一些人则喜欢低股利支付率，喜欢高支付率的投资者可以选择支付高现金股利的股票进行投资；而喜欢低支付率的投资者可以选择支付低现金股利的股票进行投资。

投资者由于种种原因，对股利政策各自有不同的偏好。按照对股利政策的偏好不同，我们可以把投资者分成不同的群体，每一群体由于偏好某特定股利政策而将其资金投入采取这种政策的公司。不同投资者对股利政策有不同的偏好的原因很多，投资者的个人社会地位、富裕程度等的不同会影响到他们对股利的看法。例如，具有较高收入的投资者都有较为丰裕的现金流入，他们购买股票不是着眼于近期的股利，而是作为一种长期投资来对待。对这些投资者而言，过多现金股利没有太大吸引力，相反还要交纳较高的个人所得税。而对于退休的投资者而言，他们希望获得当期收入，加之在许多国家这些投资者的税率较低，所以他们期望较高的现金股利支付率。可见，投资者或者说股东对股利的不同偏好，源于对股利的重视程度、股利与资本利得之间的税收差异以及其目前和未来的收入情况等。

按照当事人效应的解释，如果公司将股利支付率进行改变，或者由高改为低，或者由低改为高，投资者会如何对待？在这种情况下，股利政策重要吗？

从理论上讲，如果股东不喜欢公司的股利政策，公司可以改变股利支付政策，股东也可以出售股票使新投资者加入。但是在实际中这两种途径都可能是无效的，因为：①存在经济成本。②出售股票的股东需要支付资本利得税。③存在喜欢新股利政策的投资者缺少的可能性。因此，公司没有必要为了迎合投资者对于股利的不同偏好，而去不断地调整自己的股利政策，而且股利政策的改变往往会带来股票价格的不稳定。公司坚持自身稳定的股利政策，事实上就是吸引了一部分喜欢这种股利政策的投资者。大量实证研究也证实了当事人效应理论。但是，当事人效应理论中的当事人效应与税差理论中的税差效应具有彼此互相削减的关系，这使得两种理论中的效应都大打折扣。

上面分别介绍了五种股利理论或者假说，哪一种理论最正确？从实践上讲，实证检验无法证明哪一种理论是正确的。因此，管理者在设定政策的时候要更多地依靠自我判断。理论上讲，除了 MM 股利无关理论之外，其他所谓的股利理论与其说是理论还不如说是假说。因为它们都不能从理论上证明股利政策与企业价值是否相关以及相关的程度，不过是对现实经营活动中企业各种股利政策的一种解释而已。而真正意义上的股利理论应当主要探讨股利政策与企业价值之间的相关性。只有确定股利政策与企业价值的相关与否以后，才能判断股利政策是否重要。因为一切与企业价值无关的财务决策都是不重要的、次生的财务决策，而一切与企业价值相关的财务决策都是根本的、重要的财务决策。

由于现金股利的多少从根本上取决于经营活动创造现金流量的多少，经营活动现金流量越多，可以用于股利支付的现金就越充裕；经营活动现金流量越少，现金股利的发放就越困难。而股利的发放对经营活动创造现金流量能力并不会产生直接的影响。按照折现现金流量模型，这就意味着公司股利政策对企业价值没有影响。为了追求股东财富最大化目标的实现，管理当局只需关注于资本预算的科学决策，并以既定的资本预算为基础，高效率地安排企业的融资活动与股利分配活动，科学地控制日常的营运资本运作，使这些活动有助于资本预算的顺利实施，保障股东财富最大化目标的实现。总之，我们认为股利很重要，因为股票价值取决于预期未来股利的现值之和。而股利政策作为关于支付股利还是留存利润的决策并不重要。

第二节　剩余股利原则

通过上节对各种股利理论的分析，我们得出的结论是股利政策不会对企业现金流量产生直接影响，股利政策作为关于支付股利还是留存利润的决策并不重要。因此，依据MM股利无关理论，企业股利政策的制定主要依据剩余股利原则。之所以将此称为原则，而不是像许多教材里面称其为剩余股利政策，是因为“剩余股利”的概念已经成为公司制定股利政策时所普遍遵循的一个法则。简要而言，剩余股利原则就是当企业创造了利润或者现金流之后，首先要将此用在净现值大于0的投资项目之上，以创造更多的企业价值，满足股东财富最大化的要求；而后，如果尚有多余的收益或现金，则必须用于支付现金股利，既满足了股东对于股利的期望，也可以防止将多余现金存放于公司之内，造成损失。

一、剩余股利原则

（一）剩余股利原则的含义

所谓剩余股利原则是指企业制定股利政策时，首先必须依据资本预算，决定企业的目标资本结构，然后按照目标资本结构来安排股利政策和融资活动。

股利政策的内容主要包括以下几个方面：①税后盈利的分派，即留下多少盈利用于公司内部的再投资，向股东支付多少现金股利。换言之，就是确定股利支付率或者留存率。这是股利政策的核心内容。②确定股利分派的具体方式，比如是现金股利、股票回购、股票分割抑或其他。③股利支付的规律性，比如是固定股利支付额政策，固定增长率政策，还是其他。④股利政策的披露问题。

投资机会和资本成本是影响股利政策的两个重要因素。企业有良好的投资机会时，管理者应首先满足资本预算对资金的需求，将必要的税后利润留在企业再投资，降低资本成本，创造更多的现金流量。剩余股利原则就是建立在上述理论基础上的根本的股利政策，它是在公司有着良好投资机会时，根据一定的目标资本结构，测算投资所需的权益资本，先从盈利中留存，即留存盈利属于股权融资，如果留存盈利不足，就需要发行新股，如果尚有多余盈利，则剩余的盈余作为股利予以分配。

股利支付率是股利政策中的重要内容。管理者如何确定企业的目标股利支付率呢?按照剩余股利原则，目标股利支付率的确定取决于以下因素：①企业的投资机会。②企业的目标资本结构。③外部融资的可能性与资本成本。而确定目标股利支付率的程序大致为：①确定资本预算。②根据目标资本结构，确定满足资本预算所需要的权益资本。③尽可能使用税后盈利来满足资本投资项目对股权资本的需求。④投资方案所需权益资本已经满足后若有剩余盈余，作为股利发放给股东。

（二）剩余股利模型

如果一个企业遵循了剩余股利原则，那么它在任何一年的股利支付可以通过使用剩余模型来计算。剩余股利模型的股利计算公式如下：

股利 = 净收入 − 新投资所需的保留盈余融资

　　= 净收入 − 目标权益比率 × 目标总资本预算

可见，股利（也可以说股利支付率）决定于公司投资机会与当年获利情况。投资机会越多，用以支付现金股利的净利润越少；投资机会越少，满足投资需求后用以支付现金股利的资金越多。

（三）剩余股利原则的优缺点

依据剩余股利原则决定股利的支付率既具有一定的优点，也具有一定的缺陷，下面对其优缺点进行分析。

剩余股利原则的优点主要表现在：可以保持公司理想的资本结构，最小化股票的发行以及发行成本，使加权平均成本最低，从而公司价值最大。因为大多数公司的目标资本结构中都有一定比例的负债，所以新的融资是通过负债和权益两种方式进行的。如果权益融资资本仅有内部权益融资提供的，那么每融资新的 1 美元的边际成本就最小，加权平均成本也就最小。相反，如果公司不靠内部融资，将留存收益全部用于现金股利支付给投资者，再通过发行新股或举债筹资，会破坏目标资本结构，使加权平均成本提高，公司价值减少。但是内部权益融资也只能保证新投资的一定数量的资本需求，超过一定数量，公司就被迫发行新股，那时权益成本、边际成本都会随之上升。

剩余股利原则的缺陷主要表现在：导致了不固定的股利，发送出相互矛盾的信号，增加了风险，而且不能吸引特定的客户。由于投资机会和收益每年都有变化，严格遵守剩余股利原则将导致不稳定的股利支付率。例如，公司今年会由于好的投资机会需要较多的权益资本，所以股利支付率为 0，如果明年投资机会差，不需保留盈余太多，会支付较多的股利。同样，即使在投资机会稳定的情况下，净收益的波动也会导致股利的变化，因此，依据剩余股利原则几乎一定导致股利的波动和不稳定，不利于公司良好形象的培养。因此，公司在投资者不被股利波动困扰时，剩余股利原则才会是目标股利政策。

企业在设定长期目标股利支付率时，应遵从剩余股利原则，但在企业每年的股利支付时必须重视股价稳定的重要性。具体来讲，企业应该估计未来 5 年、10 年，甚至更长时间内的收益和投资机会的可能趋势，用预计的数据和信息确定计划期间的剩余股利支付比率，并在此基础上制定目标股利支付率。这一比率一旦确定，就成为企业确定各年股利政策的重要依据。因此，公司应依据剩余股利原则来制定长期目标股利支付率，而不应用其来指导某一年具体的股利支付。

二、其他股利政策

企业在设定长期目标支付率时，应遵从剩余股利原则，但在企业确定每年具体的股利支付率时必须考虑稳定股价的重要意义。因为，尽管股利政策不会对企业现金流量产生直接影响，但在短期内可以通过各种途径间接影响企业价值，比如，资本成本会因股利政策的改变而改变。股利政策关系到企业的投资与融资环境，关系到企业的未来发展。因此，在股利政策的实践中考虑各项因素的影响，较常运用的还有固定或稳定增长股利政策、固定股利支付率政策和折衷股利政策，作为对剩余股利原则的有益补充。

（一）固定或稳定增长股利政策

相对稳定的股利政策，对树立企业良好形象极为有益。为吸引现有股东，企业通常不愿意经常改变股利政策，包括股利支付率、股利支付方式等，而是采用固定股利政策，具体就是将每年发放的股利固定在一个固定的水平上，并保持长期不变，只有在公司认为未来盈利的增加能够使其派发的股利维持在一个更高的水平上时，才会提高每股股利。它的理论基础是“手中之鸟”假说和“股利信号理论”。通过固定或持续增长的股利政策向投资者传播公司盈利情况、财务状况稳定且逐步提高的信息，从而稳定公司股票价格，吸引更多的投资者。

需要指出的是，股利一般是以税后净利支付，但企业每年的收益和现金流量处于不停的波动中，如何以波动中的现金流量保证稳定的股利支付，需要管理者进行精心筹划。而且近年来，许多国家受到通货膨胀的影响，逐步将固定股利支付政策转为稳定增长股利政策，即公司在支付一定金额股利基础上，确定一个目标增长率，依据公司盈利水平按目标增长率逐步提高股利支付水平，以抵消通货膨胀的不利影响。

公司采用固定或稳定增长的股利政策，其主要优点是：①股利具有信号揭示功能，固定或稳定增长股利政策向投资者传递了公司正常发展的信息，有助于树立企业形象，增强投资者信心以及稳定股价。②对那些依靠股利收入生活的投资者来说，稳定的股利额有助于他们安排收入和支出。③稳定的股利政策可以避免股利支付的大幅度、无序性波动，有助于预测企业现金流出量，便于企业进行资金调度和财务安排。

这种股利政策也有缺点，因为股利支付与公司盈余脱节，不论盈利多少，均按固定股利或持续增长的方式发放股利。在公司持续发展时期，这种政策不会出现问题，但当公司盈利较低时，仍要支付相对较高的股利，企业留存收益就会减少，导致资金短缺，财务状况恶化，影响公司正常经营。而且，该政策不能像剩余股利原则那样保持较低的资本成本。

（二）固定股利支付率政策

固定股利支付率政策是指公司确定一个固定的股利占盈余的比例，将每年盈余按这一固定比例计算股利支付给股东。这种股利政策与剩余股利原则的顺序相反，它是先考虑派发股利，后考虑留存收益。固定股利支付率越高，企业留存收益越少。在这一股利政策下，各年股利额会随公司经营状况的好坏而上下波动，盈余高时股利就高；相反，盈余少时股利也减少。它的理论依据是“手中之鸟”假说，股票投资者倾向于获得现金股利收入，其风险较小。这样，两种股利政策不同的股票，支付股利的股票比不支付股利的股票价格要高，股利与股价具有相关性。固定股利支付率政策根据投资者厌恶风险的心理，确定股利支付率，满足投资者获取现金股利的愿望，使股价维持在一个较高的位置。

企业采用固定股利支付率政策，股利与企业盈余紧密联系，以体现多盈多分、少盈少分、不盈不分的原则，股利额随盈余额的变动而变动。但是，根据股利信号理论，股利通常被认为是公司未来前途的信号，随盈余而波动的股利向市场传递了公司不稳定的信息，给投资者带来投资风险大等不良印象。采用这种股利政策，不利于稳定股票价格和树立公司良好形象，通常还会使公司面临较大的财务压力，因为盈余多并不意味着公司有充足的现金派发股利，若不论公司财务状况如何，均发放现金股利，则公司面临的财务压力就会较大。因此，这种股利政策很少有公司采用，它通常适用于公司稳定的发展且财务状况良好的阶段。

（三）折衷股利政策

折衷股利政策有时也称为低正常股利加额外股利政策。低正常股利加额外股利政策是指在一般情况下，公司每年只支付金额较低的正常股利，只有在公司经营非常好，累积盈余和资金充足时，除正常股利外，加付额外股利给股东。它的理论依据是“手中之鸟”假说。当公司盈利较大并且具有充足的现金时，发放额外现金股利，向投资者传递了公司经营状况良好的信号，利于股价上扬，体现了股利信号理论。

低正常股利加额外股利政策的优点就是能够使公司具有较大的财务灵活性。它摒弃了固定或稳定增长股利政策的缺点，保持了其优点。公司可以根据当年经营状况好坏，确定派发股利的多少，不至于陷入财务危机中，同时，也保证了股东基本股利收益，吸引股东投资。因此，这种股利政策受到多数公司的欢迎。但需要注意的是，如果公司长期发放额外股利，股东很可能会将额外股利视为“正常股利”的组成部分，若公司遇到资金不足情况时，取消额外股利，容易使投资者认为公司财务状况恶化，造成股价下跌，给公司带来负面影响。

综上所述，不同的股利政策理论在公司实际股利政策的制定过程中所发挥的作用是不同的。依照西方公司的惯例，股利政策的确定有长短期之分。长期股利政策的制定，比如确定 5 ~ 10 年期间的股利政策，其主要内容就是确定目标股利支付率。这时候，一般根据剩余股利原则，也就是根据预测公司在 5 ~ 10 年之内的盈利情况和资本投资情况来确定股利支付率。具体言之，当在规划期内的盈利状况很好、资本投资规模不大的情况下，可以确定比较高的股利支付率；相反，如果盈利情况一般，或者公司的资本投资规模很大，股利支付率就可以定的低一些。总之，公司盈余应当首先满足公司内部对投资的需求，然后才是用以支付现金股利，这是剩余股利原则的基本思想。但在确定每年的股利政策时，剩余股利政策显然不适用，因为如果这样，势必使得每年的股利支付率高低波动很大，与人们追求股利相对稳定的倾向性不吻合。逐年的股利支付率应当在长期的目标股利支付率的基础之上，按照稳定或者稳定增长的原则，确定每年的股利支付率。无论如何，股利的稳定是吸引投资者的一个重要财务现象。

可见，相对稳定的股利政策，对树立企业良好形象极为有益。为吸引现有股东，企业通常不愿意经常改变股利政策，包括股利支付率、股利支付方式等，而是采用固定股利政策。稳定的股利向市场传递着公司正常发展的信息，可以增强投资者对公司的信心，稳定股票的价格。该政策的缺点是股利的支付与盈余相脱节。当盈余较低时仍要支付固定的股利，可能导致资金短缺、财务状况恶化，不利于保持较低的资本成本。

第三节　股利政策的制定

关于制定股利政策的目标，按重要性排列的顺序主要有：①避免为了支付股利而削减净现值为正值的资本投资，保证公司长期发展需要，实现股东价值最大化。②避免减少股利和避免发行新的股权资本，稳定股票价格，维持公司良好的市场形象。③保持目标资本结构比率，保障股东权益，平衡公司与股东以及股东与股东之间的利益关系。④在保持目标股利支付率的基础上，公司试图接受净现值为正值的投资项目，并尽力回避不利的信号发出。

为了达到上述的目标，公司股利政策的制定主要包括以下几个步骤：预测一个计划时间范围的资本需要，通常是5年；设定目标资本结构，估计每年的权益需要；按照剩余股利模型设定目标股利支付率。通常情况下，按照股利剩余模型设定目标支付率会出现一定的股利增长率，如果可能的话，企业应尽量保持目标增长率，必要时可以改变资本结构。

同时，根据股利修匀模型（Dividend Smoothing Model），在一个较长（比如5年）时期内，公司虽然通常要确定一个目标的股利支付率。但在各个特定时期内，股利支付额也应当保持一定的稳定性。即使企业的收益、盈余情况出现了重大波动，比如增加或者减少，公司的股利支付也要保持相对稳定，不宜大增大减，而应当逐渐调整各期股利，以兼顾目标股利支付率以及实际的盈余状况。

综上所述，长期来看必须按照股利剩余模型设定目标股利支付率，但在各个特定时期内，股利支付额也应当保持一定的稳定性。应当兼顾目标股利支付率以及实际的盈余状况。可见，股利支付率的大小并无一个客观的标准，需要在股利剩余模型和股利修匀模型的指导下，根据公司内、外部的因素与环境以及股东的意见和要求等确定。影响公司股利政策的重要因素有：

一、基本法律规定

1. 资本保全约束。为了保护债权人的权益，有关法律规定，股利支付不能超过资产负债表中“留存收益”项目的金额，这被称为资本保全。由于我们讨论的公司或企业，其股东均只承担有限责任，如果没有这项约束，企业将不能举债经营。试想，当企业盈利时，如果没有资本保全约束，企业便可以毫无限制地支付股利，当企业亏损时，其股东只需要以其出资额承担有限责任，而债权人的利益将不能得到丝毫保障，这样不会有任何投资者愿意进行债权投资。

2. 留存盈余的规定。与资本保全约束相反，留存盈余的规定虽然也要求公司股利只能从当期的可分配利润和过去累积的留存收益中支付，即股利的支付不能超过当期与过去的留存盈余之和。但它同时禁止公司过度地保留盈余。如果某公司盈余的保留大大超过目前及未来的投资需要，则被认为是过度保留，要受到法律限制。这主要是为了防止公司通过过度保留盈余为股东避税。因为股利收入的税率往往要高于资本利得税率，如果公司通过保留盈余来增加其股票价格，则可使股东逃税。

3. 债务约束规定。债务约束规定禁止无力偿付债务的公司支付现金股利，这也是对债权人的一种保障。无力偿付债务有两层含义：一是指公司总负债超过其总资产，即资不抵债；二是指尽管没有大量亏损，但由于资产的流动性较差，公司已经陷入财务困境，无力偿付到期债务。可见，除非公司的资产状况良好，流动比率、利息赚取倍数及其他安全比率超过规定最小值，公司不得支付股利。

二、公司自身因素

1. 公司的盈利能力。公司的盈利能力是影响其股利政策的最重要因素。只有公司具有较强的盈利能力，即拥有税后净利润才谈得上股利分配。因为我们知道公司股利只能从当期的可分配利润和过去累积的留存收益中支付，而这两者都是公司历年盈利能力的结果。可见，如果公司具有较强的盈利能力，就会对保持较高的股利支付率更具信心。反之，如果盈利能力很差，公司要么没有可分配利润进行分配，要么也会倾向于较低的股利支付率。同时，关于公司盈余的稳定性也会给股利政策带来影响。

2. 投资机会。公司自身的投资机会是影响其股利政策的重要因素。公司的投资机会影响其资本需求，如果公司有较好的投资机会，即如果公司内部的投资机会可以获得比其外部投资机会更高的投资报酬率，其对资本的需求就会较多。为了实现股东财富的最大化，公司必然采用较低股利支付率的股利政策，保留较多的盈余来满足投资的需要。相反，如果公司没有良好的投资机会，或者说如果公司将留存收益用于再投资，所得报酬率低于股东个人单独将股利收入投资于其他风险相同的投资机会所得的报酬率，则该公司就不应该过多保留盈余，而应多支付现金股利给股东。

3. 筹资能力。公司的筹资能力也是影响其股利政策的重要因素。具有较强筹资能力（与公司资产的流动性相关）的公司因为能够及时地筹措到所需资金，则有可能采取较宽松的股利政策。这种筹资能力包括向银行借款、发行债券和发行股票的能力。而对于筹资能力较弱的公司，为了满足其资金需求，就只能通过采用较低的股利支付率，保留较多的税后盈余来实现。

4. 资产的流动性。公司资产的流动性也是制定股利政策需要考虑的重要因素。由于现金股利代表着现金的流出，如果公司现金较多，资产流动性较强，则其支付现金股利的能力就强。相反，如果公司现金较为短缺，资产流动性较差，则其支付现金股利的能力必然受到限制。

5. 偿债的需要。具有较高金额债务需要偿还的公司，迫于债务压力，可能会影响公司股利政策的制定。如果公司有较多的到期债务需要偿还，虽然公司也可以选择举借新债来筹集资金偿债，但是鉴于举借新债成本的考虑，公司有可能会选择直接用经营积累的现金偿还债务，这样就会减少股利的支付。反之，如果公司没有到期债务需要偿还，则该公司有可能更愿意将这些现金作为股利支付给股东。

三、股东的影响

1. 税负的影响。公司的股利政策也许会受股东们对于股利所需缴纳的个人所得税税率差异的左右。例如，对于股东来讲，由于资本利得的实际所得税率低于股利，对这两种所得均需纳税的股东来讲，必然会偏好资本利得而不是股利。如果一个公司的很大比例的股东均有这种偏好，则其股利政策将倾向于多留盈利少分派现金股利。而这种多留少派的股利政策可以给股东们带来更多的资本利得收入，达到少缴纳所得税的目的，从而有利于达到股东财富最大化的理财目标。

2. 股东的投资机会。公司外部的、股东自行的投资机会也会影响公司的股利政策。如果股东有较好的外部投资机会，或者说如果公司将留存收益用于再投资所得报酬率低于股东个人单独将股利收入投资于其他风险相同的投资机会所得的报酬，则该公司就应该多支付股利给股东，而不是多留存盈余。

3. 控制权的稀释。若公司支付了股利，有可能以后会通过发行新股为新的投资项目筹资，新股发行会影响公司大股东中的决策团体对公司的控制地位，使其控制权被稀释。公司的大股东为了保持其控制地位，有可能会选择低股利支付率而使公司用留存收益投资。这样的股利政策目的不在于使股东财富最大化，而在于保持现有大股东的控制权。

四、其他因素

比如债务合同因素，债务合同特别是长期债务合同，经常会对公司支付现金股利做出一定的限制，用来保障债权人的权益。这些限制性条款一般规定：①将来股利由贷款协定签订后产生的盈利来支付（也就是说，将来的股利不可以从以前的公司留存收益中支付）。②当营运资本净额（流动资产减去流动负债）低于某一特定数额时，不得支付股利。同样，优先股条款通常规定，在所有优先股股利支付前，公司不可以向普通股股东支付现金股利。

通过上述影响股利政策的因素分析，我们可以看出公司股利政策与其所处的发展阶段（即生命周期）不无关系。企业生命周期的早期，由于销售额规模较小，现金流量以现金流出为主要特征，为了集中更多的资金用于企业的再投资，理财人员应当将更多的，甚至是全部的盈余留存在公司内部，满足企业的资本投资和营运资本投资需求。此时，股利支付率较低，或者以股票股利的方式向股东支付股利。随着企业规模的不断扩大，尤其是进入到发展的成熟期之后，销售额绝对值越来越大，现金流量充足且现金存量日趋增加。管理层可以通过股利分派的方式将多余的、经营过程之外的现金分派给股东。股利支付额趋于增加，股利支付率也随之提高。但随着公司经营的衰落，现金流量越来越少，公司逐渐变得无力承担较高的股利支付率，股利额日趋减少。从某种意义上讲，决定股利支付水平的基本因素就是企业经营活动所创造的现金流量。现金流量越充沛，在资本投资既定的情况下，股利支付就越多；现金流量越少，股利支付也越少。如果将以上分析与公司破产预警分析的所谓“Z 系数”结合起来，就可以看出，持续的、由于现金流量不足（不是由于资本投资的需求）而造成的股利支付缺少，预示着公司的财务风险加大，进入了一个足以引起警戒的企业发展时期。

因此，公司在制定股利政策时，要综合考虑本公司、股东和各方面的因素，为企业投资及融资活动培育良好环境，最终实现股东财富的最大化。

第四节　股利政策与股东财富、企业发展

如前所述，根据米勒（Merton Miller）和莫迪格莱尼（Franco Modigliani）教授的股利无关理论，公司对股利政策的选择不会影响公司价值，即股利政策与企业价值无关。在此理论的指导下，企业股利政策主要依据剩余股利原则来制定，即企业在设定长期目标支付率时，应遵从剩余股利原则，这一比率一旦确定，就成为企业确定各年股利政策的重要依据。但是，企业不能用该目标支付率来直接作为企业各年具体的股利支付率，在企业每年的股利支付时必须重视保持股价稳定的因素。可见，企业年度股利政策的确定是一个十分重要的财务问题。它对于保障股东权益，协调股东之间的利益关系，促进企业长期稳定的发展，稳定股票价格，维护企业形象都具有十分重要的现实意义。

关于股利发放的形式，除了现金股利以外，还包括股票股利、股票分割、股票回购等股利政策手段，它们与企业价值和股东财富的关系如何？这将是我们在本节中主要讨论的内容。

一、现金股利

关于现金股利，它作为股票投资者实现报酬的重要组成部分，与股票投资的资本利得共同构成股东财富。现金股利支付的多少一般通过股利支付率来反映，而关于股利支付率的确定在前三节中已经做了详细的解释和讨论。在 MM 股利无关理论的理论指导下，股利政策与企业的价值无直接关系，按照剩余股利原则来确定股利支付率就能够实现股东财富最大化。但是，在实际经济活动中，由于所得税差异、信息不对称和交易成本等市场缺陷的存在，便造成了公司股利政策能够影响公司价值的市场环境，为了实现企业的发展和股东财富的最大化，企业管理者在设定股利政策的时候要更多地依靠自我

判断。因而，在实践中的股利政策，通常是由董事会提出股利分配预案，由股东大会表决决定。它不可能使每一位股东的财富最大化。从某种意义上讲，所谓股利分配政策最多是在一定的公司治理结构下具有多数表决权的股东在对自己的长期利益和短期利益进行权衡的基础上，以其财富最大化为目标而进行的股利规划。

二、股票股利

公司进行股利分配，并不是只有现金股利一种股利形式，通常情况下股票股利也是上市公司愿意采用的股利形式。股票股利是指公司以股票形式发放的股利，是公司通过增发新股等方式向股东发放的额外普通股股票。

对于股东而言，股票股利既不影响公司的现金流量，也不影响股东财富，对投资者价值没有影响。因为发放股票股利除权时，随着股东股票数量的增加，每股股票的价格同比例的降低，使得股东财富数量并不改变。对于公司而言，股票股利的发放也仅仅是资产负债表上股东权益各账户账面价值之间的转移，不代表股东财富的直接增加，不会使公司现金流量发生变化，公司持股比例仍保持不变，所代表的权益账面价值也不变。发放股票股利时，增加股票的市价从“留存收益”账户转入“股本”和“资本公积——股本溢价”账户。可见，公司发放股票股利不会对公司所有者权益产生影响，但影响所有者权益各项目之间的资金分配。

采用股票股利形式的股利发放政策之所以也经常被企业所采用，主要原因在于股票股利具有如下优点：①发放股票股利除权后，虽然对于每个投资者来说，其持有的股票数量增加了，但持股比例不变，所占份额不变，所持股票的市场价值总额也没有改变。对于公司而言，由于股票总数量增加，相应的每股股票价格降低，这有利于将股价维持在一个吸引小额投资者的交易范围内。②股票股利还具有节税功能。在西方国家，政府对股票股利不征收个人所得税，只有股东将股票转让时，政府才会对其征收资本利得税。可见，股票股利具有延迟纳税时间的优点。

三、股票分割

股票分割又称为股票拆细，是指将面额较高的股票按一定比例交换成数股面额较低的股票的行为。如2∶1的股票分割意味着将原来的一股股票交换成两股新股票。股票分割使每股股票的面值降低，流通在外的股数增加，但普通股股本、股本溢价以及留存收益各项目金额以及它们之间的比例关系均未改变，所有者权益也因此不会改变。

从理论上讲，股票分割既不影响公司现金流量，也不影响股东财富，对投资者价值没有影响。虽然投资者所持有股数增加，但持股比例不变，股东总价值也不变。但公司为什么要进行股票分割呢？答案在于：公司进行股票分割的主要目的是通过增加普通股股数降低每股市价，从而吸引更多的投资者。因为若公司股价过高，对股票交易会造成不便，影响公司股票的流通性。进行股票分割后，每股面值降低，股数增加，便可以有效地降低每股市价，刺激投资者购买股票。另外，股票分割可以向投资者传递信息。由于管理者比投资者拥有更多关于公司未来发展的可靠信息，他们可以利用股票分割表明自己对公司光明前景的信心。股票分割往往是成长中公司的行为，市场将股票分割看做是现金股利增加与盈利能力增强的先导信号。宣布公司股票分割后容易给人一种“公司正处于成长中”的印象，起到了有利于信息传递的作用。因此，并不是股票分割本身引起股票价格的积极反应，而是这些信号传递的有利信息所引起的。

贝克和加拉格儿（Baker and Gallagher，1980）对 100 家进行股票分割的公司和 100 家未进行股票分割的公司进行调查，了解股票分割的原因。结果显示，股票分割的主要动机是降低股价，使其维持在最适交易区间，吸引投资者，提高股票流动性。

莱克尼索克和列维（Lakonishok and Lev）选择 1963 ~ 1982 年 20 年间 1015 个股票分割样本，并选择控制样本进行比较研究。结果发现，股票分割后收益和现金股利增长明显快于控制样本，说明股票分割具有传递信息的动机。

四、股票回购

股票回购是指上市公司出资购回本公司部分流通在外的普通股股票，而代替向剩余股东支付股利，并使其成为库藏股退出流通领域。公司持有的其他公司的股票、本公司未发行的股票以及本公司已发行又回到本公司手中并注销掉的股票均不属于库藏股。与股票股利与股票分割相反，股票回购使流通股股数减少，相应地股价上升，股东可以因而获得资本利得。

近年来，股票回购规模持续增长，尤其是美国，几乎每天都有回购事件发生。许多公司回购股票一方面是作为股利支付方式，向股东分配现金股利；另一方面为了管理层实施股票期权计划或是为收购其他公司。

股票回购的优势主要表现在：①它可以提高公司内部人控制，因为它减少了流通中的股票数量。②股票回购可以有税收优惠，因为股利按照普通税率征税，而从股票回购中获得的资本利得按照资本率的税率征税。③它可以优化公司资本结构，无论是用现金回购（负债规模不变）还是负债回购（负债增加），股权资本比重下降，财务杠杆水平提高，并且，负债成本较低，股票资本成本较高，负债比重增加和股权资本比重降低均会带来公司整体资本成本的降低。但是，负债比重过高，财务风险会加大。因此，公司应根据加权平均成本最低原则，保持负债和权益的最佳比例关系，优化资本结构。④它具有信息传递作用。例如，由于法律规定公司内部人员不能参与股票市场交易，内幕信息不能及时反映到市场上，当公司以高于市场价的溢价购回股份时，则表明公司管理层认为股票被低估了。从这个意义上讲，回购被视为管理层传递内部信息的一种手段。假定管理者认为，公司股票被低估并且自己所拥有的股票交易行为受到限制。这时，回购溢价（回购价格超过市场价格的部分）就反映了关于股票低估程度的信息。⑤它通常被视为反收购策略，防止外来收购。股票回购导致公司股价上升，流通在外的股数减少，增加收购方收购难度。但由于回购的股票无表决权，回购后进攻公司的持股比例会上升，因此公司应将回购股票再卖给稳定股东，才能起到反收购的作用。

詹姆斯、威廉和赛里（James、William and Sallie）于 1987 年就股票回购的动机和回购溢价问题，对美国640家公司进行问卷调查，结果显示管理层认为“股票估价被低估”、“传递对未来盈利和股价充满信心的信号”，以及“提高财务杠杆”是进行股票回购的三个主要动机。但是，股票回购也有其负面作用。例如，公司回购股票将使投资者产生公司管理层无良好投资计划的印象，对公司形象和股价产生不利影响；回购股票无异于股东退股和公司资本的减少，而资本减少从根本上动摇公司资本基础，削弱了对公司债权人的财产保障等。

公司一旦决定采取股票回购方案，就必须选择具体的实施方法。回购股票的程序，很大程度上取决于公司是在公开市场上以现行价格回购股票，还是采取正式招标方式，具体方法有以下几种：①公开在证券市场上购买，即公司直接在市场上以现行价格购买股票。公司需要遵循证券交易委员会的要求，不得进行价格操纵和内部交易。公开市场回购为公司决定何时购买、购买多少提供了更多的自由和灵活性。在美国，90%以上的股票回购是在公开市场上购买的。②股票回购招标，即公司规定购买股票的数量、价格以及招标的有效期限，邀请股东成交股票进行回购。它可以分为固定价格招标回购和荷兰式招标收购两种。前者指公司在特定时间发出的，以高出股票市价的某一价格回购一定数量股票的要约；后者给公司在决定回购价格方面以更大的灵活性，它倒置了招标过程，股东可以在具体制定范围内提出股票卖出价格。这种方法主要适用于大型股票回购。③私下协议回购，即公司从一个或几个大股东手中按照协议价格回购股票。当公司经营者或所有者要强化控制权，排除有潜在威胁的股东时可以采取这种方式。

公司回购股票将引起股价的变化，因为回购股票后公司的每股净资产、每股盈余均将发生变化，假定公司市盈率保持不变，股价也将随每股盈余的变化而相应变化。而且，由于公司的股票回购行为也可以向投资者传递信息，可以影响投资者对该股票的心理预期，这些将促使市场看好该股票并带来股价的上升。可见，公司回购股票经常会带来每股收益及市价的提高。

当然，公司股票回购并不是一定会带来股价的上升。例如公司通过举债回购股票，杠杆水平的提高会增加公司股票的风险，也会降低公司的市盈率，则股票回购就可能会对股价产生不利影响。因此，股票回购主要作为股市大跌时稳定股价，增强投资者信心的手段，或作为反收购中消耗公司剩余资金的“焦土战术”。公司应综合考虑自身经营状况以及财务状况，做出股票回购决策。

关于股票回购，我国《公司法》明确规定：“公司不得收购本公司的股票，但为了减少公司资本而注销股份或者与持有本公司股票的其他公司合并时除外。”另外，《公司法》还规定：“公司依照前款规定收购本公司的股票后，必须在十日之内注销该部分股份，依照法律、行政法规办理变更登记，并公告。”由此可见，目前，我国法律尚不允许我国的上市公司拥有库藏股。

●本章案例

下面以“青岛海尔”公司为例对实践中的股利政策进行分析。我们收集了青岛海尔2001~2005年发布的分红派息实施公告，以此作为分析其股利政策的依据。

1. 青岛海尔股份有限公司2001年度分红派息实施公告如下：

以公司2001年年末的总股本797648282股为基数，向全体股东每10股派3元（含税），剩余利润结转下一年度，本年度不进行公积金转增股本。对于流通股个人股东，公司按20%的税率代扣个人所得税，实际发放现金红利每股为0.24元；对于法人股股东和流通股机构投资者，实际发放现金红利为每股0.30元。

2. 青岛海尔股份有限公司2002年度分红派息实施公告如下：

以公司2002年年末的总股本797648282股为基数，向全体股东每10股派3元（含税），剩余利润结转下一年度，本年度不进行公积金转增股本。

3. 青岛海尔股份有限公司2003年度分红派息实施公告如下：

以公司2003年年末股本797648282股为基数，每股送0.2股派0.05元（含税），每10股送2股派0.5元（含税），共分配199412070.50元，剩余利润结转下一年度。

资本公积金转增股本方案为：以公司2003年年末股本797648282股为基数，每股转增0.3股，每10股转增3股，转增方案实施后，公司资本公积金余额为2933718592.47元。

4. 青岛海尔股份有限公司2004年度分红派息实施公告如下：

以公司2004年年末股本1196472423股为基数，每10股派3元（含税），共分配358941726.90元，剩余利润结转下一年度。本年度不进行资本公积金转增股本方案。扣税前每股现金红利0.30元，对于流通股个人股东，公司按10%的税率代扣个人所得税，实际发放每股现金红利为0.27元；对于法人股股东和流通股机构投资者，实际发放每股现金红利为0.30元。

5. 青岛海尔股份有限公司2005年度分红派息实施公告如下：

以公司2005年年末股本1196472423股为基数，每10股派1元（含税），共分配119647242.30元，剩余利润结转下一年度。本年度不进行资本公积金转增股本方案。扣税前每股现金红利0.10元，对于无限售条件的流通股个人股东，公司按10%的税率代扣个人所得税，实际发放每股现金红利为0.09元；对于有限售条件的流通股股东和无限售条件的流通股机构投资者，实际发放每股现金红利为0.10元。

我们根据海尔公司2001～2005年的分红派息公告进行整理（如表1），对海尔公司5年以来的股利政策进行分析。

表1　2001～2005年海尔发放股利状况　　单位：元

年度	股利	股利	净利润	股利支付率	送股
2001	0.3	239294484.60	617838607.39	38.73%	
2002	0.3	239294484.60	397059657.32	60.27%	
2003	0.05	39882414.10	368952845.58	10.81%	10送2
2004	0.3	358941726.90	369435583.36	97.16%	
2005	0.1	119647242.30	239126624.02	50.04%	

案例分析：

（一）股利支付方式的选择

从表 1 中的“2001～2005 年海尔发放股利状况”，我们可以直观地看到，5 年以来，海尔公司主要采用的股利分配方式是现金股利和股票股利，其中发放现金股利的频率很高，只有一次送股。

现金股利就是公司以现金的形式向股东发放股利，这是最常见的股利形式。现金股利是公司对于股东最直接的回报方式，因而也最能吸引投资者。青岛海尔高频率地发放现金股利使其成为备受投资者推崇的一只股票。当然支付现金股利需要一定的条件，对公司的盈利能力和现金支付能力有较高的要求。这一切都是与海尔公司的迅速发展分不开的。

股票股利是指公司以发放的股票作为股利的支付方式，在我国被称为“送红股”。一般而言，公司采用股票股利的方式，是出于公司面临扩大再生产，希望能保留盈利作为投资资金来源的考虑，这样可使公司留存大量的现金用于再投资，有利于公司长期发展。5 年间青岛海尔只有一次送股，且采用捆绑式进行，即发放现金股利的同时又送红股。这两者结合运用，既可以满足股东对现金股利的要求，又可以使得公司留下大部分盈余作为再投资之用，发展资金不足时，满足资金需求。

但是，过度的送配股票一方面容易导致股价严重下跌（由于送股、转增股本可以导致每股收益下降），直接影响股东的利益，同时过低的股价又容易引起其他企业的并购；海尔公司 2003 年度采取送 2 转 3 的股利政策，使海尔公司在 2004 年 7 月份（2003 年股利分配方案除权期间）的股价有了大幅下跌。如图 1 所示：（股权登记日：2004 年 7 月 9 日；除权（除息）日：2004 年 7 月 12 日；新增可流通股份上市流通日：2004 年 7 月 13 日；现金红利发放日：2004 年 7 月 20 日。2004 年 7 月 9 日收盘价为 8.78 元/股，7 月 12 日降为 5.70 元/股。）

图 1

另一方面，如果公司留成比例下降会导致后劲不足，使投资者对公司未来的投资热情下降，继而影响股价走势，如果公司保持原来股利水平，则将造成资金不足。2004年青岛海尔就面临这样的困境：由于送配股票造成股数由797648282增加到1196472423，为了将股利保持在0.3元/股，使得股利支付率高达97.16%。因此，企业应该谨慎地选择股利发放方式。

（二）股利政策类型的选择

理想的公司股利政策应当能够实现以下目标：

1. 保证公司长期发展需要，实现公司价值最大化。股利政策实质上就是确定一个最恰当的股利支付与留存收益之间的比例，它既是公司权益分配决策，又是资金筹措方面的重要决策之一。因而，股利政策的基本目标之一就是要在股利分配时考虑公司资金筹集的需要，为增强公司未来发展后劲，扩大公司再生产和实现多角度化经营提供足够的资金，以促进公司长期稳定发展，实现公司价值最大化这一终极目标。

2. 稳定股票价格，维持良好市场现象。一般而言，公司股票在市场上的股价过高或过低都不利于公司的正常经营和稳定发展。股价过低必然影响公司形象，不利于日后增资扩股，严重的甚至引来敌意收购或兼并；股价过高，则会影响股票的流动性，并给公司未来股利分配造成较大的压力；股价时高时低，波动剧烈，则将动摇投资者的信心，也使公司股票成为投机者的投资对象，给公司造成不必要的风险。所以，保证股价稳定也是股利分配政策的目标之一。

3. 保障股东权益，平衡公司与股东以及股东与股东之间的利益关系。股东投资于公司的基本目标之一就是获得稳定的股利分配，为了迎合、保证股东投资目的实现，公司股利政策必须保证以高效益回报投资者，提高股东的投资报酬率，以建立公司与股东之间的良好的财务关系。此外，现代公司的一大特点就是股东的分散性和股东的复杂性，按其与公司的紧密关系的程度不同，股东可分为控股股东、关联股东和零星股东，他们对公司股利分配的要求不同。前二者可能更侧重于公司的长远发展，而后者则更倾向于近期收益，因此，公司的股利政策必须尽量兼顾各方利益要求，尤其是要注意不能仅关注于满足控股股东和关联股东，而使零星股东产生不满，这样很容易迫使后者"用脚投票"，使公司股价下跌，影响公司在资本市场上的形象。

在进行股利分配的实务中，公司经常采用的股利政策有：①固定股利支付率政策。②固定或持续增长的股利政策。③折衷股利政策。

从"2001～2005年海尔发放股利状况"表中，我们可以看到，海尔在转变股利政策，大致可以分为两个阶段：

第一阶段，2001～2004年采取固定的股利政策。这一阶段，股利支付率波动较大。股利基本维持在0.3元/股的水平左右，2003年包括现金股利和股票股利两种方式，股利亦不低于这个水平。说明企业没有根据经营效益来决定股利政策，而是采取了固定的股利政策。从图2、表2中我们可以看到，每股收益与每股股利的波动并不同向。

稳定的股利向市场传递着公司正常发展的信息，有利于树立公司良好形象，增强投资者对公司的信心，稳定股票的价格。该政策的缺点是股利的支付与盈余相脱节。当盈余较低时仍要支付固定的股利，可能导致资金短缺、财务状况恶化。不利于保持较低的资本成本。

如表 1 所示，2002 年和 2004 年，为了保持 0.3 元/股的股利，股利支付率分别高达 60.27%和 97.16%，股利支付率偏高，使其不得不通过银行借款来满足资金需求。

表 2

年度	每股收益（元/股）	每股股利（元/股）
2001	0.77	0.3
2002	0.5	0.3
2003	0.46	0.05
2004	0.309	0.3
2005	0.2	0.1

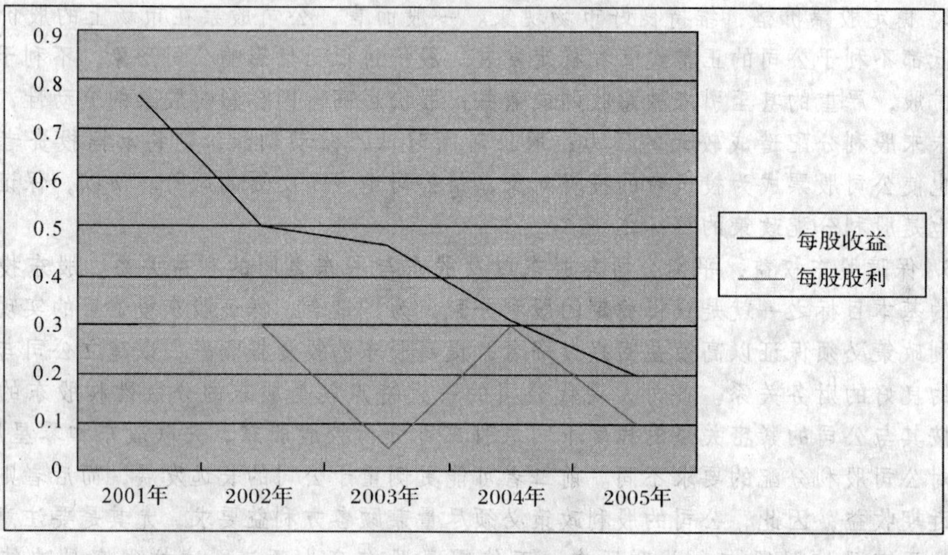

图 2

第二阶段，2005 年至今。2005 年股利水平有了大幅度的下降，这是因为 2005 年净利润大幅缩水，由 2004 年的 369435583.36 元，下降到 239126624.02 元。海尔不得不转变股利政策，以满足企业发展的资金需求。这或许是青岛海尔改变其固定股利政策的信号。

总之，随着股权分置改革的完成，资本市场的完善，要求企业越来越重视其股利政策的选择和制定。

（三）思考题

1. 根据给出的财务报表分析 2004 年、2005 年的股利政策分别对企业的资本结构有什么影响?

2. 比较不同的股利分配政策对企业财务状况的影响。

你认为青岛海尔是否应该改变其固定股利政策?

（资料来源：①青岛海尔各年年报；②陈勇等：《财务管理案例教程》，北京大学出版社，2004。郝国莹整理。）

●思考题及答案要点

一、重要专业术语

MM 股利无关理论 “手中之鸟”（Bird in Hand）假说 税差理论 股利的信号理论 当事人效应 剩余股利原则 股票分割 股票回购 折衷股利政策 固定或稳定增长股利政策 固定股利支付率政策

二、思考题

1. 什么是股利政策，股利政策应该包括哪些主要内容？
2. 什么是 MM 股利无关理论？MM 股利无关理论成立的假设前提是什么？
3. 关于股利理论有 MM 股利无关理论、“手中之鸟”（Bird in Hand）假说、税差理论、股利的信号理论、当事人效应等，对于这些理论你最同意哪一种理论，为什么？
4. 影响目标股利支付率确定的主要因素有哪些？
5. 什么是剩余股利原则？它有何优缺点？
6. 股票股利与股票分割的异同，它们对投资者价值有何影响？
7. 股票回购的优点有哪些？它对股价产生什么影响？
8. 分析处于高速发展阶段的企业应该制定什么样的股利政策？

三、答案要点

略

●参考文献

1. Thomas E. Copeland . J. Fred Weston. Financial Theory and Corporate Policy（Third Edition）. 2001

2. Eugene F. Brigham，Louis C. Gapenski，Financial Management：Theory and Practice（第八版），北京：机械工业出版社，1999

3. James C. Van Horne . John M. Wachowicz Jr. Fundamentals of Financial Management（第 11 版）. 北京：清华大学出版社，2001

4. 阿斯瓦斯·达摩达兰著．应用公司理财．郑振龙等译．北京：机械工业出版社，2000

5. 斯蒂芬 A. 罗斯、罗德尔福 W. 威斯特菲尔德和杰弗利 F. 杰富著．吴世农、沈艺峰等译．公司理财（第五版）. 北京：机械工业出版社，2000

6. 汪平．财务理论．北京：经济管理出版社，2003

7. 汪平．中级财务管理．上海财经大学出版社，2003

8. 刘兴云、汪平．财务管理学．北京：经济科学出版社，2000

9. 杨家新．公司股利政策研究．北京：中国财政经济出版社，2002

10. 齐寅峰．公司财务学．北京：经济科学出版社，2002

11. 青岛海尔各年年报

12. 陈勇等．财务管理案例教程．北京：北京大学出版社，2004

第九章　财务风险分析

●**本章提要**

在现代市场经济中，盈利与风险是并存的。企业在追求价值最大化的过程中，时时面临着风险的严重威胁。与其他的企业管理活动相比较，财务管理活动的重大特征之一便是对企业经营活动过程中客观存在的各种风险进行度量和规避。可以说，如何在风险条件下实现财务目标已经成为现代财务管理的首要问题，这一点已经为许多企业所重视。认清风险的概念，区分风险的不同类型，识别并控制企业运作过程中各种不同的财务风险，从而发现企业在财务风险管理中存在漏洞的原因，并实施科学合理的风险管理，是当前财务管理工作者所面对的重要问题之一。

●**章首案例**

2005年5月16日，正在积极谋求重振主营业务的实达集团（600734）突然公告：因子公司（福建实达信息技术有限公司）两笔未到期借款，被深圳发展银行向法院提出财产保全申请，实达集团银行账户资金约90万元以及持有的福建实达房地产开发有限公司35%的股权和福建爱普生实达电子有限公司40%的股权等价值1亿元的资产被冻结。该两笔借款共涉及1.0047亿元，都尚未到期，且有有效资产质押，却被提起诉讼，在一定程度上反映了实达集团已经陷入了财务危机。实达集团陷入财务危机的直接原因是大股东巨额占款和大量对外担保。截至2004年12月31日，公司债权共计7亿多元，其中至少有3.762亿元属于该公司主要大股东、实际控制人——北京盛邦等控制的关联公司欠款。与此同时，截至2005年3月31日，实达集团累计对外担保金额已达到3.9亿元，对控股子公司担保金额超过4.1亿元人民币，总计8亿余元。与上述逾10亿的关联方占款和担保相对的是，截至2004年9月30日，实达集团净资产仅为5.09亿元，负债14.63亿元，担保总额已是净资产的173%，2005年第一季度末货币资金余额不足5470万元，而流动负债超过11.64亿元，资产负债率高达74.42%。银行逼债也在情理之中。（资料来源：根据《实达集团1亿资产——被冻结大股东巨额占款和巨额对外担保的负面影响正在凸显》，《东南快报》，2005-05-09，容月玲；《实达外设难承失血之重　神州数码将可能接盘》，《高新技术产业导报》，2005-06-01，整理获得。）

一般意义上认为，财务风险是企业负债经营所产生的风险。企业会计通过资产负债率、流动比率、速动比率等指标判断财务风险状况，通过财务管理方法对财务风险进行控制。但实达集团的危机并不是由于简单的管理不善所引起的。实达的危机一方面是由于公司资产负债率居高不下，资金急剧短缺引起；更重要是由于对外却有大量难以收回的巨额占款和大量担保所导致。这对我们传统意义上的财务风险控制提出了新的挑战，传统的财务风险控制方法恐怕对实达集团很难奏效，因为实达集团出现的问题不仅是公司财务管理的问题，深层次的原因在于我国公司治理结构的缺陷和法律法规的不完善，是由大的背景影响所致。

大股东占用上市公司资金的问题是我国证券市场上普遍存在的问题，也是制约我国资本市场发展的顽疾。多年来，上市公司通过证券市场总融资额不过10000亿元，大股东占款实际规模保持在1000亿元左右。这意味着近1/10的募集资金流失了，大股东占款成了我国证券市场最大的“出血口”。截至2006年8月31日两市仍有123家公司存在资金占用问题，占用余额超过294亿元。而目前仍存在占用问题的上市公司中，有相当数量的公司存在股票被暂停上市、被实施ST（公司财务状况恶化，其股票交易被特别处理）、*ST（ST类公司并存在退市风险），清欠方案不确定，资金占用方清偿能力差等情况。

大股东将上市公司当成融资平台、圈钱工具，强行将上市公司的资金据为己有，并频频通过关联交易、担保等手段侵犯上市公司利益，由此带来的危害是多方面的。第一，严重影响上市公司正常经营，侵蚀利润，降低盈利能力。据有关方面的统计资料表明，近两年来，存在“资金占用”问题的公司平均主营业务利润率不足全国上市公司平均水平的1/2。第二，降低了上市公司的资产质量。由于大量资金被占用，导致上市公司资金紧张、短缺甚至枯竭，现金流量恶化，资产负债率畸高，引发重大经营风险和财务危机。严重被“掏空”者，甚至陷入经营瘫痪、资不抵债的困境，濒临退市甚至破产。第三，危及正常的金融秩序。大股东从上市公司抽走资金，造成上市公司的募股资金和贷款资金的流失，加剧银行风险，冲击到正常的金融秩序。

杜绝大股东占用资金现象的发生，降低财务风险，一方面需要政府相关部门加强监管力度；另一方面需要完善公司治理结构，改变“一股独大”的现象。

政府方面，近年来，不断采取相关措施来解决大股东的占款问题。2006年11月9日，中国证监会、公安部、中国人民银行、中国银监会等国务院八部委发布了《关于进一步做好清理大股东占用上市公司资金工作的通知》，要求中国证监会督促上市公司及时披露资金占用及清欠进展情况，定期曝光占款单位及有关责任人员，并将清欠完成情况专报国务院。同时，中国证监会和国务院国资委要进一步加强对重点地区和重点公司的清欠督导工作，会同地方政府逐家研究解决方案，逐一落实。政府部门监管力度的加强，一方面可以保证小股东的利益，另一方面也将有利于公司积极健康发展，减少或避免公司的投机行为，降低企业财务风险。

企业方面，解决大股东占款问题的基本途径应是完善上市公司治理结构，改变大股东一股独大的局面。股权分置改革的完成，将有利于解决上市公司存在的一股独大现象。

（资料来源：①《八部委联合发出通知清理大股东占用上市公司资金》，《中国工商报》，2005-11-15；②《清欠动真格效果明显 仍有123家公司占资294亿》，《上海证券报》，2006-09-01，黄金滔。郝国莹整理。）

第一节　企业风险及其管理

一、风险管理概述

在财务理论中，风险是一个重要的研究和探讨的对象。对风险的理解，国内外学术界迄今尚无统一的认识。按照美国财务管理界比较流行的观点，风险是指某一不利事件将会发生的概率（Eugene F. Brigham，Louis C. Gapenski，1987）。也就是说，所谓风险，是指未来时期经营活动创造现金流量的不确定性。如果未来现金流量唯一且确知，则表明该现金流量没有风险，或称之为无风险现金流量；相反，未来的现金流量不是唯一的，则意味着存在风险。

在许多财务决策中，人们一般是假设未来的现金流量是没有风险的，并在此基础上，对未来做出判断。这种没有风险的假设，在很大程度上简化了财务决策，可以在一个相对稳定的基础上进行分析。但在现实的企业经营活动中，未来的经营活动以及由此所决定的现金流量通常并不唯一，更不确知，而是随着环境的改变而变动。如何对未来现金流量的风险进行度量，并以科学的方法来管理这种风险，正是现代财务理论研究的重大课题之一。

按照传统的思路，风险在人们的眼中总是与“不利”、“损失”等字眼相联系的，是一个对于企业的发展极端不利的一种状态。进行风险管理的目的，就是要化解这种风险，让企业在一个稳定的状态下获得发展。但随着期权理论及其期权定价理论的发展，人们对于风险的认识也出现了很大的变化。比如，风险并非只意味着损失，管理得当，潜在的风险不仅不会给企业带来损失，相反还会创造出新的价值。风险管理成为企业创造价值、实现价值最大化的一个途径。在资本预算决策中的所谓“实物期权”（real option）即属此类。

如何判断风险、度量风险、分散风险与控制风险，以确保企业理财目标的实现，是多年来财务理论研究的一个热点问题，也获得了一定的成就。但总的来说，关于风险问题的研究，目前仍处于初级阶段。

通过财务报表来分析企业所隐含的各种风险，是财务报表分析中的一个新课题。事实上，无论是资产负债表、利润表还是现金流量表，其所报告的数据及其结构，无不暗含着重要的风险因素。通过对企业财务报表进行分析，可以较为全面地了解企业在以往的经营活动中隐含着多大的风险，进而发现这种风险的变动趋势，为风险管理提供支持。

二、风险与收益的权衡

在多数财务决策领域，成功的关键标志就是价值的创造。创造价值通常需要在风险和收益之间进行权衡。价值等于未来营业活动现金流量的贴现值之和，其中的贴现率反映了公司现金流量的风险程度，在使用负债的公司中，还要包括财务风险这一因素。风险越大，未来收益的贴现率就越高，从而价值就越小。未来的预期现金流量完全相同的两个公司，其现金流面临的风险较小的公司价值较高。假如有下面两个投资项目：第一个项目，每年收益率都是10%；另一个项目，平均收益率为10%，即有些年度是5%，有些年度是15%，此时，应当做何选择？很多人会选择前一个项目，因为收益更稳定，项目更有价值。

风险存在于一切经济活动之中。理财人员在进行财务决策—投资决策或融资决策时，一定要慎重对待风险问题。管理者一般都属于风险厌恶者，不会接受风险性方案，除非有足够的收益使接受这种风险的行为得到补偿。如图9－1所示。

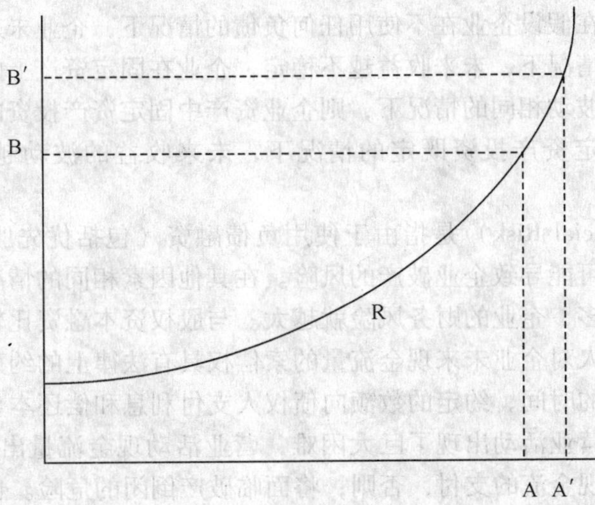

图9－1 风险与收益的权衡

在图9－1中，R曲线是一条风险—收益曲线，它反映了在环境既定的条件下，风险与收益之间的相关性。在曲线R上，每一点都对应着相关的风险程度和收益水平。例如，A点所代表的风险水平要求获得B点所代表的收益率，A′点所代表的风险水平则要求获得B′点所代表的收益率。如图所示，风险水平增加，如由A点移动到A′点，那么收益是以更大的幅度提高的，即由B点移动到B′点，从而能够补偿投资者所接受的风险。

风险管理是指对于不同的风险进行管理，以使未来收益最大化，并且使财务危机发生的潜在可能性最小。许多公司都认为有效的风险管理可以减少风险，增加公司的价值，或至少降低人们对于风险的预期水平。从根本上来讲，风险管理至少可以减少公司创造的价值受到不利事件的影响，从而保护价值。因此，风险管理具有双重作用：创造价值和保护价值。风险管理并不是使风险最小化，认识到这一点十分重要。毕竟，要获利就要承担风险。因此，风险管理过程需要确认风险所在的领域，并在较高的潜在收益和潜在损失之间进行权衡。

第二节 财务风险分析

一、营业风险与财务风险

营业风险与财务风险是一对紧密相连的孪生的风险。

其中，营业风险（Business Risk）又称经营风险（Operating Risk），是一个企业最基本的风险，是指企业固有的、由于资产投资活动、营业活动而导致的未来收益的不确定性；具体言之，是在假设企业在不使用任何负债的情况下，企业未来收益或者现金流量的不确定性。通常情况下，未来收益越不稳定，企业在固定资产上的投资越多，营业风险就越大。在收益波动相同的情况下，则企业资产中固定资产投资的比重越大，营业风险就越大；而在固定资产投资既定的情况下，未来收益的波动越大，营业风险就越大。

财务风险（Financial Risk）是指由于使用负债融资（包括优先股）而使企业可能丧失偿债能力，最终可能导致企业破产的风险。在其他因素相同的情况下，企业使用的负债和优先股融资越多，企业的财务风险就越大。与股权资本融资比较，债务融资最大的财务特征就是债权人对企业未来现金流量的索偿权具有法律上的约束力。企业必须按照事前在契约中约定的时间、约定的数额向债权人支付利息和偿还本金。这种法律约束力，意味着企业即使营业活动出现了巨大困难，营业活动现金流量出现枯竭的情况下，也必须保证对债权人现金流的支付，否则，将面临破产倒闭的危险。也就是说，企业一旦举债融资，便意味着未来有一笔固定的、支付给债权人的现金流出；而与该项现金流出相对应的企业未来的现金流入却是波动的、不稳定的，即有风险的。这种对应以及由此所带来的破产的威胁，就是财务风险。如果企业发行优先股，则需在未来按照优先股固定的股利率向股东支付股利，在这一点上，优先股的股利和债务的利息具有共同的特征，即无论企业经营状况如何，必须按照固定的利率（债务利率或优先股股利率）支付利息或股息。因此，如果企业的资本结构中有发行优先股，也会存在财务风险。

财务风险有隐性财务风险和显性财务风险两种情况。如果企业未来时期的现金流量较为充裕且会持续稳定的增加，则财务风险一般会呈隐性状态，即使负债率较高也不会对企业产生不利的影响。同时，由于债务融资具有成本较低的优势，使用较多的债务，还会给企业带来较多的抵税收益，提高企业的获利水平。然而，一旦企业的销售出现困难，现金流量出现减少，营业活动所创造的现金流量不能满足现金流出的需求，现金存量持续下降，财务风险便会由隐性转为显性状态。这种显性状态的财务风险的一个重要特征即表现为企业出现现金支付困难，不仅不能及时支付营业活动中的商业信用债务——应付账款，进而会出现拖欠银行债务的现象。人们通常把这种显性的财务风险称为财务危机（Financial Crisis），或者财务困境（Financial Distress），最严重的财务困境是企业破产（Bankruptcy）。财务危机如若处置不当，且无法与债权人取得谅解，企业就将面临破产清算的可能。因而，破产清算是企业财务风险的最终表现形式。

在财务管理中，人们也将财务危机习惯地分为技术性的财务危机与实在性的财务危机。如果造成现金流入不足、债务拖欠的原因，仅仅是由于理财人员临时的、阶段性的资金调度不当，属于技术性的财务危机。解除这种危机的主要方法就是对企业未来时期的现金流入和现金流出通过现金预算等方式进行科学的调度，最大程度地实现不同方向现金流在时间上的相互配合。如果造成财务危机的真正原因是企业营销失败，长期亏损且现金流入严重不足，则这种财务危机被称为实在性的财务危机。这种危机的解除，只依靠财务管理的手段是远远解决不了的，需要公司综合实力的提升。事实上，存在于企业中的最大的风险，就是销售下降乃至于现金流枯竭的风险。

在我国对财务危机问题的研究中，通常将被“特别处理”的公司（ST 公司）视为处于财务危机中的公司。ST（Special Treatment，“特别处理”），是在股份有限公司正常上市与暂停上市之间的一种特别处理措施。在我国证券市场上，一个公司被“特别处理”即 ST，主要是由于该公司已经连续 2 年亏损或者每股净资产低于其股票面值。我国公司的财务危机往往是实在性财务危机与技术性财务危机的混合体。

营业风险与财务风险可以称作“常规的”、“日常的”公司风险，二者皆属于管理型的风险。与一般意义上的风险比如财产损失的风险、火灾的风险相比较，管理型风险的最大特点便是其双刃剑效应。比如，一家企业的资产负债率是 60%，属于比较高的负债率水平。但单纯地根据负债率判断这家企业的财务风险的大小显然证据不足。因为，同样是在 60% 的负债率的情况下，如果企业的销售额持续高速增加，现金流量极为充裕，此时，企业的财务风险处于隐性状态，发挥的是负债融资对企业价值有利的一面，即低资本成本可以提升企业价值；相反，如果销售状况出现恶化，现金流量急剧减少，那么，原本有利的负债融资转而会成为造成企业破产倒闭的祸首。债权人在无法如期获得利息和本金的情况下，会向法院提出诉讼，要求企业破产清算以偿还债务。如何把握管理型风险的双刃剑效应，对于管理人员来讲，是一件非常重要也是非常困难的工作。

二、风险分析

为了全面地分析企业的风险程度，需要对各种财务信息进行归纳和评价。概要而言，可以通过以下四个方面来分析企业的财务风险：①负债率分析。②杠杆分析。③资产负债表的结构分析，即财务风险的静态分析。④财务风险最终形式——破产的预警分析，比如 Z 记分分析等。

（一）负债率分析

从财务风险的定义可以看出，财务风险的大小与负债率的高低呈正比例关系，即负债率越高，企业的财务风险越大。负债率是对企业财务风险的最为直接的度量。

负债率的计算公式为：

$$资产负债率 = \frac{负债总额}{资产总额} \times 100\% \tag{9-1}$$

在负债率的计算、分析问题上，有下面几个问题需要注意：

1. 负债率有不同的计算方法。除了上述计算方法以外，负债率还可以有其他两种计算方法，一是分子中只有长期负债，没有流动负债；二是分子是负债总额，分母是股权资本。

2. 负债率计算所采用的价值标准可能会有不同。在我国，负债率一般是按照账面价值计算的，而在美国，一般是按照市场价值计算的。从理论上来讲，按照市场价值计算负债率是正确的。

除了以上负债率，反映企业财务风险大小的另外一个重要指标是流动负债占全部负债的比重，计算公式为：

$$流动负债占全部负债比重 = \frac{流动负债}{企业负债总额} \times 100\% \tag{9-2}$$

该指标说明，流动负债在全部负债中所占的比重越大，说明企业近期需要偿还的债务就越多，财务风险也就越大。

（二）杠杆分析

杠杆是个应用甚广的概念。在物理学中，杠杆是一个省力的简单机械，是以一个较小的力去带动一个较大的力。在经济学中，杠杆则更多地表示弹性（elasticity）。在现代理财学中，作为预测和分析的工具，所谓杠杆分析，通常是指运用产量、收入、息税前利润以及每股收益等指标的相关性分析所进行的企业风险分析。也就是说，当销售额产生一个较小幅度的变动时，企业的获利水平产生较大幅度的波动。例如，第一节中的图 9－1 所示，假使销售额波动 10%，将会导致息税前利润发生 26% 的波动，以及每股收益 31% 的波动。对于企业经营风险与财务风险的分析，最为常用的方法便是杠杆分析。以经营杠杆来度量企业的经营风险，以财务杠杆来度量企业的财务风险，以复合杠杆或总杠杆来度量企业的总风险。杠杆分析通过企业各项收益项目之间变动相关性的研究，探讨了蕴涵在收益波动中的风险程度的大小。

下面首先介绍杠杆的一般原理。①

令 Y 和 X 为两个变量，Y 为因变量，X 为自变量。用代数式可表示为：

$$Y = f(X) \tag{9-3}$$

① 关于杠杆分析的内容主要参考 Raymond P. Neveu，Fundamentals of Managerial Finance，pp. 93－120. South－Western Publishing Co.，1981.

即 Y 是 X 的函数。

假设 X 从其原始值增加了一个数量，由此导致了 Y 也从其原始值增加了一个相应的数量。杠杆就是以因变量 Y 的变化百分比除以自变量 X 的变化百分比的数值。

令 ΔX 为 X 的变化值，ΔY 为 Y 的变化值，ΔX/X 为 X 的变化百分比，ΔY/Y 为 Y 的变化百分比，则有：

$$LY/LX = (\Delta Y/Y) / (\Delta X/X) \qquad (9-4)$$

上式的左边可称为：相对于 X 的 Y 的杠杆。

经营风险与财务风险作为管理型风险，其对于公司可持续发展的影响还取决于销售额的变动方向与变动幅度，即销售额波动幅度越大，风险越大，对公司价值的影响也越大：销售额增加，管理型风险会发挥正向作用，提升企业价值；销售额减少，管理型风险会发挥负向作用，影响企业的可持续发展。

企业风险与杠杆的关系如图 9-2 所示。企业杠杆分为营业杠杆和财务杠杆，二者合起来又构成综合杠杆，也称联合杠杆。

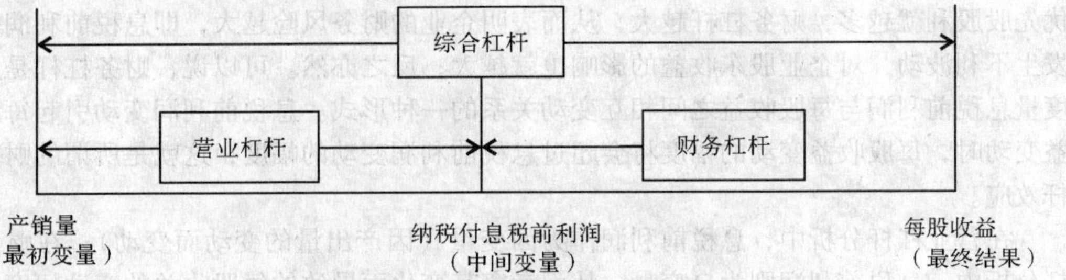

图 9-2　企业风险与杠杆分析

1. 营业杠杆。营业杠杆的具体含义是指，一旦销售额发生波动，由此所导致的营业利润，即息税前利润所发生的波动将会是销售额波动的几倍。所以说，营业杠杆的高低反映了企业营业风险的大小，它直接决定于企业成本结构中固定成本尤其是折旧费用的多少。折旧费用越多，营业杠杆越大，从而表明企业的营业风险越大，即销售额一旦发生不利波动，对企业营业利润的不利影响也就越大；反之亦然。可以说，营业杠杆是用以度量产出与息税前利润之间相互变动关系的一种形式。产出变动引起息税前利润的变动，而息税前利润变动的幅度将超过产出变动的幅度，这就是所谓的营业杠杆效应。

营业杠杆的大小是用营业杠杆度（DOL），又称营业杠杆系数，来加以衡量的。其计算方法有两种：

$$DOL = \frac{\text{息税前利润变动率}}{\text{销售收入变动率}} = \frac{\Delta EBIT/EBIT}{\Delta S/S} \qquad (9-5)$$

$$DOL = \frac{\text{销售数量}\times(\text{销售价格}-\text{变动成本})}{\text{销售数量}\times(\text{销售价格}-\text{变动成本})-\text{固定成本总额}} \qquad (9-6)$$

式中：ΔS 为销售收入变动额；S 为变动前的销售收入；ΔEBIT 为息税前利润变动额；EBIT 为变动前的息税前利润。

公式（9-5）是前面杠杆一般原理的直接运用，而在实际计算营业杠杆系数时，往往应用公式（9-6）。

根据上述公式，我们可以看到，在固定成本不变的情况下，营业杠杆说明了销售额增加（减少）所引起利润增加（减少）的幅度。在固定成本不变的情况下，销售额越大，营业杠杆系数越小，经营风险也就越小；反之，销售额越小，营业杠杆系数越大，经营风险也就越大。在销售额处于盈亏临界点前的阶段，营业杠杆度随销售额增加而递增；在销售额处于盈亏临界点后的阶段，营业杠杆度随销售额增加而递减；当销售额达到盈亏临界点时，营业杠杆度趋近于无穷大。营业杠杆的高低反映着企业营业风险的大小，而营业风险的大小又取决于固定资产的投资。换言之，固定资产投资越多，固定成本越多，营业风险就越大。

2. 财务杠杆。财务杠杆的具体含义是指，当存在固定债务利息费用或优先股股利时，一旦息税前利润发生波动，由此所导致的每股收益所发生的波动将会是息税前利润波动的几倍。所以说，财务杠杆的高低反映了企业财务风险的大小，它直接决定于企业筹资结构中债务资本和优先股的多少。债务资本和优先股越多，固定的债务利息费用或优先股股利就越多，财务杠杆越大，从而表明企业的财务风险越大，即息税前利润一旦发生不利波动，对企业股东收益的影响也就越大；反之亦然。可以说，财务杠杆是用以度量息税前利润与每股收益之间相互变动关系的一种形式。息税前利润变动引起每股收益变动时，每股收益变动的幅度将会超过息税前利润变动的幅度，这就是所谓的财务杠杆效应。

在营业杠杆分析中，息税前利润作为因变量（因产出量的变动而变动）；在财务杠杆分析中，息税前利润则为自变量，从而考察其变化而导致的每股收益的变动幅度。财务杠杆的大小是用财务杠杆度（DFL），又称财务杠杆系数，来衡量的，其基本计算公式为：

$$DFL = \frac{\text{每股收益变动率}}{\text{息税前利润变动率}} = \frac{\Delta EPS/EPS}{\Delta EBIT/EBIT} \quad (9-7)$$

上述公式中：ΔEPS 为普通股每股收益变动额；EPS 为变动前的普通股每股收益；ΔEBIT 为息税前利润变动额；EBIT 为变动前的息税前利润。

公式（9-7）是前面杠杆一般原理的直接运用，而在实际计算财务杠杆系数时，往往区分以下两种情况，分别适用公式（9-8）和公式（9-9）。

在无优先股的情况下：

$$DFL = \frac{\text{息税前利润}}{\text{息税前利润}-\text{利息费用}} = \frac{EBIT}{EBIT - I} \quad (9-8)$$

在有优先股的情况下：

$$DFL = \frac{\text{息税前利润}}{(\text{息税前利润}-\text{利息费用}) - \text{优先股股利}/(1-\text{所得税税率})}$$

$$= \frac{EBIT}{(EBIT - I) - D/(1-T)} \quad (9-9)$$

以上各式中：I 为债务利息；T 为所得税税率；N 为流通在外的普通股股数；D 为优先股股利。

财务杠杆所代表的基本含义为，当息税前利润变动1%时每股收益的变动幅度，即息税前利润增长所引起的每股收益的增长幅度。企业财务风险的大小主要取决于企业运用负债和优先股的多少，即财务杠杆系数的高低。在资本总额、息税前利润相同的情况下，负债率和优先股比率越高，则利息费用和优先股股利越多，财务杠杆系数越大，权益资本收益率对于息税前利润率的弹性就越大：如果息税前利润率上升，则权益资本收益率会以更快的速度上升；如果息税前利润率下降，那么权益资本利润率会以更快的速度下降，从而财务风险也越大。反之，财务风险就越小。财务风险存在的实质是由于负债（含优先股）经营从而使得负债所负担的那一部分经营风险转嫁给了权益资本。

3. 综合杠杆。综合杠杆，也称复合杠杆，其高低可以反映公司综合（总）风险的大小。企业的综合风险，是由经营风险与财务风险共同作用形成的，等于经营风险与财务风险的乘积。其具体含义是指，当销售量发生波动之后，它所导致的企业最终获利水平发生波动的倍数：

综合杠杆可以通过财务综合杠杆度（DCL），又称综合杠杆系数来衡量，它是将营业杠杆、财务杠杆综合考虑、运作所产生的效益，表明销售数量或销售收入对每股收益的影响，其计算公式为：

$$DCL = DOL \times DFL = \frac{\text{每股收益变动率}}{\text{销售收入变动率}} = \frac{\Delta EPS/EPS}{\Delta S/S} \quad (9-10)$$

具体而言，综合杠杆所研究的是企业的产量与经营活动的最终结果，即每股收益之间的相关性。产量发生变动，势必引起每股收益的波动，而由此所造成的每股收益波动的幅度越大，表明企业的总风险越大。

综上所述，由于财务风险与经营风险的共同作用，会使得企业的综合风险程度更高。在企业固定资产投资较多而又使用较多负债的情况下，即杠杆较高时，财务管理人员一定要高度关注销售量的变化及其趋势，因为这些都会严重地影响到企业最终经营目标的实现。一旦收益下降，企业的最终报酬水平将受到致命打击。如果说经营风险或经营杠杆的大小是由企业的资本投资决策决定的，财务风险或财务杠杆是由企业的融资决策决定的，那么，为了将企业的总风险控制在一定的限度之内，一定要对资本投资决策与融资决策进行很好的协调，尽量以高经营风险应对低财务风险（比如尽量以股权资本满足资本投资的需求，降低负债率），或者以高财务风险应对低经营风险（比如在营销顺利时，通过负债经营来达到快速发展的目的），等等。也就是说，经营杠杆与财务杠杆的搭配不要“高、高”搭配，而应当“高、低”搭配，从而实现风险的最佳控制。

（三）资产负债表结构分析

如前所述，财务危机是财务风险的显性反映，主要表现为财务状况极度恶化，发生现金流枯竭和支付危机，甚至发生破产倒闭。其实质就是财务风险的规模化、集中化的爆发和体现。财务危机产生的原因有很多，资本结构与资产结构不合理是其中的一个重要原因。

资本结构是在资产负债表的右方负债与所有者权益表现的，资产结构是在资产负债表的左方资产表现的，因此进行风险分析必须对资本负债表结构进行分析。一个企业的负债与所有者权益是否有充分的保障，长短期资金的结构安排是否合理，流动资产与长期资产各占的比例关系如何，以及资金来源与资金占用的搭配是否有利于企业价值的提高，等等，这些都要通过详尽的资产负债表结构的分析得出结论。

有关资产负债表结构分析的内容请参阅本书第十一章。

（四）财务风险预警分析

众所周知，市场具有多变性和无法准确预见性，加之决策者素质水平的局限，使得风险必然客观存在。如果企业管理不当或者失于管理，不能采取有效措施规避与防范各种风险，则一旦经营环境逆转，势必给企业造成严重的财务危机，直至破产倒闭。因此，理财人员应当了解、判断企业财务风险的不同等级，比如是隐性财务风险、财务危机还是濒于破产，并据此采取必要的措施以解救企业，维持企业的可持续发展。

事实上，和任何事物的产生与发展过程一样，财务风险从最初的萌生到逐步恶化，直至财务危机导致最终的破产通常都是经历了一个渐进积累转化的过程。在此过程中，导致风险和危机的各种因素，往往可以通过一些敏感性财务指标数值的变化，直接或间接地反映出来。因此，这些敏感性财务指标的优劣变化，正可以对企业的财务危机发挥预警作用。

财务风险预警又称财务危机预警，简称财务预警，是指以企业财务报表、经营计划及其他相关会计资料为基础，利用财务、会计、金融、统计、企业管理、市场营销等理论，及时分析财务数据和会计信息，设置和观察一些敏感性预警指标的变化，以发现企业在经营管理活动中潜在的经营风险、财务风险，对可能或者将要面临的财务危机实施实时监控和预测，并在危机发生之前将企业所面临的风险情况预先告知企业经营者和其他利益关系人，通过分析企业财务状况恶化的原因和企业财务运营体系隐藏的问题，向企业经营者发出警告，督促企业管理当局及时采取有效措施，提早采取防范措施来避免潜在的风险演变成真正的损失，从而起到未雨绸缪的作用和预防控制企业危机的效果，保证在持续发展的经营轨道上不断提升企业价值。

根据预警结果是否量化，可以把财务预警的方法分为定性预警方法和定量预警方法。

1. 定性预警方法。采用定性预警方法所得出的结果是一种判断。典型的定性预警方法是标准化调查法。标准化调查法又称风险分析调查法，这是一种多方综合调查法，其基本思想是：将与风险因素有关的问题，尤其是财务危机爆发前的警兆，设计在一份重点突出、简明扼要且易于填写的表格中，然后广泛选择权威高并很熟悉问题的适当人数的专业人员，或者是通过咨询公司、协会等，形成一个评审小组，由他们详细调查与分析关于表格中所列各项问题。这种标准化的调查通常要分几轮来进行。每一次调查后，根据信息反馈不同的观点，分别处理不同类型的调查数据，改进调查表格，然后再次向评审小组成员进行调查，直至达成一致的评审意见。最后，根据企业综合评审意见得出判断。

标准化调查法的特点在于充分发挥信息反馈和信息控制的作用，使分散的专家意见逐次收敛在协调一致的评价结果上。其优点是所提出的问题具有共性，对所有企业或组织都普遍适用；缺点是无法提供企业的具有个性特征的问题，而且，评审小组专业人员的职业判断有可能存在主观性。尽管这种方法具有一定的局限性，但该方法仍是在面对复杂系统进行预警的过程中不可多得的一种方法。

2. 定量预警方法。定量预警方法是借助企业财务指标和非财务指标体系，通过建立财务预警模型来识别企业财务状况和进行财务预警分析的方法。常见的财务预警模型有单变量模型、多变量线性模型、多元逻辑回归模型、人工神经网络模型和模糊数学模型。

单变量模型是指以单一财务指标作为模型判别标准，并与设定的警戒线相比较来判断企业是否有爆发财务危机的可能的一种预测模型。按财务指标预测能力大小，预测企业财务危机的比率主要有：

（1）债务保障率（现金流量/债务总额），它反映企业现有现金流量清偿债务的保障程度。一般而言，企业出现财务困难时现金流逐渐减少，应收账款金额增大且挂账严重，债务保障率低，企业偿债能力低下。

（2）总资产收益率（净利润/平均资产总额）和净资产收益率（净利润/平均净资产总额），它反映企业全部资产的获利能力和权益资本的获利能力。一般而言，企业出现财务困难时企业资产的配置和使用效率降低，总资产收益率和净资产收益率都比较低。

（3）资产负债率（负债总额/资产总额），它反映债权人提供的资金在企业全部资金中所占的比重，直接反映了企业总体偿债能力。

单变量模型简单易行，比较适用，通过对企业财务危机具有最大预见度的财务比率来进行预警，虽然总体判别精确度不高，但有些上市企业的财务困境正是从某些财务指标恶化开始的，因此，良好的单变量模型在前两三年的预警分析中表现出很强的预测能力。

单变量模型具有一定的局限性，主要表现在以下几点：第一，尽管财务指标的综合性较高，但如果只重视单一指标，以其作为判别标准，则不可能充分反映企业的财务特征。并且企业的经理人员还可能会采取各种措施对该判别指标进行刻意粉饰，这就隐瞒了企业的真实财务状况。第二，如果同一企业使用多个财务比率分别做出判别，得出的判别结果可能彼此矛盾，导致企业无法做出正确的判断。

单变量模型的缺点迫使各国学者开阔分析思路，寻求整合多种财务指标进行加权汇总产生一个综合指标，从而产生了很多颇具价值的多变量模型。其中比较著名的是 Z 记分（Z Score）模型。

1968 年，美国纽约大学商学院著名的财务金融学者爱德华·奥特曼（Edward. I. Altman）在《金融杂志》上发表论文《财务比率、判别分析和公司破产的预测》（*Financial Ratios, Discriminant Analysis , and The Prediction of Corporate Bankruptcy*），将多变量线性分析方法引入财务预警领域，从而奠定了多变量财务预警系统的理论基础。这一方法在财务风险判别研究领域至今仍具有举足轻重的影响。

Z 记分模型的基本思路是：选取在以前研究中出现的频率和其与研究问题的潜在相关性最高的、最能解释企业财务危机程度的五个财务比率（包括流动性、获利能力、财务杠杆、偿债能力和周转能力的财务比率)，然后根据这些比率对财务危机预警作用的大小赋予不同的权重，通过加权计算得到一个企业的综合风险总判别分，即称为Z值。将其与临界值对比就可知企业财务危机的严重程度。其预测函数模型如下：

$$Z = 1.2X_1 + 1.4X_2 + 3.3X_3 + 0.64X_4 + 0.999X_5$$

式中：X_1 为营运资金/资产总额，反映企业资产流动性。

X_2 为留存收益/资产总额，反映企业累积获利能力。

X_3 为息税前利润/资产总额，反映在不考虑税收和财务杠杆作用下企业资产的获利能力。

X_4 为权益市价/负债总额，主要反映投资者对公司前景的判断，体现企业资本结构现状和债务偿还的保障程度。在发育相对成熟的资本市场中，这个指标尤其具有说服力。

X_5 为销售收入/资产总额，即资产周转率，反映企业总资产的营运能力，用来分析企业总资产的经营水平和使用效率。

根据Z值的大小，可以判定企业财务状况的综合标准。一般来说，Z值越低，企业越面临财务危机。奥特曼根据对过去不同年度经营失败企业统计数据的分析，将所有样本的财务比率由大到小进行排列分析，找出模型的经验性临界点，该点在数值上为2.675。也就是说，$Z>2.675$ 的企业为正常企业；$Z<2.675$ 的企业为财务失败企业，并且如果 $Z<1.8$，则该企业实际上已经濒临破产，如果不采取特别有力的措施，很难指望企业步出财务困境，恢复过来。Z记分模型具体的临界区间如表9-1所示：

表9-1　Z记分模型的临界区间

$Z \geq 3.0$	财务状况良好，企业运营安全，无破产可能
$2.675 \leq Z \leq 2.99$	存在某些财务隐患，企业处于灰色区域，解决不好有财务失败的可能
$1.81 \leq Z \leq 2.675$	存在一定财务危机，可能在两年内破产，企业须采取较大变革方可幸存
$Z < 1.81$	存在严重财务危机，很可能正在走向破产

通过计算单个企业连续多年的Z值，掌握Z值的变化趋势，可以分析预测该企业是否趋向于财务危机和破产。

实证结果表明随着时间的延长，Z记分模型预测结果的准确性逐年降低。在企业失败前两年，该模型的预测能力比较强，据统计，预测企业破产在一年内的准确率为95%，两年内的准确率为83%，[①] 但在失败前5年的预测准确率只有36%。[②] 因此，运用Z记分模型预测企业风险时就必须注意时间性。一般地说，对于企业短期风险的预测可以直接依据Z分值，而对于企业长期风险的分析则必须应当根据Z分值的各年变化趋势来断定企业长期风险的大小。

① 向德伟：《运用“Z记分法”评价上市公司经营风险的实证研究》，《会计研究》，2002，11。

② Altman, E. I., Financial Ratios, Discriminant Analysis and Prediction of Corporate Bankruptcy. Journal of Finance. 1968 (9): 589-609.

Z 记分模型比单变量模型的预测精度提高，客观准确，简明易懂，所有计算数据均可直接从财务报表中得到，具有较强的操作性，而且这种方法不仅适用于各种类型的上市公司，而且也可以用于债券评级、银行对贷款申请的评估、子公司业绩考核及投资决策等（Altman，1968；Frederikslkslust，1978）。但该方法选取样本进行分析预测的工作量比较大，财务指标计算的资料来源于企业的财务报表，而报表数据容易被企业加以粉饰，因此财务信息的质量从根本上决定了财务预警分析的准确、可靠程度。而且奥特曼没有证明其选取的财务指标是否是不相关的。因为如果指标是高度相关的，由此建立的模型必然存在缺陷。再有，奥特曼选择的样本具有随机性，适用范围受到一些严格的前提假设的限制，例如假定自变量呈正态分布，因此通常在近似状态下采用这一方法。

尽管 Z 记分模型存在诸多缺陷，但在美国和日本，这一模型在分析与评价企业风险方面得到了很高的评价，其他地区和企业也纷纷比照这一模型设计了适用本国或本地区企业的分析模型。在我国，财政部也发布过企业绩效考核的十项财务指标，并规定了各自的权重和评分方法。但其主要出发点是考核企业绩效，而分析与评价风险的能力不强，某些指标如社会贡献率与社会积累率指标，涉及工资总额、劳保退休统筹、社会福利支出、上缴国家财政总额、企业社会贡献总额等数据，不能直接从报表中取得，有些数据只有国有企业才有，因而不具普遍意义。

第三节　公司风险管理与价值创造

一、风险管理概述

正如前两节所述，风险是与未来的不确定性紧密相连。企业风险无处不在，任何有目的的行为都有相应的风险。对于一个以可持续性发展为目标的现代企业而言，市场竞争愈演愈烈，使得经营活动达不到预期的结果甚或破产的风险的存在是毋庸赘言的。在市场竞争中，没有风险就没有回报。要求的回报率越高，所要承担的风险就越大。风险蕴涵着盈利的机会，也意味着失败的可能。在知识经济时代，由于信息科学技术的迅速发展，信息传播、处理和反馈的速度大大加快，产品寿命周期不断缩短和国际金融市场的快速发展，这就更加大了企业的经营风险。

企业的任何商业活动都带来相应的风险。要想取得预期的回报，就必须很好地管理风险。有效的风险管理是企业避免失败及取得成功的必要手段。因此，对于任何一个企业来说，风险管理都是经营过程中一个核心的内容。

关于风险管理的定义，不同学者定义不同。其中最具有代表性的两种观点是：

1. 风险管理是指一个经济组织或个人识别与评估纯粹风险损失，以及选择和运用最适合的技术来应对这些风险的一系列过程（Radja，1997）。

2. 风险管理是指为了将不确定性（风险）可能产生的损失的负面影响（成本）降

低到最小而采取的一些行动（Schmit 和 Roth，1990）。

也就是说，风险管理通过了解企业及市场情况，辨识风险，分析风险，评估风险，设计并实施风险管理解决方案，并不断监测风险管理过程而使企业达到其战略目标。风险管理使企业在实现其未来战略目标的过程中，将市场不确定性和变化所产生的影响控制在可接受范围内。

二、风险管理与价值创造

实际上，风险管理的历史是一部人类文明的发展史。对风险认识的不断加深使得人类在社会生活和生产实践中从被动承受风险带来的后果到主动利用风险去创造价值。著名学者伯恩斯坦断言："区分现代与古代的革命性思想是对风险的掌握，即未来不仅仅是神的随想，人类在自然面前不是被动的。"①

现代企业管理科学对大量企业经过长时期的观察与实证研究，得出了一个重要的结论：有效的风险管理为企业创造价值，而企业的损失甚至倒闭都是由于不良的风险管理所造成。

价值创造历来是一个受到普遍关注的问题，财务管理就是以价值最大化为目标展开。企业风险管理的基础性前提是企业存在的首要目标在于为股东创造财富，增加企业价值。任何企业在生产经营中都面临复杂的不确定性，管理当局所面临的挑战就是在为增加企业价值的同时，相应地承受各种各样的不确定性。不确定性可能会破坏或增加价值，因而它既代表风险，也代表机会。企业风险管理使管理当局能够有效地应对不确定性以及由此带来的风险和机会，增进创造价值的能力。管理当局通过制定战略和目标，力求实现增长和报酬目标以及相关的风险之间的最优平衡，并且在追求企业目标的过程中，通过高效率和有效地配置资源，使得价值得以最大化。因此，可以说，风险管理是价值创造和价值管理的一个核心组成部分。

根据现代企业管理理论与实践，风险管理是企业做强做优的关键，是企业保值增值的重要途径，是企业可持续性发展的基本保证。风险管理就是创造价值，主动的、高质量的风险管理可以使企业做到以下几点：

1. 提高举债筹资能力。举债筹资与权益筹资相比较，具有利息抵税的功能，从而降低了举债筹资的成本。前已述及，举债筹资是一把"双刃剑"，如果公司资金运用得当，在充分发挥财务杠杆作用，提高权益资本收益率的同时，公司必须承担相应较高的财务风险。但如果公司能够进行理想的风险管理，则拥有了更强的举债筹资的能力与利用利息抵税的潜力。

2. 避免财务困境。良好的风险管理包括恰当的财务危机预警系统的采用。通过财务预警分析，为企业未来现金流量的风险提出预警。

3. 降低对供应商的依赖。进入 21 世纪以后，企业的市场竞争越来越激烈，竞争的范围逐渐由国内扩大到国外，企业间既合作又竞争已经成为一种发展趋势。在这种情况

① P. Bernstein, "*Against Gods — The Remarkable Story of Risk*", 1996.

下，如果生产一味依赖于供应商，则在竞争中失去主动性。良好的风险管理可以降低公司对供应商的依赖，从而增强自身的竞争能力。

4. 避免潜在客户的损失。以满足客户的需要为导向，这是现代企业管理和经营的重要宗旨。客户意味着现金流，意味着价值增长。在健全的风险管理体系下，企业在市场中表现得更加踊跃，更多地表现为机遇的把握，从而争取了更多的客户，增强了企业盈利能力。

因此，在以价值创造引领企业增长的时代，以价值创造为导向的风险管理是企业财务管理甚至整个现代企业的关键。通过风险的管理，提高了公司抵抗风险的能力，从而增强核心竞争力，为公司创造出更多的价值。

●本章案例

济南轻骑的财务风险分析

一、案例背景

2001 年 4 月 27 日，上证所规定年报披露的最后期限将至。济南轻骑一纸姗姗来迟的年报令人震惊：公司 2000 年实现净利润为 -2. 72 亿元，比上年下降 1400%，每股收益为 -0. 28 元。大股东轻骑集团对其存在高达 25. 8 亿元的巨额欠款而创下中国证券市场之最，会计师事务所对其出具了持保留意见的审计报告。2002 年 4 月 29 日起公司股票实行特别处理。一向以摩托车行业龙头老大自居，曾与海尔、长虹同被列为老牌绩优上市公司的济南轻骑，何以翻车呢?

中国轻骑集团有限公司是中国最早生产民用摩托车的企业，始建于 1956 年，国有特大型企业集团，是山东省重点扶持的八大企业集团之一，也是摩托车行业首家通过 ISO9001 国际质量认证的企业。经营领域包括摩托车、汽车及电动车、发动机的开发生产和销售等。1993 年 12 月 6 日挂牌上市的济南轻骑是我国摩托车行业及山东省第一家 A 股上市公司，而且 1997 年 5 月 23 日成功发行 2. 3 亿 B 股，募资 8. 7 亿元。1994 ~ 1997 近 4 年间，济南轻骑从证券市场上共募集了 16 亿元资金，为公司迅速壮大提供了源源不断的资金。1993 ~ 1997 年公司主营业务从 19 亿元增长到 33 亿多元，增幅达 42%；净利润从 1 亿元增长到 4. 7 亿元，增长近 5 倍；每股收益连续 5 年在 0. 48 元以上，是典型的绩优股。1998 年全国最有价值品牌评比，“轻骑”价值 31 亿元，集团销售额首次突破 70 亿元，集团产销量连续三年夺得全国冠军，超过二、三、四名产销量总和，占全国产销量总额的 1/5，是唯一超过 100 万辆的摩托车企业。从 1998 年开始济南轻骑业绩开始下滑，2000 年实现净利润 -2. 58 亿元，会计师事务所对其出具了保留意见的审计报告。由于公司 2000 年和 2001 年连续两个会计年度经营亏损，自 2002 年 4 月 29 日起公司股票实行特殊处理，简称“ST 轻骑”（A 股）、“ST 轻骑 B”（B 股）。2002 年，ST 轻骑一年亏损了 34 亿元，每股收益为 -3. 5 元。创中国股市有史以来单个上市公司亏损额之最。ST 轻骑因连续亏损 3 年，于 2003 年 5 月 19 日起被暂停上市。2003 年上半年扭亏为盈，于 9 月 5 日向上海证券交易所提出了公司股票恢复上市的申请，并于 9 月 10 日接到通知，其恢复上市申请被上海证券交易所受理。2003 年 9 月 27

日，因济南轻骑无法偿还济南市光华包装厂311万元的欠款，债权人向法院申请其破产还债。

1998年开始，如日中天的济南轻骑江河日下。1998~2000年主营业务收入分别为19亿元、9亿元和5.4亿元，年均下降幅度为50%左右；净利润分别为3.4亿元、1975万元和-2.72亿元，每股收益也“单边下挫”为0.35元、0.02元和-0.28元。即企业2000年开始出现亏损。由于连续亏损，2002年被宣布为特别处理公司（ST）。

二、预警模型简介

企业财务预警分析有两种模式：

1）一种是单变量模式，是指根据对数据的统计分析确定预测企业财务的最佳变量和变量的临界点的值。Fitapatrick（1932）认为具有预测财务失败或财物风险意义的变量时财务比率的变化趋势，如净利润/净资产和净资产/债务的变化率，Smith和Winakor认为最佳的预测财务失败的比率是：营运资金/总资产；而Merwin发现营运资金/总资产、净资产/总债务和流动资产/流动负债三个重要财务比率在前6年具有预警的作用。此后，在20世纪60年代，Beaver提出了应用单变量分析方法将企业分为两类，根据判误率最小的原则，分别就不同的财务比率计算判别与非企业的分界点的值。根据Beaver的研究，按照财务比率预测能力的大小排序，依次是：现金流量/总债务，净利润/总资产和总债务/总资产。

尽管单变量对于财务失败具有良好的预警作用，而且最便于理解和应用，为以后的研究开辟了道路；但是单变量方法存在的问题是，由于财务比率之间具有相关性，当依据不同财务比率对企业的预警结果不一致时，很难对该企业的情况给出明确的判断。另外，影响企业财务状况的因素是多方面的，而采用单一变量预测企业的财务不能反映企业的综合信息。20世纪70年代研究人员已经认识到诸多不同的因素同时影响着企业的财务，单一变量的预测模型也逐渐被多变量的模型所取代。

2）多元判别分析方法。多元Z值判断模型。美国学者Altman于1968年在《金融杂志》发表的一篇题为《财务比率、判别分析和公司破产预测》的文章中提出了预测企业破产的多元Z值判断模型，这是最早的多变量型财务预警。他将若干变量拟合成一个函数方程，用Z值进行判断，从而克服了一元判定模型的缺陷。其实证结果表明，在破产前一年的预测准确性比一元模型有较大的提高，但在破产前5年进行预测准确性却不如一元模型。Altman的多元Z值判定模型的重要性在于他介绍了一种方法技术，使用几个变量综合进行估计，获得企业的有关信息。人们已经无法用一个比率，获得足够的信息来描述企业所有特性，而一个一个地分析比率则过于复杂。因此，把多个比率合并入一个方程式的做法较为可取。

Altman最初选择的样本共有66家公司，分两组，每组33家。破产组（组1）包含了从1946年到1965年申请破产的33家制造业公司。考虑到无论是从行业还是从资产规模进行比较，这些公司的差别都较大。因此，在选择非破产组（组2）时，Altman采用了分层随机抽样的方式对应选择了另外33家在1996年仍在经营的未破产的制造业企业。每层样本的设计主要考虑了行业和规模因素，样本中剔除了小公司（总资产100万以下）和超大型公司，因为小公司的报表数据不全，而超大型公司的破产概率较小，不适于用来做普遍意义上的预测模型。

Altman 共选择了 22 个可能有用的财务比率分五大类（流动性、获利能力、财务杠杆、偿债能力和活动性）进行研究。选择原则是该比率在以前研究中出现的频率和其与研究问题的潜在相关性。Altman 经过因素分析最终找出最具解释力的五个财务指标，建立的判别函数模型如下：

$$Z = 1.2X_1 + 1.4X_2 + 3.3X_3 + 0.6X_4 + 1X_5$$

式中：X_1 为营运资金/资产总额；X_2 为留存收益/资产总额；X_3 为息税前利润/资产总额；X_4 为权益市价/负债总额；X_5 为销售收入/负债总额。

根据对过去经营失败企业统计数据的分析，Altman 得出经验性临界数据值判断企业破产的临界值：如果 Z 值大于 2.675，则表示企业的财务状况、经营状况良好，发生破产的可能性小；如果 Z 值小于 1.81，则表明企业正处于破产的边缘；如果 Z 值在 1.81 ~ 2.675 之间，则表明企业的财务及经营极不稳定，被称为“灰色地带”。通过计算，观察某个企业连续若干年的 Z 值大小，就能发现企业发生财务危机的先兆。

三、导致财务风险的因素分析

财务困境是由公司管理不善和经营状况恶化造成的，但是如果细分，我们会发现它的存在有很多原因。譬如糟糕的管理、不明智的扩张、激烈的竞争、过高的负债、大量的官司、意外灾害和不利合约等都有可能成为财务困境的原因。以下我们来分析曾经如日中天的济南轻骑缘何翻车的。

1. 主营业务萎缩。上市公司的发展受行业的影响非常严重，行业的不景气往往导致其经营困难。摩托车行业的激烈竞争，价格下滑，销量下降是轻骑财务风险的直接原因。中国摩托车行业从 20 世纪 80 年代到 1993 年，仅用了 10 年的时间就一举超过日本成为世界第一摩托车生产大国，但是到 1995 年全行业利润一路下滑，1995 年 22 亿元、1996 年 16 亿元、1997 年 8.7 亿元、1998 年 8.2 亿元、1999 年 4.7 亿元。同样，轻骑也受到了行业状况的严重冲击，在经历了 20 世纪 90 年代的辉煌之后，1998 年开始，如日中天的济南轻骑开始急转直下。公司的效益逐年加速下滑，1998 年至 2000 年主营业务收入分别为 19 亿元、9 亿元和 5.4 亿元，年均下降幅度达 50% 左右，净利润分别为 3.4 亿元、1975 万元和 -2.72 亿元，2000 年开始出现亏损。济南轻骑 1998 ~ 2003 年详细财务状况变化如表 1 所示：

表 1　济南轻骑 1998 ~ 2003 年主营业务收入变化表

年度	主营业务收入（元）	主营业务收入增长率（%）
1998	1949992135.32	-40
1999	901597548.37	-54
2000	534116193.41	-41
2001	643410345.18	20
2002	661070590.96	3
2003	983063231.90	49

1998～2003年的每股收益分别为0.351元、1999年降为0.02元、2000年开始出现亏损，每股收益为－0.28元、2001年为 －0.72元、2002年被ST处理，跌倒谷底为－3.5元，由绩优跌落到亏损的深渊。如图1所示：

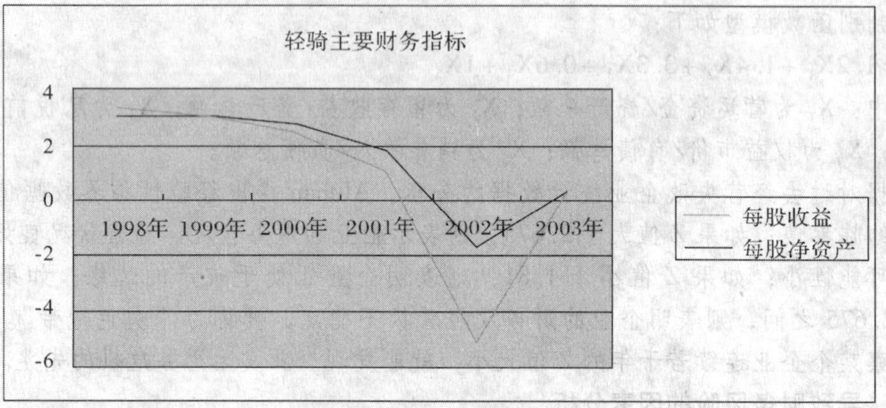

图1

资料来源：根据新浪财经相关数据整理获得。

2. 盲目进行多元化。不少财务困境公司在投资之前，并没有经过科学的可行性论证，带有较大的盲目性，结果是项目盲目上马或盲目兼并其他企业，不但没有给公司创造效益反而带来负面影响。企业为了防范和化解经营风险，开展多元化经营，以期不断开拓新市场，培育出新的经济增长点，这本无可厚非。然而盲目多元化投资，频繁涉足新的行业和领域，使公司资源分散，会导致缺乏核心竞争力，结果其市场份额和公司的盈利水平、盈利能力不断下降，净利润中主营业务利润所占比重逐年减少，而其他业务利润又难以持续和稳定，最终加大了财务风险，造成亏损严重、资不抵债。

自1995年开始，轻骑集团提出了“以摩托车为核心，以汽车、信息产业为重点，发展第一、二、三产业，形成跨国、跨地区、跨行业、跨所有制”的大型企业集团的发展战略。1997年前后的收购兼并大潮中，先后收购兼并32家困难和濒临倒闭的企业，集团规模迅速扩大，最鼎盛时，集团拥有全资国有企业29个，集体企业8个，中外合资公司16个，国内合资公司18个，4个海外加工厂，16个海外公司等，子子孙孙公司近百家，涉及摩托车、汽车、信息、房地产、广告、制药、农业、旅游、餐饮服务等各个行业。

扩张速度太快，战线太长，大肆扩张非但没有实现做强做大的目标，而且背上了沉重的包袱。一方面，缺乏科学的论证盲目扩张，大部分以承债式收购，以至于一些企业收购刚完成就引来大量债务诉讼，更有甚者一些企业自收购之日起就债务缠身，没有正式开过工；另一方面，扩张的过程中管理跟不上，不能消化，子公司、孙公司都要“等米下锅”，而集团的融资渠道又有限。

这些新兴业务不仅没有产生利润，还像黑洞一样将轻骑的流动资金吸引进去不能转动。很快，这些新兴业务全面亏损。因缺乏资金，大批子公司被关、停、并、转、破，从高峰期的近百家调整到不足40家，3万多员工也下岗分流了2/3。济南轻骑自1998年效益开始逐年加速下滑，2000年首次出现巨额亏损。

3. 大股东“抽血”严重。许多企业拿证券市场作“提款机”，大股东又拿上市公司作“提款机”。通过大额的债务重组等种种手段从上市公司“抽血”。截至2000年底，大股东中国轻骑集团欠济南轻骑25.8亿元的巨额债款，这是迄今为止国内证券市场上国有大股东欠上市公司款项最大的一笔。如果算上母公司先前用资产抵偿的1.4亿元，大股东占用济南轻骑资金累计达27亿多元，这意味着济南轻骑上市以来所募集的16亿多元资金和上市8年所实现的总计近11亿元的净利润全部被集团拿走。大股东吸干了上市公司的“血”。钱来得太容易，花起来就无所顾忌。中国轻骑集团的所谓“资本低成本扩张”的败绩就属典型一例。一方面是轻骑集团占用上市公司的巨额资金，一方面是在运用巨额资金扩张的过程中，屡屡失误。同时上市公司主业的经营状况不景气，导致了公司资金流紧张。只能通过负债来解决资金需求。

4. 债务结构不合理，偿债风险过高。从理论上讲，公司适度负债，可以获取财务杠杆效应，但过高的负债会使公司的支付能力变得极为脆弱，甚至出现支付危机。公司举债时应合理的规划，注意长短期债务的搭配。

随着扩张速度的加快、战线的拉长，轻骑资金链日益绷紧，从1999年开始，生产经营的现金流不能支撑流动负债。下表是济南轻骑1998～2003年的资产负债率的变动状况，我们可以看到2002年，济南轻骑资产负债率高达266.8%，流动比率到0.16，已经完全资不抵债了。出现这种局面的原因主要是：①公司盲目扩张，占用了大量的资金，同时由于被兼并企业的资产质量差，经营状况没有得到扭转，是个有进无出的“无底洞”。②财务管理意识淡薄，不能合理利用财务杠杆。查阅济南轻骑的财务报表我们可以看到，公司上市以来，没有一笔长期借款。1996年以前，短期借款也为0，公司出现危机后又大量举借短期借款，短期借款最高时达到7亿多，造成了大的还贷压力的同时也侵蚀了较多的利润。见表2所示：

表2 济南轻骑1998～2003年资产负债率、流动比率变化表

年度	资产负债率（%）	流动比率（%）
1998	6.84	7.65
1999	22.36	3.23
2000	33.80	2.20
2001	48.03	1.68
2002	266.88	0.16
2003	81.21	0.92

5. 公司治理结构问题。大股东依靠自己的优势地位，对上市公司巧取豪夺，挖空、拖垮上市公司，在我国证券市场上长期存在，至今尚未绝迹。ST轻骑由盛到衰，最根本的原因是上市改制不彻底，上市公司没有现代化的管理机制和理念，企业违规操作，

公司治理混乱。

上市公司济南轻骑和大股东轻骑集团一直是两块牌子一套机构，二者同属于济南市国资局，都是它的一级子公司，大股东轻骑集团和上市公司的决策人甚至中层干部完全重叠，要把它们分开来是不可能的。但在管理权上轻骑集团受济南市国资局委托，持有济南轻骑39748.8万股股权，占总股本的40.9%，为公司实际控制人。上市公司济南轻骑所起的作用一是为大股东轻骑集团在股市上融资，二是充当摩托车组装车间，上市公司成为大股东的一个生产车间。

此外，资金回收、股权变动、董事会及高管人员的自律及稳定情况等也会造成上市公司财务风险。

四、Z值判断模型

原本一家辉煌无比的企业，缘何轰然间出现巨亏呢？轻骑的没落究其根本原因是由于盲目扩张造成的债务过高，资金链断裂。那么企业存在的财务风险能否提前预测或发现呢？财务预警模型能否发挥其作用呢？Z值判断模型应用较为广泛的预测模型。接下来，我们利用该模型分别对轻骑的财务状况进行分析：

Z值判断模型的分析

$Z=1.2X_1+1.4X_2+3.3X_3+0.6X_4+1X_5$

X_1为营运资金/总资产=（流动资产-流动负债）/总资产；

X_2为留存收益/总资产=（未分配利润+盈余公积）/总资产；

X_3为息税前利润/总资产=（税前利润+财务费用）/总资产；

X_4为权益市价/总负债=（每股市价×流通股数+每股净资产×非流通股数）/总负债；

X_5为销售收入/总资产=主营业务收入/总资产。

以下计算Z值的过程：

	2003年	2002年	2001年	2000年	1999年	1998年
流动资产	151785.39	199152.99	279247.44	308386.19	277664.55	214974.32
流动负债	164796.96	232399.62	166419.96	140156.82	86050.92	28083.61
营运资金	-13011.56	-33246.63	112827.47	168229.37	191613.63	186890.71
资产总计	202933.34	253654.96	346462.82	397649.96	384889.68	324949.88
X_1	-0.0641	-0.1311	0.3257	0.4231	0.4978	0.5751

	2003年	2002年	2001年	2000年	1999年	1998年
盈余公积金	5888.01	5888.01	30062.33	35585.37	36334.80	35624.70
未分配利润	-185572.94	-187316.03	-55734.22	14244.05	57769.67	56507.26
留存收益	-179684.94	-181428.02	-25671.89	49829.42	94104.46	92131.96
资产总计	202933.34	253654.96	346462.82	397649.96	384889.68	324949.88
X_2	-0.8854	-0.7153	-0.0741	0.1253	0.2445	0.2835

	2003 年	2002 年	2001 年	2000 年	1999 年	1998 年
税前利润	1044.48	-155881.35	-71847.87	-27243.03	3588.54	47490.73
财务费用	835.18	5742.61	3829.76	1413.63	-4063.06	-2376.00
息税前利润	1879.66	-150138.74	-68018.12	-25829.41	-474.53	45114.73
资产总计	202933.34	253654.96	346462.82	397649.96	384889.68	324949.88
X_3	0.0093	-0.5919	-0.1963	-0.0650	-0.0012	0.1388

	2003 年	2002 年	2001 年	2000 年	1999 年	1998 年
A 股期末股价	2.78	3.52	4.87	6.52	5.15	6.21
A 股流通股数	30671.004	30671.004	30671.004	30671.004	22972.95	22972.95
B 股期末股价	0.24	0.35	0.58	0.31	0.15	0.16
B 股流通股数	23000	23000	23000	23000	23000	23000
每股净资产	0.37	0.20	1.84	2.62	3.08	3.05
非流通股数	47272.68	47272.68	47272.68	47272.68	47272.68	47272.68
总负债	59884.78	59884.78	59884.78	59884.78	59884.78	59884.78
X_4	1.8075	2.0912	4.1715	5.5262	4.4607	4.8551

	2003 年	2002 年	2001 年	2000 年	1999 年	1998 年
主营业务收入	98306.32	66107.06	64341.03	53411.62	90159.75	194999.21
总资产	202933.34	253654.96	346462.82	397649.96	384889.68	324949.88
X_5	0.4844	0.2606	0.1857	0.1343	0.2342	0.6001

	2003 年	2002 年	2001 年	2000 年	1999 年	1998 年
Z 值	0.2830	-1.5966	1.3278	2.3502	3.8463	5.0584

资料来源：根据巨灵数据库整理获得。

在该模型中，通过五个变量来衡量的，其中（X_1，X_4）代表公司的偿债能力，（X_2，X_3）反映的是公司的获利能力，最后一个变量 X_5 衡量公司的营运能力，三组变量组成一个有机的整体，综合反映公司的财务状况。一般来说，Z 值越大发生财务危机的可能性越小。根据相关的实证检验，当 $Z>2.675$ 时，公司的财务状况良好，$Z<1.81$ 时，公司存在很大的破产危险，当 $1.81<Z<2.675$ 时，财务情况处于一个"灰色地带"，进入该地带的公司财务状况极不稳定。经过计算和分析：2000 年的 Z 值为 2.3502，$1.81<Z<2.675$，公司财务情况处于一个"灰色地带"。2001 年 Z 值小于 1.81，说明公司存在着很大的破产风险。2002 年时出现负值，同年，由于连续亏损，股票被证券管理部门列入 ST 板块。

通过分析，1999 年表现公司获利能力的指标 X_2 已经为 0.2445，X_3 甚至出现了负数，应该引起注意。2001 年 X_2 也成为负数。

当然，由于行业的不同，财务预警模型适应性上也存在一定的问题，企业应该根据自身的特点，建立适合本行业的模型，对公司的财务风险进行预测和管理。一旦财务警报拉响，公司就应当分析财务风险的成因。及时实施一系列必要的措施，控制、防范或化解财务危机。确保公司财务的稳定。

（资料来源：①王芳云等：《上市公司财务风险的成因及预警》，山东轻工业学院学报 2006.3；②济南轻骑各年年报；③张鸣等：《企业财务预警研究前沿》，中国财政经济出版社，2004；④郑文明等：《大股东抽干上市公司血液　摩托车龙头老大翻车》，中华网新闻中心，2001－06－06。郝国莹整理。）

● 思考题及答案要点

一、简答题

1. 什么是风险？风险是否就是损失？

2. 什么是营业风险？营业杠杆与营业风险是什么关系？如何利用营业杠杆进行风险分析？

3. 什么是财务风险？财务杠杆与财务风险是什么关系？如何利用财务杠杆进行风险分析？财务杠杆与企业资本结构有什么关系？

4. 财务风险的大小与资产负债率的高低是什么关系？如何利用资产负债率分析企业的财务风险？

5. 怎样使用标准化调查法进行财务风险的定性预警分析？

6. 单变量定量预警具有哪些局限性？

7. Z 记分模型选取了哪些财务比率来计算 Z 记分值？这些财务比率是何意义？Z 记分值与财务危机的关系如何？

8. 什么是风险管理？风险管理与价值创造是何关系？

二、练习题

1. A 公司经营甲产品，销售量为 20000 件，单位变动成本为 120 元，变动成本率为 40%，息税前利润为 180 万元，销售净利率为 16%，假设所得税税率为 40%。要求：计算该公司经营杠杆系数、财务杠杆系数和综合杠杆系数。

2. A、B、C 三家公司的资本总额均为 2000 万元，息税前利润均为 250 万元。三家公司资本结构如下：

单位：万元

项目	A 公司	B 公司	C 公司
总资本	2000	2000	2000
普通股股本	2000	1500	1000
发行普通股股数（股）	200	150	100
负债（利率 8%）	0	500	1000

假设所得税税率为 33%，分析各个公司的财务杠杆系数与每股收益。

3. A、B 是两家同一行业的公司，两家公司的相关资料对比如下：

单位：万元

财务指标	A 公司	B 公司
流动资产	228867	69641
总资产	345089	102587
销售净额	382337	18487
利息	1284	4160
负债总额	138430	63847
流动负债	134186	63539
所有者权益	185967	37315
税前利润	33718	-6473
未分配利润	27529	-12007

要求：根据以上数据来计算 Z 记分值并进行分析。

三、答案要点

略

●参考文献

1. 汪平．中级财务管理．上海：上海财经大学出版社，2004

2. 荆新，刘兴云．财务分析学．北京：经济科学出版社，2000

3. 耿建新，肖泽忠，续芹．报表收益与现金流量数据之间关系的实证分析——信息不实公司的预警信号．会计研究，2002：12

4. 吴世农，卢贤义．我国上市公司财务困境的预测模型研究．经济研究，2001：6

5. 向德伟．运用“Z 记分法”评价上市公司经营风险的实证研究．会计研究，2002：11

6. 陈瑜．对我国证券市场 ST 公司预测的实证研究．经济科学，2000：6

7. 王洋．企业财务风险管理的智慧．企业研究，2004：5

8. Odom, M., R. Sharda, A Neural Network Model for Bankruptcy Prediction, Neural Networks in Finance and Investing, 1993

第十章 基于价值的企业管理模式

●本章提要

从20世纪80年代公司控制权市场的出现到新形式下机构投资者的积极投资战略，这些都造成了管理层改善公司业绩的巨大压力，使他们越来越注重为股东创造价值。从而导致了以股东价值最大化为目标的价值管理理论和实践的产生和发展。价值管理，又称为基于价值的企业管理（Value - Based Management，VBM），是指以价值评估为基础，以价值增长为目的的一种综合管理模式。它以资本市场为依托，以股东价值最大化为根本目标，重视现金流量和资本成本，重视企业可持续发展。它要求管理者重视企业的价值管理，要求管理者经常不断地寻找价值创造机会和采取价值创造行动，不能将价值管理行为简单看做面临被收购威胁时的一次性应急措施。

●章首案例

B公司是一家大型的多元化医疗产品生产公司。1990年以前的20年中，该公司的每股收益有很高的增长，其股票价格稳步上扬，1990年已经达到了39美元每股的高位。但是最近一段时期B公司的经营业绩却不甚理想，其总股东回报指标已经降到了市场同类公司的平均水平以下。该公司的市值/面值比率也急转直下，股票价格跌到了25美元每股的低位。公司的现任总裁面临着来自于股东要求公司扭转颓势的巨大压力，公司必须采取措施改变这一不利局面。

该公司在20世纪80年代还只是一个医疗手术器械的专业生产公司，由于业务利润可观，公司积累了一定的资本。在此后的10年中，B公司通过一系列的外部兼并和内部研发，发展成为一家医疗和实验设备供应公司。B公司按照市场和分销渠道分成了四个主要的战略业务部门和三个辅助业务单位。这四个主要的战略业务部门是医疗产品部、实验产品部、消费者产品部和电子设备部。三个辅助业务单位分别是房地产开发部、设备融资部和公司服务部。

B公司目前的合计年销售额大约为5亿美元，股东权益的市场价值为12.5亿美元（是公司股票票面价值的2.4倍），B公司还有3.75亿美元的债务，因此，其市场价值总额为16.25亿美元。

面临着来自于机构投资者的巨大压力。根据近年来收购的特点，总裁杰克认识到当务之急是使公司价值最大化。他很清楚，对于公司股票价格来说，公司价值是比每股收益率、收入增长率、销售增长率或其他传统的会计指标更重要的决定因素。杰克之所以采用价值管理作为B公司的管理哲学在很大程度上是为了使华尔街对他在公司的控制权充满信心，同时他认识到最终有决定权的老板是公司的所有者（股东）。于是，杰克开始了为期3年的将价值管理融入公司管理的过程。

杰克用3年时间通过五个步骤在公司中推行价值管理：

步骤1. 形势估计；

步骤2. 公司重组；

步骤3. 建立以价值为本的战略规划；

步骤4. 建立以价值为本的绩效评估体系；

步骤5. 建立以价值为本的薪酬规划。

B公司实施价值管理的成果非常辉煌。在宣布实施价值管理的当天，公司股价飙升2%，在随后的3年里又升值了两倍多，这一成果超过了市场和同类公司平均水平的3倍多。

可见，价值管理（VBM）是一个能够立竿见影而且长期提升公司价值的模型。在传统的企业利润目标管理方式下，董事会通常以企业的总利润目标来评价管理者，并通过利润完成的多少对管理者进行激励，但利润指标不考虑投入资金的机会成本，也没考虑到投入资本的规模。对企业绩效的评价也仅仅使用了企业经营的部分信息，因此用利润标准来评价企业显得较为片面，甚至容易导致管理者忙于追求短期投资回报率而忽视较长战略时期内的企业整体获利水平，不利于企业长期发展。而价值管理从企业整体的长期发展出发，采用现金流量折现评估模式，充分考虑到大量影响企业价值的因素，重视企业的价值管理，经常不断地寻找价值创造机会和采取价值创造行动，持续不断地为股东创造价值，最终实现企业的可持续发展。

（资料来源：Driving Shareholder Value Roger A. Morin & Sherry L. jarrelll 2001。郝国莹整理。）

第一节　VBM特征分析

随着经济金融化的不断发展，金融市场的不断完善，企业外部融资行为的日趋复杂化，投资者与信贷者对企业绩效的关注越来越系统化、严密化，理财目标函数必将越来越多地趋向于市场评价与行为预期。这一切直接导致了股东财富最大化作为目标函数被广泛接受，进而对财务理论的发展产生了重大而深远的影响。正是这一理财目标的改变催生了一个新的企业管理模式，即“基于价值的企业管理”。

一、价值管理的概念

（一）价值管理的产生背景

自被称为美国的公司杠杆收购（LBO）年代的20世纪80年代开始，由于养老基金和保险公司开始把越来越多的资金提供给新类型的投资者——杠杆收购公司，再加上高收益的债券作为主要融资工具的出现，使得杠杆收购公司拥有足够的资金，可以通过进行大规模的公司收购，把被收购的公司进行分拆出售、解雇雇员，把规模较小而又有竞争力的公司 IPO 上市。这些行为首次给上市公司的 CEO 们提了个醒，他们要么通过改善公司业绩来提高公司的股价，要么面对敌意收购的威胁。

后来，随着公司敌意并购市场开始逐渐衰落，许多退休金基金开始积极参与投资组合公司的管理。从 1990 年起，他们开始拒绝采用被动的投资者行为——对公司的业绩不满时卖掉股票或者不购买该公司的股票即“用脚投票”，而是同那些业绩差的公司管理者进行对话，力求通过机构投资者的积极干预来改善投资组合公司的业绩。在这种新的积极的投资战略下，投资者的关注焦点转向公司业绩，尤其是那些没有为股东提供具有竞争能力的长期收益的公司业绩。

可见，从公司控制权市场的出现到新形式下机构投资者的积极投资战略，这些都造成了管理层改善公司业绩的巨大压力，使他们越来越注重为股东创造价值。从而导致了以股东价值最大化为目标的价值管理理论和实践的产生和发展。

（二）价值管理的含义

价值管理，又称为基于价值的企业管理（Value – Based Management，VBM）是指以价值评估为基础，以价值增长为目的的一种综合管理模式（汤姆·科普兰等，2003）。它是对一系列能促进公司提高股东价值的管理工具的总称。从某种意义上讲，VBM 是众多商业学科和商业主题的综合。从财务角度而言，VBM 将创造股东价值这一目标同折现现金流量估价模式结合了起来。从公司战略角度而言，价值创造是投资于同现存的以及潜在的竞争者都存在某种相对优势的公司的结果。从会计角度而言，VBM 采纳了公司会计报表的基本结构，并根据自身的要求对其进行了修改。最后，从组织行为学的角度而言，VBM 认为评价和奖励对于引导员工的行为很重要。因而，VBM 系统是由一套旨在鼓励员工为股东创造价值而设计的评价和激励系统构成的（约翰·D. 马丁等，2000）。

根据多年的研究与实践，很多学者都给出了价值管理的定义，根据其视角的不同大概可分为以下三类：①

1. 按照以价值为基础的管理的结果来定义：

以价值为基础的管理从本质上来说是一种管理方法，其推动哲学是通过产生超过资本成本的收益来最大化股东的价值（Simms，2001）。

以价值为基础的管理是一个管理框架。该框架可用于计量业绩，更重要的是用于控制公司业务，从而为股东创造出较高的长期价值并满足资本市场和产品市场的要求（Ronte，1999）。

以价值为基础的管理是一种新的管理方法，它关注于真正的价值而不是账面利润。

---

① Anne Ameels，Werner Bruggeman & Geert Schipers，Value Based Management Control Processes to Create Value through Integration a Literature Review，Vlerick Leuven Gent Management School，2002.

只有当公司收入在弥补了投资人的全部成本之后仍有剩余，公司才创造了真正的价值（Christopher and Ryals，1999）。

2. 按照以价值为基础的管理的过程来定义：

以价值为基础的管理是一种全面的管理手段，它包含了重新定义的目标、重新设计的结构和体系、更新了的战略和经营程序以及修补了的人力资源实践。以价值为基础的管理不是一个速成的方案，而是一条需要坚持和投入的道路（Boulos，Haspeslagh and Noda，2001）。

价值管理（VBM）本质上是一种管理模式、一整套指导原则，是一种以促进组织形成注重内外部业绩和价值创造激励的战略性业绩计量行动（Mark，2002）。

3. 结合以价值为基础的管理的过程和成果来定义：

以价值为基础的管理是一种管理方法，其主要目的是最大化股东的财富。公司的目标、体制、战略、分析技术、业绩计量和文化都紧紧地围绕着股东财富最大化这一目标而展开（Arnold，1998）。

以价值为基础的管理是一种以股东价值创造为公司哲学的核心的管理方法。最大化股东财富引导着公司的战略、结构和程序，并决定管理者的报酬方式和业绩的监控方法（KPMG Consulting，1999）。

企业价值管理是一个管理结构，通过评价和管理企业活动去为股东创造长期的价值。并通过股票价格的增加、股利的增长来给予奖励（Marsh，1999）。

从上述以价值为基础的管理的定义中，我们不难发现以价值为基础的管理具有如下的特点：

1. 以价值为基础的管理是一种管理方法，或是一个管理控制系统。

2. 以价值为基础的管理的核心是价值创造，其目的就是要更好地进行价值创造，实现股东财富的最大化。

3. 以价值为基础的管理中的价值，不是会计上的账面价值，而是一种经济价值。

总之，所谓基于价值的企业管理（Value - Based Management，VBM），是以企业价值最大化观念为先导，以折现现金流量模型（DCFM）为基本技术支持的，汇合企业内部各层次、各环节，各种雇员共同参与的一个管理系统。该管理系统融预期、计量、控制、激励甚至于文化等诸要素于一体，是经济金融化环境下企业管理发展的一个必然趋势。①

二、VBM 的特征分析

关于价值管理，不同学者可以从不同的视角对其进行研究，进而得出不同的价值管理定义。这是因为企业价值具有内在的丰富性和复杂性，人们可以通过不同的方面来观察或认识企业价值。但是，尽管价值管理的定义很多，关于价值管理仍然具有一些共同

① 汪平：《公司估价和基于价值的企业管理》（中国会计学会财务成本分会 2005 年年会论文集），《会计研究》，2005：8。

的本质特征。

（一）以资本市场为依托

价值管理活动的展开几乎都以资本市场为背景，价值管理理论的形成和发展更是离不开发达、完善的资本市场。尤其是20世纪80年代公司控制权市场的出现，发端于公司控制权市场上的恶意收购活动，更是直接导致了价值管理理论和实践的产生和发展，使人们开始史无前例地对公司管理者进行规范。另外，在完善的资本市场，投资者高度分散，为了有效地聚拢投资者的人气和资金，企业管理当局也将不得不进行价值管理。而且，价值管理的结果能够得以实现的基本条件也在于在股票市场效率很高的状态下，股票价格能够基本反映公司管理当局的管理绩效。最后，许多退休金基金开始积极参与投资组合公司的管理。从1990年起，机构投资者开始通过积极干预来改善投资组合公司的业绩。在这种新的积极的投资战略下，投资者关注的焦点转向公司业绩。可见，在经济金融化日益深化的现代社会中，将证券市场的价格机制引入企业价值的生成和管理过程中，是企业管理者不得已而为之的必然选择。由于重组活动的盛行和活跃的公司控制权市场的存在，这些使得管理者一定要经常寻找价值创造机会并采取行动，而不能仅仅把价值管理行为看做面临被收购威胁时的一次性应急措施。因而可以毫无疑问地讲，以资本市场为依托是价值管理的基本特征。

另外，需要指出的是，价值管理中一些先进的理念和管理方法现在或者将来也必然被一些非上市公司所借鉴，但是这并不能改变价值管理是以资本市场为依托的基本特征。

（二）以股东财富最大化为根本目标

价值管理作为一种新型的企业管理模式，它认为企业追求的终极目标就是为股东创造价值，实现股东价值的最大化，以股东价值最大化为根本目标是价值管理行为最基本的特征。

众所周知，股东价值通常包含某一期间股东所实际获得的股利加上由于股票价格波动而形成的资本利得两部分。而“股东价值最大化”的含义，并不是股利和股票价格波动而形成的资本利得之和越多越好，或者讲“股东价值最大化”并不是指股利越多越好，股票价格越高越好。相反，股东价值最大化这一理财目标是通过满足股东的最低报酬率要求来实现的，即：如果股利和资本利得之和能够满足股东的最低要求报酬率，我们就可以认为企业的价值管理实现了股东价值最大化的目标。其中，股东的最低要求报酬率就是该企业的资本成本，是该企业进行投资的最低盈利水平。为了实现这一目标，企业管理人员必须找到能够带来超过要求报酬率的投资项目，使得项目的报酬率能够大于或者等于股东的要求报酬率，只有这样，项目的净现值才能大于或等于零，才能为股东创造价值。

股东价值最大化作为价值管理的管理目标虽然得到了越来越多的认可，但是，关于作为衡量价值目标实现程度的评价指标却出现了许多不同的选择，到目前为止，一些著名的咨询机构及学者都基于自己对价值及其相关性的理解，创造了自己认为最具价值相关性的核心财务指标，或者其他的可用于价值管理定量分析的工具，例如，经济增加值

（EVA）、市场增加值（MVA）、折现现金流量（DCF）、托宾 q 值、价值派（pie model）等，这些价值管理指标不仅弥补了传统财务指标的短期化倾向，而且为企业融资与再融资创造了良好的筹资环境，有助于实现企业的可持续发展。

（三）重视现金流量和资本成本

以股东价值最大化为最终目标的价值管理作为一种管理模式，首先，必须关注企业未来时期经营活动现金流量的创造，其次，必须重视对现金流量的风险进行控制，通过对未来各期的预计现金流量、企业加权平均资本成本这两个决定企业价值的基本因素进行预测和控制，从而实现股东价值最大化的目标。因此，重视现金流量、重视资本成本成为价值管理的重要特征。

按照詹森（Jensen）教授在研究代理冲突的时候对自由现金流量的定义，所谓自由现金流量是指企业在满足了净现值为正的投资项目资金需求之后剩余的经营活动现金流量。自由现金流量的所谓“自由”即体现为管理当局可以在不影响企业持续增长的前提下，将这部分现金流量自由地分派给企业的所有投资者，既可以以利息的形式支付给债权人，以满足债权人的报酬率要求；也可以以股利的形式支付给股东，保证股东价值最大化的实现。在债权人报酬率既定的情况下，自由现金流量越多，股东所得到的现金流量越多，要求报酬实现的可能性也就越大。从求偿权的次序上看，首先是债权人对企业的自由现金流量提出求偿，借以实现收益。然后，才是股东提出求偿。如果债权人的报酬率要求得不到满足，则股东就不能获得现金流量。可见，在价值管理过程中，为了实现股东价值最大化目标，理财人员必须高度关注企业经营活动创造现金流量的情况，并以科学的技术和手段确保现金流量目标的达成。此时，科学的现金流量预算的编制和控制便是一个重要的工具。许多国外企业都编有现金流量预算，对未来的经营活动现金流量进行预测和估计，从而实现对价值管理过程的控制。

所谓资本成本是指企业获利水平的最低限，它取决于企业投资活动风险程度的大小，取决于投资者对投资报酬率的要求。从企业的角度讲，资本成本是进行投资决策时必须严格遵守的报酬率水平的最低限，达不到这一下限的投资项目按此资本成本折现后的净现值为负，不仅不会增加价值，反而会减损价值；从投资者的角度讲，资本成本则是他们的要求报酬率水平，是投资者根据投资项目的风险水平和证券市场上的报酬率水平估计、确定的报酬率水平。因此，资本成本又常被称为：要求报酬率（required return）和折现率（appropriate discount rate）。可见，资本成本取决于企业投资项目的风险程度。如果企业不能通过实物投资提供这一要求的报酬率水平，投资者就只能放弃在该企业的投资而转投他处。

从技术上讲，折现率即资本成本的选择必须考虑到现金流量的性质。我们知道自由现金流量包括可以自由地分派给企业的所有投资者的全部现金流量，所以，折现率的确定也必须包容所有的融资来源，即股权融资来源和负债融资来源。这样的资本成本就是所谓的加权平均资本成本，加权平均资本成本是企业经营收益的最低水准，是企业选择投资项目的重要标准，唯有超越资本成本的收益才是创造价值的，这里隐含了机会成本下的经济收益观念。

（四）重视企业可持续发展能力

所谓“可持续发展”是指：“在不牺牲子孙后代需要的情况下，满足我们这代人的需要。”这是1987年4月世界环境与发展委员会发表的《我们共同的未来》中的定义。重视企业的可持续发展能力是价值管理的又一重要特征。与之相对的利润管理之所以逐渐被现代企业所摒弃，关键原因在于利润管理中对利润最大化[①]的追求破坏了企业赖于持续发展的内部机制，造成企业的短期行为，从而普遍造成利润管理企业的“短命”结果。

由于在对企业价值进行的估算中，始终包含一个假设，即估价是在企业持续经营状态下进行的。决定企业价值的基本因素除未来各期的预计现金流量、企业加权平均资本成本以外，必然还包括企业存续期这一重要因素。即能否实现股东价值最大化不取决于企业在以往时期里所获得的收益，而是取决于企业在未来时期里可能获得的现金流量的多少、企业投资活动风险程度的大小，以及未来存续期的长短。企业的持续存在，既是对投资者利益的最好保障，又是整个社会保持稳定和繁荣的重要基础。因此，企业价值管理必须重视可持续发展或者说长期性这一特征。

可持续发展的含义还包括另外一个方面，即未来性。成功的企业价值管理应当懂得重视未来，并且科学地规划未来，树立可持续、长远发展的观念。关于价值管理的行为，长期的战略性投资决策意义远远大于日常的经营性决策，在投资活动中所产生的现金流出的直接目的即是在未来时期里取得足够多的经营活动现金流量。根据长期的战略性决策确定企业发展的基本方向，然后将战略性决策具体化地分解为中期或短期的经营预算。

综上所述，追求企业的可持续发展是企业价值管理的重要特征，这一特征包含着长期性和未来性两个方面的含义。可持续发展的价值管理意味着企业在未来可预见的时期内，有望获得足以补偿各项成本的、稳定增长的现金流量，从而使股东实现价值最大化。没有企业的可持续发展，股东价值最大化便无从谈起。

第二节　VBM之技术支撑

Alfred Rappaport（1986）提出的贴现现金流模型使价值最大化不仅成为一种管理理念，也变成一种可操作的管理技术，从此，基于价值的企业管理（VBM）成为战略决策、公司治理、过程控制、业绩评价和并购扩张中共同的声音（汤谷良，2003）。可见，从技术上来看，企业为了进行价值管理，实现价值管理的根本目标即股东财富（价值）最大化，必须以贴现现金流模型为基础做好企业价值的估价。

---

① 我们通常所讲的利润包括会计利润和经济利润两种，其中经济利润指标由于考虑了机会成本，比会计利润更加合理一些，这里，我们所讲的利润管理是指追求会计利润最大化。

贴现现金流量模型是指在持续经营状态下，企业的价值就是企业在未来时期创造的现金流量按照与其风险相衬的要求报酬率贴现而得出的现值。企业的价值取决于投资者对其创造现金的长期能力的评价，包括产生于企业现存资产的自由现金流量的现值和公司成长机会的现值两部分内容。按照折现现金流量模型对企业的价值进行估价，主要包括三个基本的估价要素：自由现金流量、风险和企业的经营期限。

一、自由现金流量的估计

在企业价值的估价过程中，自由现金流量是一个极为关键的概念。詹森（Jensen）教授在研究代理冲突的时候论及自由现金流量概念。[①] 按照他的定义，所谓自由现金流量是指在满足全部净现值为正的项目之后的剩余现金流量。从投资者角度来看，自由现金流量是投资者能够获得的现金额，它等于公司经营活动和投资活动产生的现金流量之和。自由现金流量越大，企业价值越大，股东财富也越大。

自由现金流量已经成为现代理财学中的一个重要概念。它可以对诸如股利问题等许多财务现象做出解释。对于那些自由现金流量为正值的企业，按照自由现金流量理论可以解释未预见到的股利支付率的上升会提高公司的股票价格；相反，未预见到的股利支付率的下降会降低公司的股票价格。另外，为了对公司管理人员的行为进行约束，最大限度地减缓代理冲突，许多学者认为金额为0的自由现金流量才是最合理的。其基本理念是，掌握在管理者手中的现金存量越多，管理者据其进行不合理行为的可能性越大，公司所有者利益受损的可能性也就越大。因此，管理当局应当将企业在生产经营过程中所创造的所有的超过经营活动需要以外的现金流量即企业自由现金流量完全分派给企业所有者，比如公司的普通股股东。这是一个极其重要的财务思想，可惜尚没有引起我国理财学界、企业界的重视。

具体而论，企业自由现金流量即是扣除营运资本投资与资本投资之后的经营活动和投资活动所带来的现金流量。自由现金流量的所谓“自由”即体现为管理当局可以在不影响企业持续增长的前提下，将这部分现金流量自由地分派给企业的所有的索偿权持有人，包括短期债权人、长期债权人以及股权持有人等。从现金流量的角度来讲，股东与债权人没有性质上的差异，存在的只是索偿权支付的顺序上的差异。这里经营活动所带来的现金流量应当是利息之前、纳税之后的现金流量。换言之，在计算企业自由现金流量的时候，负债的利息费用不应作为扣除项，而扣除的纳税额反映的是企业在没有利息扣除情况下的支付额。

下面我们将首先对经营活动现金流量的计算方法进行一个简单的介绍。然后分别从股权投资者和企业两个角度介绍自由现金流量的具体计算。

---

① Jensen. Michael C.: Agency Costs of Free Cash Flow, Corporate Finance, and Takeovers, American Economic Review, vol. 76, May, pp. 323 - 329. 在文中，詹森教授认为，所谓自由现金流量是超过所有根据相关资本成本折现后有正值净现值的项目投资所需要资金的那一部分现金流量。在自由现金流量问题上，关键的是如何激励管理当局将这部分资金分派给股东，防止进行负值净现值项目的投资或者资金的滥用。

（一）经营活动带来现金流量的计算

无论是股权投资者现金流量的计算，还是企业自由现金流量的计算，经营活动所带来现金流量的多少都是一个至关重要的因素。从某种意义上讲，企业价值就取决于企业在未来时期内经营活动所带来的现金流量。

在企业价值评估过程中，经营活动所带来的现金流量的计算与各类不同性质的投资者的划分（比如股东或者债权人）没有关系。因为无论是股东还是债权人，他们都向企业提供了资金，都是企业的投资者，同时也都有权利从企业获取一定数额的报酬。在现金流量之于企业的意义上，他们之间没有差异。在财务估价人员的眼里，向债权人支付利息与向股东支付股利也没有差异。只有既满足了股东对股利的最大要求，也满足了债权人对利息、本金的最大要求的时候，企业价值才意味着实现了最大化。因此，在营业费用的计算中，利息并不考虑在内，因而也就不从现金流量中扣除。税后但利息前的经营活动现金流量既可以向债权人支付（利息）也可以向股东支付（股利）。在计算营业活动现金流量的应纳税金的时候，利息无需考虑。由利息费用所带来的抵税收益通常反映在加权平均资本成本的计算中。

经营活动所带来的现金流量可按下式计算：

经营活动现金流量 = 营业收入 − 折旧前营业费用 − 所得税

= EBDIT − 所得税

= EBDIT − t（EBDIT − TDEP）

= （1 − t）EBDIT + t × TDEP

式中：EBDIT 为利息、税与折旧前盈利；TDEP 为计算所得税时的折旧；t 为所得税税率。

经营活动现金流量也可表达为其他的形式，首先：

EBIT = EBDIT − DEP

式中：DEP 为向股东报告的账面折旧；EBIT 为纳税付息前利润。

将后式代入前式可得：

经营活动现金流量 = （1 − t）EBIT + DEP + t（TDEP − DEP）

在这个公式中，将账面折旧额加回到税后 EBIT 之中。但与此同时，对税单折旧与会计折旧之间的差异需要进行所得税的调整。如果税单折旧与会计折旧相等，则：

经营活动现金流量 = （1 − t）EBIT + DEP = 净收益 + 折旧

这是一个较常运用的计算经营活动带来现金流量的公式。事实上，运用这一公式与运用前面的两个公式所得的结果应当是相同的。关键在于采用数据的方便程度以及是否符合必要的条件（比如，税单折旧与会计折旧是否相等）。将经营活动带来的现金流量定义为企业的税后利润与折旧额之和，大大方便了估价人员以及分析人员对经营活动现金流量的理解与计算。但需要注意的是，这里的税后利润并非真正意义上的会计利润，因为利息因素没有考虑在内（即这里的净收益是没有减去利息支出的税后利润）。另外，在以上的公式中，事实上是假设所有的营业收入和费用（折旧除外）均是以现金额为基础的。

（二）股权投资者自由现金流量的估计

股权投资者即企业的普通股东，是企业剩余收益索偿权的持有人。企业在支付了经营费用、债务利息和本金、资本投资之后如果仍有剩余现金流量，在性质上讲，即属于股权投资者的现金流量。

对于无负债企业而言，由于没有负债，因而也就没有了利息和本金。企业投资及经营所需的全部现金均由股权资本来满足。

营业收入－营业费用＝利息、税与折旧前盈利（EBDIT）－折旧
＝纳税付息前盈利（EBIT）－所得税
＝净收益＋折旧
＝经营活动带来的现金流量－资本支出－营运资本变动
＝股权投资者自由现金流量

从以上计算中不难看出，属于股权投资者的自由现金流量是在满足了企业的所有财务需求之后的剩余现金流量。如果为正值，管理当局可将此现金流量以股利的方式支付给股东；如果为负值，则为了维持企业的持续增长，必须发行新的股权资本。

折旧（还有摊销费用）属于抵税费用，同时，也属于非现金费用。这些费用的金额越大，给企业所带来的抵税收益（现金流入）越多。因此，抵税收益等于折旧或摊销金额乘以企业所得税税率之积。企业的自动化程度越大，固定资产投资越多，折旧费用就越多，其给企业所带来的抵税收益也就越多。

资本支出即资本预算支出，是企业为了维持或扩展其经营活动必须安排的固定资产投资。通常情况下，按照所谓的“剩余股利政策”，企业经营活动所带来的现金流量应当首先满足资本支出的需求，只是在有剩余的情况下，才以股利的方式支付给普通股股东。企业的持续增长依赖于不断增加的资本支出，这是一个普遍的规律。在现金流量预测中，这种增长是不容忽视的一个重大问题。另外，在许多现金流量预测过程中，人们常假设各期资本支出与各期的折旧额相等。事实上，资本支出与折旧额两者之间的关系是极为复杂的。比如，在高速增长期，资本支出通常要大于其折旧额，而在固定增长期，两者之间的差距一般不会太大。因此，人们便假设那些稳定增长企业的折旧与资本支出两者相等，进而大大简化了财务估价工作。

在现金流量分析中，营运资本通常是指企业流动资产与流动负债的差额，即一般所谓的“净营运资本”。从现金流量的角度来看，营运资本的需求意味着现金的运用，因而，营运资本的增加即为现金流出，营运资本的减少则为现金流入。营运资本需求的增加与资本支出成一定程度的正比例关系，同时也减少了可向股东自由支付的现金流量。

按照会计学的定义，营运资本中的流动资产包括现金在内，因为营运资本的增加是企业中现金积累的结果而非现金向企业的流出。企业的性质不同，所需营运资本的数量就不同。比如零售企业所需营运资本的比重会超过一般的制造业企业。另外，营运资本的变动与企业的增长率也密切相关，高增长率企业通常需要更多的营运资本。

对于有负债企业而言，除了上述的现金流出之外，还会有一部分现金流量用于支付利息和偿还本金。

营业收入 - 营业费用 = 利息、税与折旧前盈利（EBDIT） - 折旧与摊销
= 纳税付息前盈利（EBIT） - 利息费用
= 税前盈利 - 所得税
= 净收益 + 折旧
= 经营活动带来的现金流量 - 资本支出 - 营运资本变动 - 偿还本金 + 发行新负债进款
= 股权投资者自由现金流量

如果企业的杠杆程度在合理的范围之内，且企业目标的负债比重（负债/总资本）为σ，则：

股权投资者自由现金流量 = 净收益 - （1 - σ）（资本支出 - 折旧） - （1 - σ）营运资本变动

同时，该企业发行新负债进款为：

发行新负债进款 = 偿还本金 + σ（资本支出 - 折旧 + 营运资本变动）

由于企业的资本结构比较合理，因而可用发行新负债所得的进款来偿还到期的本金。资本支出与营运资本需要也应按照合理的负债与股权资本比例来筹措。企业运用负债融资的数额越大，属于股权投资者的自由现金流量就越多。

当企业实际负债比率低于其目标负债比率（σ）时，为了实现资本结构的最优化，管理人员应当运用更多的负债来满足资本支出和营运资本需求，达到目标负债比率为止。股权投资者的现金流量可按下式计算：

净收益 + 折旧 = 经营活动带来的现金流量 - 资本支出 - 营运资本变动 - 偿还本金 + 发行新负债进款 = 股权投资者现金流量

如果企业决定将负债比率提高至目标水准，则：

发行新负债进款 > 偿还本金 + σ（资本支出 + 营运资本变动）

在这种情况下，企业大幅度提高其负债比重，属于股权投资者的自由现金流量将会增加。到期本金的偿还仍由发行的新负债来偿还，不影响股权投资者的现金流量。当企业实际负债比率高于其目标负债比率时，管理人员应当大量地运用股权资本融资，从而将负债比率降至目标水平，这将有助于企业价值的提高。企业可用新筹措的股权资本来偿还到期的本金。这时：

发行新负债进款 < 偿还本金 + σ（资本支出 + 营运资本变动）

在这种情况下，属于股权投资者的自由现金流量将低于同等情况下负债水平合理的企业。

（三）企业自由现金流量的估计

企业自由现金流量是指企业的所有的索偿权持有人能够获得的现金额，它等于企业经营活动和投资活动产生的现金流量之和。企业自由现金流量的计算是估算企业价值的核心步骤，其质量的高低将从根本上决定企业价值估价水平的高低。计算企业自由现金流量（free cash flows to the firm，FCFF）可以运用两种方法：一种是将企业各种收益索偿权持有人的现金流量加总即可得到企业自由现金流量。由于企业经营所需资金是由企

业的各类收益索偿权持有人来提供的，既包括股权资本投资者，也包括债权人和优先股持有人。那么，经营活动和投资活动所获得的企业自由现金流量也应当支付给企业全部的索偿权持有人，而绝不仅仅是普通股股东。即：

企业 = 股权资本投资者 + 债权人 + 优先股股东

则：

FCFF = 属于股权投资者的自由现金流量 + 属于债权人的自由现金流量
　　+ 属于优先股东的自由现金流量
　= 属于股权投资者的自由现金流量 + 利息费用（1 - 所得税税率）
　　+ 偿还本金 - 发行新债 + 优先股股利

另一种方法是以纳税付息前利润（EBIT）为基础经调整计算得出企业自由现金流量：

FCFF = EBIT（1 - 所得税税率） + 折旧 - 资本支出 - Δ 营运资本

两种方法计算的结果应当是一样的。

企业自由现金流量通常高于有负债企业的股权投资者现金流量，而等于无负债企业的股权资本投资者现金流量。企业自由现金流量为债务支付前的现金流量，因此它不受企业运用负债数额大小的影响。但这并不意味着由企业自由现金流量贴现而得的企业价值与负债金额没有关联。因为过高的负债会导致企业加权资本成本的提高，从而引起企业价值的变动。

二、风险的估计

在按照折现现金流量模型对企业价值进行的估价过程中，风险也是一个极为关键的概念。在正确计算了企业的自由现金流量以后，如何正确确定企业的折现率或者说资本成本成为一个难点。从技术上讲，折现率的选择必须考虑到现金流量的性质。企业价值是针对所有企业索偿权持有者的价值，现金流量因而也是可以支付给所有企业索偿权持有者的现金流量。所以，计算企业价值的折现率或者说资本成本的确定也必须包容所有的融资来源，如股权融资来源、负债融资来源等。不难理解，这样的资本成本就是所谓的加权平均资本成本。

加权平均资本成本是企业经营收益的最低水准，是企业选择投资项目的重要标准。从财务估价的角度而言，加权平均资本成本越低，企业价值越高。

加权平均资本成本的高低取决于所有企业索偿权持有人对企业收益及其风险的度量和权衡。1958 年，莫迪格莱尼和米勒两教授公布了他们的 MM 总价值理论。在其中，他们就普通股东的风险补偿问题做了研究，认为普通股东投资所要求的报酬与公司的资本结构——负债比率成正相关，即负债比率越高，普通股东的要求报酬率即其资本成本也就越高。按照夏普教授的资本资产定价模型，普通股东的要求报酬率取决于市场平均报酬、无风险报酬以及贝塔值等三个因素，而贝塔值所度量的正是某种股票相对于整个股票市场变动的风险程度的大小。

总之，公司的加权平均资本成本的计算应按照如下公式：

$$K_w = \sum_{i=1}^{n} K_i W_i$$

式中：K_w 为加权平均资本成本；K_i 为每一种资金来源的资本成本；W_i 为每一种资金来源在总资本中所占的比例。

可见，风险正是通过了企业的资本成本即加权平均资本成本影响企业价值的大小。因此，为了正确计算企业价值，进行价值管理，必须能够正确的理解和计算资本成本。理解资本成本可以分两个层次：第一个层次也是最根本的层次是要了解资本成本的实质乃是机会成本；第二个层次是要了解企业资本成本的高低决定于投资者对企业要求报酬率的高低，而这又取决于企业投资项目风险水平的高低。即企业的资本成本归根结底是由企业的投资风险决定的，是证券市场与企业投资风险以及投资者偏好共同作用的结果。

三、企业存续期的估计

在企业价值的估价中，可以分别估价企业整个生命周期内的现金流量和企业的存续期。关于企业整个生命周期内的现金流量的估价，可以按照企业自由现金流量的计算方法进行。而企业的经营期限的计算是一个纯粹技术性的问题，目前，在西方理财学界，通常是采用分段的方式来确定企业存续期。无限的存续期提醒着人们将眼光投向未来的现金流转，同时，也使人们不再局限于一期或几期现金流量的增加或减少。因为只要企业在整个存续期内拥有一个理想的现金流量，企业价值的大小就可以满足所有企业索偿权持有人的需求，企业的存在就是有效率的。

关于企业存续期的估计，我们可以通过试算法来估计。我们首先对影响企业自由现金流量的因素做一些假定，同时使这些变量保持不变，然后改变预测存续期的长度，直到在某一假定的存续期长度下，按照折现现金流量模型计算的企业价值等于企业的市场定价。我们就可以认为这一假定的存续期就是市场对企业的存续期的预期。

四、企业价值的计算

前面我们已经对自由现金流量、风险和企业的存续期这三个影响企业价值的基本估价要素分别进行了介绍。从方法上讲，以加权平均资本成本为折现率对企业经营期限内所有未来经营活动所带来的自由现金流量进行折现即可获得持续经营状态下的企业价值。要正确计算企业的价值，我们必须要能够预测企业在其整个生命周期内的自由现金流量。但是，由于持续经营企业的生命周期无限长，正确预测企业整个生命周期内的现金流量是非常困难的。对此，我们的解决方法如下：

（一）假设固定增长情形下的企业价值估价

首先假设企业自由现金流量是按照某一固定比例增长，在固定增长情形下，讨论企业价值的估价。借用戈登模型的形式，企业价值可按下式估算：

$$\text{企业价值} = \frac{FCFF_1}{(WACC - g_n)}$$

式中：$FCFF_1$ 为下一年度企业自由现金流量；WACC 为企业加权平均资本成本；g_n 为未来时期自由现金流量的增长率。

毫无疑问，运用这一模型估算企业价值需要具备一些非常严格的假设条件，比如现金流量严格按照固定增长率增长，资本支出与折旧相互协调等。

（二）一般情形下的企业价值估价

在一般情况下，企业价值的估算需要运用到更多的信息。估价企业价值的一般模型为：

$$\text{企业价值} = \sum_{t=1}^{t=\infty} \frac{FCFF_t}{(1 + WACC)^t}$$

对于持续经营企业，要直接估计未来 t 期（$t = 1, \cdots, \infty$）的现金流量几乎是不可能的。对此，我们认为一般情况下，现金流量等可以在一定时期之内合理预测，这个可合理预测的时期被称为可预测期间。在可预测期间之后，公司的价值仍然会存在：这一价值可能会称为持续价值或者终点价值（比如清算时）或者退出价值（一般用于杠杆收购时）。则：

企业价值 = 可预测期间的现金流量现值 + 可预测期间之后的现金流量现值

如果假设企业在 n 年之内可以合理预测，且在 n 年之后进入到一个稳定发展时期，并按照某一固定增长率 g_n 增长，则企业价值为：

$$\text{企业价值} = \sum_{t=1}^{t=n} \frac{FCFF_t}{(1 + WACC)^t} + \frac{FCFF_{n+1} / (WACC_n - g_n)}{(1 + WACC)^n}$$

式中：$WACC_n$ 为固定增长状态下企业的加权平均资本成本；$FCFF_t$ 为企业在 t 期的预期现金流量。

可见，企业价值与企业自由现金流量、加权平均资本成本（风险）和企业的存续期这三个影响因素密切相关。企业为了实现股东的财富最大化而进行价值管理，必须通过增加企业各期的自由现金流量，降低企业加权平均资本成本，并尽量延长企业经营的存续期来实现价值的增值。做到了这一点，则企业存在的微观价值和宏观价值均可得以实现。

五、关于折现现金流量估价模型的评价

（一）折现现金流量模型是 VBM 的技术支撑

在企业价值管理的过程中，对持续经营期间内的企业价值进行估算，是实现价值管理的技术支撑，离开科学的价值估价技术，价值管理将仅仅停留在观念层面。因此，对于企业价值估价的意义与其说是为了了解企业目前的价值，还不如说是对企业管理当局关于未来经营活动的战略安排进行一次完整而系统的财务模拟，对未来企业发展过程中

的财务状况予以具体的描述。

尽管在企业价值的估价过程中，通常会涉及许多非常复杂的情况。比如，对于处于经营活动极度困难时期的企业，其经营利润为负值，企业自由现金流量也为负值。这时，运用折现现金流量模型估价企业价值，就会遇到技术上的困难。再比如，对于那些具有重大潜在发展机遇的企业，如何将这种潜在的战略价值加入到企业价值当中，也是一个颇为棘手的问题。但这些困难的存在并不能否定折现现金流量估价模型作为 VBM 技术支撑的重大意义。因为对于理财人员而言，企业价值的估价绝不仅仅意味着对企业的现金流量及资本成本等数据进行预测和估计，更重要的是，通过企业价值的估价，将公司管理当局对于将来企业发展的意志充分地体现出来。换言之，企业价值估价应当构成为企业战略管理的一个极其重要的组成部分。在基于价值的企业管理模式中，企业价值估价的核心地位是无可替代的。

（二）价值估价同时具有科学性和主观性特征

企业价值的估价不是一个完全客观的计量过程。假定有一种证券同时被两个投资者所估价，其市场价格为 P。A 投资者估价该证券的价值 V_a，且 $V_a > P$；B 投资者估价该证券的价值为 V_b，且 $V_b < P$。初看上去，这种结果非常荒谬，其实这种估价的差异恰恰构成了证券交易的基础。在 A 投资者看来，市场低估了证券，因此他要买进证券，具体言之，是以低于其内在价值的市场价格买进它，从而获得买进利益。在 B 投资者看来，市场高估了证券，因此他要售出该证券，具体言之，是以高于其内在价值的市场价格售出它，从而得到售出利益。对同一种证券，甚至可能其未来的现金流量及其频率都是确定已知的，比如公司债，两个投资者却会同时做出完全相反的两个决策即买进和售出，而且还都以为是得利的，其合理性便源自他们各自进行财务估价所得到的不同的结果。从前述的估价技术可以知道，这种不同的结果主要原因可能就是两个投资者有着不同的要求报酬率。在其他因素相同的情况下，由于 $V_a > V_b$，说明 A 投资者的要求报酬率低于 B 投资者。

因此，财务估价尤其是比股票估价要复杂数倍的企业价值的估价具有重大的非客观因素在内。在折现现金流量估价模型下，估价的结果取决于未来现金流量的预测、折现率的确定以及对估价存续期的处理，这一切都带有明显的主观色彩。估价者在对其估价客体如某证券或某企业进行价值估算的时候，实际上是将他自己的意愿及判断与被估价对象的客观情势联系在了一起。通过财务估价，估价者可以了解被估价对象对自己财富增加需求的满足程度，从而做出既符合自己需求，也符合被估价对象情况的经济决策。从某种意义上讲，财务估价可定义为是估价者以其自身的知识结构、拥有信息等为基础和依据，对被估价对象满足自己需求程度的评价。

但是，估价过程中非客观因素的存在，并不能抵消财务估价观念及其方法所具备的科学性。其一，为了对某一企业或某种证券的价值进行估价，估价者需要收集并分析大量的信息，从而对估价对象的性质及特征有个全面的了解。为了取得高质量的财务估价结果，这种对估价客体的分析必须具备及时、全面、真实的特点。例如，收购企业在对被收购企业进行财务估价之前，必须详细了解该企业所处行业的位置、管理机构、设备状况等实际情况。这是进行正确估价的基础。其二，估价者自身意志对财务估价过程的介入和影响，这种看似主观的因素正是财务估价科学性的重要表现。人们进行估价的目的就是为了进行经济决策，据此从事经济活动；而人们进行经济活动的目的是为了追求财富的增加。因此，财务估价是人们追求财富的一种技术手段，同时，也是对人们进行经济活动的一种指引。一种估价技术，只有在其能够满足估价者对财富追求的需要的时候，才是一种科学的估价技术。

（三）企业的折现现金流量模型估价是区别于市场定价机制的企业权威定价

从某种意义上讲，理财人员依据折现现金流量模型对于企业价值的估价，属于企业权威定价机制。因为，这种估价不同于证券市场上对公司股票价值进而对公司价值所做的估价。

按照折现现金流量估价模型，管理当局对企业价值估价的结果代表着他们行使企业权威的期望。当人们通过估价，发现市场低估了被估价对象的价值时，其真实的含义在于：估价者认为他会比市场做得更好。

如果将企业价值管理中的企业估价视为企业权威定价机制的话，我们不妨将企业利润及其最大化的管理视为市场定价机制。市场定价机制对企业已完成经济交易有一个确实的衡量，但其中所包含的企业经营潜质因素几乎为零。但人们进行经济决策比如投资决策或者融资决策，虽落脚于企业的现实，但关注的却是企业的未来。市场定价机制不能在解释和预测企业效率方面给我们提供更多的信息。尤为关键的一点是，市场定价机制作为一种企业的外化力量，它不可能将企业及其持续存在视为一个完整的要素来看待，与此相反，它只能在某一时点上将着眼点放在对市场份额的分割与配置上。在这里，单一的、独立的各个企业以及各企业内部的管理人员事实上已经成为市场定价机制的“俘虏”，无能而无助，只能听任市场宰割。毫无疑问，市场定价机制完全无益于管理当局的决策，它甚至还会为弱化企业管理提供依据。

与市场定价机制相反，在企业权威定价机制中，估价者所关注的是企业未来的发展，尤其所关注的是如何根据具体形势，采取必要措施，更有效地促进企业的发展，提高企业价值。因此，市场定价机制能够给人的只是最后的判决，而企业权威定价机制给人的却是对未来的展望以及对行为的指导。

对管理当局而言，为了更好地经营企业，必须明确两点：其一，了解企业价值是进行经济决策的基础，增加企业价值是进行经济决策的目的，而这一切均离不开财务估价，即所谓的企业权威定价；其二，对企业价值进行估价的过程比仅仅得到那个简单的结果，其管理上的意义要重要得多。管理人员尤其是企业的最高决策者和理财人员，必须全过程地参与到财务估价过程中，深刻地理解现金流量、加权平均资本成本、企业存续期、经营风险与财务风险等对企业价值的影响，理解企业价值变动对所有的企业索偿权持有人如普通股东、优先股东、债权人等的影响及其程度，理解各项经济决策可能对企业价值所造成的影响等，这一切才是企业价值估价的灵魂所在。

第三节 价值最大化与企业的可持续发展

对于企业经营而言，经济金融化的不断深入既带来了持续发展的机遇，也带来了不容忽视的越来越大的风险。一方面，随着金融工具的不断增多，企业融资方式也出现了多样化的趋势，充分满足了企业投资多元化的需要，奠定了持续发展的基础。另一方面，对于股份有限公司而言，企业价值评价的市场化使其经营行为、理财行为等的影响可在很短的时间内反映在其股票价格之上，即科学、合理的管理行为提高公司股市价格，低劣、不合理的管理行为降低公司股市价格。而公司股价的变化又直接导致了投资者——既包括股权资本投资者，也包括债权资本投资者——财富的增减。这种机制的形成使得传统以利润最大化为目标的利润管理行为的局限性暴露无余，使得以价值最大化为理财目标的价值管理理论和实践应运而生。

在价值管理过程中，明确价值管理的目标及行为与企业可持续发展之间的关系是极其重要的。它不仅有助于高效率地进行财务规划和财务控制，而且有助于实现价值管理的目的。这既可以满足各类投资者对增加财富的需求，也可最大限度地实现企业的可持续发展。

一、理财目标与企业可持续发展

不同的理财目标，其作用机理有着重大的区别。在理论界，关于企业理财目标的提法有很多：利润最大化、销售额最大化、现金流量最大化、企业规模最大化、市场份额最大化、企业价值最大化、股东财富（股票价格）最大化等。而在企业实践中应用较多的是利润最大化和价值最大化。其中价值最大化又分为企业价值最大化、利益相关者价值最大化和股东价值最大化。下面我们首先介绍在实践中占主要地位的几个理财目标，并分析它们与企业可持续发展的关系。

（一）利润最大化目标不能实现企业的可持续发展

新古典经济学诞生以来，伴随着边际主义的盛行（marginalism），利润最大化的理财目标长期占据着企业唯一理财目标的重要位置。即长期以来，厂商一直遵循边际原则、依据追求利润最大化的目标①进行决策，从而进行利润管理。② 然而，利润最大化只是传统厂商理论的基本前提或者说基本假设，作为理财目标具有一系列的局限性，其

① 我们通常所讲的利润包括会计利润和经济利润两种，其中经济利润指标由于考虑了机会成本，比会计利润更加合理一些，这里，我们所讲的利润最大化目标是指经济利润最大化。

② 笔者认为在价值管理之前的基于利润（包括会计利润和经济利润）的、以创造利润为根本目标的管理模式都是利润管理。

中最关键的在于容易导致短期行为，不能实现企业的可持续发展，所以，利润最大化的理财目标已经在西方逐步被价值最大化目标所取代，在我国，尽管具有利润追求偏好的很多企业仍然把利润最大化作为其唯一的理财目标，但价值最大化目标的理念在理论界和上市公司等却已经被广泛接受，相信不久的将来，随着我国企业管理的现代化以及资本市场的健全和发展，价值最大化理财目标会被更多的企业所接受。

（二）价值最大化目标有助于实现企业的可持续发展

毫无疑问，目前对价值或者讲对价值最大化的追求已经成为主流，而对价值目标主体的假设却出现了分歧。关于对价值目标主体的界定主要有三种观点：狭义的投资者(股东)、广义的投资者（股东和债权人）和利益相关者。其中关于利益相关者，首先是斯坦福研究院的一个研究小组用“利益相关者”这个词来表示与企业有密切关系的所有人。他们给出的利益相关者的定义是：对于企业来说，存在这样一些利益相关者，包括股东、雇员、供应商、债权人，如果没有他们的支持，企业就无法生存。1984 年，弗里曼（Freeman）：在《战略管理：利益相关者角度》指出，利益相关者指的是“那些能够影响一个组织目标实现，或能够被组织实现目标的过程影响的个人和群体”。它大大地扩展了利益相关者的内涵，不仅将影响企业目标的个人和群体也视为利益相关者，同时还将受企业目标实现过程中所采取的行动影响的个人和群体看做利益相关者，包括企业所在的社区、政府等。

由于这三种对价值目标主体的不同观点，使得价值最大化目标分为公司价值最大化、利益相关者价值最大化和股东价值最大化目标。[①]

三种不同的价值管理目标各有自己的支持群体，但是，目前看来，股东价值最大化目标的支持率明显呈上升趋势，特别是经过麦肯锡公司对基于股东价值最大化目标的价值管理模式的研发和推广，汤姆·科普兰（Copeland，2000）经过广泛调研证明基于股东财富最大化目标的美国公司重视股东财富，更倾向于限制甚至撤销过时的战略投资，其重视程度超过了其他任何价值形式目标。美国作为股东价值的拥护者，人均国内生产总值比其他经济发达的国家要高出 20%。这些均使得股东价值最大化目标得到越来越多的认可，成为主流的价值管理目标。

股东价值最大化目标的支持者认为衡量企业成功的标准就是股票的市场价格和股息等指标。关于利益相关者的管理仅仅是企业管理的一个手段，而绝不应将其视为目的本身。他们认为社会责任与企业无关，并认为通过追逐经济利润、创造经济效率的经营活动，企业已经对社会做出了巨大的贡献。即股东价值最大化目标的实现必然会带来债权人价值最大化、其他各种投资者价值最大化、甚至整个社会财富最大化的结果。因此，企业不需要操心就业、社区、环境、消费者权益、社会发展等事务，这些问题应由个人

---

① 企业的本质在于创造价值，而作为企业所创造价值的目标所有者，不同文化的国家和地区有不同的理解：美国具有强调股东利益最大化的历史传统，因此，在美国重视股东价值最大化；欧洲和日本重视企业在其不同利益相关者之间进行协调，因此，不仅强调股东利益，也重视债权人利益，并进而发展到客户、供应商、员工甚至社会等方面的利益均要给予考虑。从而，在欧洲、日本先后盛行企业价值最大化和利益相关者最大化目标。

或者政府机构来考虑。企业价值管理的首要目的就是在法律允许范围之内，想方设法实现股东价值最大化。

关于“企业价值最大化”与“股东财富最大化”的关系，两者虽然用词不同，对投资者的界定不同，但其目标追求的结果是完全一致的。这是因为企业创造的价值虽然属于债权人投资者和股东，但由于债权人的报酬是既定的，因此，企业价值越大，股东的财富也就越大。可见，在股东价值最大化的理财目标下，企业价值最大化是实现这一理财目标的保证条件或管理机制，在企业的价值管理过程中发挥着重要的导向作用。价值管理在追求股东价值最大化理财目标的条件下，能够克服企业的短期行为倾向，实现企业的可持续发展。

二、价值最大化与财务决策

从方法上看，企业价值取决于企业现金流量的数量和速度，但从根本上讲，企业价值取决于企业的财务决策。一方面企业价值是企业财务决策的结果，另一方面企业价值最大化又是企业进行各种财务决策的依据。财务决策包括投资决策、融资决策、股利政策和营运资本政策等。其中，投资决策所影响的是企业的资产结构，即不同的投资决策将产生不同的资产结构，进而决定企业经营的现金流量及其风险特征。融资决策所影响和改变的是企业的资本结构。股利政策从某种程度上讲依附于企业的投资决策与融资决策。营运资本政策关系到企业短期财务管理行为。可见，从根本上讲，企业价值是由投资决策决定的，其他决策如融资决策、股利政策等都是次生的、处于从属地位的财务决策。

在理论上，所谓投资就是指以牺牲目前的流动性为代价，换取未来较大收益性的一种行为。牺牲流动性的程度越大，它所换取的未来的收益性应当越大。从企业价值最大化的角度来讲，企业价值的实现或增长取决于现金流入实现的数额和时间。因此，流动性的首先丧失和最后回归，便成为理财人员头脑中的基本观念。在投资过程中，目前流动性的牺牲通常是较为确切的，而未来的收益性则取决于决策时的预测，也取决于预算执行过程中的控制。对于一个管理优秀的企业而言，预算体现着管理当局对企业价值提高的意志，而预算的控制则决定着此意志能否获得顺利的实现。投资行为一旦发生，流动性便消失了，这意味着企业资产专用性程度提高了。如果不能通过销售实现现金的回收，投资损失将不可避免。因此，在投资决策中，尤其需要理财人员具备较强的战略意识。

此处以资本预算为例说明投资决策与价值最大化的关系。在资本预算的编制过程中，投资寿命期内的现金流量是决定投资效益水平的基本因素，现金流入量越大的资本投资项目越有利，因为它有助于使企业的价值达到最大，从而实现股东财富最大化的理财目标。这是掌握资本预算技术的关键之所在。

资本预算决策，也叫资本支出决策，是指获得厂房和设备等固定资产的投资决策。由于这个决策的特点是会在长时间内影响公司的经营，所以它是一个重要的公司决策。以现金流量贴现为基础的报酬率分析法是资本预算编制的主要技术。具体方法主要有净现值法和内含报酬率法。其中，净现值法最科学，但内含报酬率法却是应用最广的一种投资效益评价方法。

1. 净现值（NPV）法。所谓净现值，就是未来各期现金流入现值扣除投资净额现值的余额。在净现值的计算过程中，折现率的选择是个关键问题。通常，人们采用加权平均资本成本——企业要求的最低限度的报酬率——作为折现率。因为只有首先满足了这一收益率要求，投资项目才能提供额外收益以增加企业价值。即净现值是投资项目所获得超额利润（相对于预期报酬率而言）的现值。因此，净现值也就是采纳该项目后带来的企业价值增加值。对于股份有限公司而言，净现值增加了股东财富。由于净现值是个绝对金额，因此，无论是企业价值的增加，还是股东财富的增加，都是极其明显的、具体的。

根据净现值法，一个投资项目只有当其净现值大于零时才能够为企业创造价值，当其净现值小于零时不仅不能够为企业创造价值，而且会减少企业的价值，当净现值等于零时既不为企业创造价值也不减少企业价值。因此，对于企业的资本预算而言，净现值为正的投资项目应该实施，净现值为负的投资项目应该放弃。

2. 内含报酬率（IRR）法。根据内含报酬率（IRR）法，一个投资项目的内含报酬率就是这个项目的净现值为零时的比率。

用内含报酬率法来做财务预算，判断投资项目是否为股东创造价值时，必须用这个项目的内含报酬率与该项目的加权平均资本成本进行比较，只有当这个项目的内含报酬率大于该项目的加权平均资本成本时，该投资项目才能够为企业创造价值，则该项目投资才是可以实施的，否则该投资项目就不能为企业创造价值，必须予以放弃。

可见，无论采用净现值法还是内含报酬率（IRR）法进行投资决策，其本质都是一样的，即都是为了选择能够增加企业价值的投资项目，其最终目的都是为了实现企业价值最大化。净现值法与内含报酬率法都是典型的折现现金流量分析方法，是被中西企业界广泛采用的传统的、优秀的投资项目绩效评价方法。这种分析方法与股东价值最大化的理财目标函数具有极强的契合性。按照这种方法所选择的投资项目有助于企业价值最大化目标的实现。

三、价值管理（VBM）与企业的可持续发展

在企业的管理过程中，观念的影响往往是难以计量的。错误的观念可能导致错误的决策，比如，在利润管理的观念指导下，企业往往做出牺牲其长远发展的短期行为的决策，长此下去，不仅企业会遭受巨大损失，甚至整个国民经济的发展都将遭到重创。而在价值管理的理念指导下，价值管理中的企业价值最大化管理机制相对于利润管理的最大优点在于其强调企业的可持续发展，可以使企业的投资者与经营者都将眼光关注于在一个较长时期内企业价值的持续稳定增长。这也是价值管理的基本特征之一。

经济金融化在神奇般地提高了整个经济系统的流动性的同时，也带来了不容忽视的风险。这种风险，在经济发展顺势时，可以给人们带来巨额的财富；但在发展逆势时，也会给人们带来巨大的损失。对风险的界定、度量及控制，是金融经济学为整个经济学

大厦所做出的最重大的贡献。因为在传统的经济学中，人们只是关注于用边际分析的方法求得最佳的生产方案，风险并不在研究的视野之内。而一个企业如欲求得长远的发展，必须在风险与收益之间进行科学的权衡。严格而论，不考虑风险因素的单纯对收益的追求是没有意义的。在金融经济学的背景下，20%的要求报酬率与10%的要求报酬率是无法进行直接比较的。企业理财人员无论是进行投资决策还是进行融资决策，都必须将风险因素考虑进去，并以此为基础，确定合理的收益水平。这正是夏普教授资本资产定价模型的基本思想。

在价值管理中，由于风险因素的加入，使得人们日益关注企业赖于持续发展的内部机制的建立。所谓价值最大化的实现，其中就包含着企业是可持续发展的含义，离开可持续发展就根本谈不上企业的价值最大化，更谈不上价值管理。可见，价值管理关注企业的可持续发展是题中应有之义。

企业的可持续发展是整个国民经济长期健康发展的基础，也是经济资源得以有效运用的前提。没有可持续发展，企业的一切功用将无以发挥。从国际范围来看，可持续发展的能力是判断一个企业素质强弱的关键。很难设想，一个经营寿命极其短暂的企业能够有效地运用它所掌握的一切资源，能够为社会创造尽可能多的财富。

随着证券市场的不断完善，投资者行为的理性程度也在不断提高。他们越来越清醒地认识到，投资获利水平的高低不取决于企业在以往时期里所获得的收益（它们与投资无关），而是取决于企业在未来时期里可能获得的收益（现金流量）。因此才出现了所谓"购买股票就是购买企业的未来"一类的说法。企业的可持续发展意味着企业在未来可预见的时期（比如50年）以内有望获得足以补偿各项成本的、稳定增长的现金流量，从而使企业各类投资者的财富得到预期的增加和最大化。尤为关键的是，这种可持续发展的能力在投资者那里的信任度越高，预见性越强，企业的价值就越大，效率水平越高。

总之，在经济金融化的今天，由于全球范围内重组活动异常活跃，以及公司控制权市场的存在与发展，这些都要求管理者不能将价值管理行为简单看做面临被收购威胁时的一次性应急措施，相反，管理者必须重视企业的价值管理，必须经常不断地寻找价值创造机会和采取价值创造行动，持续不断地为股东创造价值，最终实现企业的可持续发展。

●本章案例

下面我们以中国联通公司为例，对联通公司进行企业价值的估价。我们收集了联通公司2001~2005年的财务年度报告，以此为基础将其5年的资产负债表和利润表信息归纳如表1、表2。

表 1 资产负债表 单位：百万元

报告期	2001 年	2002 年	2003 年	2004 年	2005 年
资产					
流动资产					
货币资金	43338.95	19291.39	10151.01	5353.93	5785.11
短期投资净额	203.83	173.34	0.00	0.00	0.00
应收票据	0.00	33.95	140.56	91.95	76.08
应收利息	167.00	37.78	4.87	1.41	1.88
应收账款	0.00	0.00	0.00	9307.54	7709.00
应收账款净额	2800.29	5378.37	5610.94	5373.89	4619.84
其他应收款	0.00	0.00	0.00	1683.00	1179.31
其他应收款净额	1524.30	2512.70	2817.22	1679.11	1163.60
减：坏账准备	0.00	0.00	0.00	3937.55	3104.87
应收款项净额	4324.59	7891.07	8428.16	7052.99	5783.44
预付账款	622.44	805.76	620.01	641.56	751.19
存货	0.00	0.00	0.00	3231.64	2245.21
减：存货跌价准备	0.00	0.00	0.00	117.01	137.40
存货净额	754.84	3229.90	2169.35	3114.63	2107.81
待摊费用	102.84	665.85	757.60	1126.15	920.32
其他流动资产	0.00	0.50	0.00	0.00	0.00
流动资产合计	49514.51	32129.54	22271.57	17382.63	15425.83
长期投资	0.00	0.00	0.00	0.00	0.00
长期股权投资	114.34	1791.70	2728.86	2607.85	2486.84
长期投资合计	0.00	0.00	0.00	2607.85	2486.84
长期投资净额	114.34	1791.70	2728.86	2607.85	2486.84
其中：合并价差	(20.38)	1682.24	2728.86	2607.85	2486.84
固定资产	0.00	0.00	0.00	0.00	0.00
固定资产原价	76246.01	120694.47	138762.05	154934.98	176584.85
减：累计折旧	18608.94	33785.10	43969.34	61626.59	80779.52
固定资产净值	57637.07	86909.38	94792.71	93308.39	95805.33
减：固定资产减值准备	488.12	472.81	0.46	0.00	0.00
固定资产净额	57148.95	86436.56	94792.25	93308.39	95805.33
工程物资	3223.29	3309.34	3033.68	2915.27	1955.60
在建工程	0.00	0.00	0.00	20865.31	17011.87
减：在建工程减值准备	0.00	0.00	0.00	14.31	14.31
在建工程净额	13620.24	15972.65	18495.43	20851.00	16997.56
固定资产合计	73992.48	106329.47	116866.41	117545.69	115137.20

续表

报告期	2001 年	2002 年	2003 年	2004 年	2005 年
无形资产及其他资产					
无形资产	0.00	0.00	0.00	574.37	541.83
长期待摊费用	2506.14	7708.84	6332.61	5949.08	4022.92
无形资产及其他资产	2871.29	8273.55	6909.48	6523.46	4564.76
递延税项借项	1460.54	1769.89	1278.24	763.90	739.59
资产总计	127953.16	150294.14	150054.56	144823.53	138354.23
负债及股东权益					
流动负债					
短期借款	7089.00	9870.63	10975.20	8928.42	7024.36
应付票据	1532.97	4135.85	2255.53	2634.24	945.16
应付账款	12753.94	14374.30	13024.18	12404.84	14690.87
预收账款	2769.69	6247.90	6683.69	7054.44	7896.44
应付工资	365.09	612.47	449.50	330.14	124.01
应付福利费	89.90	9.59	0.28	0.00	0.00
应付股利	40.35	8.45	1.32	1.32	1.78
应交税金	1025.27	1168.85	623.86	395.75	1016.14
其他应交款	12.40	18.32	21.58	60.00	52.19
其他应付款	2458.32	3702.04	3269.52	2308.76	3086.64
预提费用	159.02	215.41	358.66	335.08	831.21
一年内到期的长期负债	852.25	5476.79	7223.80	12024.49	5565.82
其他流动负债	11.72	11.05	0.00	0.00	0.00
流动负债合计	29221.29	45976.35	44972.77	46540.33	51169.12
长期负债	0.00	0.00	0.00	0.00	0.00
长期借款	36336.77	37686.16	36212.79	26137.19	11981.52
长期应付款	100.27	100.81	99.23	488.96	145.37
其他长期负债	16.07	13.00	3.28	2.58	0.00
长期负债合计	36453.10	37799.97	36315.30	26628.72	12126.89
递延税项贷项	0.00	0.65	0.65	0.00	5.61
负债合计	65674.39	83776.96	81288.71	73169.05	63301.61
少数股东权益	38019.22	28921.28	29540.60	26219.01	27466.74
股东权益					
股本	14696.60	19696.60	19696.60	21196.60	21196.60
股本净额	14696.60	19696.60	19696.60	21196.60	21196.60
资本公积金	7924.33	14207.75	14213.23	17143.34	17140.41
盈余公积金	88.75	406.66	755.72	1126.39	1410.61

续表

报告期	2001 年	2002 年	2003 年	2004 年	2005 年
其中：公益金	0.00	105.97	222.32	345.88	345.88
未分配利润	1549.87	3284.89	4559.70	5969.14	7838.25
股东权益合计	24259.55	37595.90	39225.24	45435.47	47585.87
负债及股东权益总计	127953.16	150294.14	150054.56	144823.53	138354.23

表 2　利润表　　单位：百万元

报告期	2001 年	2002 年	2003 年	2004 年	2005 年
一、主营业务收入	29027.81	39477.61	59798.48	70738.59	76108.79
主营业务收入净额	29027.81	39477.61	59798.48	70738.59	76108.79
减：主营业务成本	15497.67	21070.06	27903.96	34818.19	39629.25
主营业务税金及附加	871.98	1144.39	1678.86	1945.60	2040.72
二、主营业务利润	12658.15	17263.16	30215.66	33974.80	34438.82
加：其他业务利润	-104.83	7.10	-56.13	-456.96	-267.36
营业费用	3612.89	5997.02	15156.84	18944.35	19417.34
管理费用	2806.10	3593.36	5609.18	6212.89	6433.30
财务费用	273.41	1441.88	2368.72	2242.39	1658.30
三、营业利润	5860.93	6238.00	7024.79	6118.22	6662.52
加：投资收益	13.31	24.08	-595.73	-121.01	-121.01
营业外收入	39.26	60.21	43.81	163.61	66.81
减：营业外支出	783.80	130.32	650.31	55.90	80.79
营业外收支净额	-744.53	-70.12	-606.50	107.71	-13.98
四、利润总额	5129.71	6191.96	5822.56	6104.91	6527.54
减：所得税	920.22	1700.35	1783.83	1934.24	2064.44
减：少数股东权益	2538.97	2543.76	1711.70	1699.53	1620.87
五、净利润	1670.52	1947.85	2327.03	2471.15	2842.22
加：年初未分配利润	1510.53	1549.87	3284.89	4559.70	5969.14
六、可分配利润	1638.62	3431.23	5611.92	7029.20	8811.36
减：提取法定盈余公积	0.00	194.79	232.70	247.11	284.22
提取法定公益金	0.00	97.39	116.35	123.56	0.00
七、可供股东分配的利润	1638.62	3139.06	5262.87	6658.52	8527.14
提取任意盈余公积金	88.75	0.00	0.00	0.00	0.00
应付普通股股利	0.00	703.17	703.17	689.38	688.89
八、未分配利润	1549.87	2435.89	4559.70	5969.14	7838.25

资料来源：根据中国联通 2001～2005 年年报整理获得。

为了正确进行联通公司的价值估价，我们首先对影响企业价值的各要素进行估算，然后按照企业价值估价模型的一般形式进行计算。

(一) 估算联通公司2005年的自由现金流量

根据联通公司2005年的年报数据我们计算企业的自由现金流量，如表3所示：

表3　　单位：百万元

净利润	2842.22
所得税	2064.44
利息	1916.28
EBIT	6822.95
折旧与摊销	21780.69
资本支出	3116.04
营业流动资产增加	-5076.66
FCFF	28312.69

(二) 估算联通公司的加权平均资本成本

1. 权益资本成本的估算。

我们采用资本资产定价模型（CAPM）来估计联通的股权资本成本：

(1) 贝塔值的估算。

一般认为2~5年的研究期比较符合中国资本市场的发展状况，因为其距离当前时间比较近，其风险结构与现在相比变化将不会太大。所以，我们选取2002~2005年的数据作为研究期间。我们根据联通4年以来的收益率与市场收益率之间的回归关系来确定贝塔值，建立基本模型如下：

$R_t = a + bR_{mt} + e$

式中：R_t为t时刻中国联通的收益率；R_{mt}为t时刻市场收益率；e为回归残差；a、b表示回归系数。

(注：中国联通t时刻收益率=［股票价格(i)-股票价格(i-1)+股利收益］/股票价格(i-1)，市场收益率=［指数(i)-指数(i-1)+股利收益］/指数(i-1)。考虑到中国联通发放现金股利的次数较少，金额较小；股利收益对市场收益率的影响较小，我们忽略股利收益对收益率的影响。)

我们对两者之间的月收益率进行回归分析得到：

$a = 0.010007$

$b = 1.02506$

即$\beta = 1.02506$。

(2) 风险溢价的推断。

1) 无风险利率的计算。

我们选择10年期的长期国债利率作为无风险利率。由于我国的国债利率是用单利表示，而进行价值评估需要使用复利作为折现率，因此将国债利率转化为复利形式，其转换形式如下：

$R_f = \sqrt[10]{1 + 10r} - 1$

式中：R_f 为无风险利率；n 为国债的期限；r 为当年的国债利率。

我们选择 1996 ~2005 年调整后的 10 年国债利率作为无风险利率，具体数值见表 4。

2）风险溢价的计算。

CAPM 中使用的风险溢价是在历史数据的基础上计算出的，风险溢价的定义是：在观测时期内股票的平均收益率与无风险证券平均收益率的差额，即（E［R_m］－R_f）。针对无风险利率的计算，我们选取了 1996 ~2005 年的平均市场收益率与平均无风险收益率的差作为风险溢价。

表 4

风险溢价计算表		
年度	市场收益率	无风险收益率
1996	79.54%	8.12%
1997	26.76%	7.06%
1998	-7.22%	5.95%
1999	35.28%	2.99%
2000	34.57%	2.82%
2001	-32.39%	2.66%
2002	7.39%	2.28%
2003	6.06%	2.67%
2004	-25.08%	4.04%
2005	5.56%	3.74%
算术平均数	13.05%	4.23%

所以，风险溢价 =13.05% -4.23% =8.82%。

目前国内的业界中，一般将（E［R_m］－R_f）视为一个整体、一个大体固定的数值，取值在 8% ~9% 左右。

3）权益资本的计算。

根据资本资产定价模型得：

$R_s = R_f + \beta (R_m - R_f) = 4.23\% + 1.02506 \times 8.82\% = 13.27\%$

2. 债务资本成本。

由于考虑到年报中关于企业债务的信息不充分，没有对借款时间、利率等因素作详细的披露，且其负债主要为长期借款，所以我们将利息与借款总和的比率作为债务的成本。我们选择 2001 ~2005 年的平均负债成本，作为总的负债成本。2001 ~2005 年平均长期借款为 29670885326.20 元，利息支出为 2234519615.20 元，不考虑税收影响的情况下，负债成本 $= \frac{利息支出}{长期借款} \times 100\% = 7.53\%$。

3. 加权平均资本成本。

加权平均资本成本的计算公式为：

加权平均资本成本 = 负债百分比 × 债务成本 + 权益百分比 × 权益成本

（注：企业价值 = 负债价值 + 权益价值，我们将账面价值作为负债价值，股票的市场价值作为权益价值。）

负债价值 = 长期借款 = 29670885326.20（元）

权益价值 = 平均股价 × 股数 = 3.30 × 19696596395 = 64998768104（元）

企业价值 = 29670885326.20 + 64998768104.00 = 94669653429.70（元）

负债百分比 = 31.34%

权益百分比 = 68.66%

加权平均资本成本 = 7.53% ×（1 − 33%）× 31.34% + 13.27% × 68.66%

= 1.58% + 9.11% = 10.69% ≈ 11%

（三）企业价值的计算

（根据实体现金流量模型，计算实体价值分为预测期和后续期两个阶段，我们假设 2006 ~ 2008 年为预测期，以后为后续期。）

未来现金流量的数据需要通过财务预测取得，财务预测是一项相当繁琐和复杂的工作，需要根据历史数据对资产负债表、利润表和现金流量表分别进行预测。这里我们采用较简单的方法，以 2001 ~ 2005 年净利润的平均增长率即 12.09% 作为 2006 ~ 2008 年的增长率（见表 5）。

表 5 单位：百万元

报告期	2001 年	2002 年	2003 年	2004 年	2005 年	平均增长率
净利润	1670.52	1947.85	2327.03	2471.15	2842.22	
利润增长率	7.58%	16.60%	19.47%	6.19%	15.02%	12.09%

竞争均衡理论认为，一个企业不可能永远以高于宏观经济增长的速度发展下去。一个企业通常不可能在竞争的市场中取得超额利润，其投资资本回报率会逐渐回复到正常水平。后续期的销售增长率大体上等于宏观经济的名义增长率。如果不考虑通货膨胀因素，我国宏观经济的增长率大多在 8% ~ 10% 之间。因此，我们假设后续期的增长率为 9%，即永续增长率为 9%。

表 6 中国联通实体现金流量折现 单位：百万元

	2005 年	2006 年（预测）	2007 年（预测）	2008 年（预测）
净利润	2842.22	3185.84	3571.01	4002.75
所得税	2064.44	2314.04	2593.80	2907.39
利息	1916.28	2147.96	2407.65	2698.74
EBIT	6822.95	7647.84	8572.47	9608.88

续表

	2005 年	2006 年（预测）	2007 年（预测）	2008 年（预测）
折旧与摊销	21780.69	24413.98	27365.63	30674.13
资本支出	3116.04	3492.77	3915.04	4388.37
营业流动资产增加	-5076.66	-3725.38	-26670.54	-26670.54
FCFF	28312.69	31735.69	35572.54	39873.26
平均资本成本	11%	11%	11%	11%
折现系数		0.901	0.812	0.731
预测期现金流量现值	86626.11	28593.86	28884.90	29147.35
后续期增长率				8%
后续期价值	1049304.71			1435437.36
实体价值	1135930.82			
债务价值	29670.89			
股权价值	1106259.93			
股数	21196.60			
每股价值	52.19			

从上述的估算我们不难得出联通公司的企业价值大约为11359亿元。

（四）评估结论分析

从评估所得的公司价值和每股价值，可以合理判断：公司目前净资产近476亿元，市值（按照2005年12月30日收盘价计算）约为594亿元，均远远低于公司评估价值11359亿元，公司市价（2005年12月30日收盘价）2.80元，也远低于每股价值52.19元，说明公司的价值被严重低估，按照公司目前的发展轨迹，应该在未来有很好的前景，公司股价也应该会稳步上升。

说明：在此，只为说明价值评估的基本方法和思路，由于个别数据的资料不够充分，假设不够严格，可能导致最终的估计有所偏差。

（资料来源：①中国联通各年年报；②佩普等：《运用财务报表进行企业分析和估价》，中信出版社，2004。郝国莹整理。）

●思考题及答案要点

一、重要专业术语

自由现金流量　股权投资者现金流量　企业自由现金流量　经营活动现金流量

价值管理　资本成本

二、简答题

1. 如何估算企业的自由现金流量?

2. 企业自由现金流量与股权投资者现金流量的关系怎样?

3. 试述企业价值估价模型的一般形式。

4. 什么是价值管理？它的基本特征是什么？

5. 试分析企业如何实施基于企业价值的管理模式。

6. 简要分析财务决策如何影响企业价值。

三、答案要点

略

●参考文献

1. Aswath Damodaran: Investment Valuation: Tools and techniques for determining the value of any asset, pp. 237 - 265. John Wiley & Sons, Inc., 1997

2. Richard A. Brealey, Stewart C. Myers & Alan J. Marcus, Fundamentals of Corporate Finance, Third Edition. McGraw - Hill, 2001

3. Thomas L. West & Jeffrey D. Jones, Handbook of Business Valuation, Second Edition. John Wiley & Sons, Inc., 1999

4. Thomas L. Doorley & John M. Donavan, Value-Creating Growth: How to Lift Your Company to the Next Level of Performance. Jossey - Bass Publishers, 1999

5. S. David Young & Stephen F. O' Byrne, EVA and Value - Baced Management: A Practical Guide to Implementation. McGraw - Hill, 2001

6. Tom Copeland, Tim Koller & Jack Murrin, Valuation: Measuring and Managing the Value of Companies, Third Edition. John Wiley & Sons, Inc., 2000

7. Richard E. S. Boulton, Barry D. Libert & Steve M. Samek, Cracking the Value Code: How successful businesses are creating wealth in the New Economy. Arthur Anderson, 2000

8. Roger A. Morin & Sherry L. jarrelll: Driving Shareholder Value: Value - Building Techniques for Creating Shareholder Wealth. McGraw - Hill, 2001

9. Eugene F. Brigham, LouisC. Gapenski & Michael C. Ehrhardt, Financial Management: Theory and Practice, ninth edition. The Dryden Press, 1999

10. swath Damodaran, Investment Valuation: Tool and techniques for determining the value of any asset. John Wiley & Sons, Inc., 1997

11. Anne Ameels, Werner Bruggeman & Geert Schipers, Value Based Management Control Processes to Create Value through Integration a Literature Review, Vlerick Leuven Gent Management School, 2002

12. 汪平．中级财务管理．上海：上海财经大学出版社，2003

13. 约翰·D. 马丁，J. 威廉姆·佩蒂：价值管理．上海：上海财经大学出版社，2005

14. 汤姆．科普兰等：价值评估——公司价值的衡量和管理．北京：电子工业出版社，2002

15. 中国联通各年年报。

16. 佩普等．运用财务报表进行企业分析和估价．北京：中信出版社，2004

第十一章 财务报表分析与理财行为评价

●本章提要

财务报表是企业财务会计工作的最终结果，也是财务会计工作价值实现的基本载体。从财务管理的角度探讨财务报表的功能及其功能的实现途径，对于理财人员科学地使用财务会计所提供的大量信息具有极为重要的意义。理财活动对于财务信息的形成具有决定性的影响。资产负债表中的数据及其相互关系，事实上是由企业长期以来的理财行为包括投资行为和融资行为决定的。利润表不仅传递着企业经营活动报酬水平的信息，而且还隐含着企业经营风险和财务风险的有关信息。现金流量表关于经营活动创造现金流量能力的信息的披露，对于人们了解理财目标实现的具体过程是极为紧要的。

●章首案例

1995 年 2 月 26 日，英国巴林银行因遭受巨额损失，无力经营宣布破产，一个有着 233 年经营历史和良好业绩的老牌商业银行就这样在伦敦乃至全球金融界消失。

导致巴林银行破产的直接责任人是一个名叫尼克·里森的人。1989 年，尼克·里森离开摩根斯坦利银行，来到了巴林银行。由于在期货与期权部门的出色工作使得他争取到印度尼西亚工作的机会，当时巴林银行在印度尼西亚雅加达的业务非常混乱，有大量的票证没有得到应有的处理，工作人员没有办公室，并将票证随意堆放在地下室，亏空高达一亿英镑。尼克·里森便在这里开始清理票证，为巴林银行消除了一亿英镑的负债。在雅加达获得的成功以及在摩根斯坦利银行的经历使得他被视为期货与期权结算方面的专家。1991 年下半年，巴林银行决定在新加坡成立分行，尼克·里森被派往担任新加坡分行期货与期权交易部门的总经理。在新加坡巴林银行，原本有一个账号为“99905”的“错误账号”，专门处理交易过程中因疏忽所造成的错误。1992 年夏天，伦敦总部全面负责清算工作的哥顿·鲍塞给尼克·里森打了一个电话，要求他另设一个“错误账户”，记录较小的错误，并自行在新加坡处理，以免麻烦伦敦的工作，因此“88888”的“错误账户”便诞生了。几周之后，伦敦总部打来电话，总部配置了新的电脑，要求新加坡分行仍然使用“99905”账户直接向伦敦报告错误记录。“88888”账户刚刚建立就搁置不用了，但是它却被人们忽略了，没有及时取消的“88888”账户后来成了尼克·里森制造假账的机会。最初，尼克·里森出于好心并且为了保住自己的职位用“88888”账户掩盖了下属及好友的错误，但随着亏损额度的不断上升，他已经无法停手，一方面用自己的佣金来弥补“88888”账户的小错误，另一方面通过做账，从伦敦总部获取金钱来进行风险很大的业主交易来弥补大的损失。1992～1994年期间从事大阪及新加坡交易所之间的日经指数期货套期对冲和债券买卖活动，使得巴林银行新加坡分行累计亏损超过10亿美元，最终被荷兰ING收购。

调查中发现：巴林银行的高层对尼克·里森在新加坡的业务并不了解，在事发3年内居然无人看出尼克·里森的问题。其实，巴林银行1994年就已经发现尼克·里森在账上有5000多万英镑的差额，并对此进行了几次调查，但都被尼克·里森以非常轻易的解释蒙骗过去。

一个拥有200多年历史的欧洲银行轰然倒下，不禁令人深思——究竟是什么原因导致了这个金融帝国的坍塌？拥有20多年的专业经验的安永中国营运委员会主席胡展云认为，造成巴林银行灾难性厄运的原因是，巴林银行缺乏职责划分的机制，尼克·里森身兼巴林新加坡分行的交易员和结算员，这使他有机会伪造存款和其他文件，把期货交易带来的损失瞒天过海，最终造成了不可收拾的局面。此外，另外一个致命问题是，巴林银行的高层对财务报告不重视。巴林银行董事长Peter Barings曾在1994年说：若以为审视更多资产负债表的数据就可以增加对一个集团的了解，那真是幼稚无知。但如果有人在1995年2月之前，认真看一下巴林银行任何一天的资产负债表，里面都有明显记录，可以看出尼克·里森的问题。遗憾的是，巴林银行高层对财务报表的不重视，使之付出了高昂的代价。

财务资料是记录企业一切行为的最终根据，不重视财务资料、不懂得分析财务资料的企业管理者最终会给企业带来灾难，其自身也必将付出惨痛的代价。

（资料来源：①参见：《安永专家剖析八大风险案例》，中国博客网，http://www.blogcn.com/u/32/69/antonliu/index.html；②参见：《巴林银行破产启示录》，http://www.xxsy.net/jswx/js01/js137.html；③参见：中华税网，http://www.chinesetax.com.cn/Article/Class1421/200508/175700.html；④参见：中南政法大学投资学精品课程“第10章案例，巴林银行的倒闭”，http://jpkc.znufe.edu.cn/2006/jrxy/invest/html/200605/10/20060510155734.htm。袁晨整理。）

第一节 财务会计与财务报表

财务报表是企业会计工作的直接结果，向证券市场上的投资者与信贷者提供准确、及时的财务信息则是企业会计工作的目标之所在。资产负债表、利润表与现金流量表被称为基本财务报表，承担着向外及向企业管理当局提供财务信息的重任。

资产负债表是按照“资产＝负债＋股东权益（所有者权益）”这一会计恒等式，按照一定的分类标准和一定的顺序，将企业在一定日期的资产、负债和股东权益等各个项目，予以适当排列编制而成的。

利润表又称为“收益表”或“损益表”，是按照“净利润 = 收入 - 费用”的公式编制的。收入来自于企业销售产品和向客户提供服务而创造的收入，支出是指在创造收入的过程中发生的成本。收入大于费用，企业获得净收益；收入小于费用，企业遭受损失。收入与费用的划分以会计期间的划分为基础，利润表所反映的是某一特定时期的经营活动成果。

现金流量表是反映一个会计期间内现金流入、现金流出以及现金存量的一份报表，其编制公式可以通过以下推导得出：

资产 = 负债 + 股东权益　　(11-1)

即：现金 + 非现金资产 = 负债 + 股本 + 留存盈利　　(11-2)

现金 = 负债 + 股本 + 留存盈利 - 非现金资产　　(11-3)

公式（11-3）表示：现金的增减变动必然是等式右边的非现金账户中一项或数项变动的结果。分析所有非现金项目变动对现金流量的影响，并把它们按照营业活动、投资活动、融资活动等的分类列示于表格，就构成了现金流量表的基本结构和基本内容。

在财务报告体系中，资产负债表、收益表与现金流量表被称为所谓的“新三表体系”，构成财务信息的核心部分。在这三张财务报表中，资产负债表是最为基本的、反映信息最为全面的一张报表，是第一张财务报表。同时，资产负债表的历史也最为悠久。目前全球范围内被广泛采用的所谓资产负债表项目的“流动性排列”法诞生于1898年的美国，至今也已经100多年。按照有关统计，美国大约有93%的企业将这张报表称为“资产负债表”（balance sheet），另外，还有极少数的企业称其为“财务状况表”（statement of financial position）。[①] 收益表的名称也很多，经常用到的有“利润表”和“损益表”等。在国外之所以采用“收益表”的名称，是因为要改变人们以往阅读利润表或损益表时的错误做法，即只是关注这张报表的最后一栏或几栏数据，比如税后盈利、每股收益等。因为在收益表中，同样重要的数据还有销售额、纳税付息前利润等项目，只关注于最后的几栏数据不利于全面判断企业的获利能力。现金流量表在三张报表中的历史最短，至今也不过10余年，但该表在财务报表分析中的地位却日益提高。这与现金流量指标的被重视程度有着极为紧密的关系。

第二节　资产负债表与理财行为

一个企业的资产负债表数据及其结构实际上是该企业理财行为的结果。具体言之，投资决策决定了资产负债表的资产方数据及其结构，而融资决策、股利政策决定了资产负债表的来源方数据及其结构，所有这一切又决定了整个企业的财务状况。简言之，合理的理财行为必将产生合理的资产负债表结构；而不合理的资产负债表结构必定是不合理的理财行为所造成的。

---

① Kieso & Weygandt, Intermediate Accounting, sixth edition, p. 172. John Wiley & Sons, 1987.

按照账户式的资产负债表结构，其左边所列示的是企业的各种资产的价值。能够列入企业资产的一个重要条件即是该项资源能够在未来时期带来现金流入，很显然，不能带来现金流入的项目比如废弃的设备等不能列入企业的资产当中。由于现金流入的时间不同，理财人员通常会将全部资产分成流动资产和非流动资产两部分：流动资产是指能够在1年之内带来现金流入的资产；而1年之内不能带来现金流入的资产则划入非流动资产。

对企业资产做如此划分，对于理财人员而言，有以下两点需要注意：（1）有助于准确地反映企业的偿债能力。由于流动资产能够在1年之内转化为现金，可以用来偿还到期的债务，因而，流动资产的多少对于维护企业基本的财务信誉来讲，是非常重要的。（2）非流动资产中的主体是企业的固定资产，比如机器、厂房等。根据一些理财学家的看法，只有固定资产投资才能够在根本上决定企业经营活动所产生的现金流量，进而决定企业价值的大小。因而，固定资产可以被称作“盈利性资产”，即创造企业价值的资产；而流动资产则可被称作“非盈利性资产”，即不会带来企业价值增加值的资产。那么，之所以必须进行流动资产投资，一方面是为了维持必要的偿债能力，另一方面则是为了保障固定资产的周转使用，因为配置一定数量的流动资产比如存货等是固定资产使用的前提条件。既然如此，只要满足了固定资产的周转需要，流动资产的占用自然是越少越好，以至占用为0。近年来西方企业界所推崇的“零营运资本”就是这么一个概念。

根据有关资料可以看出，在美国企业界，由于认识到了流动资产的性质，并加强了流动资产的科学控制，在全部投资当中，近数十年以来，用于流动资产方面的投资越来越少。

资产负债表的右方是来源方，被分为三个部分：流动负债、长期负债和股权资本。这种划分也与时间紧密关联着，即流动负债是指在1年之内必须偿还的债务，1年以后偿还的为长期负债，而在法律上没有偿还义务的则为股权资本。企业的融资决策和资本结构决策将从根本上决定资产负债表右方的数据及其结构。比如，一个企业的理财人员如果过分地依赖债务融资，势必会使企业的负债率出现不合理的上升；相反，如果企业尽量多地运用内部融资方式——税后留利和折旧形成的资金来筹措所需资金的话，负债率便可控制在一个合理的标准以内。

资产负债表的基本结构如表11－1所示：

表11－1　资产负债表基本结构

流动资产	流动负债
现金	
应收账款	长期负债
存货	
	股东权益
非流动资产	股本
固定资产	留存盈利
无形资产	
……	

一个企业的财务状况可以通过对资产负债表的右方结构和左方结构进行分析来了解。合理而科学的投资决策必然产生一个合理的资产负债表左方结构即资产结构（流动资产－非流动资产）；合理而科学的融资决策则会产生一个合理的资产负债表右方结构即资本结构（债务资本－股权资本）。那么，什么样的资产负债表结构所代表的财务状况是一个比较理想的财务状况呢？

优秀而稳固的财务状况是建立在如下合理的资产结构和资本结构之上的：

1. 固－流比例，比如30%对70%。
2. 流动资产中存货以外的资产比如现金、应收账款等－存货，比如30%对70%。
3. 总负债－股权资本，比如30%对70%。
4. 流动负债－长期负债，比如30%对70%。
5. 其他。

以上比例关系可如图11－1所示：

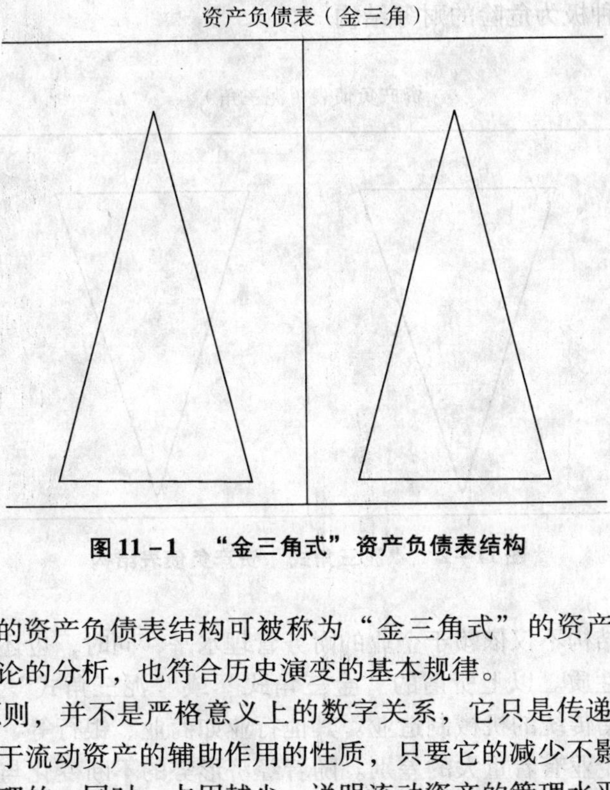

图11－1　“金三角式”资产负债表结构

这种上细下粗的资产负债表结构可被称为“金三角式”的资产负债表，因为这种结构既符合财务理论的分析，也符合历史演变的基本规律。

以上的3∶7原则，并不是严格意义上的数字关系，它只是传递一种理财行为的基本原则。比如，由于流动资产的辅助作用的性质，只要它的减少不影响固定资产的正常使用就被认为是合理的，同时，占用越少，说明流动资产的管理水平越高；再比如，在企业的资金来源中，由于负债的资本成本较低，应当使用一定数量的债务来融资，但过高的债务融资又会提高企业的财务风险，因而负债率不宜超过一定的界限，比如30%等。

按照以上原则，对我国一些企业的资产负债表进行分析，我们会发现如下不合理的结构屡见不鲜：在全部资产占用中，流动资产的占用尤其是应收账款和存货的占用过多，甚至超过 80%，这意味着资金占用的极度浪费；70% ~80% 以上的负债率在我国国企中绝非罕见，表明我国国企的财务风险极大；流动负债成为企业主要的融资方式，而这极为不利于企业财务状况的稳固等。所有这一切均表明这些企业的财务状况是极为恶劣的，已经严重地影响到企业的长远可持续发展。

如下图 11 –2 所示。这种上粗下细的资产负债表结构可被称为“泥三角式”的资产负债表。泥三角资产负债表所反映的企业财务状况是极为恶劣的：（1）大量的资金占用在不能带来收益的流动资产上，尤其是应收账款和存货上，这将极大程度地降低企业的收益水平。在应收账款、存货等流动资产的流动性较差的情况下，较大比重的流动资产并不能为企业的偿债能力带来足够的保障。在我国的许多企业中，多年积累、长年挂账、极难处理的应收账款和存货已经成为企业发展的重大障碍。（2）流动负债成为企业的主要资金来源，成为企业进一步发展的重要依托。但按照现代财务理论，流动负债只能是满足企业临时性、暂时性资金需要的方式，将其用于企业的战略性、长期性投资会严重地影响企业的稳定发展。在我国不少企业的资金来源中，流动负债甚至高达 80% 以上，这是一种极为危险的财务结构。

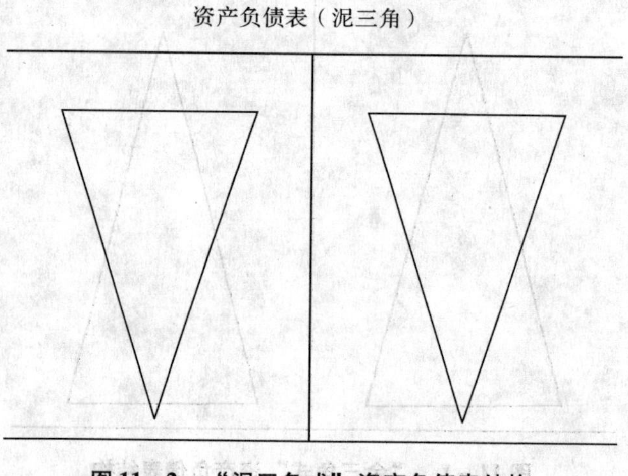

图 11 –2　“泥三角式”资产负债表结构

资产负债表的结构不仅依赖于企业的财务管理水平，同时，也还在很大程度上依赖于企业的生产经营性质。以上所谓的“金三角式”或“泥三角式”的资产负债表，从数量上看，主要是指传统的机械制造业。其他行业如商业、银行等，其资产负债表结构显然与机械制造业企业有着重大的差别。随着经济形势的不断变化与发展，同样性质的企业，资产负债表结构也会发生重大变化。比如，在传统的工业企业中，无形资产在企业资产总值中所占的比重很小，但在知识经济高度发达的今天，无形资产作为企业创造收益的一种主要资源，在资产负债表中的比重也势必越来越大。

高水平的财务管理人员应当结合现代财务理论、企业经营活动的性质以及客观的经营环境，拟定出资产负债表的理想结构——理想资产负债表，用于对企业投资活动、融资活动等的科学指导。

第三节 利润表与企业的收益、风险

利润表的主要功用即是反映企业一定时期的获利能力，同时，也是反映企业经营风险与财务风险的一个重要渠道。

事实上，通过资产负债表分析也可以对企业的获利能力进行分析和评价。比如，资产负债表股权资本的子项目之一“盈余公积”便表示了企业积累的获利能力。盈余公积越多，表明企业多年来获取利润的能力越强，可持续发展实力越大；盈余公积越少，表明企业多年来获取利润的能力越弱，可持续发展实力越小。应当关注对“盈余公积”项目的深入分析。但对企业获利能力的评价主要还是通过对利润表的分析来达到。

与资产负债表相比，利润表的历史相对较短。根据有关记载，在 1929～1933 年世界性的经济危机之前，美国为数不少的上市公司在对外披露的财务信息中，就不包括有关收益、利润等方面的信息。经济危机之后，人们对利润表资料表现出了越来越大的兴趣，这种需求反过来促进了利润表信息的向外披露和分析。因而，一直截至 20 世纪 70 年代美国财务会计准则委员会（FASB）成立之前，许多学者都认为，利润表在财务报表体系中属于“第一报表”，即是最为重要的财务报表。实际上，站在公司理财的角度来讲，资产负债表比利润表要重要得多。在国际上，该表目前普遍被称为“收益表”(income statement)。据说，之所以不称其为“利润表”或者“损益表”，是为了避免人们在阅读这张报表时，只关注于最后一栏的“利润”或者“亏损”数字。因为，相对于利润、亏损数字，该表所反映的其他内容可能更为重要。

无疑，利润表的主要功用即是反映企业的即期获利状况。但深入而论，通过科学的利润表分析，可以在以下三方面得到有益的信息：①即期利润水平。②销售活动创造现金流量的多少。③经营风险与财务风险的大小。其中，与利润表相关的风险评价技术主要是指杠杆分析，包括营业杠杆分析、财务杠杆分析和综合杠杆分析等。

为了获得以上分析所需要的利润表信息，实践证明，利润表应当可以明确地提供以下三阶段的经营活动信息：第一阶段，是营销活动信息，主要包括企业的销售额、营业成本等项目，这是利润表的核心数据；第二阶段，是财务费用、纳税情况信息，该类信息与企业的生产经营活动没有直接的关联，但财务费用的多少却直接取决于企业的融资决策；第三阶段，是税后净利及其分派信息，这与股利政策有着密切的关系。具体到利润表项目上，以上信息主要通过三个项目来表达，即销售额、纳税付息前利润与税后净利（每股盈利）。西方国家所常用的收益表的分段编制方式正好直接提供了报表分析所需要的这些信息。

分段式利润表又称为分步式利润表，是把损益的计算分解为若干步骤，按照费用与收入相互配比的原则，把相同性质的收益和费用归纳为一类，然后逐步计算各类损益，直到最后计算出净利润。以西方发达国家为例，分段式利润表主要分为以下两部分：营业部分和营业外部分。简式的分段式利润表的格式如表 11－2 所示。

表 11－2　分段式利润表（简式）

销货收入
减：销货退回及折让
销货净额
减：销货成本
销货毛利
减：销售费用
销货净利
减：管理费用
营业收入
加：营业外利得
减：营业外损失
纳税付息前利润（EBIT）
减：利息费用
税前净利
减：所得税
税后净利
减：优先股股利
普通股股东所得净利
每股指标：
每股盈利（EPS）
每股股利（DPS）
每股现金流量（CFPS）
每股账面价值（BVPS）

利润表的分段编制才是最科学、最便于进行分析的收益表项目排列格式。突出的优点为：①按照“销货收入”、“纳税付息前利润”与“普通股股东所得净利”等三个财务分析中最为常用的、也是最具有理论意义的指标将利润表划分为三个部分，非常利于进行报表分析。销货收入为利润表分析的起点。在纳税付息前利润之前，利润表所反映的是企业经营活动的水平及结果，之后则可以反映企业重要的财务政策——尤其是融资政策对企业投资者财富的影响。②将“利息费用”与企业的一般生产经营费用分开，有助于分别对企业的经营活动水平和财务活动水平进行分析和评价。这对于理财人员来讲是尤为重要的。

但目前我国企业的利润表的法定格式与国际惯例相比，差异甚大，也不便于进行规范的财务分析。比如，在我国的利润表中，利息费用是与其他的期间费用列示在一起的，不利于通过利息费用的分析来评价企业财务风险的大小；再比如，在我国的利润表中，没有明确地、单独地列示出经营活动的获利结果，比如“纳税付息前利润”

(EBIT)，而该指标在财务分析中的重要地位是不可替代的。

与资产负债表与现金流量表相比，利润表中的收入项目和成本项目极易导致人为操纵，客观性较差。

从财务管理的角度来讲，需要关注如下两个方面的利润表分析：一是销售额及其增长率分析，二是经营风险分析和财务风险分析。至于我国传统上所关注的各种利润率分析，则主要应用于在不同的企业之间进行横向比较。

销售额及其增长率分析对于理财人员来讲，具有极为重要的作用。因为：①销售额的实现是企业经营活动创造现金流量的前提。换言之，没有销售额的实现，便没有现金流量的实现。②销售额绝对值的大小，从一定程度上反映着一个企业的经营实力——创造现金流量的实力、抵御各种风险的实力等。③了解现代财务理论的人们都知道，增长率假设在财务决策中起着极为核心的作用。比如，在股票估价和企业价值估价中，固定增长模型是一个最为常用的估价技术。在这一估价模型中，增长率是一个最为重要的参数，它的取值将在很大程度上决定最终估价的结果。

在传统的利润表分析中，人们往往忽略了通过利润表数据来对企业的经营风险和财务风险进行分析和评价。隐含在“销售额”至“纳税付息前利润”之间的风险被称为“经营风险”，即假设在没有丝毫负债的情况下，企业所面临的风险。具体表现为销售额的些许波动会引起纳税付息前利润更大幅度的波动，而且，在企业全部投资中，固定资产投资比重越大，这种风险就越大。一般地，可以通过计算经营杠杆来评判经营风险的大小。隐含在“纳税付息前利润”至“税后净利（比如每股收益，EPS）”之间的风险被称为“财务风险”，是由于使用负债而使企业和所有者增加的风险。自然，使用负债越多，利息费用越多，财务风险就越大。具体表现为经营利润的些许波动会引起税后净利更大幅度的波动。一般地，可以通过计算财务杠杆来评判财务风险的大小。

对经营风险与财务风险进行分析最为常用的方法便是杠杆分析。关于杠杆分析，我们已在“财务风险管理”一章中予以介绍。

第四节　现金流量表与理财目标

“现金流量至高无上”已经成为现代企业进行经营管理所应当遵循的一个基本理念。正因为此，现金流量表正在逐步成为理财人员最为关注的一张财务报表。现金流量表既以现金流量的形式反映着企业理财活动的结果，同时，也历史性地反映着企业价值的实现过程。

1987 年 11 月，美国财务会计准则委员会（FASB）公布了第 95 号准则公告即《现金流量表》公告，要求将该表包括在 1988 年 7 月 15 日以后会计年度的年度财务报表体系中。根据美国《会计趋势与技术》(Accounting Trends and Techniques) 所提供的有关资料可知，1986 年，在被调查的 600 家公司中，以现金为基础编制财务状况变动表的有 398 家，以营运资本为基础的有 202 家。但仅仅在几年前的 1980 年，运用现金基础的公司为59家，营运资本基础的则为541家。在短期内人们将注意力集中于现金流量的重要原因有：①现金流量与企业的各种决策尤其是财务决策比如投资决策、融资决策等有着高度的相关关系。②权责制会计中的主观判断因素如折旧等费用的分摊使得人们对净收益等指标的可信度产生了怀疑。③与现金流量相比，营运资本概念下的财务状况变动表不能提供明显的、更有实用价值的有关流动性与财务适应性的信息。大量的资料显示，能够反映企业经营活动状况以及可持续发展实力的主要指标不是销售额、净利润等收益表数据，而是企业的现金流量。

假如接受企业价值最大化的理财目标，那么，现金流量表就是一个极为核心的财务报表，因为只有现金流量表才能提供直接的、明确的现金流量信息。通过连续数期现金流量表的分析，结合未来客观经济形势的变化，理财人员可以对未来时期经营活动创造现金流量的能力进行科学的预测，并在此基础上进行企业价值规划，筹划合理的理财行为。对于理财人员而言，现金流量表是一个最为重要的财务报表。

通过现金流量表，可以：①提供企业会计期间内的现金流入与现金流出信息，以现金基础反映企业的经营活动、投资活动与融资活动。②帮助人们辨析会计收益（accounting income）与现金流量之间的关系。③提供有关收益品质（quality of income）方面的信息。④增强财务报告信息的可比性。⑤评价企业的流动性及财务适应性。⑥预测未来现金流量。以上所述各点，权责制会计很难提供。当然，现金流量信息需要与资产负债表、收益表信息一同分析，方能发挥最大效用。

由于现金流量信息对经济决策的重要作用，现金流量表的无可替代的作用也就不言而喻了。该表可以回答如下简单但极重要的几个问题：现金来自何处？现金用到何方？现金余额（cash balance）在会计期间内发生了什么变化？等等。来自于营业活动的现金与会计收益之间虽有重大差异但有着密切的联系。一般而言，会计收益与现金流量之间的伴随关系（correlation）越强，表明企业的收益品质越好。因为在会计收益中有大量的非现金的应计和递延项目，它们并不能提供确切的流动信息。所谓收益品质概念正是对会计收益与现金流量之间的差异程度予以反映的一个概念。具体言之，会计收益与现金流量的差异越小，说明会计收益的收现能力较强，收益品质较好；反之，收益品质较差。收益品质好，流动性及财务适应性就强。

在权责制会计制下，由于所采用会计政策的不同，使得不同企业的财务资料的可比性大受影响。但是，现金流量的计量是极为明确和简单的，根本不涉及对会计政策的主观选择。因此，与收益计量相比，现金流量计量要整齐划一得多，具备较强的可比性。换言之，现金流量的差异原因源于单一的经营活动或投资活动或融资活动，不像收益计量那样涉及各项活动本身以及会计政策等多方面的因素。

运用现金流量信息还可以对企业的财务适应性及流动性进行评价。这两种能力维系着企业未来的发展。源自企业内部如经营活动的现金流量越充分，越迅速，财务适应性与流动性越强。

流动性信息同样存在于资产负债表中。然而，目前采用的“流动—非流动分类系统”并不能提供完全可靠的、全面的流动性信息。因为有些流动项目并不一定构成未来的现金流动，即流动资产未必形成现金流入、流动负债也未必形成现金流出。即使构成流动项目——现金流动的转化，时间上的差异也可能会非常突出。再者，由于会计计价的原因，资产负债表项目与未来的现金流量之间也会产生差异。现金流量表反映的是确定的而不是将来的现金流量。

现金流量表也可为未来现金流量的估计提供必要的数据。

从财务管理的角度讲，现金流量表中的三阶段现金流量，即经营活动现金流量、投资活动现金流量与融资活动现金流量中，经营活动现金流量是最重要的现金流量，只有它才是决定企业价值的根本因素。

理财人员必须清楚，无论是投资活动现金流量还是融资活动现金流量，实际上都是企业财务管理决策的结果。具体言之，投资决策比如资本预算决策决定了现金流量表中投资活动现金流量的时间分布和数量，融资决策比如股票融资决策决定了现金流量表中融资活动现金流量的时间分布和数量。因此，就这两部分内容来讲，现金流量表事实上乃是以现金流量的形式反映了企业财务决策的结果。如果企业的投资决策和融资决策均处在严格的约束和控制之下的话，那么，现金流量表中的“投资活动”和“融资活动”部分，作为科学决策的一种结果，就无需进行合理与否的重新评判。

经营活动所带来现金流量的多少从根本上决定着企业价值最大化目标的能否实现。换言之，企业价值最大化理财目标的最终实现完全依赖于企业每期经营活动所带来的现金流量的最大化。从这个意义上讲，现金流量表可以被视为企业价值的实现过程报告。

第五节　财务报表分析：比率分析法

财务管理的目标是实现公司价值最大化。公司价值取决于公司未来的收益以及现金流量。而公司未来收益和现金流量就体现在财务报表中。财务报表反映公司过去某一时点（资产负债表）和某一时期（损益表和现金流量表）的状况。然而，财务报表真正的价值却在于它可以预测未来的收益和现金流量，为企业进行投资决策提供信息。因此，投资者和管理者应对公司提供的财务报表进行研究，根据需要计算各种比率，以了解公司的整体经营情况和财务状况。财务比率可以分为四类：变现能力比率、资产管理比率、负债比率以及盈利能力比率。

一、变现能力分析

变现能力是企业产生现金的能力，它取决于企业可以在近期转变为现金的流动资产的多少。反映变现能力的指标主要有流动比率和速动比率。

（一）流动比率

流动比率是流动资产与流动负债的比值。其计算公式为：

流动比率＝流动资产÷流动负债

式中，流动资产指在活跃市场上交易，并能以市场价格很快转换为现金的资产，它通常包括现金、有价证券、应收账款和存货。流动负债包括应付账款、短期应付票据、一年内到期的长期债务、应交税金以及应付工资等。为了便于说明，本节各项财务比率的计算均使用XYZ公司的数据资料，该公司资产负债表、损益表如下。

表11－3　XYZ公司资产负债表

2003年12月31日　　单位：万元

资产	年初数	年末数	负债及所有者权益	年初数	年末数
流动资产：			流动负债：		
货币资金	50	100	短期借款	90	120
短期投资	24	12	应付票据	8	10
应收票据	22	16	应付账款	218	200
应收账款	400	800	预收账款	8	20
减：坏账准备	2	4	其他应付款	24	14
应收账款净额	398	796	应付工资	2	4
预付账款	8	44	应付福利费	32	29
其他应收款	44	24	应交税金	8	10
存货	652	238	其他应交款	2	22
待摊费用	14	64	预提费用	10	23
一年内到期的长期债券投资	0	90	其他流动负债	10	16
流动资产合计	1212	1384	一年内到期长期债务	0	100
长期投资：			流动负债合计	412	568
长期投资	90	60	长期负债：		
固定资产：			长期借款	490	900
固定资产原值	3234	4000	应付债券	520	480
减：累计折旧	1324	1524	长期应付款	120	100
固定资产净值	1910	2476	其他长期负债	30	40
固定资产清理	24	0	长期负债合计	1160	1520
在建工程	50	20	所有者权益：		
固定资产合计	1984	2496	股本（每股面值1元，市价15元）	200	200
无形及递延资产：			资本公积	20	32
无形资产	16	12	盈余公积	80	148
递延资产	30	10	未分配利润	1460	1500
其他长期资产	0	6	所有者权益合计	1760	1880
资产合计	3332	3968	负债及所有者权益合计	3332	3968

表 11－4　XYZ 公司损益表

2003 年度　　　　　　　　　　单位：万元

项目	上年数	本年数
一、主营业务收入	5700	6000
减：主营业务成本	5006	5288
主营业务税金及附加	56	56
二、主营业务利润	638	656
加：其他业务利润	72	40
减：营业费用	40	44
管理费用	80	92
财务费用	192	220
三、营业利润	398	340
加：投资收益	48	80
营业外收入	34	20
减：营业外支出	10	40
四、利润总额	470	400
减：所得税	150	128
五、净利润	320	272

XYZ 公司 2003 年年末的流动资产是 1384 万元，流动负债是 568 万元，根据上式可以计算 XYZ 公司的流动比率为：

流动比率 $=1384\div568=2.44$

流动比率是衡量企业短期偿债能力的常用指标，它可以衡量债权人的求偿权能够得到迅速转化为现金的资产的保证程度。企业能否偿还短期债务，要看有多少债务，以及有多少可变现偿债的流动资产。流动资产越多，短期债务越少，则偿债能力越强。在美国，流动比率又被称为“二比一比率”，意即流动比率的最佳值为 200%，流动资产是流动负债的 2 倍最好。但自 20 世纪 70 年代以来，流动比率有下降的趋势。

如果用流动资产偿还全部流动负债，企业剩余的是营运资金，即流动资产与流动负债的差，营运资金越多，企业不能偿还债务的风险越小。营运资金也是衡量短期偿债能力的指标，为了保证企业最低水平的偿债能力，流动资产至少要与流动负债相等。净营运资本越多，表明企业在偿还了债务之后，可供理财人员使用的流动资产越多。但是，营运资本占用过多，会影响企业盈利能力。

（二）速动比率

零营运资本，是极端意义上的激进的营运资本政策，即通过严格而科学的生产、营销管理，将企业的营运资本——现金、存货等降低为零，从而实现营运资本管理的最高水平。零营运资本管理要做到：存货＋应收账款－应付账款≤0。其中，存货与应收账款是创造销货额的主要因素，这部分本应由企业占用的流动资金可由供货商通过应付账款来提供。速动比率或酸性测试比率是指从流动资产中扣除存货部分，再除以流动负债的比值。

速动或酸性测试比率 =（流动资产 - 存货）÷流动负债

例如，XYZ 公司 2003 年年末的存货为 238 万元，则速动比率为：

速动比率 =（1384 - 238）÷568 = 2.02

在公司的流动资产中，存货的变现速度最慢，在清算时存货很可能发生损失或已抵押给债权人，因此，企业不能依赖销售存货清偿短期负债，速动比率排除了存货的影响，使它所反映的短期偿债能力更加令人信服。

通常认为正常的速动比率为流动比率的一半，较低的速动比率被认为是企业的短期偿债能力偏低。但是，速动比率会因行业的不同而产生很大差异。例如，大量现金销售的商店，几乎没有应收账款，低于 1 的速动比率很正常。此外，影响速动比率可信性的重要因素是应收账款的变现能力。账面上的应收账款不一定都能变成现金，实际坏账可能多于计提的坏账准备。外部使用人不易了解，而财务人员却有可能做出估计。

二、资产管理比率

资产管理比率，衡量公司管理资产的效率，即企业营运能力的分析。这类比率可以分析企业根据目前和预计的销售水平，资产负债表上各类资产总额是否处于合理水平，现有经济资源的利用效率是否合理。分析资产管理能力主要从现金存量管理、存货管理、应收账款管理、流动资产管理、固定资产管理以及总资产管理。

（一）现金存量管理

现金是流动性最强的一项资产，也是获利水平最低的一项资产。企业经营的初始是现金，经营的结束也是现金。企业拥有合理数量的现金存量，可以增强到期偿还债务的能力，降低财务风险，增强财务弹性。现金管理的目的就是在保障企业生产经营活动所需现金的同时，节约使用现金，并从暂时闲置的现金中获得最多的投资收入。

（二）存货周转率

流动资产中存货比重较大，它的流动性直接影响企业的流动比率，因此，要重视对存货流动性的分析，一般用存货周转率来分析。

存货周转率衡量和评价企业购入存货、投入生产、销售收款等各环节管理状况的综合指标。它是销售成本与平均存货的比值。用时间表示存货周转速度的指标就是存货周转天数。公式如下：

存货周转率 = 销售成本 ÷ 平均存货

存货周转天数 = 360 ÷ 存货周转率

例如，XYZ 公司 2003 年销售成本为 5288 万元，期初存货为 652 万元，期末存货为 238 万元，则存货周转率为：

存货周转率 = 5288 ÷（652 + 238）/2 = 11.88（次）

存货周转天数 = 360 ÷ 11.88 = 30.30（天）

一般地，存货周转速度越快，存货占用水平越低，流动性越强。存货周转率反映企业存货管理水平，提高存货周转率，可以提高企业变现能力，增强企业短期偿债能力。存货周转分析的目的是从不同角度和环节上找出存货管理中的问题，使存货管理在保证生产经营连续性的同时尽可能少地占用经营资金，提高资金使用效率，促进企业管理水平的提高。

（三）应收账款周转率

应收账款在流动资产中有着举足轻重的地位，及时收回应收账款，可以增强企业短期偿债能力，反映企业管理应收账款的效率。

反映应收账款周转速度的指标是应收账款周转率或应收账款周转天数，表示企业从实现销售到收到现金所需要的时间。其计算公式为：

应收账款周转率 = 销售净额 ÷ 平均应收账款

应收账款周转天数 = 360 ÷ 应收账款周转率

式中，销售净额来自损益表，是扣除折扣和折让后的销售净额。平均应收账款来自资产负债表，是期初与期末应收账款余额的平均数，是未扣除坏账准备的应收账款金额。

例如，XYZ 公司 2003 年销售收入 6000 万元，期初应收账款为 400 万元，期末应收账款为 800 万元，则：

应收账款周转率 = 6000 ÷ ［（400 + 800） ÷ 2］ = 10（次）

应收账款周转天数 = 360 ÷ 10 = 36（天）

一般地，应收账款周转率越高，平均收账期越短，说明应收账款的收回越快。否则，企业营运资金过多呆滞在应收账款上，影响资金正常周转。对应收账款周转率的评估也可以通过与销售商品的信用期间相联系进行比较。例如，XYZ 公司销售的信用期间是 25 天，而应收账款周转天数为 36 天，也就意味着有些客户难以及时偿付货款，这就限制了公司的资金，使其难以进行正常生产和投资。另外，客户推迟偿付款项可能意味着客户已陷入财务困境，使得企业账款的收回更加困难。因此，企业应加强对应收账款的管理，制定合理的信用政策和收账政策，加快应收账款周转速度。

（四）流动资产周转率

流动资产周转率是指销售收入与平均流动资产总额的比率。用时间表示流动资产周转速度是流动资产周转天数。其计算公式为：

流动资产周转率 = 销售净额 ÷ 平均流动资产

式中，销售净额来自损益表，流动资产来自资产负债表年初与年末数的平均数。

例如，XYZ 公司 2003 年流动资产年初数为 1212 万元，年末数为 1384 万元，则：

流动资产周转率 = 6000 ÷ ［（1212 + 1384） ÷ 2］ = 4.62（次）

流动资产周转率反映流动资产的周转速度。加快周转速度，会节约流动资金，相对扩大资产投入，增强企业盈利能力；相反，延缓周转速度，需要补充流动资产参加周转，形成资金浪费，降低盈利能力。

（五）固定资产周转率

固定资产投资是决定企业可持续发展实力的核心因素，它决定着企业创造现金流量的能力。固定资产周转率反映公司使用固定资产的效率，它是销售收入与固定资产净值的比率。其计算公式为：

固定资产周转率＝销售收入÷固定资产净值

例如，XYZ公司固定资产净值为2476万元，则：

固定资产周转率＝6000÷2476＝2.42

假设行业平均值为2.4，说明公司固定资产的使用效率和同行业其他公司大致相当，公司固定资产数量比较合适。如果该指标低于行业平均值，说明企业固定资产使用不当，可能存在大量闲置资产。需要说明的是，固定资产反映的是资产的历史成本，而通货膨胀使很多过去所购买的资产的价值被严重低估了。因此，财务人员在具体分析固定资产周转率指标时会面临通货膨胀所带来的困难。

（六）总资产周转率

总资产周转率反映公司资产总体的周转情况，它是销售收入与平均总资产的比值。其计算公式为：

总资产周转率＝销售净额÷平均资产总额

XYZ公司的总资产周转率＝6000÷［（3332＋3968）÷2］＝1.64（次）

XYZ公司的总资产周转天数＝360÷1.64＝220（天）

该指标越大，周转速度越快，反映销售能力越强。若公司的总资产周转率低于行业平均值，说明在既定的固定资产投资水平下并未充分利用其现有生产能力。公司应当增加其销售能力或处置一部分资产，或两者同时进行，以提高其总资产周转率。各项资产周转指标可以和反映盈利能力的其他指标结合使用，全面评价企业盈利能力。

三、负债比率

负债比率反映企业到期偿还长期债务（包括本金和利息）的能力，是债务与资产和权益的关系。分析负债比率要考虑负债的财务杠杆作用，即企业运用负债筹集的资金进行投资的收益大于负债利息，权益资本报酬率就会提高；而如果运用负债所获得的收益不足以偿还利息，企业风险增大，权益报酬率就会低于期望报酬率。企业在运用负债筹资决策时需要进行期望收益与风险的权衡，确定最佳的负债额度。

（一）资产负债率

资产负债率衡量债权人提供的资金占总资金的比重，是总负债与总资产的比值，其计算公式为：

资产负债率＝（负债总额÷资产总额）×100%

式中，负债总额是短期债务与长期债务的总和，因为短期债务是企业长期占用的一部分，可以作为长期资本来源对待。

需要说明的是，负债率的计算基础可能会有不同。我国普遍使用的计算基础是账面价值，即根据企业资产负债表右方的负债数与股权资本数直接计算所得。而在西方某些国家比如美国，却常常以市场价值为基础来计算负债率。在通常情况下，公司债务的市场价值与账面价值相差不大，但股权资本的市场价值与账面价值之间的差异可能甚大，比如3~5倍。此时，按照账面价值计算的负债率与按照市场价值计算的负债率之间的差异也会非常大。因此，在比较不同国家、不同情况下负债率的时候，应当特别注意负债率的计算基础问题。

例如，XYZ公司2003年负债总额为2088万元，资产总额为3968万元。

资产负债率 = 2088 ÷ 3968 × 100% = 52.6%

债权人喜欢较低的资产负债率，他们关心贷出款项的安全程度。资产负债率越低，当公司破产时，债权人免受损失的保证就越大。资产负债率越高，债权人所承担的企业风险越大。而股东则希望利用财务杠杆来扩大预期收益，他们关心实现的报酬是否高于借入款项的利息。对股东来讲，当报酬率高于利率，负债比率越高越好。但是，如果企业资产负债率超过了行业平均值时，企业再次使用负债融资的成本可能就会很高，贷款者会考虑到自身风险而不愿意再贷款给企业，导致企业面临破产的风险。

国际有一个不成文的负债率规则，即3∶7，即：负债不宜超过30%，股权资本比重不宜低于70%。我国企业的负债率偏高，是影响我国企业财务状况不佳的一个重要因素。河南省曾经对部分国企进行过调查，结果显示企业负债率不断攀升，1998年平均负债率为85.6%，比上年上升12%。在被调查的企业中，35.3%的企业严重资不抵债，平均负债率高达130%。而且负债结构不合理。绝大部分企业短期债务比例过高，1997年和1998年短期债务占全部债务的比重分别达到了81%和83%。[①] 下表是美国非金融机构各行业的负债率比较。

表11－5　美国非金融机构的负债率

	负债/权益与债务市值（%）
高杠杆率	
建筑业	60.2
旅馆业	55.4
航空业	38.8
主要金属业	29.1
造纸业	28.2
低杠杆率	
化学制药	4.8

① 中国财经报，1997－07－07。

续表

	负债/权益与债务市值（%）
电子业	9.1
管理服务业	12.3
电脑业	9.6
健康服务业	15.2

（二）产权比率

产权比率是负债总额与所有者权益总额的比率，它是衡量债权人提供的资金与股东提供资金的比例关系。其计算公式如下：

产权比率 = 负债总额 ÷ 所有者权益总额 ×100%

例如，XYZ 公司 2003 年所有者权益总额为 1880 万元，则

产权比率 = 2088 ÷ 1880 ×100% = 1.11

产权比率可以反映企业基本财务结构是否稳定。产权比率高是高风险、高报酬的财务结构，相反是低风险、低报酬的财务结构。一般地，产权比率小于 1，即股东资本大于债权人资本为好，可以使债权人投入资本受到股东权益的保障。

（三）利息保障倍数

利息保障倍数是衡量企业偿付借款利息的能力，反映企业经营收益下降到何种程度时企业难以支付每年的利息。如果企业不能偿还利息，企业可能面临破产。利息保障倍数是息税前利润与利息费用的比值，其计算公式为：

利息保障倍数 = 息税前利润 ÷ 利息费用

式中，分子是息税前利润，而不是净利润。因为利息是税前支付的，全部的息税前利润可用于支付利息。

例如，XYZ 公司 2003 年税前利润总额为 400 万元，利息费用为 80 万元。

利息保障倍数 =（400 + 80）÷ 80 = 6

假设行业平均水平为 5.5，说明 XYZ 公司偿还利息的能力较强，不会面临财务困境。

综合来讲，考察分析企业负债率的方法有两种：①通过资产负债表，考察企业资产总额中有多少是借债筹集的，企业资本结构是否合理。②通过损益表考察企业收益中有多少可以支付利息费用，企业是否面临财务困境。影响企业长期偿债能力的因素还包括长期租赁、或有项目、企业担保等，企业在评价其长期偿债能力时要考虑它们的潜在影响。

四、盈利能力分析

获利是投资者和经营者的主要目标，因此他们比较关注企业的盈利能力。盈利能力

比率反映了企业资产流动性、资产管理效率和负债作用的综合结果。但是，在具体分析时，应排除非正常项目对盈利能力的影响，因为特殊情况下的个别结果不能说明企业的能力。通常，反映盈利能力的指标包括销售净利率、总资产报酬率和权益报酬率。

（一）销售净利率

销售净利率是指净利润与销售收入的比值，反映每 1 元的销售收入中所包含的净利润。其计算公式为：

销售净利率 = 净利润 ÷ 销售收入 ×100%

例如，XYZ 公司 2003 年净利润为 272 万元，销售收入为 6000 万元。

销售净利率 = 272 ÷ 6000 ×100% = 4.5%

如果企业销售净利率低于行业平均水平，说明企业成本费用占用过高，企业经营效率较低。例如，如果企业负债筹资过多，它的利息费用就会很高，即使其销售收入、成本和息税前利润与其他企业相同，较高的利息费用会降低其净利润，使销售净利率下降。这不是企业经营本身的问题，而是融资策略所带来的。因此，分析销售净利率时要将企业经营管理水平与筹资策略等因素结合起来，以提高盈利水平。

（二）总资产报酬率

总资产报酬率反映企业总资产的盈利水平，是净利润与平均总资产的比率，即 1 元资产所产生的净利润。其计算公式如下：

总资产报酬率 = 净利润 ÷ 平均总资产 ×100%

XYZ 公司的总资产报酬率 = 272 ÷ [(3332 + 3968) ÷ 2] ×100% = 7.5%

该指标越高，说明资产的利用效率越高。净利与资产、资产结构、经营管理水平密切相关，可以将该指标与企业前期、行业平均水平相比较，分析差异原因，挖掘企业提高利润水平的能力。

（三）权益报酬率

权益报酬率反映企业所有者权益的投资报酬率，它是净利润与净资产的比值，也称为股东投资报酬率。其计算公式为：

权益报酬率 = 净利润 ÷ 净资产 ×100%

XYZ 公司权益报酬率 = 272 ÷ 1880 = 14.47%

权益报酬率指标综合性很强，以下将在“杜邦分析法”中具体介绍。

五、上市公司主要财务指标

对上市公司来说，最重要的财务指标是每股收益、每股净资产、市盈率和市净率。

（一）每股收益

每股收益是衡量上市公司盈利能力最重要的财务指标，反映普通股的获利水平。它是企业净利润与年末普通股股份总数的比值。其计算公式为：

每股收益 = 净利润 ÷ 年末普通股股数

XYZ 公司每股收益 = 272 ÷ 200 = 1.36（元）

如果企业发行了不可转换优先股，则计算时要扣除优先股股利和股数，使每股收益真实反映普通股的获利能力。此时，计算公式为：

每股收益 =（净利润 - 优先股股利）÷（年末股份总数 - 年末优先股股数）

在分析每股收益指标时，企业可以将其与其他公司比较，评价企业相对的盈利能力；可以与前期比较，分析盈利能力的变化趋势；可以与企业预测比较，评价企业的管理能力。

应当注意的是，每股收益指标不反映股票所含有的风险，也就是企业经营风险的增大没有体现在每股收益的变化中，每股收益可能不变。计算每股收益时，不同股票经济上是不等量的，它们含有的净资产不同，即每股收益的成本不同，限制了每股收益的公司间比较。

（二）市盈率

市盈率（P/E）是指普通股每股市价与每股收益的比值，表明投资者对每 1 元的报告收益愿意支付的价格。其计算公式为：

市盈率 = 每股市价 ÷ 每股收益

XYZ 公司市盈率 = 15 ÷ 1.36 = 11.03

市盈率指标可以用来估计股票的投资报酬和风险，它是市场对公司的共同期望指标，市盈率越高，表明市场对公司的未来越看好，公司更能获得社会信赖，具有良好前景。当其他因素保持不变时，预期增长较快的公司市盈率较高，而风险较大的公司市盈率较小。根据有关资料，美国股市的平均市盈率大致为 18 倍左右，日本股市被认为是泡沫股市，市盈率大致为 80 倍左右。较高的市盈率意味着股票价格过高。

市盈率指标不能用于不同行业公司的比较。有较大发展空间的新兴行业市盈率普遍较高，而成熟行业的市盈率普遍较低，并不代表其股票没有投资价值。只要市价不会降至零，即使每股收益很小时，市盈率可能会很高，这往往不能说明问题。市盈率高低受市价的影响，而影响市价的因素很多，因此需要观察市盈率的长期变化趋势。

（三）市净率

与市盈率相对的是市净率指标，它是投资者评价公司状况的另一个比率。市净率把每股净资产和每股市价联系起来，说明市场对公司资产质量的评价。其计算公式如下：

市净率 = 每股市价 ÷ 每股净资产

每股净资产 = 年末股东权益 ÷ 年末普通股股数

XYZ 公司市净率 = 15 ÷（1880 ÷ 200）= 1.6

市净率可以用于投资分析。每股市价是资产的现在价值，是证券市场的交易价格；而每股净资产是股票的账面价值，是以成本计量的。一般认为，市价高于账面价值时企业有发展潜力，资产质量好；反之，企业发展潜力小。市净率一般大于 1，这意味着投资者愿意支付比会计账面价值更高的价格购买股票。根据价值线投资公司调查的结果，1997 年一般公司的市净率为 3。

权益报酬率与市净率也有一定联系。权益报酬率较高的公司一般比权益报酬率较低的公司股价高，它的市净率就比权益报酬率低的公司高。如果公司资产的报酬率较低，其市净率和一般公司相比也相对较低。

（四）其他比率

1. 股票获利率。股票获利率是指每股股利与股票市价的比率，它反映股利与股价的比例关系。其计算公式为：

股票获利率 = 普通股每股股利 ÷ 每股市价 ×100%

股票持有人收益主要来源有股利和股价上涨收益。如果预期股价上升，投资者会接受较低的股票获利率。如果预期股价不能上升，股票获利率就成了衡量股票投资价值的主要依据。

2. 每股净资产。每股净资产反映发行在外的每股普通股所代表的账面权益的成本，是年末股东权益（扣除优先股权益后的余额）与年末普通股股份总数的比值。其计算公式为：

每股净资产 = 年末股东权益 ÷ 年末普通股股数

每股净资产提供了理论上的股票最低价值。若公司股票价格低于净资产成本，成本又接近变现价值，说明公司已无存在价值。但是每股净资产是用历史成本计量的，不反映净资产的变现价值，也不反映净资产的收益能力。所以，在投资分析时只能有限地使用这个指标。

六、财务报表综合分析

财务报表的综合分析是在单个报表分析的基础上，将公司作为一个整体系统，并将各项具体分析得到的信息如变现能力、偿债能力等作为公司财务状况的组成部分，衡量企业理财活动的综合绩效，以判断企业整体营业情况。

（一）杜邦分析法

杜邦分析法是杜邦公司的管理者创造出来的，反映权益报酬率受资产周转率、边际利润和杠杆水平影响的一种方法。已有 80 年历史的杜邦分析系统作为财务分析工具已经经历了时间的考验。它的价值在于它可以使管理者清晰地看到影响权益报酬率、总资产报酬率的各个因素。①

采用杜邦分析进行综合财务分析时，可以将各种财务指标之间的关系绘制成杜邦分

① “杜邦模型是一个可了解信息的一种方式，每个人都可看到。”Penn Stato 大学的 Stephen Jablonsky 教授曾说，他强调杜邦系统将会长期受欢迎。“财务人员不论在哪里组建他们的企业，使用的传统评价业绩的工具，比如边际利润、资产报酬率、权益报酬率等，都包含在杜邦模型中。”

析图，见图11－3。[①]

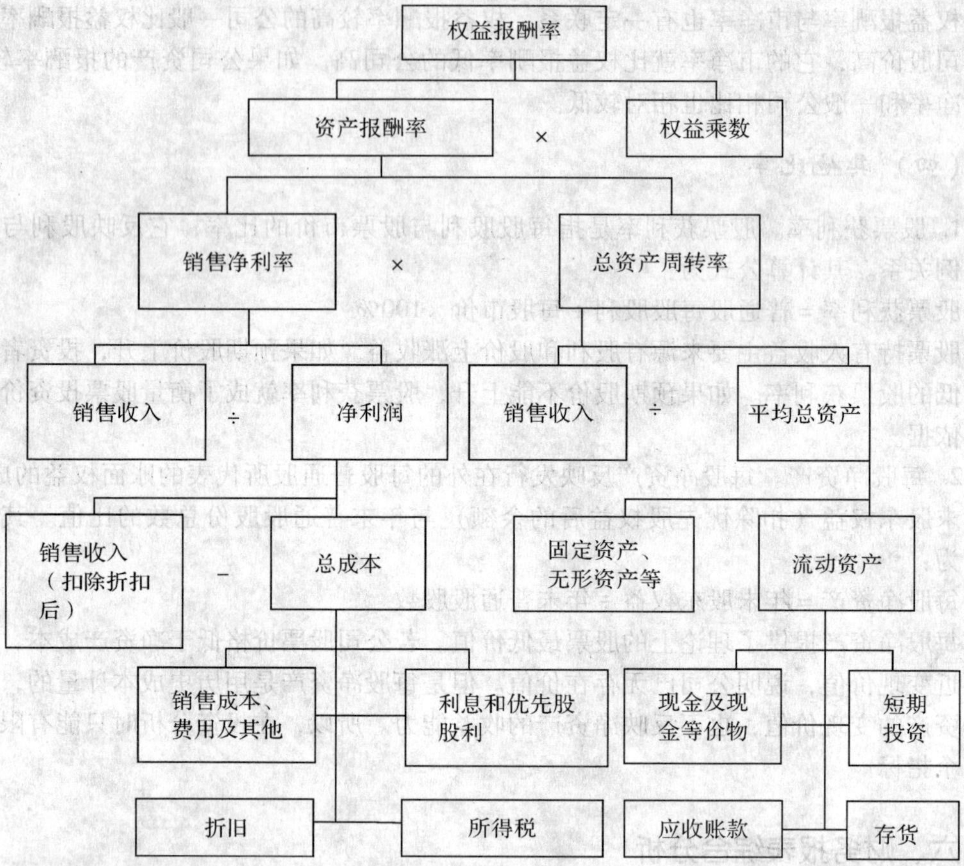

图11－3　杜邦分析图

从杜邦分析图中我们可以了解以下情况：

（1）权益报酬率是一个综合性很强的财务比率，是杜邦分析体系的核心。从杜邦分析图中可以看出，权益报酬率的高低主要受销售净利率、总资产周转率和权益乘数等因素的影响。

（2）销售净利率反映了税后净利与销售收入的比例关系。提高销售净利率有两种途径，一是扩大销售收入，二是降低总成本（包括销售成本费用、税金及利息费用等）。

（3）总资产周转率反映公司资产总体的周转利用情况，是销售收入与平均总资产的比值。对总资产周转率的分析，可以从资产构成比例、资产使用效率和效果等方面进行具体分析，包括对流动资产的周转（现金周转、应收账款周转和存货周转）、固定资产的周转分析。

① J. 弗雷德，威斯顿，尤金·F. 布里格姆等著：《财务管理精要》，第11版，机械工业出版社，1998。

（4）权益乘数是资产与所有者权益的比值，主要受资产负债率的影响。资产负债率高，既给企业带来较大的杠杆收益，又给企业带来较大的风险。企业应当权衡风险与收益的关系，确定合理的负债比率，优化资本结构，有效地提高权益报酬率。

（二）综合评分法

综合评分法是指企业先选定若干重要财务比率，然后根据财务比率的不同重要程度计算相应的分数，综合对企业财务状况评价和分析的一种方法。

运用综合评分法进行财务状况的分析，首先，选定能代表企业财务状况的重要财务比率，分别给定各项的分值，总分为100分；然后确定标准比率，与实际比率进行比较，计算各项指标的得分；最后求出总评分。比如中证·亚商每年评选最具竞争力50强的评价方法即是综合评分法。① 在总分100分中，财务状况占28分；核心业务占25分；经营能力占17分；企业制度占12分；人力资源占13分；行业环境占5分，总计100分。其中，财务状况分析中，盈利能力占7分，包括主营业务利润率、净资产报酬率、资产报酬率、扣除非经常性损益的净利润占总利润的比重。偿债能力占4分，包括资产负债率、流动比率、速动比率、已获利息倍数。营运能力占9分，包括总资产周转率、应收账款周转率、存货周转率、每股经营性现金流量。持续增长能力占6分，包括三年主营业务平均增长率、三年净利润平均增长率、三年总资产平均增长率、三年股东权益平均增长率。股东回报2分，包括三年股东回报率。

●本章案例

青岛海尔的财务分析案例

一、案例资料

海尔集团是世界第四大白色家电制造商、中国最具价值品牌。旗下拥有240多家法人单位，在全球30多个国家建立本土化的设计中心、制造基地和贸易公司，全球员工总数超过5万人，重点发展科技、工业、贸易、金融四大支柱产业，2005年，海尔全球营业额实现1034亿元（约合128亿美元）。

海尔集团在首席执行官张瑞敏确立的名牌战略指导下，先后实施名牌战略、多元化战略和国际化战略，2005年12月16日，创业21周年之际，海尔启动第四个发展战略阶段——全球化品牌战略阶段。海尔品牌在世界范围的美誉度大幅提升。1993年，海尔品牌成为首批中国驰名商标；2005年，海尔品牌价值高达702亿元，自2002年以来，海尔品牌价值连续四年蝉联中国最有价值品牌榜首。海尔品牌旗下冰箱、空调、洗衣机、电视机、热水器、电脑、手机、家居集成等16个主导产品被评为中国名牌，其中海尔冰箱、洗衣机还被国家质检总局评为首批中国世界名牌。2005年8月30日，海尔被英国《金融时报》评为“中国十大世界级品牌”之首。

---

① 摘自中国证券报，详细内容请参见：http：//www.cs.com.cn。

（一）成长路上的海尔集团

20年前，海尔的前身还是一个亏空147万元，资不抵债，工人拿不到工资，管理极为混乱的集体企业；到1998年，海尔实现销售收入162亿元，利税10个多亿，产品出口到87个国家和地区，出口创汇7665万美元。海尔集团现在已拥有各项专利1700多项，是中国申报专利最多的企业。1998年，海尔平均每个工作日开发一个新产品，每天申报两项专利，全年完成新产品、新技术262项，有236项成果实现商品化，商品化率达90%，科技贡献率达63%。

海尔集团发展至今天，技术创新是企业高速、稳定、持续发展的基础，也是实现国际化的海尔的基石。名牌战略是海尔创新精神的载体，海尔名牌战略实施的过程，就是技术创新的过程。

1. 造就海尔冰箱名牌。

自1984年海尔集团的前身青岛电冰箱总厂成立至1991年的7年时间里，海尔在实施名牌战略过程中，坚持技术质量上的高起点，强化全员质量意识，坚持技术进步，通过狠抓产品质量，创立了海尔冰箱名牌。1985年，集团总裁张瑞敏毅然决定，将76台存在一定质量问题的冰箱，由责任者亲自用大锤砸毁。这次事件在职工中造成极大的震动，职工的质量意识从此有了质的提高。

2. 从单一的冰箱名牌到多元的海尔品牌。

1992年，我国经济进入一个新的发展时期，海尔抓住时机先后兼并青岛电冰柜总厂、青岛空调器厂和青岛红星电器股份有限公司等18个企业，并投资兴建海尔园开始二次创业，现在海尔产品涉及冰箱、冷柜、空调、洗衣机和彩电、计算机、手机等领域，形成46个系列，8600多个品种规格的多元化产品群。

海尔在二次创业、多元化发展的过程中，通过立足市场来发展名牌，通过强化管理来巩固名牌，通过联合舰队来延伸名牌，通过不断的技术创新确立海尔名牌地位。

海尔始终坚持“用户第一”的思想，不断改进创新管理方法，以基础管理和现场管理为重点，把IE、6S活动、网络技术、全面质量管理、系统工程和价值工程等引入企业管理，使名牌产品处于先进的全方位优化管理之中。从市场出发，海尔形成了变频系列、抗菌系列、健康系列、环保系列、智能化系列家电等42个系列，8600多个品种规格的名牌产品群。海尔产品从整体上形成优势，每一个系列又具有不同的创新点，分别在技术、概念、需求、外观设计等方面独具特色。

3. 争创国际名牌。

1998年以来，海尔集团全面实施国际化战略，创国际化的海尔。海尔提出的“国门之内无名牌”的思想，实质是在国内市场取得稳固的地位后，要到国际市场上竞争，逐步在国际市场上树立自己良好的品牌形象。采取“先易后难”的出口策略，即首先进入发达国家建立信誉，创出牌子，然后再以高屋建瓴之势占领发展中国家的市场。构建海外专营网络，实现全球市场竞争。目前，海尔已在海外发展了49个经销商，销售网络达3000多个，并在中东和德国分别建立了“国际物流中心”。

海尔的国际化战略是对自身发展的需要，也是经济全球化趋势的必然结果。由于海尔坚持创国际名牌，树立国际信誉，因此在国际市场上逐步树立了自己良好的品牌形象。1998 年 11 月 30 日，英国《金融时报》进行的亚太地区最具信用公司评比中，海尔成为亚太地区进入前十名的企业中唯一的中国企业。同时，美国权威的《家电》杂志公布全世界范围内增长最快的家电企业，海尔排在美、日等家电名牌之前，名列榜首。

（二）中国家电业的现状

20 世纪 90 年代后期，国际上大的家电跨国公司都计划进入中国市场。当时很多人认为，它们的进入就像重量级的拳击手和轻量级的对打，并预言两年内，中国的家电企业可能都会死掉。但将近 10 年过去了，在这场同台竞争中，中国的企业不仅没有垮掉，还成就了像海尔、海信、TCL 等优秀的国际化企业集团，中国家电业成为全球家电业的制造基地。

或许有人说，中国制造业只能占据国际市场的低端市场，不能算是竞争力强，也不能说已成为制造基地。但家电业不同——中国家电业的产业规模本身就是竞争力。首先，中国家电业以极高的增速，很快成为成熟性产业，并具有了无可比拟的制造力：截至 2003 年，家电行业的工业产值已经达到 3412 亿元，主要产品的产量如电冰箱、冰柜、洗衣机、冰箱压缩机增长 2 ~ 3 倍，空调增长 10 倍，空调压缩机增长 15 倍，微波炉增长 30 倍。不仅如此，产业集中度也很高，截至 2003 年，24 家重点冰箱生产企业能力达 3225 万台，30 家空调生产企业能力达 6575 万台，31 家洗衣机生产企业能力达到了 3700 万台。其次，在满足国内市场需求的同时迅速成为全球主要供应商，十年中中国家电的出口额增长近 10 倍，出口平均增速达 36%。主要产品的产量占有较大份额，冰箱占全球 30%，空调、微波炉占 60%。

除大家电外，小家电吸尘器、电熨斗、电吹风占全球出口总量的 6 成；咖啡炉、吐司炉占 7 ~ 8 成。比较突出的是，近两年的出口增幅高于国内市场增幅，比如，2003 年空调的外销增幅达 87%，而内销增幅是 37%；微波炉产品已成为外销为主的产品。再看空调，2001 年出口 579 万台，2002 年出口 800 万台，2003 年出口 1644 万台，同比增长 1 倍；2004 年一季度出口近 800 万台，相当于 2002 年全年出口量。这样的增长速度表明，中国已经成为全球制造基地，承担全球采购的责任。

中国家电业多年在充分市场竞争环境中一方面自身提高，另一方面在与跨国公司的合资合作及同台竞技中，学习了他们的管理、运作经验，提升了自身的整体水平和竞争能力。过去，很多国外企业都是把在本国市场快淘汰的产品打进中国，但现在，中国是家电产品的晴雨表，很多在本国都没有上市的产品先进了中国。

此外，中国家电在全球企业整合中也起着越来越重要的作用。全球化的整合从 20 世纪 90 年代后期就一直进行，那时的主要表现是欧、美企业的整合及产业梯度转移，形成跨国公司在中国的合资合作热潮。近几年，这种重组、整合在中国深化，比较突出的是民营资本的注入。比如，美的全资收购美国美泰克在荣事达 51% 的股份，TCL 对汤姆逊和阿尔卡特的收购，美的、东芝、美国开利在空调业务上的合资，格林柯尔对美菱冰箱等企业的收购，斯迈特对小天鹅国有股的收购等。

尽管中国在 1997 年就已经确立了家电制造大国的地位，但是从近几年中国家电行业进展历程来看，中国家电制造业和零售业由于发展速度太快，偏重于短期利益行为，特别是在营销方面的资源投入，要远远大于产品研发技术和品牌推广的投入，在重营销轻技术轻品牌的策略，使整个行业很快进入了低利润、高膨胀的恶性循环，使产品的利润不断被挤压。

中国的家电业进入了一个转折期，要在短期内实现从大到强的转变，核心技术的突破，是实现家电强国的根本出路。在2006国美全球家电论坛上，康佳集团总裁侯松容指出："到现在为止，我们家电行业的核心技术依然掌握在外国企业手中，以彩电行业为例，关键的软件技术、关键的芯片技术、关键的检测设备依然依赖进口，核心技术的丧失缺乏使中国的彩电企业没有自由发展的空间，但实行核心技术突破，是一项系统工程，不可能一蹴而就。"

此外，行业游戏规则的制定、国际标准的制定，我们都不是主角，甚至根本参与不进去，往往这些成为了技术壁垒，这极不利于参与国际竞争。

二、青岛海尔财务分析

由于资料取得的可能性，下面我们以海尔集团下的青岛海尔股份有限公司作为标尺，衡量一下海尔的经营情况。如无特别说明，下文中的"海尔"、"青岛海尔"均指青岛海尔股份有限公司，而非整个的海尔集团。

青岛海尔股份有限公司（股票代码：600690，简称青岛海尔）创立于1984年，是在引进德国利勃海尔电冰箱生产技术成立的青岛电冰箱总厂基础上发展起来的国家特大型企业。1989年4月28日，改组成立青岛琴岛海尔股份有限公司。1993年7月1日更名为青岛海尔电冰箱股份有限公司，1991年11月14日由青岛电冰箱总厂、青岛空调器厂和青岛电冰柜厂等组建海尔集团公司，1993年3月11日由原定向募集公司转为社会募集公司。

1. 趋势分析。

海尔2002~2004年间，各项主要业务数据和财务指标对比如表1。2004年资产负债表、利润表及现金流量表在附录中。

表1 青岛海尔2002~2004年主要业务数据和财务指标 单位：元

项目	2002年	2003年	2004年
总资产	7394136944.61	7372706301.48	7107063291.45
股东权益	5259307516.41	5388965877.39	5718519046.65
主营业务收入	11553520958.99	11688374607.34	15299383414.82
主营业务成本	10057750600.20	9972233680.40	13276840224.94
主营业务利润	1488514969.66	1698580111.60	2006701898.92
营业费用	364770178.39	630867822.66	828456943.78
管理费用	509239368.93	483198751.97	562983266.95
财务费用	20110670.50	20401540.69	7287527.84
利润总额	536981441.98	494276672.75	509806648.11
净利润	397059657.32	368952845.58	369435583.36
经营活动产生的现金流量净额	390670453.18	423546270.04	738258023.16
现金及现金等价物净增加额	-49838312.06	266870680.40	-114522679.57

（1）总括分析。虽然2004年家电行业恶性竞争不断加剧，行业集中度较以前进一步提高，但是，青岛海尔的主营业务收入在该年度却有大幅的提高，较上年增长30.89%。公司2004年度拟订的经营计划收入为120亿元人民币，实际完成主营业务收入153亿元人民币，完成年度预算目标的127.49%。这是由于公司围绕“速度、创新、SBU”经营方针，并在“一低三高”（低成本、高增值、高增长、高质保）思路指引下，通过变频冰箱、高效氧吧除菌光空调、直流高效变频空调等产品的拉动，取得了较好的成绩，保持了国内、外市场的持续领先。

由于主要原材料价格大幅上涨、出口退税率下调等因素，主营业务成本也同比增长，且增长幅度为33.14%，大于主营业务收入增长幅度，致使主营业务利润的增长只有18.14%。由于相关营业费用、管理费用也同比增长，导致净利润的增长只有13.08%。

由于公司2001年收购青岛海尔空调器有限公司股权产生了股权投资差额，按10年摊销且数额较大，故近几年内投资收益为负。

由于公司在报告期加大了对经营活动中现金的回收比例，报告期经营活动产生的现金净流量同比大幅增长，但由于偿还银行借款6.45亿元，导致现金及现金等价物净增加额同比下降。

（2）按产品分析。2002～2004年，海尔主营业务收入或主营业务利润占主营业务收入总额或利润总额10%以上的经营活动一直是空调器和电冰箱业务。据北京中怡康时代市场研究有限公司提供的中国城乡多级家电商情咨询的调查数据显示，海尔冰箱、空调器的各月市场占有率均居同行业第一，因此我们将海尔冰箱和空调器业务作为分析的重点。

表2 2002～2004年海尔分产品主营业务收入及成本对比 单位：万元

产品	2002年			2003年			2004年		
	主营业务收入	主营业务成本	毛利率	主营业务收入	主营业务成本	毛利率	主营业务收入	主营业务成本	毛利率
空调	536718	473236	11.83%	599579	524973	12.44%	766275	680913	11.14%
冰箱	427894	363317	15.09%	333082	269107	19.21%	453342	379366	16.32%

自2002年起，国内家电业的恶性竞争日趋激烈，国内外品牌陷于库存压力降价销售，同时部分原材料价格大幅度上涨，给家电行业带来严峻的挑战，2004年中国很多家电企业出现生存危机。从表2中我们看到，2004年的主营业务成本平均增长33.52%，而主营业务收入的平均增长率只有30.77%，可见，销售收入的增长一定程度上是以牺牲利润率为代价的。随着我国经济的持续增长，居民收入增加，中国家电市场的需求正在向中高档家电产品靠拢。多年来海尔依靠国际化的信息、技术开发网络不断紧跟国内外市场变化的需求，形成了海尔产品在工业设计、高新技术方面的整体实力。因此，市场需求的改变为青岛海尔提供了持续增长的市场机遇。2004年，青岛海尔在新技术、新材料应用方面上了新台阶，开发出如白马王子变频冰箱、彩晶超薄对开

门变频冰箱、宇航变频冰箱、变频冰吧、高效氧吧除菌光空调、直流高效变频空调等产品。这些产品创造了新的市场需求，不仅满足了新需求，而且成为市场首选。

(3) 按地区分析。1998 年以来，海尔集团全面实施国际化战略，创国际化的海尔。海尔提出的“国门之内无名牌”的思想，实质是在国内市场取得稳固的地位后，要到国际市场上竞争，逐步在国际市场上树立自己良好的品牌形象。在国际市场的开拓中，公司按照“走出去，走进去，走上去”的思路，不断取得新的突破，市场竞争力和品牌美誉度都得到了进一步的提升。在国内外市场和竞争对手日益一体化的背景下，品牌就是竞争力。在产品出口中，公司坚持使用自主品牌，不断提高营销和创新能力，使海尔品牌在全球市场的美誉度和竞争力不断提高，从而拉动了公司出口创汇的快速增长。在全世界几个大的经济区域，海尔品牌的提升都伴随着“本土经典”的创新。

表 3　2002 ~ 2004 年海尔分地区主营业务收入及利润对比　　单位：万元

地区	2002 年		2003 年		2004 年	
	主营业务收入	主营业务利润	主营业务收入	主营业务利润	主营业务收入	主营业务利润
境内	1013492	141474	1000537	163226	1270727	173493
境外	141860	7377	168300	6632	259211	27177

从表 3 中可以看出，青岛海尔在境外的主营业务收入 3 年内有了较大幅度的增长，从 2002 年的 141860 万元增长到 2004 年的 259211 万元，增幅达 82.72%。主营业务利润的增势更猛，从 2002 年的 7377 万元增长到 2004 年的 27177 万元，增长了 2.68 倍。在国内市场竞争日趋激烈的环境下，青岛海尔高瞻远瞩，勇敢地走出国门，依靠高端产品的高盈利性突出重围，成为家电行业一颗耀眼的明星。

2. 青岛海尔的比率分析。青岛海尔股份有限公司是海尔集团的龙头企业，主要经营范围：电冰箱、电冰柜、船用电冰箱、微波炉、真空包装机、空调器、电磁管、洗衣机、热水器、电风扇、吸尘器及配件、通信设备制造。目前，在我国家电业比较有影响力的上市公司有青岛海尔、深康佳 A、TCL 集团、小天鹅 A、S 美菱、美的电器、格力电器、海信电器、澳柯玛、春兰电器等。根据其经营范围及盈利能力，我们选择与青岛海尔主营业务相似且具有竞争力的小天鹅 A、美的电器、格力电器、澳柯玛、春兰电器五家上市公司作为对比公司，以各项指标的平均数为参照的行业平均标准。由于该五家上市公司都属于经营能力较好的公司，该参照标准较高于实际的行业平均水平。但我们认为，只有同行业内具有竞争力的公司进行比较，才能比出差距，激发公司潜能。

(1) 偿债能力分析。企业的偿债能力是指企业用其资产偿还长短期债务的能力。一般用流动比率、速动比率来衡量短期偿债能力，用资产负债率、利息保障倍数等来衡量长期偿债能力。由于不同的行业其面临的市场状况不同，因此不能用统一的评价标准来衡量所有企业，应该用行业标准，即进行行业内的比较。我们选取了以下公司的流动比率、速动比率、资产负债率、利息保障倍数这四个常用指标，用对比公司指标值的平均数作为行业标准。

表4 青岛海尔偿债能力指标与行业比较

	2002年				2003年				2004年			
	流动比率（%）	速动比率（%）	资产负债率（%）	利息保障倍数	流动比率（%）	速动比率（%）	资产负债率（%）	利息保障倍数	流动比率（%）	速动比率（%）	资产负债率（%）	利息保障倍数
行业	1.85	1.57	55.56	12.30	1.37	1.00	58.90	6.41	1.30	0.89	61.58	7.01
青岛海尔	1.84	1.52	25.74	27.70	2.89	2.46	20.85	25.23	5.05	3.97	13.09	70.96
小天鹅A	1.04	0.76	65.85	25.56	1.10	0.89	61.45	5.81	1.12	0.85	60.91	5.08
美的电器	1.07	0.73	64.52	3.99	1.09	0.71	64.72	7.52	0.99	0.48	67.91	12.34
格力电器	1.16	1.00	73.93	9.32	1.13	0.93	73.53	6.36	1.02	0.67	80.28	12.20
澳柯玛	1.16	0.79	61.90	1.61	1.14	0.75	66.36	1.36	1.10	0.73	68.69	1.28
春兰股份	4.80	4.59	11.62	21.02	2.36	1.72	28.45	11.00	2.28	1.72	30.12	4.15

从表4中我们可以看出，青岛海尔在几年内各项指标均优于行业标准，2004年其流动比率和速动比率更是增加到5.05%和3.97%，而行业平均只有1.30%和0.89%。这说明海尔的资产的流动性很强，短期偿债能力较强。资产负债率这一指标反映了企业的财务风险程度，从整个行业来看，3年内资产负债率分别为55.56%、58.90%、61.58%，呈上升趋势，这表明面临家电业激烈的竞争，各企业都使出浑身解数自我发展，包括加快新产品的研发、加强技术革新、拓宽营销渠道、扩大生产规模。巨大的资金需求也带来了财务风险，各商家为扩大市场占有率不惜降价销售，利润难以保证，因而影响长期债务的偿还。相比之下，青岛海尔显得一枝独秀，资产负债率呈下降趋势，利息保障倍数也高于行业标准很多，2004年其利息保障倍数是70.96，是行业平均值的10倍。

（2）营运能力分析。营运能力分析是对企业资金周转状况进行的分析。通常来说，资金周转的越快，说明资金利用效率越高，企业的资产管理水平也就越好。分析企业的营运能力，是判定企业能否因此创造更多利润的一种手段，如果企业的营运能力不强，那么企业的高利润状态是难以持久的。

表5 青岛海尔营运能力指标与行业比较

	2002年				2003年				2004年			
	应收账款周转率	存货周转率	固定资产周转率	总资产周转率	应收账款周转率	存货周转率	固定资产周转率	总资产周转率	应收账款周转率	存货周转率	固定资产周转率	总资产周转率
行业	9.40	5.81	6.13	0.84	9.64	5.23	7.13	1.04	9.24	4.02	7.05	1.08
青岛海尔	15.61	16.47	7.55	1.61	18.91	16.51	7.14	1.58	19.47	18.27	9.27	2.11
小天鹅A	4.63	4.38	3.93	0.84	7.26	4.81	4.53	0.93	6.06	4.29	4.13	0.78
美的电器	11.39	4.35	6.22	1.39	14.85	5.70	7.23	1.66	15.19	5.35	8.50	1.97
格力电器	26.11	5.69	12.40	1.00	19.10	8.11	13.09	1.30	16.42	4.89	9.95	1.31
澳柯玛	3.08	2.09	5.38	0.52	3.69	1.87	5.17	0.53	4.88	2.23	7.06	0.64
春兰股份	1.78	12.55	2.74	0.45	3.33	5.66	5.62	0.79	3.65	3.32	5.63	0.71

应收账款周转率和存货周转率反映了企业流动资产的周转状况，之所以选择这样的指标是因为，企业总是处于供、产、销这样一个密切相关的经营循环之中，其中销货和收款是关键。只有将存货销售出去，企业才能取得收入，只有将赊销的货款收回，企业才能加速资金结算，维持正常的生产经营。从表5中可以看出3年来青岛海尔的应收账款周转率和存货周转率都是远高于行业平均水平的，并呈稳步提高的状态。这说明公司的经营效率是比较高的，为将来降低成本、创造更好的经济效益以及降低经营风险奠定了基础。

此外，青岛海尔的固定资产周转率和总资产周转率在行业中也是处于领先地位。总体来说，行业中除了美的、格力和春兰在个别指标上对其构成威胁外，该公司在市场开拓与提高公司资产管理方面都处于遥遥领先的地位，未来在行业中的持续经营能力是有保证的。

（3）盈利能力。盈利能力即企业赚取利润的能力，盈利能力的大小是一个相对的概念，一般用相对数——利润率来衡量。企业经营业绩的好坏最终可以通过企业的盈利能力来反映。无论是经营者、债权人，还是投资者都非常关心企业的盈利能力。一般对经营能力的分析主要是对利润率的分析。从不同角度或不同目的出发，利润率的指标可有多种形式。这里我们从三方面进行分析。分析权益资本经营与资产经营能力，使用净资产报酬率和总资产报酬率指标。从表6可以看出，青岛海尔的净资产报酬率3年内下降了16%，相比之下行业的平均水平却提高了接近6倍。2004年，青岛海尔的净资产报酬率甚至低于行业平均水平，与其竞争对手美的电器和格力电器差距较大。总资产报酬率虽然都高于行业平均水平，但是3年来还是下降了8%，而行业平均提高了5倍。可见，海尔的资产经营能力并没有非常好的行业表现，应该引起关注。

表6　青岛海尔盈利能力指标与行业比较

	2002年					2003年					2004年				
	销售毛利率（%）	主营业务利润率（%）	净资产报酬率（%）	总资产报酬率（%）	每股收益（元）	销售毛利率（%）	主营业务利润率（%）	净资产报酬率（%）	总资产报酬率（%）	每股收益（元）	销售毛利率（%）	主营业务利润率（%）	净资产报酬率（%）	总资产报酬率（%）	每股收益（元）
行业	20.60	20.31	0.96	-0.46	0.01	19.05	18.81	6.21	1.93	0.25	17.52	17.30	7.38	1.88	0.33
青岛海尔	12.95	12.88	7.92	5.54	0.50	14.68	14.53	7.04	5.00	0.46	13.22	13.12	6.65	5.10	0.31
小天鹅A	15.71	15.38	-26.04	-12.70	-1.15	18.39	17.98	3.10	1.15	0.10	19.07	18.84	3.47	1.26	0.11
美的电器	25.59	25.38	7.21	1.98	0.32	22.15	22.02	7.34	2.03	0.35	18.65	18.56	12.94	3.34	0.67
格力电器	20.79	20.24	16.68	4.22	0.55	17.57	17.10	16.83	4.37	0.63	16.51	16.18	18.24	4.00	0.78
澳克玛	19.86	19.61	2.87	1.07	0.10	18.60	18.38	1.71	0.60	0.06	16.37	16.17	1.97	0.62	0.07
春兰股份	21.04	20.93	4.08	3.12	0.23	18.57	18.54	2.05	1.51	0.12	16.98	16.76	0.26	0.17	0.02

分析产品经营盈利能力，使用销售毛利率和主营业务利润率。从表中可以看出，青

岛海尔的产品盈利能力不强，这两项指标均低于行业平均水平，与五家对比公司分别相比，也是最低的。可见，其主营业务成本较高，如果不加强成本控制，必将影响其长远的发展。

分析上市公司盈利能力，使用每股收益指标。从表中看出，青岛海尔的市场表现还是不错的，除了2004年每股收益略低于行业平均水平外，在行业中基本上还是上游水平。但是，青岛海尔却不是最好的，格力电器的每股收益3年内都是最高的，并且其各项指标都处于领先地位，可见青岛海尔的行业领先地位受到了挑战，除了加强产品研发力度、拓宽销售渠道，还要加大成本的控制力度，努力增收节支。

（4）现金流量分析。

表7 青岛海尔现金流量指标与行业比较

	2002年			2003年			2004年		
	销售收现比率（%）	资产的经营现金流量回报率（%）	经营现金流量对净利润的比率（%）	销售收现比率（%）	资产的经营现金流量回报率（%）	经营现金流量对净利润的比率（%）	销售收现比率（%）	资产的经营现金流量回报率（%）	经营现金流量对净利润的比率（%）
行业	1.18	0.07	3.58	1.06	0.05	3.12	1.01	0.02	4.35
青岛海尔	0.58	0.05	0.98	0.52	0.06	1.15	0.27	0.10	2.00
小天鹅A	1.36	0.03	-0.21	1.21	0.06	5.32	1.16	-0.06	-4.59
美的电器	1.17	0.24	12.27	1.14	0.19	9.92	1.16	0.12	3.89
格力电器	1.06	0.10	2.48	0.91	0.02	0.41	0.70	0.01	0.32
澳柯玛	1.16	0.06	5.17	1.03	0.00	0.38	0.91	0.00	0.11
春兰股份	1.15	-0.06	-1.81	1.03	-0.01	-0.44	1.13	0.04	22.05

从表7可以看出，3年内青岛海尔的销售收现比率有所下降，从0.58%下降到0.27%，虽然整个行业的销售收现比都不高，但海尔却处于最弱的地位，说明海尔的销售政策过松，如果收款不利将会给企业带来较大的风险。资产的经营现金流量回报率指标整个行业都不高，3年内呈下降水平，相比之下，青岛海尔略低于美的电器，该指标表现较好。这说明整个行业的资产产生现金流量的能力不强。经营现金流量对净利润的比率反映了一单位净利润带来的现金流量大小。3年内青岛海尔的这一指标稳步上升，说明净利润带来的现金净流入越来越多，纵观行业内对比公司，美的电器一直是青岛海尔强有力的竞争对手，而春兰股份在2004年该指标更是达到22.05%，远远领先于其他公司。

三、案例问题讨论

1. 请结合家电业的发展现状，考虑青岛海尔盈利能力指标不高的原因。
2. 青岛海尔的竞争特性与盈余成长的关系如何。
3. 请结合案例资料，分析青岛海尔的未来发展能力。
4. 探讨影响青岛海尔面临的压力和未来发展的方向。

附表 1　青岛海尔 2004 年资产负债表　　单位：元

项目	母公司	合并
流动资产：		
货币资金	487319428.15	715084948.05
短期投资	–	–
应收票据	398713101.22	896512947.39
应收股利	65846270.14	12803.11
应收利息	–	–
应收账款	443072149.94	958036998.78
其他应收款	14912349.03	159418200.99
预付账款	336542431.03	375612712.79
应收补贴款	–	1906456.55
存货	158768751.83	851206917.96
待摊费用	–	–
一年内到期的长期债权投资	–	–
其他流动资产	–	–
流动资产合计	1905174481.34	3957791985.62
长期投资：		
长期股权投资	3768028309.30	1454536317.58
长期债权投资		
长期投资合计	3768028309.30	1454536317.58
其中：合并价差	–	882216369.11
其中：股权投资差额	882216369.11	882216369.11
固定资产：		
固定资产原价	410657533.07	2553435948.99
减：累计折旧	130535456.04	940829210.75
固定资产净值	280122077.03	1612606738.24
减：固定资产减值准备	–	15350000.00
固定资产净额	280122077.03	1597256738.24
工程物资	–	–
在建工程	358114.20	22935072.74
固定资产清理	–	–
固定资产合计	280480191.23	1620191810.98
无形资产及其他资产		
无形资产	67016862.04	73402877.27
长期待摊费用	–	1140300.00
其他长期资产	–	–

续表

项目	母公司	合并
无形资产及其他资产合计	67016862.04	74543177.27
递延税项：		
递延税款借项	–	–
资产总计	6020699843.91	7107063291.45
流动负债：		
短期借款	–	–
应付票据	–	–
应付账款	55254077.06	324636319.85
预收账款	–	138739022.57
应付工资	–	28460167.44
应付福利费	–	5253377.70
应付股利	–	50221417.21
应交税金	90817935.57	122600971.52
其他应交款	528530.80	901135.16
其他应付款	8707752.91	112638227.44
预提费用	–	–
预计负债	–	–
一年内到期的长期负债	–	–
其他流动负债	–	–
流动负债合计	155308296.34	783450638.89
长期负债：		
长期借款	138360000.00	138360000.00
应付债券	–	–
长期应付款	–	–
专项应付款	8512500.92	8512500.92
其他长期负债	–	–
长期负债合计	146872500.92	146872500.92
递延税项：		
递延税款贷项	–	–
负债合计	302180797.26	930323139.81
少数股东权益	–	458221104.99
所有者权益（或股东权益）：	–	–
实收资本（或股本）	1196472423.00	1196472423.00
减：已归还投资	–	–
实收资本（或股本）净额	1196472423.00	1196472423.00

续表

项目	母公司	合并
资本公积	2933718592.07	2933718592.07
盈余公积	700867010.16	1197962722.81
其中：法定公益金	257769107.76	486463500.19
未分配利润	887461021.42	390365308.77
其中：拟分配现金股利	358941726.90	358941726.90
外币报表折算差额	–	–
减：未确认投资损失	–	–
所有者权益（或股东权益）合计	5718519046.65	5718519046.65
负债和所有者权益（或股东权益）总计	6020699843.91	7107063291.45

附表2　青岛海尔2004年利润及利润分配表　　单位：元

项目	母公司	合并数
一、主营业务收入	2359942995.36	15299383414.82
减：主营业务成本	2040833373.61	13276840224.94
主营业务税金及附加	9166181.21	15841290.96
二、主营业务利润（亏损以“–”号填列）	309943440.54	2006701898.92
加：其他业务利润（亏损以“–”号填列）	2607320.75	19686353.99
减：营业费用	149107372.78	828456943.78
管理费用	138515785.86	562983266.95
财务费用	1855105.03	7287527.84
三、营业利润（亏损以“–”号填列）	23072497.62	627660514.34
加：投资收益（损失以“–”号填列）	350794013.46	–121538219.54
补贴收入	347900.00	893500.00
营业外收入	382597.47	3436833.96
减：营业外支出	296924.24	645980.65
四、利润总额（亏损总额以“–”号填列）	374300084.31	509806648.11
减：所得税	4864500.95	112806764.90
减：少数股东损益	–	27564299.85
加：未确认投资损失（合并报表填列）	–	–
五、净利润（亏损以“–”号填列）	369435583.36	369435583.36
加：年初未分配利润	809796404.00	416533001.58
其他转入	–	–
六、可供分配的利润	1179231987.36	785968584.94
减：提取法定盈余公积	36943558.34	90890089.66
提取法定公益金	36943558.34	86829337.25

续表

项目	母公司	合并数
提取职工奖励及福利基金（合并报表填列）	–	–
提取储备基金	–	–
提取企业发展基金	–	–
利润归还投资	–	–
七、可供股东分配的利润	1105344870.68	608249158.03
减：应付优先股股利	–	–
提取任意盈余公积	18471779.16	18471779.16
应付普通股股利	39882414.10	39882414.10
转作股本的普通股股利	159529656.00	159529656.00
八、未分配利润（未弥补亏损以“–”号填列）	887461021.42	390365308.77

附表 3 青岛海尔 2004 年现金流量表 单位：元

项目	母公司	合并数
一、经营活动产生的现金流量：		
销售商品、提供劳务收到的现金	1299491907.68	4087582976.53
收到的税费返还	–	134214068.67
收到的其他与经营活动有关的现金	8607522.03	49241354.14
现金流入小计	1308099429.71	4271038399.34
购买商品、接受劳务支付的现金	582945888.71	2066181592.40
支付给职工以及为职工支付的现金	39425729.21	221453762.15
支付的各项税费	132718307.01	378633394.53
支付的其他与经营活动有关的现金	163452919.29	866511627.10
现金流出小计	918542844.22	3532780376.18
经营活动产生的现金流量净额	389556585.49	738258023.16
二、投资活动产生的现金流量：		
收回投资所收到的现金	–	–
其中：出售子公司收到的现金	–	–
取得投资收益所收到的现金	245915812.52	4312.33
处置固定资产、无形资产和其他长期资产而收回的现金	–	245555.56
收到的其他与投资活动有关的现金	–	1112923.92
现金流入小计	245915812.52	1362791.81
购建固定资产、无形资产和其他长期资产所支付的现金	538039	100445281.44
投资所支付的现金	47310000.00	49800000.00

续表

项目	母公司	合并数
支付的其他与投资活动有关的现金	–	–
现金流出小计	47848039.00	150245281.44
投资活动产生的现金流量净额	198067773.52	–148882489.63
三、筹资活动产生的现金流量：		
吸收投资所收到的现金	–	–
其中：子公司吸收少数股东权益性投资收到的现金	–	–
借款所收到的现金	–	–
收到的其他与筹资活动有关的现金	–	–
现金流入小计	–	–
偿还债务所支付的现金	310000000.00	645000000.00
分配股利、利润或偿付利息所支付的现金	20885140.02	29062841.91
其中：支付少数股东的股利	–	3945622.14
支付的其他与筹资活动有关的现金	29835371.19	29835371.19
其中：子公司依法减资支付给少数股东的现金	–	–
现金流出小计	360720511.21	703898213.10
筹资活动产生的现金流量净额	–360720511.21	–703898213.10
四、汇率变动对现金的影响	–	–
五、现金及现金等价物净增加额	226903847.80	–114522679.57
补充材料		
1. 将净利润调节为经营活动现金流量：		
净利润	369435583.36	369435583.36
加：少数股东损益（亏损以“–”号填列）	–	27564299.85
减：未确认的投资损失	–	
加：计提的资产减值准备	8290593.73	14401026.86
固定资产折旧	27483051.66	198357244.69
无形资产摊销	5155143.12	7281855.31
长期待摊费用摊销	–	290190.00
待摊费用减少（减：增加）		
预提费用增加（减：减少）	–	–6995731.89
处理固定资产、无形资产和其他长期资产的损失（减：收益）	210326.28	–69760.56
固定资产报废损失	–	–
财务费用	1830294.17	10385895.96
投资损失（减：收益）	–350794013.46	121538219.54

续表

项目	母公司	合并数
递延税款贷项（减：借项）	–	–
存货的减少（减：增加）	139696096.55	–248751292.04
经营性应收项目的减少（减：增加）	231500943.93	162487034.13
经营性应付项目的增加（减：减少）	–43251433.85	82333457.43
其他	–	–
经营活动产生的现金流量净额	389556585.49	738258023.16
2. 不涉及现金收支的投资和筹资活动：		
债务转为资本	–	–
一年内到期的可转换公司债券	–	–
融资租入固定资产	–	–
3. 现金及现金等价物净增加情况：		
现金的期末余额	487319428.15	715084948.05
减：现金的期初余额	260415580.35	829607627.62
加：现金等价物的期末余额	–	–
减：现金等价物的期初余额	–	–
现金及现金等价物净增加额	226903847.80	–114522679.57

（资料来源：①参见：《家电行业网站分析》，http://liullimei.bokee.com/5658379.html；②参见：《Haier 循先进理念稳步发展，创白色家电国际品牌》，http://gqfz.p5w.net/gqfz/finalpage/2006–05–17/17102789.html；③参见：《海尔集团的简单介绍》，http://www.china–logisticsnet.com/bbs/archiver/? tid–151.html；④参见：新浪财经网站，www.finance.sina.com.cn；⑤参见：海尔集团网站，www.haier.com；⑥参见：《青岛海尔 2001～2004 年年度财务报告》。袁晨整理。）

小结

1. 资产负债表、利润表与现金流量表被称为基本财务报表，构成为财务信息的核心部分，承担着向外及向企业管理当局提供财务信息的重任。

2. 一个企业的财务状况可以通过对资产负债表的右方结构和左方结构进行分析来了解。理想资产负债表，可以科学指导企业的投资活动、融资活动等。

3. 利润表的主要功用是反映企业一定时期的获利能力。需要关注两个方面的利润表分析：一是销售额及其增长率分析；二是经营风险分析和财务风险分析。

4. 现金流量表以现金流量的形式反映着企业理财活动的结果，也反映着企业价值的实现过程。经营活动所带来现金流量的多少从根本上决定着企业价值最大化目标能否实现。

5. 比率分析法是财务报表分析的一种方法。财务比率可以分为四类：变现能力比率、资产管理比率、负债比率以及盈利能力比率。

6. 杜邦分析法是一种综合的财务分析方法，可以使管理者清晰看到影响权益报酬率变动的各因素之间的关系。

7. 综合评分法是企业先选定若干重要财务比率，然后根据财务比率的不同重要程度计算相应的分数，综合地对企业财务状况评价和分析。

●思考题及答案要点

一、重要专业术语

财务报表　资产负债表　利润表　现金流量表　经营杠杆　财务杠杆　流动比率　速动比率　应收账款周转率　存货周转率　固定资产周转率　总资产周转率　资产负债率　产权比率　利息保障倍数　总资产报酬率　权益报酬率　销售净利率　市净率　市盈率　每股收益　股票获利率　每股净资产

二、简答与计算题

1. 描述合理的资产负债表结构，怎样通过资产负债表分析企业的财务状况？

2. 概述利润表分段编制的优点。

3. 为什么说现金流量表是以企业价值最大化为目标的公司的核心财务报表？

4. 试分析如何通过财务比率判断企业经营情况和财务状况。

5. 甲公司经营A产品，销售量为12000件，单位变动成本为100元，变动成本率为40%，息税前利润为90万元，销售净利率为13%。假设所得税税率为40%。要求计算该公司经营杠杆系数、财务杠杆系数及总杠杆系数。

6. 某公司2003年销售收入为150000元，毛利率为60%，赊销比例为70%，销售净利率为18%。存货周转率为6，期初存货余额为12000元，期初应收账款为14500元，期末应收账款余额为9500元，速动比率为1.9，流动比率为2.1，流动资产占总资产为32%，资产负债率为45%。流通在外普通股为58000股，每股市价为12元，无优先股，总资产期末数等于期初数。

试计算：(1) 应收账款周转率。

(2) 总资产报酬率。

(3) 每股收益、每股净资产、市净率和市盈率。

7. 某公司2003年资产负债表资料如下：

2003年资产负债表　　　　单位：万元

资产	期初数	期末数	负债及所有者权益	期初数	期末数
流动资产			应付账款	450	650
货币资金	500	450	应付票据	300	450
应收账款净额	600	900	其他流动资产	300	400
存货	920	1440	长期负债	2450	2000
待摊费用	230	360	负债合计	3500	3500
流动资产合计	2250	3150	实收资本	3500	3500
固定资产净额	4750	3850	所有者权益合计	3500	3500
资产总计	7000	7000	负债及所有者权益合计	7000	7000

该公司2002年的销售净利率为17%，总资产周转率0.6次，权益乘数为2.5，净资产报酬率为20%。2003年实现销售收入3500万元，净利润为630万元。要求：

（1）计算该公司2003年末流动比率、速动比率、资产负债率、权益乘数。

（2）计算2003年总资产周转率、销售净利率、净资产报酬率。

（3）采用杜邦分析法比较2003年与2002年的净资产报酬率，定性分析其变动的原因。

三、答案要点

略

●参考文献

1. Raymond P. Neveu, Fundamentals of Managerial Finance, pp. 93 – 120. South – Western Publishing Co., 1981

2. ［美］财务会计准则委员会、娄尔行译. 论财务会计概念. 北京：中国财政经济出版社，1993

3. 财政部会计司编、陈毓圭译. 论改进企业报告. 北京：中国财政经济出版社，1997

4. Clyde P. Stickney. Financial Statement Analysis: A strategic Perspective. HBJ, 1990

5. 刘兴云、汪平主编. 财务管理学. 北京：经济科学出版社，2000

6. J. 弗雷德·威斯顿. 尤金·F. 布里格姆等著. 财务管理精要. 第11版. 北京：机械工业出版社，1998

后　记

在多次的座谈或研讨会上，大家都对我国企业包括上市公司的财务管理水平之低而长吁短叹。我的观点和大家无异，同样认为我国企业的财务管理工作的确需要有一个革命性的变化，唯有这样，才能赶上世界上财务管理水平先进的公司的步伐，而不至于被落得太远。

如果说一个企业在财务管理方面已经具备了基本的素质，起码要在如下几方面经得住考问：一要有科学、先进的理财观念；二要有严密、规范的财务决策系统；三要有经过严格训练的理财人员。

科学的、先进的理财观念是进行科学的财务管理工作的前提，也是目前我国企业最需要提升的一个方面。毫无疑问，没有科学的理财观念，便不可能有先进的理财行为。就理财观念而言，“资本成本”与“股东财富”是两个紧密关联的财务概念，也是关系到理财人员基本世界观的两个重要概念。理财人员只有使投资者投入的资金所创造的报酬率超过投资者所要求的报酬率水平——资本成本，才能不断地增加股东的财富，优化企业的财务状况，为企业的长远可持续发展奠定雄厚的财务基础。

对于企业的财务管理工作而言，理财人员尤其是企业的高管拥有必要的、科学的理财观念比掌握某些理财技巧要重要的多。理财行为的目的性极强，没有明确的、先进的理财目标——股东财富最大化，先进的理财行为也就根本无从谈起。从理财实务的角度看，如果要提升企业的财务管理水平，首先要更新、补充理财观念，然后才是追求理财技术的进步。

正确地了解投资者尤其是股权资本投资者与企业之间、与企业管理当局之间的关系是进行科学理财的理念基础。在谈到中美两国上市公司对待各自股东的态度的时候，我经常举的一个例子是：我们姑且把公司视为一艘将要驶向远方的巨轮。在美国，如果投资者购买了公司的股票，他们就犹如巨轮的乘客一样，跨上了这艘船，与其同行。而公司的管理当局也始终关注着这些股东们的意愿，按照他们的要求去组织管理行为，确保股东的投资目标。一旦股东不满意公司的管理及其结果，他们要么替换管理者，要么就离船而去。股票市场的存在为股票投资者提供了一个极好的“转移”或“退出”机制，降低了他们的投资风险。而在我国上市公司的高管的心目中，投资者购买了本公司的股票，就意味着“下海”了，他们需要凭借自身的能力和运气来与风险搏斗、甚至与命运搏斗。也就是说，在公司管理层的思维里，股权资本投资者的财富变化与公司的运营没有关系。坐在宽阔、平坦的巨轮甲板上，高管们沐浴着海风和阳光，望着渐行渐远的、在海水中搏斗的公司的股东，侃侃而谈着他们利用股东所投进的这笔巨资将要展开的宏事伟业。此时此刻，高管们心中即使有股东，借用鲁迅先生的一句话，想的可能也是“Ade，我的股东们！”① 甚至有些股票投资者自己也认为股票投资属于“零和交易”，无论是赔还是赚，皆由自己。这种理念不改变，我们的企业就是没有文化、没有良知的企业。

我们必须明确，对于一个上市公司甚至于任何一家企业而言，股权资本投资者就是企业的所有者，满足他们对财富的追求，是企业之所以进行财务管理工作的根本原因，也是理财人员从事财务管理工作的基本执业原则。认识到这一点，比掌握一些琐碎的理财方法要重要的多。

因此，理财人员基本的理财观念是：不要让我们的股东“下海”，企业是由于他们而存在的；要通过我们的工作，满足股东报酬率的最低要求！“资本成本”和“股东财富最大化”正是支撑这种理念的两个基本的财务概念。

在我国企业界，很多的决策包括财务决策——投资决策、融资决策、股利政策、营运资本政策等，尚停留在“拍脑袋”决策的层次上，直接导致了决策质量的低劣，制约了企业的发展。与其他方面的决策不同，财务决策的基本原则是通过科学的理财行为实现股东财富最大化的理财目标，因而，持续地增加股东财富便成为人们进行财务决策的唯一准绳。而要达到这一点，在财务决策过程中，理财人员必须科学地规划与投资项目等密切相关的现金流量问题、风险问题等，确保股东财富的不断增加。

很多人认为，我国企业目前的财务管理水平较低，与理财人员的极度短缺和理财工作长期以来的不受重视有着密切的关系。由于历史的原因，再加上官方的某些不符合学理的政策性说教，许多人认为会计工作和理财工作是一回事，没有区别。在我国学界，甚至在一个很长的时期里，还产生了什么“大会计观”或者“大财务观”等极其荒谬的争论。这种错误认识直接导致了企业理财工作水平的低下。相对会计工作而言，财务管理的外在约束力较

---

① 鲁迅：“Ade，我的蟋蟀们！Ade，我的覆盆子们和木莲们！”见《从百草园到三味书屋》。载钱理群、金宏达选编《鲁迅文集精读本》，第296页。中国华侨出版社，2004年4月。

弱，甚至没有外在的约束，因为财务管理工作作为一种管理工作，需要的只是根据企业经营的内外部环境、根据必要的理财原理或规则采取一些最适合于企业发展的理财行为。而财务会计工作的外部约束力是极强的，会计人员从事会计工作，不仅要通晓会计工作的基本技能，更要了解进行会计工作必须要遵守的会计规范，比如会计制度、会计准则等，以保障会计信息在法律上的有效性。因为会计信息是面向公众的，规范性甚至制度化势必成为保证其质量的重要措施。在我国"入世"谈判中，西方国家对于我国企业的财务信息的质量及其缘由给予了高度的关注，现在看来，正是这种关注促进了我国在宏观会计管制方面的改革与进步。企业内部的理财工作就不会产生如此强烈的外部约束。任何优秀的管理经验，都是产生于某种特定的环境之下，因而未必具有普适性，也就因而不能逼迫其他企业照搬这种经验。

一个高水平的理财人员，必须经过严格的、系统的学术训练，掌握大量极其复杂的现代财务理念、理财方法与理财规则。在一家公司里，CEO 可以没有文化，没有经历过什么学术方面的训练，他只要对未来有准确而敏锐的判断就足够了。甚至有人说，真正意义上的企业家是教育不出来的，因为这样的企业家除了学识，更多所依靠的可能是经验和感觉。但如果这家公司的 CFO 也是如此，那么，这家公司绝不可能获得成功。CFO 的工作性质要求他必须对现代财务理论有基本的了解，对国际上先进的财务管理规则有必要的了解，对一些重要的财务管理技术有足够的掌握。同时，他要在技术的层面上对于企业发展过程中的收益问题、风险问题进行细致的研究和规划，从而使管理层心目中的规划变为具有可运作性的预算。而要达到这一境界，必须进行很好的学习和训练。可以这样说，一个会计人员的从业技能的培养如果说通过师父带徒弟的方式还能有效的话，那么，依靠这种传统的师徒帮带方式想培养出一个高素质的理财人员基本上是不可能的。正是由于这种种的原因，导致了我国企业界出现了"财会不分"的现象，而该现象的直接结果便是将理财工作打进了冷宫，使其成为了一种似有似无的工作。再加上我国传统上国有企业自身理财需要的缺乏，也使得不重视财务管理工作成为一种自然的结局。但自从 20 世纪 90 年代初期上市公司出现在我国的经济视野中之后，自主投资、自主融资等自主理财行为对于企业的财务管理工作提出了越来越高的要求，企业界对于理财人员的需求也日益增加。可以设想，10 年之后，当人们再度谈论起会计工作和理财工作的时候，再也不会把这两种截然不同的工作混淆在一起，并对我们今天的无知表示惊讶。

必须说明的是，一个企业的财务管理工作的质量将从根本上决定这个企业的发展态势和命运。一个企业的成功可能是由于多方面的因缘际会，但一个发展成熟的企业走向倒闭和破产的直接原因肯定是理财的失败！

本书的大纲由汪平教授拟定，各章的执笔撰写人员为：汪平，第一、二、九和十一章；闫甜，第三和第七章；苏敏，第四章；张建华，第五和第六章；陈艳，第八和第十章。按照“653 工程”公需教材编写体例的要求，在各章的章头和章尾结合本章的主旨分别安排了一小一大两个案例，借以补充有关的信息和扩展必要的分析。各章案例分别由许笑丹、袁晨、王桢和郝国莹撰写。全书最后由汪平总纂定稿。

此书能够面市，我首先要感谢杨世伟先生，感谢他的周密的安排和细致的工作，更要感谢他的极其坦诚的态度和交流方式。

2006 年的冬天注定又是一个暖冬。时至年末，北京上空的太阳还是那么温暖。我们又完成了一项工作，把《财务管理》这本书交给了您。看过书，您如果有什么意见，请和我们联系，以便我们将来修正书中的错误或遗漏。愿我们共同进步！

编 者

2006 年 12 月 9 日